OEUVRES D'HOFFMANN

CONTES FANTASTIQUES

PRÉCÉDÉS D'UNE NOTICE

Sur la vie et les ouvrages d'Hoffmann

PAR M. ANCELOT

DE L'ACADÉMIE FRANÇAISE

Prix : 90 centimes

ILLUSTRATIONS
de
DAVID ET STAAL

Paris

VIALAT ET Cie, ÉDITEURS, 12, RUE DE SAVOIE

MARTINON, rue du Coq-Saint-Honoré, 4. | DUTERTRE, passage Bourg-l'Abbé, 20.
LEDOYEN-GIRET, quai des Augustins, 7. | PELLETIER, galerie Vivienne, 5-7.

LYON : BALLAY et CONCHON, libraires, quai de Retz, 33.

1853

Hoffmann.

ŒUVRES D'HOFFMANN

CONTES FANTASTIQUES

PRÉCÉDÉS D'UNE

NOTICE SUR LA VIE ET LES OUVRAGES D'HOFFMANN

PAR **ANCELOT**, (DE L'ACADÉMIE FRANÇAISE.)

Il est peu d'hommes qui, réservés à une existence courte et troublée par de fréquentes vicissitudes, aient su la mieux remplir que l'écrivain original et bizarre, dont nous allons esquisser rapidement la vie ; il en est peu qui se soient, en moins d'années, recommandés à la mémoire par un plus grand nombre de travaux différents. Il fut à la fois magistrat consciencieux et zélé, ingénieux caricaturiste, peintre habile et expéditif, musicien estimé, auteur dramatique applaudi, conteur et romancier plein de verve, d'esprit et d'imagination, et durant le cours d'une vie abrégée par de fâcheux excès, semée d'embarras et d'obstacles, traversée par de perpétuels revirements de fortune, il réunit en lui les plus étranges contrastes, en poursuivant divers genres de renommée, même celle du plus intrépide buveur, dans un pays où cette sorte de célébrité est rendue si difficile par la concurrence.

Hoffmann (Ernest, Théodore, Guillaume) naquit à Kœnigsberg, le 24 juin 1776. Il ne connut jamais son père ; non pas que celui-ci fût mort avant que l'enfant pût conserver son souvenir, mais livré aux entraînements d'une vie irrégulière et débauchée, cet homme contraignit sa femme à demander le divorce, qui fut prononcé alors que son fils était encore au berceau. Il se sépara d'eux, quitta l'Allemagne et n'y reparut point. Brisée par les chagrins, faible et maladive, la mère du jeune Hoffmann semble lui avoir transmis la mobilité nerveuse dont sa vie et ses ouvrages portent par-

LAGNY. — Imprimerie de VIALAT et Cie.

tout l'empreinte. Elle ne put donner à son enfance les soins assidus que réclamait une complexion délicate, et il fut élevé chez son aïeule maternelle. Ses premières années s'écoulèrent tristement dans cette maison, où la vivacité de son caractère, la gaieté pétulante de son humeur, étaient comprimées sans cesse par des habitudes sévères et par une austère discipline : il garda toujours de cette époque un pénible et déplaisant souvenir.

Lorsqu'il lui fallut commencer des études, l'ennui des leçons s'accrut de la pédantesque rigueur avec laquelle on les donnait; les devoirs lui semblèrent d'autant plus pesants qu'ils étaient plus froidement imposés. Un de ses oncles, conseiller de justice, s'était fait son précepteur. Homme impassible, méthodique et compassé, il n'accordait rien à la légèreté, à l'espièglerie naturelle du jeune âge; les malicieux enfantillages de son élève ne parvenaient jamais à dérider son front. Celui-ci, doué d'un esprit indépendant, d'une imagination mobile et vagabonde, et peu disposé à la muette soumission, à la docilité passive, qu'on exigeait de lui, ne pouvait s'accommoder à cette vie monotone et triste, à cette atmosphère glaciale, et, bien des années après, quand sa pensée se reportait vers ces jours de contrainte et d'esclavage, il en souffrait encore et se sentait froid au cœur.

Si dure cependant que lui parût cette existence, il ne laissa pas de mettre à profit les enseignements qu'il recevait. Son intelligence vive et prompte saisissait rapidement et son heureuse mémoire retenait sans peine tout ce qu'on leur confiait; mais c'était vers les arts que l'entraînait une irrésistible vocation. Il étudiait Winckelmann avec une curiosité passionnée : dans les rares instants de liberté qu'il dérobait à une discipline rigoureuse il composait de la musique, et, en même temps, se développaient en lui de brillantes dispositions pour le dessin. Toutefois les pures et idéales créations de Raphaël et du Corrège avaient pour lui moins d'attrait que les grotesques fantaisies de Callot et d'Hogarth, et la tournure de son esprit le poussait invinciblement vers la caricature. Il composait avec une merveilleuse facilité des dessins burlesques qui devenaient souvent de piquantes épigrammes, et tout en demandant de joyeuses distractions à son crayon, sa malice le fit plus d'une fois servir à ses vengeances d'écolier. Hoffmann forma, dès son enfance, avec un jeune homme nommé Hippel, une de ces amitiés indestructibles qui naissent de la conformité des goûts, des sentiments et des idées, qui résistent aux séparations, comme aux changements de fortune, et dont la douce lueur, après avoir illuminé toutes les années de deux existences fraternelles, ne s'éteint pas même sur un tombeau. Ce jeune homme était le neveu d'un célèbre écrivain, élève de Kant, dont les ouvrages étincelants de verve et *d'humour* eurent, vers la fin du dernier siècle, un grand retentissement en Allemagne, et qui, cinquante ans avant les Saint-Simonniens, plaida la cause des femmes avec beaucoup d'esprit et une ingénieuse originalité, réclamant pour elles l'admission aux charges et aux emplois publics, et voulant les appeler à un partage plus égal des positions sociales. Rien n'indique que la gloire littéraire de l'oncle ait tenté le neveu; la vie du jeune Hippel fut obscure, et l'amitié dévouée qui l'unit à l'auteur des *Contes fantastiques* est son seul titre au souvenir que nous lui consacrons ici. Vers le même temps, Hoffmann aurait pu se lier avec un autre jeune homme, devenu plus tard, comme lui, un écrivain célèbre; car il avait pour voisin, dans la maison où il habitait à Kœnigsberg, le futur auteur du *24 Février*, Werner; mais il ne le connut que longtemps après, à Varsovie, et c'est là seulement que s'établit entre eux une douce et durable intimité.

Nous avons fait entendre, plutôt que nous ne l'avons dit, que la vie dissipée de son père avait laissé Hoffmann sans fortune. Il fallut donc, en attendant qu'une carrière à la fois honorable et lucrative lui fournît des moyens d'existence, qu'il se créât quelques ressources : il les trouva dans un des arts qu'il cultivait avec ardeur, et se mit à donner des leçons de musique. Mais si cet emploi de ses précoces talents eut des résultats avantageux à son bien-être matériel, il ne fut pas sans inconvénients pour le repos de son cœur. Une jeune fille de haute condition devint son élève. En la voyant tous les jours le jeune professeur se défendit mal contre la séduction d'une charmante figure, d'une voix suave et mélodieuse, d'une âme sympathique et tendre : peut-être même ne chercha-t-il pas à se défendre. Éperdument amoureux il ne tarda pas à s'apercevoir que le sentiment profond qu'il éprouvait avait un écho dans ce cœur de seize ans; et comment résister aux secrètes sollicitations d'un amour qu'on sent partagé? Bientôt il obtint le plus doux aveu, et peu s'en fallut que le roman de Jean-Jacques Rousseau ne fût mis en action à Kœnigsberg par un autre Saint-Preux avec une autre Julie. Cependant, soit que la raison parlât plus haut que la passion dans ces deux âmes si vivement éprises, soit, ce qui est plus probable, qu'une surveillance protectrice leur enlevât les occasions de faillir, les innocents et timides amants ne franchirent point certaines limites. La naissance de la jeune personne, le rang et la fortune de sa noble famille, ne permettaient à Hoffmann aucune espérance légitime : il le comprit et se résigna, non sans avoir le cœur brisé, et ce premier amour, sur lequel l'absence et les années n'exercèrent qu'à la longue leur salutaire influence, resta longtemps pour lui une source de regrets et de chagrins, que n'adoucissait aucun dédommagement, que nul bonheur ne consolait, hormis la certitude d'avoir été aimé.

Les leçons de musique qu'il donnait ne pouvaient être considérées par sa famille que comme un moyen d'occuper fructueusement les loisirs que lui laissaient des travaux plus sérieux : ce n'était qu'une ressource passagère et incertaine qui n'offrait ni garantie, ni sécurité pour l'avenir, et une prévoyance intelligente devait regarder plus loin. Le moment était venu de faire choix d'un état; les parents du jeune homme tournèrent les yeux vers la magistrature, qui semblait lui présenter des chances favorables. Un de ses oncles remplissait des fonctions importantes près d'un tribunal à Glogau en Silésie; c'est là qu'on résolut de l'envoyer, afin qu'il étudiât le droit et la jurisprudence sous la direction de ce guide éclairé, dont le profond savoir l'initierait à la connaissance des lois et des coutumes, et qui pourrait plus tard, grâce au crédit qu'il devait à sa bonne renommée, faciliter à son neveu l'entrée de la carrière honorable vers laquelle on jugeait utile de le pousser. Bien que sa passion de jour en jour plus ardente et plus vive pour la peinture, la musique et la poésie ne s'accommodât guère avec les nouvelles et arides études qui lui allaient être imposées, Hoffmann n'opposa point d'obstacle aux vœux de sa famille. Une attaque d'apoplexie venait de lui enlever sa mère; le départ de son ami Hippel, le compagnon de ses jeux, le confident de ses pensées, que d'impérieux devoirs avaient éloigné de Kœnigsberg, ajoutait à son isolement; la raison lui disait qu'il n'y aurait pour lui qu'amertume, souffrances et déception dans cet amour qui remplissait son cœur et qu'alimentait la vue de l'objet aimé, sans qu'il lui fût possible de placer jamais une espérance à côté de ses désirs; la froide uniformité de sa vie, dans cette maison où tout contrastait avec ses penchants et ses goûts, pesait à son caractère indépendant et aventureux; il ne voyait derrière lui qu'un passé monotone et triste, devant lui qu'un avenir vide et sombre; rien ne le retenait dans la vieille Prusse; il acquiesça donc assez facilement aux projets qu'une prudente sollicitude avait formés pour lui; il quitta sa ville natale, et traversa sans regrets un pays plat et nu et des campagnes indigentes qu'attristent plutôt qu'ils ne les animent quelques maigres troupeaux qui cherchent une rare nourriture dans des plaines sablonneuses et stériles, auxquelles succédèrent bientôt, pour consoler ses regards, les perspectives pittoresques et les riants paysages de la Silésie.

Après avoir parcouru les montagnes qui bordent cette fertile contrée, il se rendit à Dresde dont il visita la riche galerie de tableaux avec l'intérêt curieux d'un artiste; puis il reprit sa route, s'acheminant lentement vers sa destination. Les distractions que lui apportait la contemplation d'un pays inconnu et d'objets nouveaux plaisaient à son imagination réveillée, et les austères devoirs qui l'attendaient au terme de son voyage n'avaient pas un assez puissant attrait pour qu'il se refusât le plaisir d'allonger sa route et qu'il fût bien pressé d'arriver. Il rencontra sur son chemin un de ces établissements de bains, si communs en Allemagne, où, de tous les points de l'Europe, viennent chaque année s'abattre des nuées de voyageurs, riches oisifs, qui, pour la plupart, n'apportent là qu'une seule maladie véritable, l'ennui, dont ils essaient de se guérir en la traînant dans les salons de danse et de concerts, et surtout autour des tables de jeu. Hoffmann, attiré par la nouveauté du spectacle, s'arrêta dans cette ville, et cédant à une invincible tentation il aventura quelques thalers sur le tapis vert où la roulette étalait le perfide appât de ses chances variées. La fortune sourit à son inexpérience. Il semblait qu'un démon familier lui livrât tous les secrets du hasard; chaque coup venait ajouter à son opulence imprévue; l'or et l'argent s'amoncelaient devant lui, et quand sonna l'heure de la retraite il avait gagné une somme considérable. A l'instant où il allait se retirer avec son trésor, un vieux joueur s'approcha et lui dit: « Je vous félicite de votre bonheur, jeune homme! Avec un peu plus d'expérience et d'habileté vous auriez fait sauter la banque. Vous voilà bien content! Mais le diable est encore plus content que vous. Il vient de vous amorcer; de ce moment, vous lui appartenez, et il sait où il vous conduira! » Ce peu de mots, le ton à la fois triste et convaincu dont ils étaient prononcés, firent une vive impression sur le jeune homme. Il se promit de donner un démenti à la sinistre prédiction; au bout de quelques heures il était parti, et, de ce jour jusqu'à sa mort, jamais il ne toucha une carte, jamais il ne risqua un écu à un jeu de hasard. Le diable en fut pour ses frais.

A la suite d'excursions et de détours que lui rendait faciles cette caresse inattendue de la fortune, Hoffmann, arrivé enfin à Glogau, accepta résolument près de son oncle les devoirs et les études auxquels le condamnait le soin de son avenir. Ce respectable et savant magistrat accueillit son neveu avec une affectueuse bonté. Il n'avait rien de la rudesse pédantesque de son frère de Kœnigsberg, ni de cette austérité glaciale qui avait assombri les premières années du jeune étudiant. Celui-ci, encouragé, soutenu par la sollicitude éclairée, mais indulgente, qui dirigeait ses efforts, fit des progrès rapides, et sans renoncer à la culture des arts vers lesquels une secrète vocation l'entraînait toujours, il acquit des connaissances précieuses dans le droit et la jurisprudence. Bientôt son oncle fut appelé à Berlin pour y occuper un poste plus élevé; Hoffmann l'y suivit, et pendant deux années y continua ses travaux avec une laborieuse assiduité. Il en reçut le prix et fut envoyé comme assesseur à Posen; c'était en 1800; il avait alors vingt-quatre ans.

Seul et abandonné à lui-même dans cette ville, libre de tout contrôle et de toute surveillance, il ne tarda pas à se relâcher de ses habitudes studieuses et se jeta avec l'ardeur de son âge dans des plaisirs de tout genre, en compagnie des jeunes nobles polonais, qui le recherchaient et l'aimaient pour la vivacité de son esprit et la gaieté de son caractère. Mais le châtiment ne se fit pas attendre. Un jour, il distribua dans un bal des caricatures fort plaisantes qu'il avait composées, et qui réjouirent toute la ville, hormis pourtant les personnages considérables dont elles reproduisaient les ridicules. Le magistrat dut expier les torts du malicieux dessinateur; on jugea, non sans raison, que ses joyeusetés épigrammatiques n'étaient guère en harmonie avec la gravité de ses fonctions ; une disgrâce s'ensuivit, et il fut relégué près d'un tribunal inférieur dans la petite ville de Plotzk. Il avait séjourné deux ans à Posen; le temps et l'éloignement avaient éteint peu à peu dans son cœur cet amour devant lequel s'était dressée l'infranchissable barrière de l'impossible, et il venait d'épouser une gracieuse et jolie Polonaise lorsque le frappèrent les inimitiés puissantes qu'avait provoquées sa verve de caricaturiste. Sa jeune femme l'accompagna dans son exil, et les soins d'une tendre affection en adoucirent pour lui les rigueurs.

Devenu plus sage et plus réservé, il changea complétement sa vie, se remit au travail sans regret et sans distractions, s'acquitta des devoirs de sa charge avec zèle et conscience, et, dans ses instants de loisir, revenant à ses goûts favoris, il écrivit une comédie, composa plusieurs sonates, et fit pour des couvents de la musique religieuse qui y fut exécutée avec un vrai succès. Au mois de septembre 1803, son oncle de Berlin mourut. Il en reçut la nouvelle à Plotzk, et de ce moment date cette irritabilité nerveuse qui eut une si grande influence sur la nature et le genre de ses ouvrages. Cet oncle, qui s'était montré pour lui un guide bienveillant et sûr, lui était cher ; il vénérait sa mémoire; il eut peine à s'accoutumer à l'idée d'une éternelle séparation; souvent il croyait l'apercevoir à son côté et lui parlait ; il entendait une main invisible qui frappait doucement à sa porte, et alors son imagination ébranlée s'attendait à le voir paraître.

En 1804, Hoffmann obtint de l'avancement et fut envoyé à Varsovie. Le singulier mélange dont se composait alors la population de cette ville le frappa vivement ; les contrastes qu'offrait sans cesse cette foule de sales juifs et d'élégants gentilshommes, de moines encapuchonnés se croisant dans les rues avec de jolies femmes au maintien coquet, à la démarche leste et pimpante, de vieux Polonais vêtus de l'ancien costume national, et de jeunes hommes richement habillés à la moderne, étaient pour lui un sujet de constante surprise et de curieuse attention. Là, son dilettantisme s'accrut par les aliments qu'il rencontra. Une société musicale se forma, et naturellement Hoffmann en fut un des premiers membres, en même temps qu'un des plus zélés. Il peignit lui-même à fresque les murs du palais où elle s'installa, et se fit le directeur de l'orchestre. Il consacrait avec une telle ardeur à ces occupations qui lui promettaient des plaisirs, toutes les heures que ses fonctions de magistrat lui laissaient, que le bruit du canon d'Iéna ne put l'en distraire. Mais les événements marchaient vite à cette époque, et les victoires de Napoléon renversèrent à la fois la position sociale d'Hoffmann et ses espérances de dilettante. Varsovie échappa à l'autorité de la Prusse; toutes les administrations furent licenciées ; le pauvre magistrat perdit son emploi, et, pour comble de maux, il fut atteint d'une fièvre nerveuse qui le conduisit aux portes du tombeau.

Rendu à la vie, il quitta la Pologne avec sa femme et sa petite fille, et se dirigea vers Berlin, emportant, pour unique fortune, trois opéras composés à Varsovie, et un peu d'argent, fruit de ses épargnes. Dans une auberge, sur sa route, d'adroits larrons lui volèrent son argent et respectèrent ses manuscrits : c'était lui enlever la réalité pour ne lui laisser que l'espérance. C'est avec ce mince bagage qu'il rentra dans la capitale de la Prusse.

Les désastres de la campagne de 1806 avaient tout bouleversé dans le royaume, et les malheurs publics, se joignant aux malheurs particuliers, ne permettaient guère à Hoffmann de se créer les ressources dont il avait pourtant le plus pressant besoin. Il eut beau chercher, il ne trouva d'occupation ni comme magistrat, ni comme peintre, ni comme musicien. Sur ces entrefaites, sa fille meurt et sa femme tombe gravement malade. Chaque jour ajoute à ses angoisses et à son dénûment, et, réduit aux abois, il se décide à demander par la voie des journaux une place de chef d'orchestre. Le comte de Soden lui offre cet emploi à Bamberg; il accepte avec empressement et se rend dans cette ville en 1808. Mais le sort ne se lasse pas de le poursuivre : cette entreprise théâtrale ne réussit point, et privé encore de cette ressource si tardivement obtenue, Hoffmann revient au point d'où il était parti, et donne des leçons de musique qui le font vivre tant bien que mal. C'est alors qu'il établit des relations avec Rochlitz, directeur de la *Gazette musicale de Leipzig*. Il lui envoya la *Biographie du maître de chapelle Kreissler*, et un article sur Beethoven. Ces deux productions obtinrent un véritable succès, qui, en commençant sa réputation littéraire, eut pour résultat immédiat de l'arracher à ses embarras d'argent. En 1810, son ami Holbein ayant pris la direction du théâtre de Bamberg, Hoffmann consacra ses talents et ses efforts à la prospérité de l'entreprise : il se fit à la fois décorateur, machiniste et chef d'orchestre. Il introduisit plusieurs pièces de Caldéron sur le théâtre allemand, composa de nouveaux opéras, écrivit son *Analyse du Don Juan de Mozart*, morceau justement admiré, et les *Idées de Kreissler sur la musique*, travail remarquable qui fit alors une grande sensation, et malgré ces fonctions si diverses, ces occupations si multipliées, son activité prodigieuse trouva encore le temps de peindre à fresque la tour du château d'Altembourg.

Mais nous avons hâte d'arriver à l'époque où Hoffmann entre enfin dans la voie au bout de laquelle il doit rencontrer fortune et renommée. Nous le laisserons donc abandonnant le théâtre de Bamberg après la retraite de son ami Holbein, et parcourant la Saxe, où il exerce les fonctions de chef d'orchestre tantôt à Leipzig, tantôt à Dresde. Nous nous arrêterons à peine avec lui, dans cette dernière ville, alors qu'assistant aux mémorables événements de l'année 1813 il suit d'un œil attentif les sanglantes revanches que sa patrie commence à prendre des longues victoires de Napoléon, et qu'il va visiter les champs de bataille, écrivant son journal et recueillant ses souvenirs. Encouragé par les premiers succès de sa plume, il se livre aux folles rêveries de son imagination, et ouvrant cette série de contes et de nouvelles, dont la vogue va être si retentissante, il publie en 1814 le *Pot d'or* et *l'Elixir du diable*, en même temps qu'il compose son opéra d'*Ondine*. Le bruit que faisait déjà l'ingénieux conteur ramena l'attention du gouvernement sur le magistrat sans emploi, et rappelé à Berlin, Hoffmann fut nommé conseiller près du tribunal d'appel.

Les jours pénibles étaient passés; la fortune allait sourire désormais à toutes ses tentatives. L'Opéra d'*Ondine*, joué sur le théâtre de Berlin, obtint de vifs applaudissements, et à dater de l'année 1816 ses livres furent tellement recherchés et lus si avidement, que les libraires assiégeaient sa porte, mettant à l'enchère les fantastiques récits qu'il créait avec une fécondité merveilleuse. Cette prospérité soudaine changea tout à coup la vie d'Hoffmann. Il était de ces hommes qui résistent mieux à l'adversité qu'aux succès. Cette nature mobile, ce tempérament nerveux, cette âme ouverte à toutes les impressions, ne surent point se tenir en garde contre la séduction des plaisirs, et imposer un frein à des désirs immodérés. Il prit l'habitude de boire outre mesure, et chaque soir il allait s'établir dans une taverne, où, au milieu des bouteilles et d'un cercle nombreux qui venait l'entourer, il s'abandonnait à la double excitation du vin et de son imagination. Cette taverne est restée célèbre; le souvenir d'Hoffmann s'y conserve précieusement, et nous, qui écrivons aujourd'hui ces lignes, nous avons pu, il y a deux ans à peine, assis à cette même place où l'éblouissant conteur enchaînait la foule auprès de lui, interroger quelques-uns de ses auditeurs habituels qui lui ont survécu, et qui aiment à se rappeler les joyeux moments que leur jeunesse dut à sa verve intarissable. La présence d'Hoffmann devint une source de fortune pour le cabaretier. Tout Berlin était curieux de voir et d'entendre l'auteur dont les inventions bizarres, les fantastiques créations et les effrayantes légendes donnaient à ses lecteurs des émotions si violentes et de si romantiques cauchemars. Il se montrait, dans ses instants d'ivresse, qui se renouvelaient tous les soirs, étincelant d'esprit, de gaieté, d'originalité folle. Mais cette vie devait avoir pour lui des conséquences fatales. Il ne put résister longtemps à cette perpétuelle surexcitation, et vers la fin de 1821 il commença à s'affaisser et à languir.

Il avait successivement lancé dans le monde, outre les deux nouvelles citées plus haut, les *Tableaux nocturnes*, les *Frères de Sérapion*, la *Princesse Brambilla*, le *Chat Mürr*, *Martin le tonnelier*, le *Majorat*, *Cardillac*, les *Tableaux fantastiques*, les *Souffrances d'un directeur de théâtre*, etc. Le *Chat Mürr* n'est point terminé. L'action devait se partager entre l'histoire du *chat* et celle de *Kreissler*. Ce Kreissler, qui n'est autre qu'Hoffmann lui-même, qui a pris plaisir à donner sa biographie et à tracer son portrait sous ce nom, offre la peinture animée et vivante d'une âme sérieuse, enthousiaste et pure, constamment en guerre avec la réalité et aboutissant à la folie. Ce personnage présente des analogies frappantes avec quelques-uns des personnages créés par Jean-Paul, et lorsqu'il parut il eut sur les intelligences une influence fâcheuse, qu'on pourrait presque comparer à celle qu'exercèrent, au commencement de ce siècle, le *Werther* de Goëthe et les *Brigands* de Schiller, bien que les suites en aient été moins funestes. Une foule de jeunes gens, cherchant leurs propres traits dans ceux du rêveur dessiné par Hoffmann, et prenant pour une juste appréciation d'eux-mêmes les fumées de leur orgueil et les songes d'une imagination exaltée, se persuadèrent qu'ils étaient des êtres supérieurs méconnus et des génies incompris. Nous en connaissons, de nos jours, qui ne sont pas encore guéris de cette infirmité.

Attaqué d'une paralysie partielle qui fit des progrès rapides et qui bientôt atteignit la moelle épinière, Hoffmann passa quelques mois en proie à de cruelles souffrances, et pourtant, au milieu des douleurs causées par le moxa, il conserva toujours la liberté de son esprit et son originale gaieté. Son courage était soutenu par un violent désir de vivre. Épicurien et panthéiste, il ne voyait rien au delà de cette vie et tâchait de s'y rattacher. Si l'écrivain aimait à se jeter dans un monde invisible, dont il évoquait les fantômes qui s'emparaient de son organisation nerveuse et souvent lui faisaient peur à lui-même pendant qu'il les créait, les croyances de l'homme ne s'étendaient pas plus loin que cette terre, et il supportait avec énergie les remèdes douloureux qui pouvaient y prolonger son séjour. Tout fut inutile : il expira le 25 juin 1822, à l'âge de quarante-six ans.

Les livres d'Hoffmann ne se distinguent point par ces mérites supérieurs, cette élévation de pensées, cette profondeur d'observation, ce cachet du génie, qui assurent l'immortalité aux œuvres d'un écrivain; mais ils plairont longtemps aux imaginations vives, aux esprits amoureux du merveilleux. On y remarque une grande fécondité d'invention, beaucoup d'esprit, de verve et de ce que nos voisins appellent *humour*. Ils captivent, ils émeuvent le lecteur, qu'ils emportent vers des régions fantastiques, peuplées d'êtres mystérieux qui l'attirent, le fascinent et l'entraînent. Ajoutons qu'on trouve dans plusieurs de ces livres des tableaux d'une vérité frappante, des descriptions à la fois exactes et colorées, et souvent des récits merveilleusement faits.

Les œuvres musicales d'Hoffmann furent nombreuses et variées. Elles se composent de simphonies, de trios, de quatuors, d'un *Miserere*, d'un *Requiem*, des chœurs faits pour une tragédie de Werner (*la Croix sur la côte de la Baltique*), d'un opéra en quatre actes (*la Coupe de l'immortalité*), d'un autre opéra, en trois actes (*Amour et jalousie*), du *Chanoine de Milan*, en un acte, et d'*Ondine*, opéra en trois actes. L'auteur de *Freychütz*, le célèbre Wéber, a porté un jugement très-favorable sur ces diverses compositions, et principalement sur la dernière que nous venons de nommer.

On doit s'étonner de la prodigieuse facilité d'Hoffmann en songeant à la quantité d'œuvres, soit littéraires, soit musicales qu'il a produites en si peu d'années, et auxquelles il faut joindre d'innombrables dessins, caricatures, peintures à fresque, ainsi que les travaux de sa charge de magistrat, qu'il accomplissait avec un religieux scrupule. L'étonnement redouble quand on se rappelle ses fréquentes maladies, ses déplacements réitérés, les préoccupations et les soucis qu'engendrèrent ses vicissitudes de fortune, et enfin les habitudes de plaisir et de débauche qui dans ses dernières années, dévoraient toutes ses soirées et une grande partie de ses nuits. On se demande où il a pris le temps d'écrire tout ce qu'il a laissé, et l'on regrette qu'il ait éteint si tôt, en les profanant dans l'orgie, tant de dons naturels, des facultés si précieuses et si rares.

Une observation nous frappe, en terminant : c'est que les bizarres inventions d'Hoffmann obtenaient la vogue au moment même où les romans historiques de Walter Scott étaient accueillis avec un enthousiasme général. La foule des lecteurs se précipitait avec une ardeur égale vers les peintures si scrupuleusement empreintes de vérité du romancier écossais, et les fantastiques rêveries du conteur allemand ; elle se plaisait à parcourir en même temps le monde réel que l'un faisait revivre, et le monde imaginaire qu'enfantait l'autre, donnant ainsi un démenti à ces vers du poëte :

> L'homme est de glace aux vérités,
> Il est de feu pour les mensonges.

La vérité, cette fois, n'avait pas moins de succès que la fiction.

ANCELOT,
de l'Académie française.

CINABRE.

I.

Au bord d'un champ de genêts fleuris, que baigne, en fuyant vers le nord, l'eau rêveuse du Rhin, près d'un village dont les toits épars s'enfoncent, comme des nids d'alouettes, sous des massifs de verdure embaumée, une femme jeune encore, aux traits doux, mais flétris par la misère, venait de tomber, en plein soleil, à côté du fardeau de bois mort qu'elle avait péniblement ramassé dans les broussailles voisines.

« — Hélas! disait en pleurant l'infortunée créature, Dieu n'aura-t-il jamais pitié de moi ! voilà trois ans que mon homme, en allant à sa vigne, trouvait sur la route un sac d'argent dont le bon emploi nous promettait quelque aisance. Il achète un coin de terre, avec une maisonnette, et, à peine installés, voilà que tous les malheurs nous arrivent. Un orage coupe nos récoltes, le feu dévore la grange ; des créanciers sans pitié nous dépouillent du reste, et, pour comble de désolation, je mets au jour un petit monstre qui fait la risée de tout le monde. Ah ! c'est trop de chagrin pour une seule vie ! mon Dieu ! mon Dieu ! que je voudrais mourir !.. »

En achevant cette plainte mêlée de sanglots, la paysanne cacha son front dans ses mains, et pleura si longtemps, qu'épuisée par la chaleur et la soif, elle s'endormit peu à peu, d'un sommeil qui ressemblait à l'évanouissement.

Tout près d'elle rampait sur l'herbe, avec des grognements de chat, une petite masse de chair affublée de haillons. Figurez-vous une tête en forme de melon chevelu, d'où se détacherait, entre deux yeux ronds et rouges, un nez en bec de cigogne, rabattu sur une bouche taillée jusqu'aux oreilles. Cette tête, couturée de rides comme l'écorce des vieux chênes, s'emboîte, sans cou, dans un buste sculpté en courge, et que terminent deux minces fuseaux qui lui tiennent lieu de jambes. Si cette hideuse machine n'avait pas eu de mouvement, on eût pu la prendre pour une souche d'arbre noueux, ou pour un gros radis fendu.

En ce moment vint à passer, au retour de sa promenade quotidienne, une jeune femme admirablement belle, et aussi célèbre, dans toute la contrée, par ses bienfaits que par les grâces ravissantes de sa personne.

C'était mademoiselle de Rosabelverde, chanoinesse d'un chapitre dont la noblesse orgueilleuse prétendait remonter aux Croisades.

Le triste spectacle qui s'étalait à ses yeux éveilla dans son cœur une émotion compatissante. Elle s'arrêta et parut réfléchir. « Pauvres gens, murmurait-elle à voix basse, je lis votre avenir ; mais je ne puis le changer. Le ciel, qui distribue les destins, vous réserve jusqu'à la tombe une vie d'épreuves et de fréquente détresse. L'argent vous serait un secours inutile, car il n'adoucirait vos privations que pour les rendre ensuite plus pénibles. Travaillez donc, et que la résignation vous soit légère ! Quant à cet enfant difforme, il ne lui est pas même permis de racheter sa laideur par les dons de la force, ou de l'intelligence ; mais j'essaierai de le protéger, pour qu'il vous soit moins à charge. »

Et se penchant vers l'avorton, qui s'était accroupi presque sous les jupes de sa mère, la chanoinesse étendit lentement et doucement les mains, à plusieurs reprises, sur la forêt de cheveux roux dont il s'enveloppait. Sous ses passes magnétiques, cette crinière enchevêtrée se démêla peu à peu, et se partagea en deux bandeaux, soyeux et lisses, qui ondoyèrent en boucles fines. Cette opération faite, mademoiselle de Rosabelverde tira de sa poche un flacon plein d'une eau dorée, en aspergea la mère et l'enfant, et s'éloigna d'un pas rapide, en descendant un chemin creux à l'angle duquel elle disparut.

La pauvre paysanne ne s'éveilla qu'au coucher du soleil, toute surprise de sentir une force inconnue, qui pénétrait ses sens d'une vie nouvelle et d'un bien-être ineffable. « O doux Jésus! s'écria-t-elle, que je vous bénis du repos que vous m'avez envoyé! Ce sommeil réparateur m'a rafraichi le sang et rendu le courage. Allons, petit Zach, lève-toi, nous n'avons que le temps de gagner notre chaumière avant la nuit. Eh, mais, bonté divine! qui donc t'a peigné si joliment pendant que je dormais? c'est un ange ou le diable en personne : Dieu le bénisse en tout cas! Allons vite, vite, petit, grimpe derrière moi, sur mon fagot... »

Et la paysanne se rechargeait, sans plus songer au poids qui l'avait accablée. Mais le petit Zach, au lieu d'obéir, se prit à sauter sur l'herbe comme une grenouille gonflée, en répétant d'une voix très-claire, avec mille grimaces : « — Je ne veux plus être à cheval sur ce fagot, je veux courir. »

« — Miséricorde! il ne grogne plus, il parle en vraie personne naturelle, et il marche comme s'il avait des jambes! oh! oh! puisque tu gazouilles si bien, et que tu sautes encore mieux, tu devrais bien aussi changer de figure! mais le bon Dieu ne te fera pas cette grâce. Allons, que sa sainte volonté soit faite! » Et en disant cela, la femme l'entraîna par la main, et se remit en route, d'un pied ferme et dispos.

En passant devant l'église du village, elle rencontra le pasteur qui prenait le frais sur un banc de pierre, en jouant avec un bel enfant aux cheveux blonds, à peine âgé de trois ans. « Eh! bonsoir, mère Lise, lui dit-il avec un doux sourire; venez-vous de loin, si chargée? Reposez-vous donc une minute; ma gouvernante va vous verser un coup de vin. »

Mère Lise ne demandait pas mieux; elle jeta son fagot devant la porte, mais ce mouvement fut si brusque, que maître Zach, qui se cramponnait à ses jupes, fit une pirouette et alla rouler dans les jambes du pasteur. « Ah! le délicieux enfant que vous avez là, mère Lise, dit l'homme de Dieu en relevant l'avorton; comme vous devez être heureuse de ce présent du ciel! ce petit ange est une bénédiction sur votre ménage! »

La paysanne resta stupéfaite, et regarda le pasteur avec des yeux effarés; elle le crut fou. De son côté, le petit Zach se débattait comme une araignée, et, poussant des cris rauques et sauvages, il s'efforça d'égratigner le nez du pieux vieillard qui voulait l'embrasser. « — Oh! la maudite bête! » s'écria Lise, pourpre de honte et toute déconcertée.

« — Comment donc, répliqua le pasteur, pouvez-vous traiter de la sorte un petit être si merveilleusement gentil? tenez, je le vois bien, vous êtes une mauvaise mère; eh bien, je veux me charger de cet enfant; laissez-le-moi, je l'élèverai, je l'instruirai, j'en ferai un homme accompli, tandis que, chez vous, il s'étiolerait dans la misère et la stupidité! »

« — Mais, monsieur le pasteur, reprit la paysanne hors d'elle-même, malgré tout le respect que je vous porte, vous vous moquez des gens ou vous avez la berlue! que feriez-vous jamais de cet affreux petit singe qui ne sait que grogner, griffer et mordre? »

« — Allez, vous êtes folle, ou indigne des dons de Dieu! s'écria, en se levant, d'un air sévère, le digne ecclésiastique; ce que j'ai dit est bien dit; ne vous inquiétez plus de cet enfant; je l'adopte avec joie, et je vous en ôte le souci. »

A ces mots, il emporta dans ses bras le petit Zach, qui grognait comme un chien hargneux, et rentra au presbytère, dont il ferma la porte au nez de Lise. « Décidément, se dit la paysanne, en reprenant son fardeau de ramée, notre pasteur a perdu la tête; mais je serais bien sotte de le contrarier. Qui vivra verra. Mon homme sera fièrement aise de la bonne aubaine qui nous arrive, et les gens du village ne me montreront plus au doigt. »

II.

Cette scène un peu étrange m'oblige de confier au lecteur, avant d'aller plus loin, certaines révélations sur la mystérieuse chanoinesse qu'il vient d'entrevoir.

Douée d'un port de reine, cette belle personne unissait à la majesté des formes une physionomie dont la bienveillance ordinaire se voilait parfois d'une ombre sinistre, surtout dans les temps d'orage. Mais pendant toute la saison des roses, quand le ciel était pur et doux, son visage gardait une expression ravissante qui séduisait tous les cœurs. Elle paraissait avoir tout au plus vingt-cinq ans, et néanmoins les vieillards de la contrée affirmaient, avec une secrète terreur, qu'ils la connaissaient depuis leur enfance. Nul ne pouvait d'ailleurs expliquer comment le temps restait sans effet sur sa jeunesse et sa beauté. On lui attribuait le secret de faire éclore à volonté, sur les terrains les plus arides, les plus magnifiques rosiers à cent feuilles qui eussent jamais fleuri dans un jardin royal. On disait encore que, dans ses promenades solitaires, elle conversait tout haut avec des êtres invisibles dont les voix lui répondaient. Un jeune forestier du voisinage prétendait même l'avoir aperçue au fond d'un bois, folâtrant avec des oiseaux bizarres et inconnus dans la contrée, qui semblaient lui chanter des histoires dont elle riait aux éclats.

J'ajoute, dût-on m'accuser d'une indiscrétion di-

Provocation adressée à Fabian par Cinabre.

plomatique, que le très-haut baron Prætextatus de Mondenschein, intendant des domaines du chapitre dont mademoiselle de Rosabelverde faisait partie, avait procédé à son admission par ordre exprès du prince régnant. Mais ce digne personnage ne savait que penser d'un tel ordre, car il avait compulsé vingt fois toutes les généalogies de la noblesse d'Allemagne et les chroniques les plus rares, sans découvrir la moindre trace de la glorieuse et puissante maison dont mademoiselle de Rosabelverde devait être issue, pour obtenir les honneurs du canonicat. Désespéré de ses recherches stériles, et ne pouvant se décider à enfreindre ouvertement les us et coutumes de cette institution féodale, il avait supplié la chanoinesse de changer au moins son nom en celui de Rosenschœn, appartenant à une famille disparue, et dont il pourrait lui prêter, sans obstacle, les trente-deux quartiers héraldiques, pour justifier son inscription sur le registre chapitral. Elle avait répondu en lui riant au nez : « Faites ce qu'il vous plaira, cher baron. Il n'en poussera pas une rose de moins dans mon parterre, ni un cheveu de plus sur votre crâne fêlé. » Le baron furieux s'était vengé de cette raillerie en faisant circuler de tous côtés certaines rumeurs soupçonneuses auxquelles il mêlait le mot de sorcellerie. Des anecdotes malignes s'amassèrent peu à peu, comme un orage lointain. Une femme jalouse de la beauté de mademoiselle de Rosenschœn, soutenait effrontément que toutes les fois que la chanoinesse éternuait un peu fort à sa fenêtre, le lait tournait dans tout le pays. Une autre affirmait que le fils du maître d'école, surpris par la chanoinesse à voler des fruits dans le cellier du chapitre, était resté la bouche béante pendant trois jours. Tout le monde enfin se persuada que la redoutable demoiselle commandait au feu et à l'eau, jetait des sorts sur les gens qui lui déplaisaient, et s'en allait chaque nuit au sabbat, à cheval sur un serpent noir qui vomissait des flammes bleues. Ces caquets de la malveillance furent poussés si loin, qu'un beau jour les esprits forts du voisinage formèrent le dessein d'aller assiéger le chapitre, d'y saisir la belle sorcière et de la jeter à l'eau avec une pierre au cou, sans autres formes de procès.

Mademoiselle de Rosenschœn, avertie à temps du péril qui la menaçait, s'enfuit à la résidence du prince régnant, pour lui porter ses plaintes; et M. le baron Prætextatus reçut une dépêche ministérielle qui le traitait d'imbécile, en lui enjoignant de mettre en prison pour huit jours, au pain sec, les malotrus qui s'étaient proposé de faire prendre un bain forcé à une chanoinesse. Cette simple mesure d'ordre public dispersa les conjurés.

Le prince savait fort bien, par les archives secrètes de l'État, que mademoiselle de Rosenschœn

Balthazar l'amant désolé de Candida.

n'était, en réalité, rien moins que la fée Rosabelverde, célèbre sous le règne de son père Démétrius. A cette époque, en effet, la principauté était un vrai paradis terrestre, dans lequel tout le monde jouissait d'une parfaite félicité, de la plus riche abondance, et d'une paix inaltérable, sans que le pouvoir eût à se mêler de rien.

Du vivant de son père, le prince Paphnuce, héritier présomptif de l'État, prétendait cependant que le gouvernement n'avait pas le sens commun, parce que les choses allaient toutes seules. Aussi voulût-il, dès son avénement, tout bouleverser, sous prétexte de réformes. Le premier décret du nouveau souverain éleva M. André, son valet de chambre, au poste de premier ministre. Cette faveur était bien méritée, car le fidèle serviteur avait jadis prêté à son maître trois florins, pour payer son écot dans une auberge située au delà de la frontière, certain jour que monseigneur avait oublié sa bourse, comme un simple mortel.

« — Mon ami, lui dit Paphnuce, l'État, c'est moi. Pour régner, comme je l'entends, il me faut des hommes tels que toi. Je veux t'associer à ma gloire. Il s'agit de répandre les lumières du progrès au sein du peuple qui m'a prêté serment de fidélité... »

« — Ah! monseigneur!.. s'écria le nouveau premier ministre en tombant à genoux, vous serez, dans l'histoire, plus grand que Charlemagne, et Louis XIV, s'il vivait encore, ne s'élèverait pas à la hauteur de votre jarretière. Vous allez décréter votre immortalité! »

« — C'est une idée, mon garçon, » reprit Paphnuce en aspirant une grosse pincée de tabac d'Espagne, « mets-toi vite à cette table et écris : « Nous, Paphnuce Ier, par la grâce de Dieu, prince souverain, décrétons ce qui suit : Dès aujourd'hui les lumières sont introduites dans toute l'étendue de nos États; mandons et ordonnons à chacun de se conduire en conséquence. Le présent décret sera affiché en tous lieux, et proclamé à son de trompe. »

« — Mais, prince, cela ne peut pas aller ainsi !.. » s'écria le valet-ministre, en jetant la plume.

« — Hein ? qu'est-ce à dire ?... »

« — Permettez, monseigneur, à votre fidèle ministre, d'exposer à Votre Altesse qu'avant d'introduire les lumières, c'est-à-dire doubler les impôts pour vos menus plaisirs, établir la conscription pour vous faire une garde, bâtir une maison de force pour loger les ennemis du progrès, et un collége pour enseigner aux enfants de vos sujets l'art de conspirer contre vous en lisant l'histoire romaine ; avant, dis-je, d'ordonner toutes ces grandes choses qui élèveront l'État à la hauteur des royaumes voisins, il est indispensable d'en chasser tous les gens qui se permettraient de séduire votre peuple, en dénigrant à ses yeux l'avantage de ces institutions. »

« — Tu parles comme un livre, reprit Paphnuce ; j'ai choisi en toi un ministre sans pareil. Eh bien, il faut proscrire ces ennemis des lumières... mais où sont-ils ? »

« — Ce sont les fées, monseigneur. »

« — Les fées !.. » s'écria le prince en ouvrant des yeux effarés.

« — Oui, monseigneur, et malgré le bienveillant préjugé qui les a maintenues jusqu'ici sous votre protection, souffrez que je déclare que ces perfides créatures tiennent, de temps immémorial, ce pays dans l'obscurantisme. Elles distillent sur toutes les familles un poison narcotique dont l'effet est de plonger les gens dans une fatale insouciance. Elles se promènent dans les airs, et si vous faites, par exemple, un tarif de douanes pour attirer des écus dans vos coffres, elles sont capables de jeter, par la cheminée, dans la maison de tout citoyen peu scrupuleux sur ses devoirs envers vous, des marchandises qui n'auront pas payé de droits ! Il faut donc au plus vite les renvoyer dans le pays des *Mille et une Nuits*. »

« — Ah ! diable ! c'est aisé à dire, reprit le prince Paphnuce ; mais ce pays des *Mille et une Nuits* est peut-être bien loin. Je ne l'ai jamais trouvé sur ma géographie ; et puis, si ces gaillardes qui voltigent si bien ne veulent pas déguerpir ? Et si du haut des nues elles soulevaient mon peuple ? »

« — Nous tâcherons de les surprendre, ajouta le ministre, en les faisant arrêter à domicile pendant la nuit, par la police secrète, quelques heures avant la publication du décret. »

« — Tu es un homme lumineux ! s'écria Paphnuce. Je me repose sur toi du succès, et je vais me coucher.... »

L'exécution de ce coup d'État n'avait point tardé. Mais la fée Rosabelverde, échappée seule aux limiers de la police, s'était enfuie dans les bois, avec un précieux talisman qui lui prêtait des séductions irrésistibles. Elle rencontra un jour le prince à la chasse, et lui demanda la faveur d'entrer dans un chapitre noble, où elle jouirait du privilége de rester à l'abri de l'invasion des lumières, promettant, en échange, de ne point s'occuper de politique.

Le prince, charmé de ses grâces, ne put s'y refuser, malgré les représentations du premier ministre. Il allait même souvent la visiter *incognito*, et cela nous explique assez pourquoi le baron Prætextatus faillit tomber en disgrâce pour s'être permis de la molester.

III.

Le prince Paphnuce ne vécut pas assez longtemps pour jouir des splendides institutions dont son valet de chambre avait doté ses États. Il mourut jeune et fut peu regretté. Mais un de ses parents, le prince régnant actuel, avait pieusement hérité de son pouvoir et de ses projets. Vingt ans après, la ville de Kerepes, capitale de la principauté, possédait une fameuse université, dont le professeur le plus remarquable se nommait Mosch-Terpin. Cet homme érudit faisait le cours d'histoire naturelle. Il avait découvert, entre autres merveilles scientifiques et à la suite d'une foule de curieuses expériences, que la nuit résulte de l'absence du jour. Ce trait de génie l'avait fait décorer, et l'amphithéâtre, où il donnait ses leçons, regorgeait d'écoliers dignes de marcher sur ses traces.

L'un d'eux, Balthazar, fils de bonne bourgeoisie, était un beau blond de vingt-trois à vingt-quatre ans, svelte et bien pris, avec un visage de jeune fille, des cheveux bouclés, ruisselant à flots d'or, et des yeux dont l'éclair s'éteignait de temps en temps sous les voiles d'une pâle mélancolie. Sa jaquette de velours noir tailladé, avec des manchettes garnies de fraîches dentelles, et une toque à plume rouge, lui formaient un costume élégant à ravir. En sortant du cours de Mosch-Terpin, au lieu de courir les tavernes et les salles d'armes, comme ses turbulents condisciples, il s'en allait, d'un pas rêveur, vers un petit bois peu distant de la ville, et dont il adorait les sentiers pleins d'ombre et de silence.

Un jour, son ami Fabian, de deux ans plus jeune, cervelle étourdie et cœur toujours joyeux, se mit en tête de faire la guerre à cette habitude excentrique. « — Holà ! lui cria-t-il en courant après lui, holà ! cher Balthazar, il y a temps pour tout. Laisse donc un peu là ton air pensif et tes allures de saint qui mène le diable en terre. Viens tirer une botte avec moi, et, si tu veux, j'irai ensuite faire compagnie à tes méditations ! »

« — Merci, merci, Fabian, répondit Balthazar avec froideur ; chacun peut vivre à sa manière, pourvu qu'elle ne gêne pas autrui. J'aime la solitude, par goût naturel ou par d'autres motifs ; et je t'engage, sans façon ni rancune, à faire choix d'un autre plastron. »

« — Ah ! reprit Fabian, ce n'est point parler en ami, et je ne mérite vraiment pas cette bouderie. Aussi, pour te punir, je ne te quitte point. Si tu refuses de venir à la salle d'armes, je confisque ta personne ; je te suis au bois, au ciel, en enfer, partout, car ta figure me fait peine ; tu as un chagrin caché. La solitude est mauvaise aux âmes qui souffrent. Bon gré, mal gré, je veux te guérir. »

A ces mots, il prit le bras de Balthazar, qui se laissa entraîner sans réplique, mais en dévorant une impatience fiévreuse, tandis que Fabian l'étourdissait par son babil effréné.

Quand ils arrivèrent au bois, parmi les murmures de la feuillée et les chants des oiseaux, Balthazar se prit à respirer; il lui semblait qu'un poids énorme fût tombé de sa poitrine. « — Oh! que je me sens heureux! oh! qu'il fait bon ici! s'écria-t-il en étendant les bras, comme s'il eût voulu presser, dans une étreinte amoureuse, les arbres et les buissons qui l'entouraient. » — N'est-ce pas, Fabian, que tu sens, comme moi, ton cœur s'épanouir et s'inonder d'impressions ravissantes! »

— Ma foi, mon cher, à vrai dire, répliqua Fabian, je ne te comprends pas tout à fait. Je ne suis point ennemi des promenades champêtres, quand elles ont un but utile, tel que celui d'herboriser en compagnie de notre digne professeur Mosch-Terpin, qui connaît tant de choses et qui les explique si bien... »

« — Oh! tais-toi! tais-toi! fit Balthazar avec un geste d'horreur. Ne prononce pas ici le nom de Mosch-Terpin. Je hais cet homme, sans savoir pourquoi. Ses leçons me semblent un blasphème contre la divine nature dont il profane les mystères en voulant les pénétrer. Que de fois j'ai senti, en l'écoutant, des accès de rage qui me poussaient à mettre en pièces ses fioles, ses alambics et tout son attirail de savant! Tandis qu'ici, vois, Fabian, comme le ciel nous sourit; comme ce petit coin de l'univers s'emplit de charme rêveur! On dirait que ces herbes, qu'agite le vent du soir, se racontent tout bas des histoires divines! Mon cœur comprend le langage secret des ruisseaux qui frissonnent sur un lit de blancs cailloux... »

« — Allons, bon! toujours la même ritournelle! s'écria de nouveau Fabian. — O poëte! puisque tu sais si bien te faire un monde à ta guise, et converser avec les éléments, pourquoi daignes-tu t'abaisser à suivre le cours de Mosch-Terpin? »

« — Eh! que te dirais-je, ami? Je suis le jouet d'une puissance occulte... »

« — Cachée dans les yeux bleus de la jolie Candida! Tu n'as pas besoin de le dire; toute l'Université t'a deviné, reprit Fabian. Mais il ne faut pas que cet amour platonique te métamorphose en saule pleureur. Au lieu de courir les bois, à la piste des baisers du zéphyr, viens, retournons à la ville; qui sait si tu n'apercevras pas la jolie fille de Mosch-Terpin, pour échanger avec elle une œillade enflammée dont tu béniras le hasard ou ton étoile... Viens, viens!.. » Et Fabian se mit encore une fois à entraîner Balthazar qui ne lui résista plus.

En sortant des taillis, les deux amis entendirent, sur la route, le hennissement d'un cheval qui arrivait au-devant d'eux, au petit galop de chasse, en soulevant un nuage de poussière. « — Tiens, dit Fabian, voilà une rosse de louage qui s'est débarrassée de son cavalier. Arrêtons cette bête, et tâchons de retrouver l'autre. » Et il s'élança sur le chemin pour barrer le passage. Mais au même instant, le cheval se cabra. Une grosse botte forte, s'échappant de l'étrier et lancée violemment par la secousse, faillit atteindre l'étudiant en plein visage, tandis qu'une petite masse noire, décrochée de la selle, roulait dans le sable entre ses jambes. Le cheval débarrassé ne bougea plus, et se mit à flairer sa victime qui nageait dans une ornière en essayant, pour se relever, mille contorsions inutiles.

Ce personnage exigu ressemblait à une grosse pomme jaune plantée sur une fourchette, et dans laquelle on aurait déchiqueté en causant, au dessert, une espèce de masque humain. Fabian se prit à rire aux éclats, en faisant le tour de cette caricature. Le nabot, ramassant son chapeau avec une grotesque arrogance, lança un regard fauve à l'étudiant et lui cria, d'une voix rauque et fêlée : « — Suis-je sur le chemin de Kerepes? » — « Parfaitement, monsieur, » répondit Balthazar, qui venait de courir après les deux bottes fortes et les présentait, le plus sérieusement possible, au bizarre voyageur. Mais c'était vraie chaussure de géant pour un si petit homme qui s'exténuait en vains efforts pour y rentrer d'aplomb, et retombait sans cesse, le derrière sur le sable.

Balthazar, prenant pitié de sa peine, le souleva de terre en le prenant par les épaules malgré ses trépignements, et lui glissa une jambe dans chaque botte, puis il le porta sur l'étrier. Mais le nain, voulant enfourcher sa bête, manqua son élan et roula de l'autre côté de la selle. « — Ah! cher monsieur, quelle voltige! » s'écria Fabian qui riait aux larmes depuis le commencement de cette scène.

« — *Cher monsieur*, qu'est-à-dire? » miaula sur un ton de chat furieux le petit homme indigné; *cher monsieur!* Me prenez-vous pour un stupide bourgeois? Ne voyez-vous pas que je suis étudiant comme vous, et que demain, à Kerepes, nous pourrions fort bien, si vous n'étiez aussi poltron que malappris, mesurer deux rapières? »

A cette saillie, Fabian n'y tint plus : « — A merveille, seigneur phénomène; et souffrez que je m'excuse en vous remettant à califourchon. » Et saisissant, à bras tendus, son incroyable adversaire qui se démenait comme une sauterelle, il le jeta sur le dos du cheval qui repartit à bride abattue.

« — C'est mal, dit alors Balthazar, d'insulter, comme tu viens de le faire, un pauvre être disgracié de la nature; car, enfin, il peut avoir du cœur, tout comme un paladin, et s'il est vraiment étudiant, tu seras peut-être obligé d'échanger avec lui un coup de pistolet... »

« — De pistolet d'apothicaire, pour lui rafraîchir le sang! Vive Dieu! Balthazar, quel philanthropie tu déploies en faveur de ce crapaud à face humaine! Je te conseille de faire une belle élégie sur les erreurs de la nature. En attendant, je cours à la ville, car l'entrée d'un pareil magot va y faire une émeute! »

Balthazar, heureux de rester seul, reprit le chemin du bois, pour y jeter, à son aise, aux échos, le doux nom de Candida. La brusque franchise de Fabian lui avait révélé tout entier le secret de son cœur. L'idéal de son amour adolescent venait tout à coup de revêtir une forme palpable; mais comment espérer que cet amour de pauvre étudiant pût jamais être agréé par un homme aussi positif et aussi haut placé que le professeur Mosch-Terpin?..

Quand Balthazar rentra le soir, un peu tard, dans Kerepes, chargé de roses sauvages qu'il avait cueillies, en songeant qu'il n'aurait jamais le courage de les offrir à l'ange de ses rêves, il fut bien surpris de se trouver, au coin d'une rue, nez à nez avec le professeur, au bras duquel s'appuyait gracieusement la belle Candida, fraîche et légère comme une liane en fleurs. « — Eh! mon cher élève, dit en souriant M. Mosch-Terpin, nous sommes donc allé au bois, faire un peu de botanique? Vraiment, vous êtes un garçon studieux auquel je m'intéresse. Venez donc me voir, mon bon ami; je vous donnerai des conseils, et je vous montrerai un appareil pneumatique dont je suis l'inventeur. Demain, par exemple, il y aura chez moi un cercle d'amis intimes; on causera physiologie entre deux tasses de thé. Soyez des nôtres; j'en serai charmé. Bonsoir, cher monsieur Balthazar; nous comptons sur vous.»

Cher monsieur Balthazar! *Nous* comptons sur vous! Et Candida venait de sourire!

La foudre tombant aux pieds de l'étudiant ne l'eût pas plus stupéfié; le seuil du paradis, s'ouvrant tout à coup devant lui, ne lui eût pas offert une musique plus adorable que les paroles charmantes qui caressaient encore son oreille et son cœur.

IV.

Le joyeux Fabian qui avait enfilé à toute vitesse un sentier de traverse, avec l'espoir de devancer encore le cavalier nain, ne put le rejoindre que des yeux, au moment où il franchissait la porte de la ville, en compagnie d'un autre personnage de bonne mine, qui maniait avec adresse un coursier de riche encolure. « — Par Dieu, se dit notre espiègle, à quoi sert de me fouler la rate! si ce camarade rabougri se rend à l'Université, comme il le prétend, on lui indiquera pour logis l'hôtel du *Cheval volant*. Je l'y retrouverai bien, quoique ce soit grand dommage de ne point assister au débotté. »

Contre son attente, il trouva, dans les rues, les passants fort tranquilles, et rencontra même, en face du *Cheval volant*, trois ou quatre étudiants qui devisaient entre eux de l'air le plus indifférent; et cependant, le garçon d'hôtel s'occupait à desseller la monture du petit voyageur. « — Comment diable, cria Fabian à l'un de ses camarades, tu n'as pas vu descendre ici, tout à l'heure, un affreux pantin, moitié homme et moitié singe, avec des bottes fortes dont chacune le logerait tout entier? »

« — Nous venons de voir, il y a quelques minutes, répondirent les jeunes gens, deux cavaliers très-élégants et parfaitement montés. L'un d'eux était de petite taille, il est vrai, mais d'une tournure charmante, avec un visage rose encadré de magnifiques cheveux blonds. Il a sauté à terre avec une légèreté pleine de grâce... »

« — Quoi, sans perdre ses bottes, et sans rouler dans le ruisseau! » Et Fabian restait tout interdit, ses amis le crurent fou.

Le même soir, Balthazar, qui partageait avec lui la même chambre, ne put s'empêcher de lui confier son bonheur. « — Bravo, s'écria Fabian; je te vois en route pour l'île d'Amour; mais la course est un peu longue! mademoiselle Candida sera peut-être un peu rétive : prends garde, ami, de te laisser désarçonner!.. »

« — Ah! trêve de pareils quolibets, interrompit Balthazar avec humeur, ou je te prierais de ne plus prononcer devant moi le nom de la chaste créature que j'adore. »

« — A ton aise, n'en parlons plus, et laisse-moi dormir, » reprit Fabian, légèrement piqué de cette boutade.

Je dois avouer, en fidèle narrateur, que mademoiselle Candida Mosch-Terpin était réellement une personne fort capable d'inspirer une passion à la fleur des étudiants de Kerepes. Elle avait peut-être une bouche un peu grande, des lèvres un peu fortes; mais de si belles dents et un regard si magnétique! Ses cheveux cendrés se lissaient en bandeaux sur un front d'une pureté sans modèle. Sa taille, flexible comme une tige de lis, était pleine de séductions, et quand elle parlait, on eût cru entendre un gazouillement céleste. Elle savait jouer du clavecin, danser la gavotte et faire, comme une petite fée, le ménage de son illustre père. Simple et naïve comme l'innocence, elle ne cherchait point à s'étouffer dans un corset pour paraître plus mince. Elle raffolait du thé et des tartines au beurre; riait de tout, excepté de la pluie qui parfois ajournait sa promenade, ou d'une tache imprimée par hasard à sa robe favorite, et se trouvait à cent lieues de l'idée qu'on s'avisât de songer à elle pour autre chose que folâtrer. L'excellente fille serait tombée des nues, si elle eût pu soupçonner tout le souci que prenait Balthazar pour se composer une toilette de soirée digne d'attirer ses regards. Ce costume se composait pourtant de la fameuse jaquette de velours noir, avec des manches tailladées à l'ancienne mode allemande, avec une collerette brodée en point de Bruxelles, une culotte blanche, des bottes à la chevalière, ornées de glands d'argent, un feutre anglais et des gants de Suède.

Balthazar palpitait d'aise, en arrivant sur la pointe du pied chez le professeur. Il rougit comme une cerise en pénétrant dans le salon. Cette rougeur fut attribuée à sa modestie, et lui concilia tout d'abord la bienveillance générale. Mais quand mademoiselle Candida, qui faisait, avec une rare aisance, les honneurs de la soirée, vint lui présenter un plateau, en disant : « — *Cher* monsieur Balthazar, veuillez choisir; voilà du rhum et du marasquin, des biscuits et du pumpernickel, » l'étudiant sentit ses jambes se dérober sous lui, ouvrit la bouche sans pouvoir articuler un seul mot, et se laissa aller sur une chaise.

Candida dut le juger bien sot, car elle n'entendait rien à l'amour. Fabian, qui lorgnait tout du coin de l'œil, vint heureusement au secours de son ami. « Ce n'est rien, mademoiselle, lui dit-il à demi-voix ; c'est la chaleur qui donne à ce pauvre Balthazar des éblouissements. Viens, frère, ajouta-t-il, faisons quelques pas dans la salle voisine ; l'air et le mouvement te remettront. »

Mais voilà que la porte s'ouvre. Mosch-Terpin introduit, en le conduisant par la main, un petit homme qu'il présente à la société ; et donnant à sa voix de contre-basse l'expression la plus solennelle : « — Mesdames et messieurs, dit-il, voici le jeune seigneur Cinabre, arrivé d'hier à Kerepes, où il veut bien étudier la jurisprudence. Le seigneur Cinabre est un prodige d'esprit dont on parle dans toute l'Allemagne. Son séjour dans notre ville est une bonne fortune, et les plus brillantes sociétés se disputeront la faveur de le posséder quelquefois. »

Fabian et Balthazar avaient sur-le-champ reconnu le petit monstre de la veille. « — Que diable ! dit Fabian tout bas à son ami, que diable vient chercher ici cette espèce de mandragore ? » — « Chut ! fit Balthazar ; qu'on ne t'entende point ! Je me doutais bien que ce pauvre garçon devait racheter sa laideur par les dons de l'intelligence, et j'avais raison de te dire qu'il ne faut se moquer de personne. » Puis, comme pour réparer autant que possible, par une attention délicate, l'impolitesse commise la veille par son ami, Balthazar s'avança pour saluer M. Cinabre, et lui demander s'il ne se ressentait point de sa chute de cheval.

Mais Cinabre se rejeta en arrière en s'étayant d'une petite canne, se hissa sur la pointe des pieds, et répondit de sa voix la plus nasillarde : « — Ah ! bah ! ah ! bah ! jeune homme, qu'entendez-vous avec votre chute de cheval ? Vous êtes un âne, mon cher. Vous ne savez donc pas que j'ai fait la dernière guerre dans les cuirassiers de l'Empereur, et que j'étais chargé de la haute école d'équitation ? »

Là-dessus, il voulut faire une pirouette sur le talon gauche, à la mode des marquis français, pour tourner le dos à son interlocuteur ; mais sa canne glissa sur le parquet ciré, et il roula, comme la veille. Balthazar s'empressa de lui tendre la main, mais par mégarde, il effleura sa tête, et Cinabre poussa un tel glapissement, que tous les assistants tressaillirent. On entoura Balthazar interdit, en lui demandant pour quel motif il se permettait d'imiter, dans un salon de bonne compagnie, le cri d'un matou auquel on aurait écrasé la queue. Deux vieux messieurs, qui abhorraient les chats, avaient déjà grimpé sur leurs chaises pour sauver leurs mollets ; une dame à vapeurs s'était évanouie ; M. Mosch-Terpin protestait contre une si mauvaise plaisanterie, et Candida se disait : « Je n'aurais jamais cru que ce M. Balthazar fût si niais ! »

Le pauvre étudiant se sentait sur des épines, et cherchait à s'excuser. « — Allons, allons, jeune homme, reprit Mosch-Terpin, on voit que vous n'avez pas encore l'usage du beau monde, mais cela viendra. Une autre fois ne vous jetez plus à quatre pattes avec cet affreux *miaou* au milieu d'une soirée littéraire... »

« — Mais, mon digne monsieur, je vous jure... » « — C'est bon, c'est bon. Il faut que jeunesse se passe... on vous a pardonné. »

« — Oui, ajouta Candida, en se glissant derrière Balthazar, papa vous aimera bien, à condition que vous ne ferez plus de ces vilaines choses. »

Ce tumulte apaisé, la conversation reprit son cours. Cinabre s'installa sur un sopha, entre deux jolies dames, tout fier et tout pimpant d'occuper cette place enviée. Balthazar, qui ne savait plus quelle contenance garder, et dont l'esprit cherchait en vain l'énigme de cette aventure, crut saisir le moment favorable pour rentrer dans les bonnes grâces de la société en récitant un charmant petit poëme de sa composition, sur les amours du rossignol et de la rose. Il se tira de cette épreuve avec une véritable supériorité, et jouissait d'avance de l'effet qu'il aurait produit sur l'imagination de Candida. Plusieurs fois un doux murmure et de gracieux hochements de tête l'avaient encouragé. Mais quand il eut achevé, tout le monde s'écria d'une seule voix : « — Charmant ! divin ! merveilleuse poésie ! Ah ! cher monsieur Cinabre, quel plaisir vous nous avez fait ! »

« — Damnation ! hurla Balthazar en s'arrachant les cheveux. Le malheureux étudiant pensa devenir fou. Mais personne ne prenait garde à lui. Chacun s'empressait à l'envi autour de Cinabre, qui se prélassait avec une morgue étourdissante, en marmottant : « Oh ! c'est une misère que je griffonnai la nuit passée, dans une heure d'insomnie. Je fais mieux que cela, quand j'y mets quelques soins. »

Mosch-Terpin voulut féliciter Cinabre, qui lui envoya des coups de pied dans l'estomac en le menaçant de lui arracher le nez. Mais l'honorable professeur prenait tout cela pour des luttes de modestie, et répétait sans cesse : « — Le jeune seigneur Cinabre sera un de ces jours le plus grand poëte du siècle ! » Pour comble de stupéfaction, Candida elle-même vint poser ses lèvres roses sur la face jaune et bouffie du magot.

Balthazar, témoin de cette hallucination générale, s'enflamma tout à coup du même délire : « Oui, s'écria-t-il d'une voix tonnante, oui, sublime Cinabre, tu es un grand poëte, et si tous les gens qui m'écoutent ne sont pas des fous échappés des petites maisons, je ne suis moi-même qu'un imbécile !... »

C'était l'heure du souper. Cinabre offrit, en sautillant, son bras à Candida, pour la conduire dans la salle à manger, et Balthazar crut remarquer que la jeune fille avait pour l'avorton des regards pleins de tendresse. Il s'enfuit sans chapeau, et regagna son logis à travers une pluie d'orage qui le surprit en route et le mouilla jusqu'aux os.

V.

Quelques jours après cette soirée, le pauvre Balthazar, abîmé dans sa tristesse, était allé s'asseoir au fond d'un bois éloigné de la ville, sur une roche escarpée, au-dessus d'un précipice où bondissaient en cascades les vagues d'un torrent chargé de débris. Le ciel était sombre, comme dans une journée d'hiver ; et les croassements de quelques oiseaux de proie se mêlaient seuls au bruit lugubre et monotone des flots plombés qui creusaient leur lit en abîme. L'étudiant repassait dans son esprit sa malheureuse aventure qui avait détruit ses douces espérances. Peu à peu, sa pensée se dégagea du nuage qui en troublait la lucidité. Tout à coup il se leva debout sur l'extrémité du rocher, l'œil en feu, la chevelure au vent, le visage pourpre de colère. Sa main crispée lacérait sa poitrine haletante, et il jeta aux échos de la solitude qui l'entourait le serment de se venger de Cinabre, dût-il payer de son sang la destruction du sortilége qui étouffait son avenir.

Comme il revenait, à pas lents, vers la ville, fortifié par cette héroïque résolution, il rencontra le célèbre violoniste Sbiocca, son professeur de musique, dans une berline de voyage. « — Eh ! quoi, mon cher maître, lui dit-il, est-ce que vous quittez Kerepes, où tout le monde raffole de vous, et où vous gagnez avec votre archet, autant de florins que d'applaudissements? »

« — Hélas! mon cher élève et ami, répondit Sbiocca d'une voix dolente, je fuis Kerepes comme la peste. Depuis trois jours cette pauvre ville est au pouvoir du diable! Figurez-vous qu'hier, je jouais au Cercle de Conversation de dernier *concerto* de Viotti, un morceau de premier ordre, qui transporte au ciel, vous le savez, les âmes les plus rebelles à l'harmonie. Eh bien ! à peine avais-je donné le dernier coup d'archet, que j'entends crier au milieu des bravos : « — Vive le seigneur Cinabre, le plus admirable musicien de l'Europe ! » A ces mots, je trouve à mes côtés une espèce de singe, haut comme ma botte, qui se met à piailler : « — Mes bons messieurs, mes belles dames, faites-moi grâce ! j'ai fait mon possible pour vous plaire. Je ferai mieux une autre fois pour mériter votre indulgence ! » Et les bravos, les trépignements recommencent de plus belle. Vous comprenez, cher monsieur Balthazar, ce qui dut se passer en moi. J'empoigne le petit monstre aux cheveux, mais l'auditoire bouleverse l'orchestre, me renverse, et me traîne par les pieds hors de la salle, en me traitant de brigand et de possédé. Et ce sont mes propres élèves qui m'ont fait cet outrage ! Ah ! cher monsieur Balthazar, si vous rencontrez quelque part cet avorton maudit, dites-lui que si jamais il tombe sous ma main, je le ferai passer par le trou de ma contre-basse. — Adieu, mon cher élève : Dieu vous garde ! »

Pendant que maître Sbiocca s'éloignait, Balthazar se persuadait de plus en plus que Cinabre était un lutin sorti de l'enfer pour le désespoir des honnêtes gens. Un peu plus loin, il aperçut un autre de ses amis, le référendaire Pulcher, pâle, les vêtements en désordre, appuyé contre un arbre, et armé d'un pistolet qu'il allait s'appliquer sur le front. S'élancer, désarmer son ami, le serrer dans ses bras, c'est ce que fit Balthazar aussi prompt que l'éclair.

« — Oh ! mon Dieu, balbutia Pulcher, d'une voix entrecoupée de sanglots, pourquoi m'empêcher de mourir ! N'ai-je pas tout perdu, ne suis-je pas couvert d'une honte ineffaçable! » Et comme Balthazar l'accablait de questions affectueuses : « — Écoute, ami, reprit Pulcher ; tu sais que je ne suis pas riche, et que je n'avais d'autre avenir que la perspective d'un modeste emploi de secrétaire auprès du ministre des affaires étrangères. Je m'étais préparé pour concourir, avec un zèle si laborieux, que j'arrivais ce matin, plein d'une juste confiance, devant les examinateurs. Et voilà que je trouve, pour rival, un petit drôle étique et hideusement contrefait, qu'on m'annonce se nommer Cinabre. L'examen est commencé. Je réponds, sans me flatter, d'une manière brillante. Vient le tour de l'avorton, qui se met à croasser, à geindre, et à se tortiller sur sa chaise, d'où il tombe trois fois. Je le ramasse par pitié, et l'examen fini, le président du conseil se lève, embrasse avec effusion Cinabre, aux applaudissements de l'auditoire, le qualifie d'enfant sublime, et me traite de paresseux et d'ignare ! De plus, me dit-il, vous avez à l'audience une attitude fort malséante ; je ne sais si vous êtes ivre ; mais vous êtes tombé trois fois de votre chaise, et M. Cinabre a eu la bonté de vous relever. Quand on aspire à la diplomatie, monsieur Pulcher, il faut être intelligent, studieux et sobre. Vous pouvez vous retirer. Je sortis de la salle à tâtons, me croyant atteint de fièvre chaude, à la suite d'un si long travail, et, le lendemain, je me traînai chez le ministre, convaincu que j'avais été le jouet de mes sens. J'y trouvai Cinabre installé, et le ministre me reçut avec le dédain le plus méprisant. Tu vois bien, Balthazar, que le diable se mêle de ma destinée. Laisse-moi mourir !... »

« — Non, tu ne mourras pas, » s'écria Balthazar, en lui racontant sa propre aventure chez le professeur Mosch-Terpin, et celle du maître de musique. « Écoute, ami Pulcher, j'ai ouï dire que le prince Paphnuce, fondateur de notre Université, avait jadis découvert et chassé de ses États, des enchanteurs et des fées. Or, parmi ces êtres mystérieux, il y a de bons et de mauvais génies. Je crois que ce Cinabre aura échappé à la proscription, et qu'il bouleverse ici toutes les cervelles pour la plus grande gloire de la féerie. Mais il se peut aussi qu'un bon génie plane encore sur la contrée, avec le pouvoir d'effacer les maux semés par ce diablotin. C'est ce que, peut-être, nous saurons bientôt... Mais, tiens !... écoute !... n'entends-tu pas vibrer une harmonie lointaine? On dirait le son d'une harpe éolienne !... »

Les deux amis se turent, en prêtant l'oreille. Peu à peu ce concert fantastique parut se rapprocher ; puis le bois se remplit subitement d'une lueur azurée, et, sur un petit nuage qui glissait en effleurant la terre, parut un char, en forme de double coquille entr'ouverte, d'où jaillissaient les reflets nacrés d'un éclat éblouissant. Sur ce char était assis un homme âgé, vêtu à la chinoise, et la tête couverte d'un large chapeau surmonté d'une aigrette de feu. L'attelage, composé de deux licornes blanches, avec des harnais d'or, était conduit par un faisan d'argent qui tenait les rênes dans son bec. Par derrière, un grand scarabée vert et or agitait l'air de ses ailes flamboyantes. Le bruit des roues produisait la musique mystérieuse que les jeunes gens avaient admirée avec saisissement. Le vieillard leur sourit en passant, et disparut dans l'épaisseur des bois.

« — Ah ! s'écria Balthazar, je pressentais bien que la Providence nous enverrait un secours ! Patience et courage : le règne de Cinabre touche à sa fin ! »

VI.

Le ministre des affaires étrangères, qui avait l'insigne agrément de posséder Cinabre pour secrétaire intime, était le petit-fils de ce baron Prætextatus de Mondenschein, dont nous avons raconté les intrigues contre mademoiselle de Rosabelverde. Il portait le même nom que son aïeul, et jouissait de la confiance illimitée du prince Barsanuph, parent et successeur de Paphnuce. Monseigneur Barsanuph ne dédaignait pas de jouer aux quilles ou de danser la gavotte avec son ministre favori ; il acceptait même, de temps en temps, chez lui, de petits déjeuners sans étiquette, invariablement composés d'alouettes de Leipzig, arrosées de quelques verres d'eau-de-vie de Dantzig. M. le secrétaire intime avait place à table ; il se permettait de mettre la main au plat le premier, sans aucune cérémonie ; il avalait les alouettes d'une seule bouchée, et en jetait les os sur la culotte de Son Altesse. Ces procédés gastronomiques lui valurent les félicitations du prince régnant, qui exigeait que Cinabre fût toujours placé à sa droite.

Le ministre Prætextatus profita un jour de cette circonstance pour recommander son favori à la bienveillance particulière de Son Altesse. M. Cinabre était, disait-il, un phénomène de savoir et d'habileté diplomatique, et ses rapports sur les questions les plus épineuses brillaient d'une lucidité sans égale.

« — Pardon, » interrompit timidement un jeune employé du cabinet, à qui la rougeur montait au front, « Votre Excellence a probablement oublié que, depuis son entrée au cabinet, M. Cinabre n'a pas encore écrit une seule ligne. »

« — Vous êtes un impertinent ! s'écria le prince Barsanuph. Mon ministre a raison, et vous ne savez ce que vous dites. Vous feriez beaucoup mieux, monsieur, de manger proprement et de ne pas jeter de graisse sur ma culotte de casimir. Comment voulez-vous que mes sujets me respectent, s'ils me voient une culotte tachée. Sortez d'ici et ne reparaissez devant mes yeux que quand vous aurez trouvé une recette qui neutralise l'effet naturel des substances grasses sur les étoffes. Quant à vous, mon jeune ami (poursuivit le prince en s'adressant à Cinabre, qui ne cessait de lui jeter des débris d'alouettes sur les cuisses), quant à vous, dont M. le ministre Prætextatus me fait un éloge si remarquable et si mérité, je vous nomme, dès à présent, mon conseiller intime. »

VII.

Revenons à nos étudiants. Balthazar, en rentrant dans sa petite chambre, où l'attendait son ami Fabian, avait le regard enflammé et le cœur plein d'espoir. Il raconta avec enthousiasme la rencontre merveilleuse qu'il venait de faire dans le bois.

« — Allons donc, mon brave, s'écria Fabian, te voilà encore dupe d'une nouvelle fantasmagorie. Ce que tu prends pour un magicien, n'est pas autre chose qu'un médecin nommé Prosper Alpanus. Cet original s'habille d'une façon très-excentrique. Tout son attirail ressemble aux lubies du propriétaire. Son cabriolet, comme tu le dis fort bien, a la forme d'une conque argentée ; mais la musique qui l'accompagne, n'a rien de merveilleux. Elle se compose d'un orgue portatif, dont la caisse est accrochée entre les roues. Le soufflet d'orgue est mis en mouvement par un ressort caché. Ce que tu appelles un faisan d'argent, n'est qu'un jockey vêtu de blanc ; et le grand scarabée d'or, aux ailes déployées, me fait assez l'effet d'un parasol. Ses chevaux n'ont de la licorne que l'apparence, grâce à une espèce de cornet long et pointu, adapté au frontail de la bride. De plus, le docteur possède, dit-on, (et que ne dit-on pas de lui ?) une canne dont la pomme est garnie d'un cristal étincelant, à travers lequel on peut voir, comme dans un miroir, l'image de la personne à laquelle on pense... »

« — Vraiment ? » fit Balthazar.

« — Et, poursuivit Fabian, il n'y a qu'un illuminé comme toi qui puisse voir toutes choses sous l'aspect qu'elles n'ont pas, et s'abîmer l'esprit dans une foule de superstitions extravagantes. Or, pour t'en guérir une bonne fois, si c'est possible, nous irons faire ensemble une visite au docteur Alpanus. »

« — Allons-y tout de suite, » répliqua vivement Balthazar. Ce qui fut dit fut fait.

Le docteur habitait, tout près de la ville, une jolie maison entourée d'un parc. Quand les étudiants y arrivèrent, la grille du parc était fermée. « Comment faire pour entrer ? » dit Fabian. « — Je crois, répondit Balthazar, qu'il faut frapper. »

Au bruit du marteau succéda un long bourdonnement souterrain ; la grille tourna sur ses gonds, sans qu'on eût vu l'ombre d'un portier. Nos amis côtoyaient une avenue bordée d'arbres exotiques, lorsque Fabian remarqua tout à coup deux grenouilles énormes qui le suivaient en sautillant. « — Voilà un parc bien tenu, si l'on y trouve pareille vermine ! » s'écria-t-il en ramassant une pierre qu'il lança à ces vilaines bêtes. Mais à l'instant les grenouilles disparurent, et à leur place on ne vit plus qu'un vieil homme et une vieille femme qui semblaient sarcler de mauvaises herbes. « Vilains manants, grommela la vieille femme, pourquoi venez-vous assommer de pauvres gens qui gagnent leur pain à la sueur de leur front ? »

A cette apostrophe, Fabian se mordit les lèvres et perdit un peu de son assurance moqueuse. On arrivait à la maison. Balthazar tira une sonnette.

Candida reconnaît son bien-aimé d'autrefois.

La porte s'ouvrit, et une autruche se présenta. « — A la bonne heure, dit Fabian, voilà un concierge tant soit peu distingué ! Veux-tu nous annoncer à M. le docteur, mon bel oiseau ? » Et joignant le geste à la parole, il voulut caresser l'autruche, qui lui allongea un coup de bec. Mais Fabian n'eut pas le temps de se fâcher, car le docteur en personne venait lui-même au-devant des visiteurs.

C'était un petit homme à peau bistrée, coiffé d'une calotte de velours d'où s'échappaient de longs cheveux blancs. Il portait une robe de chambre à ramages indiens, et des bottines rouges garnies de fourrures fines. Sa physionomie respirait la douceur, et n'offrait rien d'étrange au premier abord. Mais, en le regardant avec attention, on apercevait, comme dans une cage de verre, une figure plus petite s'agiter à l'intérieur de son visage.

« — Soyez les bienvenus, messieurs, dit-il en souriant. J'attendais votre visite ; veuillez m'accompagner. »

La pièce où il les conduisit formait une rotonde, tapissée de bleu et recevant le jour par une coupole vitrée. Au centre, s'élevait une table de marbre blanc que soutenait un sphynx accroupi.

« — En quoi, mes amis, puis-je vous servir ? » reprit le docteur Alpanus.

Balthazar commença le récit de ses aventures et des odieuses mystifications que Cinabre lui avait attirées. Pendant que l'étudiant parlait, le docteur semblait enfoncé dans une profonde méditation. Quand Balthazar eut fini, il secoua la tête, en disant d'un air grave : « — Ce petit Cinabre ne peut être autre chose qu'une mandragore ; au reste, je possède ici tous les types de cette race ; nous pouvons vérifier le fait immédiatement. »

A ces mots, Prosper Alpanus toucha du doigt un bouton d'or, caché dans les plis des tentures. Un large rideau glissa sur ses tringles, et laissa voir une collection de volumes in-folio splendidement reliés. Une élégante échelle, en bois de cèdre, des-

Signe, mon bien-aimé, murmurait Giulietta. Au nom du Sauveur, dit l'ombre en sanglotant, ne signe pas.

cendit d'elle-même du plafond, et Alpanus en franchit lestement les degrés pour aller prendre, sur le rayon le plus haut de sa bibliothèque, l'un des in-folio, qu'il apporta sur la table de marbre. C'était l'histoire naturelle des Mandragores, ou *Hommes-racines*.

Il l'ouvrit.

A mesure qu'il touchait une des figures peintes sur les feuillets du livre, en demandant à Balthazar et à Fabian si elle ressemblait à Cinabre, la figure s'animait, sautait hors de la page et se mettait à gambader sur la table de marbre en poussant des petits cris de toutes sortes, jusqu'à ce que le docteur la saisissant par la tête, la recouchât dans le volume, où elle redevenait plate et immobile comme une image coloriée.

Le livre entier fut feuilleté sans résultat.

« — Voyons l'histoire des Gnomes, dit Alpanus.

Cette recherche fut également vaine.

« — Allons, reprit le docteur un peu déconcerté, il faut avoir recours à une autre opération. »

Et il emmena les deux étudiants dans une autre salle fort retirée, de forme ovale, et dont les parois transparentes semblaient se fondre dans un clair obscur vaporeux qui offrait l'aspect d'une forêt pleine de mystères.

Alpanus plaça au centre de cette salle un grand miroir de cristal, qu'il couvrit d'un crêpe.

« — Balthazar, » dit-il alors, « venez devant ce miroir; fixez votre pensée sur Candida de toutes les forces de votre âme. Regardez, la voyez-vous? »

Balthazar obéit, tandis qu'Alpanus, placé derrière lui, décrivait autour de sa tête des cercles mystérieux.

Au bout de quelques secondes, l'image de Candida s'éleva au-dessus du miroir; mais à ses côtés apparut en même temps Cinabre, qu'elle enlaçait de ses mains blanchettes en le contemplant avec des regards pleins d'amour. Balthazar bondit comme un tigre; mais le bras du docteur le cloua sur place, en disant : « Pas un mot, tout serait perdu! Prenez cette baguette, et touchez-en Cinabre. »

Aussitôt on vit le petit monstre se tordre en convulsions et rouler à terre.

« — C'est assez, » reprit alors Alpanus, « j'ai découvert la vérité.

Cinabre n'est ni une mandragore ni un gnome, c'est un avorton ordinaire, de race humaine. Seulement, il y a en lui je ne sais quelle puissance occulte dont il est la manifestation. J'étudierai cette question plus à loisir, et j'en pénétrerai le secret.

LAGNY. — Imprimerie de VIALAT et Cie.

« Tranquillisez-vous d'abord, et revenez ici dans quelques jours. »

Les deux étudiants se retirèrent en se livrant à des impressions différentes.

« — Si le docteur Alpanus était sorcier, se disait Fabian, il nous en aurait fourni la preuve, en débarrassant Balthazar de ce maudit Cinabre. Il fait, il est vrai, un peu de magie blanche, mais je suis sûr que le professeur Mosch-Terpin, qui sait tant de belles choses, lui rendrait encore des points. »

Balthazar était moins incrédule; il marchait derrière Fabian, le front penché et l'âme pleine d'impatience, lorsqu'en levant les yeux sur son ami, sa surprise fut si forte, qu'il s'arrêta tout court en lui criant :

« — Ah çà, mon cher, où avais-je donc la tête, que je n'ai pas encore admiré ta toilette!

« Depuis quand vas-tu en visite avec un habit dont les basques balayent la poussière du chemin, tandis que les manches ne t'arrivent pas au coude?... »

Fabian crut tomber des nues.

La remarque de son ami était vraie.

Balthazar lui rendit le service de remonter l'habit sur ses épaules et de tirer les manches jusqu'à ce qu'elles fussent redescendues à la longueur nécessaire.

Tout alla bien jusqu'aux portes de la ville; mais alors l'ensorcellement recommença de plus belle.

Les manches disparurent, et les pans s'allongèrent de plusieurs aunes.

Il fallut passer ainsi, tout le long des rues, au milieu des huées de tout le monde, avec la poursuite d'une troupe de polissons qui gambadaient sur la queue de l'habit; le pauvre Fabian, trébuchant à chaque pas, ne parvint à se soustraire à leurs assauts qu'en se jetant à corps perdu dans la première maison dont il trouva la porte ouverte. L'habit reprit sur-le-champ ses proportions ordinaires.

Quant à Balthazar, il n'avait pas suivi jusqu'au bout la mésaventure de son camarade; car le jeune Pulcher, qui le cherchait partout depuis le matin, l'avait rencontré à la porte de Kerepes, et l'avait entraîné dans une ruelle déserte pour lui dire : « Je ne conçois pas ton imprudence! Comment n'es-tu pas encore parti? Ne sais-tu pas qu'il y a un ordre d'arrestation lancé contre toi, et que les huissiers de l'Université sont à tes trousses? »

Balthazar pensait rêver. « Un ordre d'arrestation, et pour quel crime?... »

« — Il paraît, » continua Pulcher, « que tu es entré de force dans la maison du professeur Mosch-Terpin, et qu'y ayant trouvé Cinabre qui faisait la cour à Candida, tu l'as rossé comme un chien; si bien que M. le conseiller intime du prince régnant est aux trois quarts assommé. »

« — Allons donc! » s'écria Balthazar, « je n'ai pas remis le pied chez Mosch-Terpin depuis sa fameuse soirée. Je cours les champs depuis ce matin, avec mon ami Fabian... »

« — Et tu coucheras en prison si tu ne regagnes pas les champs au plus vite. Donne-moi ta clé, car ton logis est surveillé par la police. Je me charge de t'envoyer secrètement tes effets au village voisin, où il faut te cacher en attendant que ton affaire soit assoupie, ou qu'on puisse te faire filer plus loin.

VIII.

Pendant que ces choses se passaient, le professeur Mosch-Terpin nageait dans l'orgueil. M. le conseiller intime Cinabre lui avait fait l'honneur de demander la main de Candida. « Grâce à un pareil gendre, se disait l'illustre savant, je m'élèverai de plus en plus dans la faveur du prince, et je finirai par devenir ambassadeur ou ministre. Il est vrai que M. Cinabre n'est pas précisément un bel homme; on pourrait même, sans mentir, sans le calomnier, regretter que.... Mais, chut! pas d'imprudence! La considération, les honneurs tiennent lieu de bien des agréments physiques. Plus d'une belle fille de Kerepes serait fort aise d'un tel époux. C'est un gaillard qui fera un chemin rapide, et pour le suivre à petite distance, je donnerais, je crois, de grand cœur, toutes mes curiosités d'histoire naturelle.

Candida, de son côté, ne témoignait aucune répugnance marquée pour Cinabre, et ne pouvait comprendre qu'on ne le jugeât pas un petit homme accompli. Décidément, la pauvre fille était ensorcelée.

M. le conseiller intime Cinabre habitait une charmante maison, dans le plus beau quartier de la ville. Son jardin était décoré d'une pelouse du vert le plus attrayant, qu'entourait une haie de rosiers magnifiques. On avait remarqué que tous les neuf jours, Cinabre se levait avec l'aurore, passait sa robe de chambre à ramages, descendait au jardin et s'éclipsait pendant une bonne heure dans le massif de rosiers.

Le référendaire Pulcher, ce fidèle ami de Balthazar, fort intrigué de ce détail intime, escalada une nuit la muraille du jardin, et vint se cacher sous la haie de rosiers pour épier la promenade mystérieuse de M. le conseiller. A l'aube du jour un doux zéphyr agita les buissons et les fleurs, dont le parfum devint plus suave et plus pénétrant. Une belle femme voilée, avec des ailes transparentes comme l'azur, descendit des cieux et vint se poser au milieu d'une touffe de rosiers, au moment même où Cinabre sortait de la maison. Elle attira le nain sur ses genoux et passa un peigne d'or dans son épaisse chevelure. Cinabre semblait jouir comme un chat; il allongeait ses jambes grêles et miaulait en se tortillant. Quand sa toilette fut terminée, la dame merveilleuse sépara du doigt, en deux parties égales, les cheveux de Cinabre, et de la raie qui se formait ainsi jaillit une traînée d'étincelles. « — Adieu, petit, » dit l'inconnue; « sois prudent si tu veux être heureux. » A ces mots, elle déploya ses ailes et remonta lentement dans les airs en effeuillant une énorme rose qu'elle avait cueillie.

Pulcher fut quelque temps à se remettre du trouble que cette étrange apparition venait de lui causer. Lorsque Cinabre, après s'être bien épanoui aux rayons du soleil levant, se leva pour regagner sa maison, il découvrit le référendaire, et lui lançant un clignottement d'yeux furibonds : « — Que faites-vous ici, monsieur? » lui cria-t-il de sa voix la plus aigre. « — Monsieur le conseiller, » répondit Pulcher, « permettez que je vous complimente de vos belles connaissances et que je vous baise la main. » En même temps il fit un pas. Cinabre voulut s'esquiver, mais ses petites jambes s'embarrassèrent parmi les herbes de la pelouse; il roula dans la rosée et s'enfuit en rampant comme un lézard. Pulcher décampa au plus vite, et s'empressa d'écrire à Balthazar pour lui raconter ce bizarre événement.

Quant à Cinabre, il avait éprouvé une telle colère de s'être vu surpris, qu'il se mit au lit avec un accès de fièvre. Le prince Barsanuph, consterné de cette nouvelle, se hâta de lui dépêcher son premier médecin. « — Monseigneur, » dit le docteur à Cinabre en lui tâtant le pouls, vous usez votre santé pour le service de l'État. De trop longues méditations politiques ont enflammé le sang de Votre Excellence. J'aperçois sur le sommet de votre tête une trace rouge comme du feu, et qui dénote un commencement d'inflammation cérébrale. » A ces mots, il voulut passer sa main sur la partie qu'il jugeait douloureuse. Mais Cinabre fit un bond dans son lit et mordit au doigt le respectable docteur en l'accablant d'injures.

Le prince Barsanuph trouva fort mauvais que le premier médecin osât se plaindre des procédés de son favori, surtout quand M. le ministre Prætextatus vint lui annoncer que Cinabre, malgré son état de souffrance, avait voulu assister au conseil, pour y présenter lui-même un volumineux rapport sur une des questions les plus épineuses de la politique du moment. Il ne craignit point de déroger à l'étiquette en se rendant chez Cinabre, le prit dans ses bras et lui attacha sur la poitrine la grande étoile de l'ordre du Tigre-Vert, décoration réservée aux services publics les plus éminents. « — Maintenant, » dit-il en se tournant vers le ministre Prætextatus, qui l'accompagnait, « maintenant, monsieur le ministre, vous pouvez prendre votre retraite. Vous serez très-avantageusement remplacé auprès de moi par ce cher Cinabre, que Dieu veuille me conserver longtemps, pour ma gloire et pour le bonheur de mon peuple. »

Le ministre, stupéfait de recevoir ainsi son congé, ne put s'éloigner sans décocher à son successeur un regard fauve et plein de vengeance. Mais le prince ordonnait : il fallait se résigner.

Cinabre était donc ministre. En cette qualité, il ne pouvait se dispenser de porter continuellement la décoration du Tigre-Vert. Mais il y eut d'énormes difficultés à vaincre pour en adapter les insignes au buste rabougri et tortillé du petit nain. Le prince fut obligé de confier l'étude de cette grave question à la sagacité d'une commission spéciale, composée de deux philosophes et du naturaliste de la cour. Le naturaliste passa sept jours à calculer le problème des proportions de Cinabre, et fit appeler le tailleur de Son Altesse pour l'éclairer de ses lumières. Ce tailleur était un habile homme, fort versé dans son art, et qui décida très-spirituellement que, vu les protubérances irrémédiables qui nuisaient à la taille d'ailleurs fort élégante du ministre, il fallait fixer le grand cordon du Tigre-Vert au moyen d'une rangée de boutons. Et comme cette opération n'exigeait pas moins de vingt boutons, comme il importait aussi de ménager l'amour-propre de Cinabre, le prince décida que l'ordre du Tigre-Vert serait divisé en plusieurs classes, distinguées par le nombre de boutons que ses membres auraient le droit de porter. Cinabre, en sa qualité de ministre favori, était seul autorisé à se décorer de vingt boutons en diamant.

IX.

Pendant que la cour était sens dessus dessous à propos des bosses de Cinabre, le docteur Prosper Alpanus rêvait sur le balcon de sa fenêtre, en promenant un regard distrait sur les allées de son parc. Il avait employé de longues heures à tirer l'horoscope de Balthazar, et ce travail l'avait mis sur la voie de quelques découvertes, au sujet de Cinabre dont la singulière nature ne cessait encore de le préoccuper. Tout à coup, on vint lui annoncer une visite. Madame de Rosenschœn demandait à lui parler. Le lecteur n'a pas oublié que la chanoinesse avait pris ce nom sur les registres du chapitre, pour se délivrer des obsessions de feu M. le baron Prætextatus de Mondenschein. Le docteur s'empressa de la recevoir avec tous les égards dus à une jolie dame de distinction.

La chanoinesse était vêtue de noir et voilée. Frappé d'un étrange pressentiment, Prosper Alpanus dirigea sur elle les rayons éclatants de la pomme de cristal de roche qui ornait sa canne. Aussitôt la chanoinesse se transfigura, et parut à ses yeux, en tunique blanche et diaphane, couronnée de roses, avec de belles ailes nacrées, à reflet d'or. « Diable, diable! » murmura le docteur; « je m'étais bien douté de quelque chose! » Il couvrit la pomme de cristal, et, sur-le-champ, la chanoinesse se retrouva dans son premier costume.

Après s'être excusée de le déranger, mademoiselle de Rosenschœn lui dit, avec un charmant sourire, qu'ayant ouï parler de sa haute science, elle venait le prier de vouloir bien devenir le médecin titulaire du chapitre dont elle était membre, et dont les vieilles dames étaient sujettes à de fréquentes indispositions, qui réclamaient le secours d'un docteur soigneux et discret.

Alpanus n'eut point de peine à deviner que cette visite cachait un autre motif. Mais pour ne point perdre l'avantage de sa situation, il feignit la plus grande simplicité, et, sous le prétexte de mieux lier connaissance, il offrit à la dame, avec un respect plein de grâce, une gourmandise que jamais chanoinesse n'a refusée, une tasse d'excellent café moka. On l'apporta sur un riche plateau. Quand Alpanus voulut servir, il avait beau verser, les tasses restaient toujours vides. « Diable, diable, il paraît que je ne sais ce que je fais aujourd'hui, » s'écria-t-il. « Voudriez-vous bien, ma chère dame, prendre la peine de verser vous-même ? » — « Volontiers, » fit la chanoinesse, en recevant de ses mains la cafetière. Mais cette fois, le café se mit à couler si rapidement, que les tasses débordèrent, et que la précieuse liqueur, coulant sur le plancher, menaça de changer la chambre en un petit lac. Dès que la chanoinesse eut reposé la cafetière sur la table, tout le café disparut, sans laisser la moindre trace. Prosper Alpanus resta stupéfié.

« — Eh bien, cher docteur, » lui dit la chanoinesse après un moment de silence, « vous étiez donc plongé dans une méditation fort intéressante, lorsque je suis entrée ?

« — Mais oui, madame, » répondit Alpanus en étendant la main vers un volume à reliure dorée qui se trouvait devant lui, et qu'il voulut ouvrir. Mais à sa grande surprise, le petit livre résista à tous ses efforts. « Tiens, tiens ! » reprit le docteur ; « quel caprice ! essayez donc, ma chère dame, d'ouvrir ce petit bouquin. »

La chanoinesse ne l'eut pas plutôt touché, qu'il s'ouvrit de lui-même, et que tous les feuillets, se détachant, grandirent en un clin d'œil jusqu'aux dimensions d'un immense in-folio, et se mirent à tourbillonner autour de la salle. Mademoiselle de Rosenschœn fit un bond de terreur. Alpanus ferma le volume, et tous les feuillets s'évanouirent.

« — Allons, » dit alors le docteur, « ne jouons pas au plus fin, ma belle dame. Ce serait peine perdue. Je vois que vous êtes en ma puissance.

« — Ah ! c'est trop fort ! » s'écria la chanoinesse. « Vous êtes fou ! » A ces mots elle étendit ses bras qui se changèrent en deux grandes ailes de papillon, et prit son vol vers le plafond. Alpanus la suivit aussitôt sous la forme d'une grosse mouche qui bourdonnait à grand bruit. Elle se laissa tomber à terre, et se changea en souris sur laquelle s'élança, d'un bond, la mouche devenue chat gris. La souris se fit oiseau ; mais à peine avait-elle subi cette métamorphose, qu'elle se trouva prise sous un filet d'or. De guerre lasse, la chanoinesse reprit enfin sa forme native, et la fée Rosabelverde, dans tout l'éclat de sa puissance et de sa beauté, se trouva devant l'enchanteur Alpanus, vêtu lui-même d'une robe rouge parsemée de pierreries, et tenant à la main sa canne à pomme de cristal. Elle voulut faire un pas pour toucher Alpanus ; mais son peigne d'or tomba de sa chevelure et se brisa sur le carreau. « Malheur ! malheur ! » s'écria-t-elle ; « ton pouvoir m'a vaincu ! »

Aussitôt toute magie cessa, et elle se retrouva comme tout à l'heure, assise auprès de la table, en face du docteur qui lui présentait, en souriant, une tasse pleine de café parfumé. « Nous nous connaissons assez maintenant, » lui dit-il ; « nous sommes de même race ; je suis seulement désolé que votre joli peigne d'or soit brisé. »

« — C'est ma faute, » reprit tristement la chanoinesse ; « j'aurais dû remarquer que ce carreau est couvert de lignes mystérieuses. On ne pense pas à tout. Mais contez-moi donc, à présent, comment vous avez pu rester ici, malgré le décret d'exil promulgué contre la magie par le prince Paphnuce. »

« — Mon Dieu, chère belle, » reprit Alpanus, « c'est que j'ai su me rendre utile, en cachant soigneusement qui j'étais. Dans une audience que le prince m'avait accordée, j'ai prouvé, devant toute la cour et devant plusieurs savants étrangers, qu'il ne doit tonner ni pleuvoir, faire chaud ou froid que selon le bon plaisir du souverain, et que c'est à ses faveurs que nous devons les moissons et les fruits de la terre, puisque les paysans ne savent que labourer, planter, arroser et greffer. Le prince fut si content de mon savoir, qu'il voulut bien me nommer, séance tenante, président de la civilisation de ses États. Sous ce titre, et avec sa permission, j'ai fait le plus de bien qu'il m'a été possible, et sous prétexte de santé, j'ai obtenu enfin de me retirer ici, où je vis à ma guise, sans plus guère m'occuper des choses de ce monde. Maintenant, pour vous entretenir de choses plus sérieuses, laissez-moi vous reprocher d'avoir prodigué vos dons à un magot nommé Cinabre, dont l'apparition dans ce pays fait extravaguer toutes les cervelles, mais qui, du moins ne nuira plus à personne, à présent que votre peigne d'or est brisé. »

« — Oh ! je vous en prie, docteur, » s'écria la chanoinesse, en joignant ses mains suppliantes, « ne le perdez pas, ne lui faites point de mal ! J'avais eu pitié de sa difformité, de sa misère... »

« — Sa destinée doit s'accomplir, » reprit Prosper Alpanus. « Tenez, lisez-la vous-même. » Et il mit sous ses yeux l'horoscope de Balthazar.

« — Allons, » dit la chanoinesse avec un soupir, « il faut bien se résigner !.. »

« — Avouez, » reprit Alpanus, « que les fées, comme toutes les femmes, ont parfois des caprices bien bizarres. Je ne m'explique point votre tendresse pour un pareil avorton ; mais elle passera vite, consolez-vous d'avance. Restons amis ; disposez de moi, si je puis vous servir, et venez donc souvent goûter de mon café. »

Ils se quittèrent ainsi dans les meilleurs termes et le docteur lui prêta même sa merveilleuse voiture, pour la reconduire au couvent qu'elle habitait.

X.

Balthazar, qui se tenait toujours caché dans un petit village voisin de Kerepes, reçut un matin, de son ami Pulcher, la lettre suivante :

« Mon cher Balthazar, tout va de mal en pis.
« Cinabre est devenu ministre et grand-cordon du
« Tigre-Vert. Le professeur Mosch-Terpin en raf-
« fole plus que jamais. Le ministre n'a pas oublié,
« dans sa grandeur, les coups de canne que tu lui

« as donnés. Il ne faut donc plus songer à reparaître « ici. Une grotesque aventure achevait, ces jours « derniers, de rendre enragé ce maudit magot. Il « s'était avisé d'aller au musée d'animaux vivants, « à l'heure où les étrangers le visitent. Un mon- « sieur très comme il faut s'est écrié, en le voyant : « Oh! le charmant petit singe, oh! qu'il est délicieux « dans ce costume! mais c'est la merveille de la « ménagerie! il est d'une espèce très-rare, c'est le « *Simia-Belzebub Linnaei!* » Cinabre a failli lui « sauter aux yeux. Les gardiens avaient beau repré- « senter au monsieur étranger son inconvenance « envers un ministre; il n'en riait que plus fort. Le « valet de chambre du prince qui se trouvait là, « s'est empressé d'emporter Cinabre qui étouffait « de colère. Au surplus je n'y conçois rien. Voilà « du moins un homme de bon sens qui n'est point « fasciné par cette hideuse mandragore. Mais peut- « on espérer que le prestige va se briser entière- « ment? Je le voudrais, surtout à cause de toi, « pauvre ami. Depuis cette scène, Cinabre paraît « consterné; on dit tout bas que la dame ailée qui « venait le peigner tous les neuf jours n'a point « reparu. Ses cheveux s'enmêlent comme un pa- « quet d'étoupes, et le prince Barsanuph lui a dé- « pêché son coiffeur. Qu'arrivera-t-il de tout cela? « Dieu le sait. En attendant cache-toi bien, car la « police est encore à ta recherche. »

Le pauvre Balthazar lisait et relisait cette lettre avec un cœur bien serré. Il songeait à Candida, perdue pour lui, et se plaignait amèrement de l'abandon où le laissait Prosper Alpanus.

Vers le soir, il sortit furtivement pour aller respirer dans le bois voisin. Tout à coup il lui sembla que les rayons du soleil couchant pénétraient d'une clarté fantastique les massifs de verdure qui le couvraient de leur ombre. Des myriades de petits insectes, de toute forme et de toute couleur, s'élevèrent des buissons et du calice des fleurs, en remplissant les airs d'un bourdonnement pareil au son de l'harmonica. Les parfums de la terre se dégageaient avec un arome plus pénétrant; une musique mystérieuse semblait venir des nues comme l'écho d'un divin concert. Prosper Alpanus, monté sur un scarabée resplendissant de toutes les couleurs de l'arc-en-ciel, descendit vers Balthazar dans le doux éclat d'une aurore boréale.

« — Jeune homme, » lui dit-il, « j'ai entendu tes plaintes. Pourquoi m'accuser avant de me connaître? Pourquoi vouloir hâter les volontés de la Providence? »

Balthazar était frappé de stupeur. Cette apparition le pénétrait de crainte. Alpanus le rassura d'un sourire et reprit : « La fin de tes tribulations est proche. Ma science en a découvert la cause et le remède. Le ministre Cinabre qui, depuis quelques mois, fascine tous les regards, n'est, en réalité, qu'un méchant avorton dont le vrai nom est Klein-Zach, et qui doit le jour à une pauvre paysanne des bords du Rhin. La célèbre fée Rosabelverde, qui vit dans un couvent voisin, sous les traits d'une chanoinesse, ayant rencontré ce petit monstre dans une de ses promenades solitaires, s'était éprise de pitié pour lui, et avait imaginé, pour réparer les disgrâces de la nature, de lui accorder un don singulier. Ce don consistait à le faire passer, partout où il paraîtrait, pour l'être le plus spirituel et le plus gracieux qu'on pût voir, et à lui faire attribuer tout ce que diraient ou feraient les hommes les plus remarquables par leur intelligence et leur beauté physique. La durée de ce privilége magique est attachée à la conservation de trois cheveux rouges que la fée a plantés au sommet de la tête de Klein-Zach. C'est de là que lui vient le surnom de Cinabre.

« La fée prenait un soin particulier de cacher à tous les yeux le talisman de son protégé sous une épaisse chevelure qu'elle peignait elle-même, tous les neuf jours, avec un peigne d'or, chargé de signes cabalistiques, et dont l'usage avait la vertu de rendre Klein-Zach méconnaissable. Aujourd'hui, par suite d'une circonstance qu'il est inutile de te révéler, ce fameux peigne est brisé. Klein-Zach est exposé sans défense aux représailles des hommes qu'il avait humiliés. Sa fortune s'évanouira dès qu'on lui aura arraché les trois cheveux rouges dans lesquels réside son prestige. C'est à toi, Balthazar, qu'appartient l'honneur de cette entreprise. Prends cette lentille de cristal, et va trouver le ministre Cinabre. Puis, sans te laisser intimider par ses cris, dirige, à travers la lentille, ton regard sur sa chevelure; empoigne vigoureusement l'avorton, arrache d'un seul coup les trois cheveux rouges, jette-les au feu, et, sur-le-champ, Klein-Zach apparaîtra tel qu'il est, chétif, laid, stupide, et hors d'état de te nuire. Après cette victoire tu peux te présenter hardiment devant Mosch-Terpin, et lui demander la main de Candida. Le bon homme, honteux du rôle qu'il a joué, sera trop heureux de t'avoir pour gendre. Quant à moi, mon jeune ami, je suis las de vivre dans ce pays, et je compte retourner prochainement dans le royaume des fées où m'attend une Péri merveilleuse pour me rajeunir et m'épouser. Dès demain j'irai à Kerepes faire dresser en ta faveur un acte de donation de tous mes biens. Je te ferai passer pour mon neveu, et quand ma fortune t'aura créé grand seigneur, l'avenir le plus flatteur s'ouvrira devant toi. Je t'engage seulement à préférer aux grandeurs d'ici-bas une paisible et obscure félicité, dans cette maison de campagne où rien ne manquera pour combler tes vœux. »

A ces mots Prosper Alpanus tira de sa poche une petite boîte et la remit à Balthazar, en ajoutant : « Conserve précieusement cette boîte avec la lentille de cristal; sa possession doit, en toute occasion, te préserver de tout péril. «

Balthazar se prosterna devant maître Alpanus qui remontait vers les nues sur les ailes de son scarabée. Quand il se releva, la nuit couvrait le bois d'ombre et de silence. Notre étudiant plein d'une joie secrète et d'une confiance qu'il n'avait jamais ressentie, serra dans son sein les deux talismans, et reprit d'un pied léger le chemin de Kerepos, où il arriva, au point du jour, chez son ami Fabian.

Le pauvre Fabian ne trouvait plus ni repos ni sommeil, depuis sa dernière aventure. Sa chambre était tapissée d'une collection de vêtements de toute forme et de toutes couleurs, qu'il avait fait fabriquer par les meilleurs tailleurs pour remplacer son habit noir ensorcelé chez maître Alpanus. Mais tous ses efforts étaient en pure perte. A peine avait-il endossé le premier costume venu, que les manches se raccourcissaient jusqu'aux aisselles, tandis que les pans s'allongeaient de plusieurs aunes. Il ne pouvait plus sortir du logis sans être poursuivi par les huées des enfants de la ville, et, pour comble de malheur, les théologiens de l'Université, informés du fait, ne parlaient de rien moins que de le livrer à la justice, comme possédé du diable. Le recteur lui avait signifié que si, dans le délai de huit jours, il ne s'était pas représenté décemment vêtu, les classes lui seraient fermées, et que les magistrats le chasseraient du pays. « Maudit docteur Alpanus, que l'enfer te confonde! » s'écriait le malheureux écolier, en se roulant avec désespoir sur son lit.

« — Allons, allons, » répondit Balthazar, en riant jusqu'aux larmes de la piteuse figure de son ami, « ne maudis point cet excellent homme qui a voulu te punir de tes espiègleries à l'égard de son autruche et de ses grenouilles. Apprends que le digne Alpanus est aujourd'hui mon oncle, que j'hérite de sa maison de campagne, que je vais écorcher Cinabre et que j'épouserai Candida! »

« — Ah çà, tu es donc devenu fou? reprit Fabian. »

« — Si peu fou, » répliqua Balthazar, en tirant sa petite boîte, « que, par la grâce de mon très-cher oncle, je vais immédaitement rallonger les manches et raccourcir les queues de tous tes habits. Ouvre cette boîte. »

Fabian ouvrit la boîte. Il en sortit un habit noir qui grandit aussitôt jusqu'aux plus exactes proportions de la taille du jeune homme. La joie des deux amis égala leur surprise. Le nom d'Alpanus fut couvert d'acclamations bruyantes. Balthazar se mit alors à raconter par quels moyens il allait renverser Cinabre du faîte de ses grandeurs, et conquérir la main de Candida. Fabian se croyait transporté dans le pays des *Mille et une Nuits*. Balthazar qui regardait dans la rue, aperçut le référendaire Pulcher et le pressa de monter pour avoir sa part des bonnes nouvelles. Pulcher était un homme positif, et nullement crédule. « Tout cela est bel et bon, » dit-il aux deux amis; « mais eussiez-vous en votre pouvoir tous les secrets du grand Albert, vous n'empêcheriez sans doute point le mariage de Cinabre avec la fille de Mosch-Terpin, car c'est ce matin même que l'on doit signer le contrat, et le prince Barsanuph en personne daigne honorer la cérémonie de sa présence. »

« — Qu'entends-je, » s'écria Balthazar. »

« — La vérité, » dit Pulcher. « Mais il paraît que votre docteur Alpanus, avec toute sa science, n'avait point deviné cela... »

« — Mais j'ai encore le temps de tout briser, » s'écria de nouveau Balthazar. « Je cours chez Mosch-Terpin, et dussé-je pénétrer par les fenêtres, je ferai main basse sur Cinabre, à la barbe du prince lui-même! »

XI.

La maison du professeur Mosch-Terpin était splendidement décorée, et toutes les notabilités de Kerepes encombraient ses salons. Le prince, en grand costume, occupait le fauteuil d'honneur. M. le ministre Cinabre, vêtu d'un habit rouge, affublé du grand cordon de l'ordre du Tigre à vingt boutons de diamants, se balançait d'un pied sur l'autre, avec une arrogance que tout le monde admirait. Près de lui, Candida, plus belle que jamais, souriait sous sa couronne d'oranger. Cinabre lui serrait les mains, de temps à autre, avec des piaillements aigus qu'elle écoutait comme les gracieusetés les plus délicates. C'était un spectacle hideux pour un homme de bon sens, que de voir la plus brillante société de la résidence ainsi affolée par une hallucination sans exemple.

Au moment où les fiancés allaient échanger les anneaux de mariage que Mosch-Terpin leur présentait sur un plateau d'argent, la porte du salon s'ouvrit avec fracas. Balthazar, suivi de Fabian et de Pulcher, s'élança au milieu des assistants stupéfiés. Il avait le front haut, l'œil ardent, les poings crispés par la colère.

Le prince Barsanuph bondit sur son fauteuil, en appelant ses gardes, pour arrêter les trois jeunes gens qu'il prenait pour des conspirateurs. Mais Balthazar ne perdit point de temps en explications superflues qui pouvaient lui enlever sa proie. Repoussant d'une main vigoureuse les gens qui voulaient le saisir, il dirigea la lentille de cristal contre Cinabre. Sous l'influence du talisman, le nain poussa un cri perçant. Candida s'était évanouie. Les assistants ne comprenant rien à cette scène, étaient haletants d'émotions, le regard fixe, les lèvres entr'ouvertes. Balthazar voit se dresser la houppe rouge, saute sur Cinabre, le terrasse malgré ses convulsions et ses morsures, arrache les trois cheveux enchantés et les jette sur le brasier... Dès que le feu les atteint, une effroyable détonation ébranle la maison de fond en comble, les spectateurs tombent à genoux, consternés, et Balthazar lui-même se croit anéanti.

Quand la première frayeur fut passée, et que les regards se relevèrent, un cri unanime s'échappa de toutes les poitrines, à l'aspect de l'ignoble magot qui posait là, déguisé en ministre. Tout le monde l'entoure, on se le jette de main en main, on le dépouille pour le mieux voir.

« — Prince Barsanuph, » hurlait Cinabre, « au secours! On dévalise votre premier ministre! »

Le prince, bouleversé par cette scène à laquelle sa haute intelligence ne comprenait rien, voulait s'esquiver. Mosch-Terpin courut après lui. L'Altesse le saisit à la gorge et faillit étrangler le pauvre professeur. « Misérable ! » s'écriait Barsanuph, « est-ce bien à ton prince que tu oses jouer un tour de pareille impudence ! Tu m'invites au mariage de ta fille avec mon ministre, et tu m'attires dans cette maison pour me compromettre en face d'un affreux magot ! A compter d'aujourd'hui, je te défends de paraître en ma présence, et je te destitue des fonctions de directeur général des phénomènes !... »

Mosch-Terpin, désespéré d'une si cruelle disgrâce, se jeta sur Cinabre, après le départ du prince Barsanuph, et voulut le jeter par la fenêtre. Il en fut empêché par le directeur du musée zoologique : « Gardez-vous, » lui dit gravement ce fonctionnaire, « de priver l'État de la possession d'un si curieux animal. Je crois reconnaître en lui un *Simia Belzebub*, de la plus rare espèce, qui s'était enfui dernièrement de la ménagerie de Son Altesse. Je le réclame provisoirement comme propriété nationale. » Mais, à peine l'eut-il examiné avec un peu d'attention, qu'il le jeta au milieu du salon avec une vivacité pleine de dégoût, en l'appelant sale mandragore. Cinabre, à peine échappé de ses mains, profita d'une porte entr'ouverte, pour gagner l'escalier et courir en sautillant vers son hôtel, où il rentra sans être remarqué.

Pendant que tout le monde s'agitait dans un trouble impossible à décrire, Balthazar, assuré de son triomphe, avait porté Candida évanouie dans une salle voisine, et s'efforçait de la ranimer en lui prodiguant les soins les plus empressés et les plus doux noms que puisse inventer l'amour. Lorsque la jeune fille rouvrit les yeux, elle aperçut l'étudiant à ses genoux. Rappelant ses idées avec peine, comme au sortir d'un cauchemar, elle recherchait autour d'elle la figure de Cinabre. Balthazar lui expliqua, avec tous les ménagements convenables, la cruelle erreur qui l'avait longtemps abusée, et l'événement qui venait de briser l'empire de cette fantasmagorie. Il achevait à peine de la convaincre et de lui jurer un amour éternel, lorsque Mosch-Terpin entra dans la chambre avec tous les signes de la désolation la plus extravagante. Après avoir tempêté sur tous les tons, le pauvre homme se laissa enfin tomber d'épuisement dans les bras d'un large fauteuil de velours. Balthazar crut le moment favorable pour s'approcher avec Candida et solliciter sa bénédiction paternelle.

« — Oui, mes enfants, répondit l'ex-directeur des phénomènes, aimez-vous, mariez-vous, ayez beaucoup d'enfants, et mourez de faim tant que vous voudrez avec ma bénédiction, car je ne vous donnerai pas une obole ! »

« — Quant à mourir de faim, reprit en souriant Balthazar, nous n'avons pas cette crainte, car mon oncle, le docteur Prosper Alpanus s'est chargé d'approvisionner notre cuisine. »

« — Grand bien vous fasse ! répliqua Mosch-Terpin. Si vous êtes devenu riche, je m'invite à dîner demain chez vous ; mais, en attendant, si vous ne voulez pas que ma cervelle éclate, laissez-moi faire un somme. »

Là-dessus, le digne professeur gagna son lit, en chancelant comme un homme ivre.

XII.

L'équipage du ministre Cinabre avait attendu, tout le jour et toute la soirée, devant la porte de Mosch-Terpin. Quand la nuit fut venue, le fidèle cocher de Son Excellence, ne voyant point reparaître son maître, alla aux renseignements, et comme personne ne lui en pouvait donner, il prit le parti de revenir à l'hôtel pour faire part de ses inquiétudes au premier valet de chambre.

« — Monseigneur est rentré, il dort ; mais, hélas ! dans quel état !... « s'écria celui-ci. »

« — Eh mais, qu'est-il donc arrivé ? » demanda vivement le cocher.

« — Chut ! » répondit le valet de chambre, en promenant autour de lui des yeux effarés, comme s'il eût craint d'être entendu. « Je crois que nous avons le diable à nos trousses. Figure-toi qu'hier, à la nuit tombante, comme je sortais de l'hôtel pour aller boire un pot de bière, j'ai tout à coup senti rouler entre mes jambes, avec d'affreux miaulements, quelque chose qui ressemble (Dieu me pardonne !) à Son Excellence, et qui grognait comme monseigneur quand le rôti est brûlé, ou que les affaires politiques vont de travers. Ce quelque chose continua de filer en sautillant, poussant les portes, bouleversant les meubles et faisant un tapage fort indécent. N'osant m'en fier à mes yeux, je suis allé, sur la pointe du pied, jusqu'à la chambre à coucher de Son Excellence. Elle était profondément endormie et ronflait comme un cor de chasse. Je crois qu'il est prudent de se taire et de ne pas fourrer son nez dans les secrets d'État. Monseigneur est fort laid, fort mal tourné ; mais c'est un homme de génie qu'il ne nous est pas permis de juger. Restons à notre poste et attendons les événements. »

Le lendemain, dès l'aurore, une vieille paysanne fort misérablement vêtue, se présenta au concierge de l'hôtel et demanda à voir le ministre des affaires extérieures, son fils bien-aimé. Le concierge la prit pour une folle et la chassa très-rudement. La pauvre femme alla s'asseoir en pleurant sur un banc de pierre qui faisait face à l'hôtel du ministre. Au bout de quelque temps, une fenêtre s'ouvrit, et les passants ne furent pas peu surpris de voir paraître au balcon un petit nain couvert de décorations et de broderies, que la paysanne appelait son fils en lui tendant les bras. Cette étrange caricature attira bientôt dans la rue un rassemblement considérable de gens de toute sorte, dont les clameurs formaient un véritable concert charivarique. Cinabre, irrité, voulut leur faire une allocution menaçante ; mais dès qu'il ouvrit la bouche, les huées devinrent assourdissantes, et l'infortuné ministre fut assailli de tous côtés à coups de pierres, qui brisèrent les vitres de son hôtel.

Le valet de chambre, attiré par le bruit, crut que son maître était exposé aux fureurs d'une émeute politique. Il accourut pour le défendre en fidèle

Ta vie est la mienne; rien ne nous séparera plus. En ce moment une hideuse figure..... Où diable a donc passé ma femme?

serviteur; mais après l'avoir cherché de chambre en chambre, en forçant les portes, il finit par découvrir, au fond d'une alcôve, deux petites jambes grê es et tortues, sortant de certain vase d'argent dont l'usage, universellement adopté chez les peuples civilisés, ne peut se décrire dans une œuvre littéraire. « — Bonté divine! » s'écria le valet, « ces jambes appartiennent à mon honoré maître! Hélas! Excellence, que faites-vous donc là dedans? »

Cinabre, retiré, proprement essuyé et frictionné avec soin, ne donnait plus signe d'existence. L'asphyxie avait été rapide et complète. On le porta sur son lit, et un message fut envoyé au prince Barsanuph, pour l'informer de ce triste accident.

En ce moment, la fée chanoinesse apparut au chevet de Cinabre, sans qu'on sût par où elle s'était introduite. Elle versa quelques larmes de compassion sur le cadavre de son petit protégé. « — Pauvre enfant! » murmura-t-elle, « je ne puis te rappeler à la vie; une fatalité plus forte que mon pouvoir a détruit le don que je t'avais prêté. Mais je veux du moins que ta dépouille mortelle soit rendue à la terre avec les égards que réclame une créature humaine dont le malheur est mon œuvre involontaire. Adieu, Cinabre, adieu, Klein-Zach! Innocente victime de mes enchantements, repose en paix! »

Un grand bruit venant du dehors interrompit la méditation de la fée. C'était le prince Barsanuph qui arrivait avec ses sept chambellans, pour honorer de ses larmes le triste sort du premier ministre. Le prince interrogea son médecin sur les causes apparentes ou occultes du décès subit de Cinabre. « — Monseigneur, » répondit le docteur, « l'élément âcre dans lequel est tombé votre ministre, est la cause déterminante de sa mort; mais il est permis de supposer (*primò*), qu'une inflammation soudaine du tissu cérébral, inflammation résultant d'excès de travail politique, a pu le conduire à un acte d'aliénation mentale, et que Son Excellence

Monsieur, vous n'avez pas de reflet; vous êtes le diable ou quelqu'un des siens.

Cinabre, ayant perdu la tête, a en même temps perdu l'équilibre au point de choir accidentellement dans..... ce vase, dont Votre Altesse l'avait gratifié en récompense de ses éminents services; (*secundò*) il est encore hypothétiquement admissible que... que.... »

« — Que... que... que... le diable vous emporte avec vos balivernes! » s'écria le prince en coupant la parole au docteur; « taisez-vous et félicitez-vous de ce que je daigne ne point m'apercevoir de l'incongruité de votre langage. Nous sommes venus ici pour gémir sur la perte douloureuse que l'État vient de faire en la personne du plus incomparable des ministres. Acquittons-nous bien vite de ce devoir, messieurs, et allons dîner, s'il vous plaît; car je me sens un appétit d'autruche. »

A ces mots, Son Altesse le prince-résident se couvrit les yeux de son mouchoir et poussa trois longs gémissements. Les sept chambellans s'inclinèrent et répétèrent en chœur, par trois fois, cette oraison funèbre digne des mérites du défunt; après quoi, ils se retirèrent pieusement, pour ne point laisser à leurs potages respectifs le temps de se refroidir.

En sortant de l'hôtel des affaires extérieures, le prince rencontra la vieille Lise, mère de Klein-Zach, qui portait sur un large éventaire des bottes d'oignons dorés. « — Prince, » lui dit la paysanne, « rendez-moi le corps de mon fils, qui ne peut vous être utile à rien. Le pasteur de notre village, qui est un savant, possède une collection d'animaux fort curieux; il empaillera Klein-Zach, et je le placerai sur la corniche de mon armoire, avec les beaux habits que vous lui aviez donnés... »

Le prince eut beaucoup de peine à faire comprendre à la bonne femme que les lois de la civilisation en général, et celles du pays en particulier, s'opposaient à une pareille exhibition de dépouilles humaines. Mais voulant, d'autre part, accorder à la mère de son ministre une preuve touchante de sa sympathie, il emprunta le couteau d'un de ses chambellans et pela un gros oignon, qu'il déclara délicieux. Messieurs les chambellans s'empressèrent de l'imiter, et Barsanuph leur disait, avec la larme à l'œil : « — Ne vous semble-t-il point, comme à moi, messieurs, en croquant ces oignons, que l'ombre de notre cher Cinabre se balance devant moi, pour me dire : « — Achetez ces oignons, prince, et mangez-les pour l'amour de moi. Leur pulpe savoureuse excitera votre appétit, et l'appétit du prince est une des conditions de la prospérité publique!... »

Les chambellans applaudirent. Le prince ordonna qu'en mémoire des services de Cinabre, un brevet, scellé du grand sceau, fût délivré, le même jour, à la mère Lise, pour lui conférer la fourniture exclusive des oignons du palais. Cette faveur devait mettre la paysanne à l'abri du besoin pour ses vieux jours. La gazette officielle du pays enregistra cet acte de munificence souveraine, si digne de figurer dans les annales du prince Barsanuph.

Mosch-Terpin était inconsolable de la perte de ses dignités. Mais lorsque Balthazar lui eut prouvé, par acte en bonne forme, que le docteur Alpanus lui donnait de grands biens; lorsqu'il eut visité toutes les richesses du cellier de son futur gendre, dégusté ses vins du Rhin et reçu la promesse qu'il pourrait se livrer perpétuellement, dans la cave, à ses profondes méditations sur la différence essentielle qui existe entre le vin et l'eau, le digne professeur déclara que Candida, fût-elle cent fois plus belle, elle ne pouvait prétendre à un mari plus convenable que le très-docte étudiant Balthazar, le plus distingué de ses élèves.

La noce fut célébrée à la maison de campagne de Prosper Alpanus. A la fin du dîner, qui se prolongea jusqu'à la nuit, une lumière fantastique éclaira le parc; dans cette lumière se jouaient des myriades d'insectes, scintillants comme de petites étoiles, et des parfums inconnus embaumèrent les airs.

Quand l'heure du repos fut venue, Mosch-Terpin était parfaitement gris, ainsi que tous les convives.

Tout à coup un son de cloches argentines vibra dans le lointain. Le plafond de la salle s'entr'ouvrit, et une coquille de cristal, attelée de deux licornes blanches, descendit des cieux sur un nuage transparent. Le faisan d'argent, qui servait de cocher au docteur, s'inclina devant son maître et fit claquer son fouet.

« — L'heure de notre séparation est venue, » dit Alpanus. « Je retourne au Djinnistan. Balthazar, et vous, ma belle Candida, recevez mes adieux et gardez mon souvenir. Je veillerai de loin sur votre destinée. Je vous laisse le bonheur; il vous sera fidèle tant que vous habiterez ma demeure avec l'amour et la vertu. Vivez dans une douce obscurité, en faisant le bien : Dieu bénira votre avenir. »

LE REFLET PERDU.

I.

Un soir d'hiver, c'était la veille du dernier jour de l'année, je me sentis tout à coup les veines brûlantes et froid au cœur. Au dehors, la nuit sans étoiles était pleine de rafales orageuses. Cette crise du ciel m'imprimait des secousses électriques; mon cerveau bouillonnait comme du métal en fusion. Lorsque tous mes nerfs furent injectés de ce fluide inconnu qui se nomme fièvre ou délire selon la force des accès, je ne pus tenir en place, et je me jetai hors du logis, les cheveux au vent, et sans manteau. Les girouettes des maisons glapissaient comme des chats en fureur; et, dans les voix confuses de la tempête il me semblait distinguer le tintement funèbre de l'horloge qui sonne la chute des heures dans l'abîme de l'éternité.

Chose bizarre! la veille de chaque nouvelle année, qui est pour tout le monde une date joyeuse, me trouve en proie aux mêmes douleurs morales. Serait-ce qu'à chaque fête de Noël, comptant mes jours écoulés et me sentant vieillir, j'entrevois de plus près les lointaines approches du trépas? Serait-ce que mon destin me prépare une catastrophe pour une de ces époques? Je ne sais que pressentir, et ne puis me défendre d'un mystérieux effroi; d'autant plus que le diable a toujours soin de m'apprêter, pour la Saint-Sylvestre, quelque nouvelle mésaventure.

Hier, par exemple, en entrant dans un salon, j'aperçus, parmi les dames gracieusement assises sur le sopha, une figure dont les traits d'ange... Oui, c'était *Elle!* Elle que je n'avais pas revue depuis cinq ans!.. Dieu soit béni, m'écriai-je au fond de mon âme; *Elle* m'est donc rendue!... J'étais cloué à ma place, comme si la baguette d'un magicien m'eût touché, lorsque le maître de la maison me frappa doucement sur l'épaule : « Eh! bien, très-cher Hoffmann, me dit-il, à quoi donc pensez-vous? » Je revins à moi, tout honteux de ma maladresse, et je m'approchai de la table à thé, pour avoir une contenance.

En ce moment, *Elle* m'aperçut, se leva, et vint me dire, du son de voix le plus indifférent : « Tiens, vous voilà? Je suis charmée de vous voir; comment vous portez-vous? » Puis, sans attendre ma réponse ni remarquer mon trouble, elle se rassit, en adressant à sa voisine ces paroles qui me percèrent le cœur: « Aurons-nous, la semaine prochaine, un joli concert au château?... »

La foudre, tombant à mes pieds, ne m'eût pas plus bouleversé. Figurez-vous ce qu'éprouverait un homme qui s'approchant d'une rose cultivée avec amour, et voulant respirer ses parfums, se sentirait piqué au nez par une guêpe élancée de son calice. Je reculai si brusquement, les yeux voilés par le sang qui me montait au front, que je heurtai un plateau chargé de sorbets et de sucreries. Tout roula sur le parquet, et j'eusse voulu me voir à cent toises sous terre. Heureusement qu'un artiste célèbre venait de se mettre au clavecin. Je fus oublié, et je pus contempler Julie, car c'était *elle*, dans tout l'éclat de sa beauté.

Elle me parut plus grande, plus riche de formes, plus séduisante que jamais. Sa robe, d'une éblouissante blancheur, flottait en plis soyeux autour de sa taille. Ses épaules et sa gorge se détachaient comme un bloc de neige sur une coupe de dentelles merveilleusement brodées; ses cheveux, d'un noir d'ébène, ruisselaient en boucles chatoyantes qui donnaient à son visage un caractère séraphique. En passant près de moi, elle se retourna, et je crus lire, dans son regard d'un bleu si doux, je ne sais quelle expression moqueuse.

Ma pauvre raison allait défaillir, si le maëstro qui venait d'aborder une cantate, ne m'eût rafraîchi l'âme en versant autour de lui des flots d'harmonie. A peine eut-il fini, que l'auditoire enchanté l'assiégea de compliments. Mais dans ce tohu-bohu de *dilettanti*, je fus pendant quelques instants séparé de Julie.

Nous nous retrouvâmes enfin de chaque côté d'un plateau chargé de punch. Alors, ô bonheur inouï! Elle prit un verre et me le présenta, avec un sourire des cieux, en me disant d'une voix dont rien ne saurait effacer le souvenir: « Voulez-vous l'accepter de ma main, comme autrefois? » En le recevant, j'effleurai ses doigts délicats; mille étincelles électriques embrasèrent mon sang; je bus la liqueur dorée jusqu'à la dernière goutte, et il me sembla que des flammes bleues voltigeaient sur mes lèvres ardentes. Un nuage couvrit presque aussitôt ma vue. Mes sens nagèrent dans une ivresse délicieuse, et quand je revins à moi, nous étions, *Elle* et moi, côte à côte, sur les coussins d'un divan rose, au fond d'un boudoir qu'illuminait de clartés rêveuses une lampe d'albâtre suspendue à la voûte par des chaînettes d'argent.

Julie à mes côtés, Julie souriante, affectueuse comme autrefois: n'était-ce point un songe? hélas! songe ou réalité, je m'y livrais tout entier. Je croyais l'entendre me dire des paroles magiques: « Mon Théodore, je t'aime, je ne vis plus que par toi; tu es ma poésie et ma félicité! » Et moi, je répondais: « Dieu nous a réunis: toutes les puissances de l'enfer ne nous sépareraient point! »

Tout à coup un petit mannequin planté sur des pattes d'araignée, avec des yeux de grenouille, apparut en trébuchant au seuil du boudoir. « Où diable s'est donc fourrée Julie? » dit-il en allongeant un nez barbouillé de tabac d'Espagne.

Je pensais rêver encore. Julie se leva et me jeta cet atroce réveil: « Eh bien! ne voulez-vous pas que nous rentrions avec la société, vous voyez bien que mon mari me cherche. Vous êtes fort amusant, comme autrefois, mon cher Théodore; seulement, il ne faut pas boire trop de punch. »

Je poussai un cri de désespoir: « Perdue pour l'éternité!!! »

« — Comme vous dites, mon brave, » répondit l'odieux animal qu'elle appelait *son mari.*

C'en était trop pour mes forces. Je me sentais devenir fou. D'un bond, je fus hors du salon, sur l'escalier, dans la rue. La pluie tombant à flots me fouettait le visage. Je courais à perdre haleine, sans direction, sans volonté. Je courrais encore, si la caverne de maître Thiermann ne se fût ouverte à point nommé pour engloutir ma fuite. Je m'y précipitai comme un ouragan parmi les buveurs, la respiration haletante, le gosier sec et l'œil hagard. On me crut ivre; il n'y a meilleur pratique que les ivrognes. Aussitôt, malgré l'absence du chapeau et du manteau, l'hôte me trouvant en costume très-bienséant, me demanda poliment ce que je désirais. « Un pot de bière anglaise et une pipe de bon tabac! » Je fus servi sur-le-champ.

Les gens du logis me regardaient du coin de l'œil, et l'hôte allait peut-être me questionner sur l'aventure qui lui procurait ma visite en pareil équipage, quand trois coups frappés aux vitres de la taverne, et suivis d'un cri: « Ouvrez vite, c'est moi! » détourna son attention. Il courut à la porte, avec un flambeau dans chaque main, et un grand homme, tout décharné comme un squelette, s'introduisit dans la salle, et gagna, en marchant de côté pour tourner le dos au mur, une petite table où il s'assit en faisant poser devant lui les deux lumières.

Ce personnage avait un extérieur distingué, mais pensif. Il demanda, comme moi, de la bière et du tabac, chargea sa pipe avec une impatiente célérité, et s'enveloppa presque aussitôt d'un épais nuage de fumée. Au milieu de ce brouillard, il ôta son chapeau de feutre et sa houppelande, et je remarquai avec surprise que par-dessus ses bottes il portait des pantoufles. Tout en fumant, il passait la revue d'un gros tas de plantes qu'il venait de retirer d'une boîte en fer-blanc, telle qu'en portent les botanistes qui vont herboriser.

Je hasardai, pour entrer en causerie, de lui faire quelques questions sur les herbes qui paraissaient l'intéresser davantage. « Vous n'êtes guère fort en botanique, » me dit-il à demi-voix; « car, au premier coup d'œil, vous eussiez reconnu des plantes exotiques. En voilà, entre autres, qui furent cueillies en Amérique, sur le fameux volcan de Chimboraço. »

L'accent de ce singulier personnage produisit

sur moi une sorte de commotion magnétique. Je sentis la parole expirer sur mes lèvres, et il me sembla que tout inconnus qu'ils me fussent, les traits de cet homme avaient passé dans les rêves de mes nuits agitées.

Ma préoccupation céda au bruit de nouveaux coups frappés, comme tout à l'heure, aux carreaux de la taverne. L'hôte ouvrit encore, mais l'arrivant cria du dehors, avant d'entrer : « — Surtout, couvrez bien votre miroir ! »

« — Bon, bon, » fit l'hôte en accrochant une serviette au trumeau de la glace, « voici le général Suwarow. »

Le général Suwarow n'avait rien de belliqueux dans ses allures. Il entra en sautillant d'un pas assez lourd, et en décrivant une série de zig-zags. C'était un très-petit homme, roulé dans un manteau brun à larges manches, dans les plis duquel il paraissait grelotter de froid. Il vint s'asseoir à notre table, entre le botaniste du Chimboraço et moi. Mais nos bouffées de pipe l'étourdissaient, et, se tournant alternativement vers chacun de nous, il se plaignit de l'épouvantable fumée dont nous étions les conduits, en regrettant d'avoir oublié son tabac à priser.

J'avais sur moi une tabatière d'acier bruni toute neuve et toute brillante. Je m'empressai de la lui présenter fort civilement. Mais à peine l'eut-il entrevue, que, se couvrant la figure de ses deux mains, il s'écria : « — Damnation ! cachez, cachez donc ce maudit miroir !.... »

Sa voix était convulsive et tout son corps frissonnait. Je le pris pour un fou. On lui versa du vin du Nord. Je le regardais à la dérobée, lorsque tout à coup je vis son visage changer successivement de traits, de couleur et de physionomie, comme les images des lanternes magiques. Cette fois une sueur glacée inonda mon front ; j'eus peur de toute mon âme, je l'avoue sincèrement. Ce général Suwarow, me disais-je tout bas, ne serait-il point Satan déguisé, qui vient me relancer ici pour me jouer un dernier tour de sa façon ?....

Pendant que je donnais carrière aux suppositions les plus fantastiques, le grand homme aux herbes passait son temps à moucher les chandelles avec un soin fabuleux, et le petit s'était levé pour mieux disposer le linge qui voilait la glace. Cette bizarrerie ne me rassurait guère sur leur compte. Tous deux se mirent ensuite à causer d'un jeune peintre qui venait d'exposer un magnifique portrait de femme.

« — En vérité, disait le grand sec, c'est une œuvre merveilleuse : on pourrait dire que ce portrait est le reflet du modèle. »

« — Reflet ? reflet ? Quel animal stupide pourrait s'emparer d'un reflet, si ce n'était le diable en personne ? » s'écria le général Suwarow en bondissant sur sa chaise ; « faites-moi donc voir, car je vous en défie, un reflet dérobé à un miroir, et je sauterai en l'air à cinq cents toises !... »

Alors le grand sec, peu flatté de la sortie de son interlocuteur, se leva tranquillement et lui passant la main sous le menton avec une familiarité dédaigneuse, lui dit avec un sourire amer : « — Tout beau, mon petit, ne vous démenez pas si fort ; les mouvements trop brusques m'impatientent facilement, et je pourrais vous envoyer bondir de l'autre côté de la fenêtre !... »

Le général Suwarow le regarda en clignotant, prit son chapeau, se leva et gagna la porte à reculons. « — Peste d'homme, » disait-il en saluant et sautillant d'une façon comique ; « diable enragé, portez-vous bien. Si je ne me vois point dans les glaces, j'ai au moins conservé mon ombre ; tandis que vous, mon cher... Eh ! mais, je ne vous en fais pas du tout mon compliment !.... »

Là-dessus il disparut, laissant le botaniste du Chimboraço dans une consternation difficile à peindre.

L'idée d'un homme sans ombre me faisait faire à moi-même une singulière figure. Je le vis partir à son tour. En traversant la salle, son corps ne projetait aucune trace. Me souvenant alors du fameux Pierre Schlémihl, ce Juif-Errant de l'Allemagne, je courus après lui. Mais à peine avais-je passé la porte, que l'hôte me poussa par les épaules en me criant : « — Le diable emporte trois pratiques de votre espèce, et Dieu me garde de vous revoir ! »

Quant au grand homme sec, je ne pus le rejoindre. Il avait enjambé en trois sauts toute la longueur de la rue.

II.

J'avais oublié ma clé dans la poche de mon manteau. Il m'était donc impossible de rentrer au logis. J'allai demander asile à l'un de mes amis, propriétaire de l'hôtel de l'*Aigle d'Or*. Son portier ne me fit pas attendre, et je fus conduit, pour y achever la nuit, dans une assez belle pièce, ornée d'une grande glace que recouvrait un rideau de serge verte. Je ne sais comment il me prit fantaisie de soulever ce rideau. Je me vis si pâle et si défait, que j'eus peine à me reconnaître ; puis il me sembla que du fond de l'espace réfléchi par la glace s'avançait vers moi une forme indécise et flottante.

En fixant cette apparition, je crus voir..... oui, c'était bien elle, la figure adorée de Julie ! « O ma toute belle ! m'écriai-je, est-ce toi qui reviens à celui qui ne peut plus vivre que de ta vie ? »

Un profond soupir me répondit. Ce soupir sortait de dessous la draperie qui masquait l'alcôve. Je courus au lit, et je vous laisse à penser ce que je dus éprouver en reconnaissant le petit homme que l'hôte de la taverne appelait le général Suwarow.

Ce bizarre personnage rêvait à haute voix, et de ses lèvres, contractées par une pénible émotion, s'échappait un nom qui me fit battre le cœur : « Giulietta !... Giulietta ! » Je secouai vivement le petit homme pour l'éveiller. « — Comment diable êtes-vous couché, » lui dis-je, « dans la chambre qui m'est destinée ? »

« — Ah ! monsieur, répondit-il en ouvrant les yeux et étendant ses bras, que je vous sais gré d'avoir interrompu le cauchemar qui m'oppressait! »

Une courte explication suffit pour m'apprendre que le portier s'était trompé en m'ouvrant cette chambre. Je m'excusai, et nous causâmes. « — Je dois » reprit l'inconnu, « vous avoir paru bien inconvenant ou bien fou, ce soir, à la taverne. Mais vous aurez quelque indulgence, s'il vous est parfois arrivé d'être dominé par des sensations inexplicables. »

« — Ah! cher monsieur, » répliquai-je, on pourrait en dire de moi tout autant; car, tenez, il n'y a pas longtemps qu'en revoyant Julie... »

« — Julie! quel nom prononcez-vous là! » s'écria le petit homme en se rejetant sur l'oreiller; « Oh! tenez, je vous en conjure, laissez-moi dormir, et ayez bien soin de couvrir la glace. »

« — Mais comment, » repris-je, « ce nom d'une femme, que vous ne connaissez sans doute point, peut-il si fort vous impressionner? Il me semble que vos traits changent à chaque instant de physionomie. Allons, calmez-vous, et permettez que je repose jusqu'au jour à vos côtés. Je tâcherai de ne point vous gêner. »

« — Non, prenez ma place tout entière; car je vois qu'il n'y a désormais pour moi ni sommeil, ni calme à espérer. Vous avez prononcé le nom de Julie... Julie! Giulietta!... c'est bien étrange. Serions-nous fatalement unis, sans le savoir, par une même infortune?... Tenez, il faut que je vous dise la mienne. Dussé-je vous ennuyer mortellement, je ne puis m'en défendre. Il me semble que cela me soulagera. »

Alors le petit homme se glissa hors du lit, s'enveloppa d'une robe de chambre blanche, et se dirigea lentement vers la glace, dont il écarta le voile. Tous les objets, les lumières et mes propres traits s'y réfléchissaient purement. Mais le reflet du pauvre général Suwarow n'y paraissait point. « — Voyez, » reprit-il avec un accent lamentable, si je suis assez malheureux! Pierre Schlémihl avait vendu son ombre au diable; eh bien, moi, j'ai donné mon reflet à Giulietta, qui ne me le rendra jamais! Mon Dieu! mon Dieu! quelle fatalité! »

Je restai stupéfait de cette aventure. L'horreur se mêlait à la pitié dans mon cœur bouleversé.

Le petit homme, rendu à toutes ses douleurs, s'était convulsivement rejeté dans son lit; mais il ne tarda guère à ronfler. Le bruit qu'il faisait me plongea peu à peu dans une somnolence irrésistible. J'éteignis les lumières et je vins m'étendre à son côté, sans me déshabiller, pour attendre le jour.

L'excitation de mon système nerveux était à son comble; mon esprit tourbillonnait à travers un labyrinthe peuplé de fantômes indescriptibles. Il me sembla tout à coup que le monde se rapetissait comme les magasins de poupées qui s'ouvrent pour les enfants à la fête de Noël. J'y vis tous mes amis, toutes mes connaissances métamorphosés en petits bonshommes de sucre candi. Puis, toutes ces figures grandirent démesurément, et au milieu d'elles m'apparut Julie, qui me présentait une coupe pleine de punch, en me disant : « — Bois, mon ange, bois cette liqueur divine! » Et je vis de petites flammes bleues voltiger au bord de la coupe. J'allais la saisir, quand une voix cria derrière moi : « — Ne bois pas! ne bois pas! c'est le poison de Satan! » Je me retournai brusquement, et je reconnus le général Suwarow, qui me riait au nez. Julie continuait ses agaceries; son regard me brûlait, le timbre de sa voix me donnait des vertiges. « — Pourquoi donc as-tu peur? » me disait-elle; « ne sommes-nous pas l'un à l'autre pour l'éternité? Ne m'as-tu pas donné ton reflet pour un baiser?..... » Je me sentais mourir, et je tendais les bras pour recevoir la coupe magique au fond de laquelle je voulais noyer mon âme. Mais le petit Suwarow criait de plus en plus fort : « — Ne bois pas! ne bois pas! Cette belle fille qui te sourit, c'est le diable en personne; si tes lèvres effleurent la coupe, le prestige va s'évanouir; il ne restera que la réalité de ta perte. » Julie insistait toujours et m'enivrait de séductions; je ne sais ce qui allait arriver, quand soudain toutes les figures de sucre candi se mirent à danser en rond autour de moi avec une telle rapidité, que je ne vis plus rien. Ce cauchemar n'avait fini qu'à onze heures du matin, lorsqu'un domestique de l'*Aigle-d'Or* vint m'éveiller pour m'avertir que le déjeuner était servi.

Le général Suwarow s'était levé de grand matin; il avait payé sa dépense et laissé pour moi un paquet cacheté, dont le griffonnage en pattes de mouches contenait la singulière histoire que voici. C'était peut-être la sienne.

III.

Un beau matin, maître Érasme Spickherr s'était vu, pour la première fois, en état de satisfaire la plus ardente passion de sa vie. Il venait d'encaisser un petit héritage, sur le produit duquel il préleva la somme nécessaire aux frais d'une promenade en Italie. A l'heure du départ, sa jeune femme le suivit jusqu'à la voiture, avec son enfant dans ses bras : « — Adieu! » s'écria-t-elle, les yeux tout humides de pleurs, « adieu, cher Érasme! pense « bien à moi, qui vais garder la maison, et surtout « ne perds pas ton bonnet de voyage, en dormant « la tête hors de la portière. »

Érasme fit rencontre, à Florence, d'une joyeuse bande de compatriotes qui jetaient l'argent par les fenêtres, en menant la vie la plus échevelée que jamais artiste ou fils de famille se fût permis à la face du chaud soleil d'Italie. Ce n'était, jour et nuit, que fêtes et banquets, dans des villas ravissantes, avec des femmes parées de costumes fantastiques, dont l'élégance et les riches couleurs prêtaient à ces voluptueuses syrènes l'aspect de fleurs animées. Érasme seul, fidèle au souvenir de sa légitime moitié, ne risquait, malgré ses vingt-sept ans, aucune excursion en dehors du cercle de la foi conjugale.

Un soir que ces viveurs s'étaient réunis dans une orgie qu'arrosait à flots le vin de Syracuse, l'un d'eux, Frédéric, le plus fougueux de la troupe, entourant d'une main la taille cambrée de sa maîtresse, et de l'autre élevant son verre, où perlait une liqueur dorée, porta le toast le plus incandescent à la beauté des reines de cette nuit : « — Quant à toi, « mon pauvre Érasme, » dit-il à Spickherr, « tu « nous attristes singulièrement par ta physionomie « de l'autre monde. Tu bois et chantes comme un « fossoyeur, et tu fais aux dames une piteuse « grimace. »

« — Ma foi, mon cher, répondit Érasme, j'avoue « que les dames doivent me rester indifférentes; « j'ai laissé là-bas une digne ménagère; et quand « on est comme moi, père de famille... »

A ces mots, que le pauvre Érasme accentuait avec une gravité magistrale, les assistants éclatèrent d'un rire inextinguible. La maîtresse de Frédéric s'étant fait traduire sa réponse en italien, se tourna vers le froid Allemand : « — Prenez garde, » lui dit-elle; « si vous aviez vu Giulietta, la glace de « votre cœur fondrait comme la neige au soleil! »

Au même instant, un léger frôlement de soie sous le feuillage annonça l'apparition d'une jeune femme merveilleusement belle. Une robe blanche, dont les formes dévoilaient des épaules d'albâtre et une gorge ravissante, s'épanouissait en plis séducteurs autour de sa taille de fée. Sa chevelure parfumée, ruisselant à flots d'ébène, encadrait avec un charme ineffable le magnifique ovale d'une tête de madone. Des pierreries étincelantes paraient ses bras et son sein.

« — C'est Giulietta! » s'écrièrent toutes les jeunes filles.

« — Oui, vraiment, » dit avec un angélique sourire la belle inconnue. « Me permettez-vous de « m'arrêter ici un instant? Tenez, je vais m'asseoir « à côté de ce grave Allemand, qui ne dit mot. »

Elle prit place auprès d'Érasme interdit, au milieu des chuchottements de ses rivales de beauté. Le pauvre Spickherr crut rêver. A l'aspect de tant de charmes, il sentit son cœur agité de mouvements convulsifs; ses regards se fixaient avec une espèce de terreur sur Giulietta. La belle Florentine prit une coupe pleine, et la lui présenta en disant avec un éclat de rire argentin : « — Vous plaît-il, « sévère étranger, que je sois la dame de vos pen- « sées? » Érasme rougit et pâlit; tout son être frissonnait; il se leva, comme si un ressort l'eût enlevé de son siége, et tomba aux genoux de Giulietta, dans la posture d'une adoration enthousiaste. « — Oui, » s'écria-t-il, « oui, c'est toi que j'aime, « ange des cieux! Ton image était dans mes « songes; tu m'apportes la félicité des élus! ..... »

Cette explosion fit croire aux jeunes gens qu'Érasme était complétement gris. Giulietta le releva en le priant de se calmer, et les joyeux propos que son arrivée avait interrompus, recommencèrent à qui mieux mieux. Priée de chanter, elle s'y prêta avec une grâce exquise. Sa voix magnétique produisit des sensations inconnues. Les heures de cette nuit passèrent comme des minutes.

A l'aurore, Giulietta proposa de se retirer. Érasme voulait l'accompagner, mais elle refusa, en lui indiquant les lieux où il pourrait la revoir, et disparut comme un sylphe. Le pauvre amoureux n'osa la suivre et regagnait tristement son logis, lorsqu'au détour d'une rue il se trouva face à face avec un personnage long et maigre, à figure de chathuant, vêtu d'un costume écarlate parsemé de boutons d'acier.

« — Oh! oh! » fit cet inconnu, « quelle tour- « nure déconfite nous avons ce matin, seigneur « Spickherr! Les enfants de la ville vont courir « après vous! hâtez-vous de vous cacher. »

« — Eh qui donc êtes-vous, drôle, pour me par- « ler de la sorte? Passez votre chemin! » dit Érasme.

« — Tout doux, mon brave, » reprit l'homme écarlate; « quand vous auriez des ailes d'aigle, « vous ne rattraperiez pas ce matin Giulietta! »

« — Giulietta! qu'est-ce à dire? » reprit Érasme en faisant volte-face pour saisir au collet son interlocuteur. Mais celui-ci se dégagea par une pirouette et s'éclipsa comme un feu follet.

Érasme revit Giulietta. La belle fille le reçut avec aisance, mais sans lui permettre aucune liberté. Seulement, et lorsqu'il lui parlait avec feu de sa passion, elle lui décochait à la dérobée des coups d'œil plein de fascination. Il abandonna la société bruyante de ses amis pour la suivre partout, comme s'il n'eût pu vivre que de l'air qu'elle respirait. Un jour, il rencontra Frédéric, dont il ne put se dégager, et qui lui dit : « — Cher Spickherr, « te voilà donc tombé dans les filets d'une nouvelle « Circé! Comment n'as-tu pas compris que Giu- « lietta n'est que la plus rouée des créatures? « Ignores-tu donc la foule d'histoires qu'on débite « sur sa vie? Il faut que tu sois bien fou pour avoir « oublié cette bonne ménagère dont tu parlais si « tendrement. »

Érasme cacha son front dans ses mains et ne put retenir ses larmes. « Allons, reprit Frédéric, laisse « là une passion qui te perdrait, viens avec moi, « quittons Florence au plus vite! »

« — Oui, oui, tout de suite! » s'écria Érasme, « car cette ville me porterait malheur! Partons au- « jourd'hui même. »

Les deux amis marchaient à pas pressés, quand l'homme écarlate les croisa tout à coup. « — Allez « donc, beau sire, » dit-il à Spickherr d'une voix goguenarde; « hâtez-vous, la belle Giulietta brûle « de vous voir! »

« — Au diable l'animal! » s'écria Frédéric; « c'est le signor Dapertutto, susnommé le docteur « aux miracles; un charlatan maudit qui vend à « Giulietta des drogues infernales... »

« — Quoi! » interrompit Spickherr, « ce drôle « irait chez Giulietta!... »

Avant que son ami eût répliqué, il entendit, en passant sous un balcon, la voix perlée de Giulietta qui l'invitait à monter. La magie de cet appel bouleversa la résolution d'Érasme. Plus enivré que jamais par la passion, il reprit sa chaîne amoureuse et suivit la belle courtisane dans une villa d'été où elle se rendait en partie de plaisir. Un jeune Italien, remarquablement laid de visage et de fort mauvais ton, se trouvait dans la société et obsédait Giulietta de ses agaceries. Érasme sentit tous les serpents de la jalousie le mordre au cœur, et s'éloigna d'un air sombre. Giulietta courut après lui : « — Allons, « cher, » lui dit-elle avec langueur, « n'es-tu pas à « moi tout entier?.. » En même temps elle s'appuya sur son épaule, et effleura sa joue d'un baiser. « Pour toujours ! » s'écria Érasme en l'embrassant dans une étreinte de flamme. La Florentine se dégagea doucement, et lui lança un regard dont l'expression faillit lui faire perdre le peu de raison qui lui restait. Tous deux rejoignirent la société. Le jeune Italien les avait suivis de l'œil, et se posant en rival blessé, il se vengea par d'amers sarcasmes à l'endroit des Allemands. Érasme, prompt à s'irriter, releva le gant et menaça l'Italien d'une rude correction. Celui-ci fit briller un stylet. Érasme ne se contenant plus, lui sauta à la gorge, le terrassa et lui asséna sur la tête un si violent coup du talon de sa botte, que le malheureux fut assommé. Mais la stupeur causée par cet événement lui causa à lui-même un long évanouissement.

Quand il reprit ses sens, il était couché dans le boudoir de Giulietta. « — Pauvre cher Allemand, » disait la belle fille, « je veux te sauver; mais il « faut quitter Florence au plus vite; il faut me « quitter, moi qui t'aime tant! nous ne nous re- « verrons plus! »

« — Ah! » s'écria Spickherr, « plutôt mourir de « mille morts! Dussé-je y perdre mon âme, je suis « à toi pour l'éternité! »

« — Hélas ! » reprit Giulietta, « tu vas retrouver « ta petite femme, que tu aimais aussi; et, près « d'elle, tu m'auras bien vite oubliée! »

Tous deux se trouvaient alors en face d'une magnifique glace de Venise. La Florentine serrait Érasme dans ses bras d'ivoire. « Ah ! si du moins, » disait-elle, les yeux humides, « si tu pouvais me laisser « ton reflet, je le garderais avec tant de bonheur, « en attendant que l'amour nous réunisse !... »

« Mon reflet !... que veux-tu dire?... Mon re- « flet?... » balbutia Érasme tout décontenancé. « Eh ! comment pourrais-tu le garder? n'est-il pas « inséparable de moi?... »

« Tu me le refuses donc? » reprit-elle avec un long soupir. « Il ne me restera donc rien de toi, « pas même cette fugitive image qui me sourit du « fond de ce miroir?... » Et ses larmes coulaient, comme des gouttes de feu, sur les joues du jeune Allemand.

« Tu pleures, Giulietta, mon adorée ! » s'écria-t-il, « Ah! puisqu'il faut que je fuie, pour me sous- « traire à un malheur qui nous séparerait pour la « vie, que ne puis-je te donner, pour l'éternité, ce « reflet dont la présence adoucirait tes souvenirs!..»

A peine eut-il achevé qu'en jetant les yeux sur la glace, il n'y vit plus son image. Giulietta elle-même, qu'il pressait sur son cœur, se fondit comme un léger nuage. Des voix fantastiques ricanaient dans le silence de l'appartement vide. Érasme, accablé de frayeur, sentit un voile froid glisser sur ses yeux; il chercha la porte en tâtonnant comme un homme ivre, l'ouvrit avec peine, et descendit l'escalier dans un silence plein d'horreur. A peine avait-il gagné la rue, que des bras robustes le saisirent au milieu des ténèbres, et le plongèrent dans une voiture qui partit au grand galop.

« N'ayez pas peur, » lui dit une voix; « Giu- « lietta vous a confié à nos soins. Mais savez-vous « que ce stupide Italien a reçu là un coup de pied « qui peut compter? Je suis vraiment fâché pour « vous de cet accident, car Giulietta vous aimait. « Au surplus, il ne reste qu'à vous sauver des griffes « de la justice, et, si vous teniez beaucoup à ne « point quitter Florence, je saurais bien vous ca- « cher à tous les regards... »

« Eh! cher monsieur, » répondit Érasme en sanglotant, « comment pourriez-vous faire? »

« Rien de plus aisé, » reprit l'inconnu. Je pos- « sède un secret pour rendre les gens méconnais- « sables en changeant les traits de leur visage. Dès « qu'il fera jour, nous en ferons l'essai, et en re- « gardant au miroir votre reflet, vous serez juge... »

« Grand Dieu! » s'écria Érasme, » quelle horreur! »

« Je ne vois rien là d'horrible, » répliqua l'homme au secret. « Vous aurez un reflet très-déli- « catement arrangé. »

« — Ah ! faut il donc avouer que... j'ai... »

« — Eh bien, quoi?... Auriez-vous oublié votre « reflet chez Giulietta? En ce cas, il ne s'agit que « de rattraper votre pays. Je pense que votre chère « petite femme s'inquiétera peu de ce que vous « avez perdu, pourvu qu'elle vous retrouve en « chair et en os. »

Comme la voiture roulait toujours à travers la nuit, elle se croisa avec une bande de joyeux convives qui regagnaient leur logis à la lueur des torches. Érasme regarda son compagnon, et reconnut avec un affreux saisissement l'homme écarlate que son ami Frédéric nommait Dapertutto. D'un bond, il se jeta hors de la voiture, et courut à toutes jambes après les porteurs de torches, parmi lesquels il retrouva Frédéric. « Sauve-moi! » lui dit-il à l'oreille, d'une voix éteinte; « j'ai fait un « malheur ! » Mais il n'ajouta point qu'il avait perdu son reflet. Frédéric l'emmena chez lui et, sans perdre de temps, lui procura les moyens de quitter Florence à cheval, avant l'aurore.

L'infortuné Spickherr a écrit l'histoire de ce triste voyage. Ses aventures sont navrantes. Un jour qu'épuisé de fatigue, il voulait se reposer dans une hôtellerie, il eut l'imprudence de se placer devant une glace. Le garçon qui le servait à table, ayant regardé par hasard dans la glace, et n'y voyant point le reflet du voyageur, communiqua cette remarque à l'oreille d'un voisin, celui-ci le redit à un autre, et bientôt chacun de s'écrier : « Qu'est- « ce donc que cet homme sans reflet! C'est un « maudit, un possédé, ou le diable en personne ! » Érasme se sauva dans la chambre où il comptait passer la nuit; mais bientôt, des agents de police vinrent lui signifier, au nom des magistrats, d'avoir à produire son reflet ou à quitter la ville au plus vite.

Forcé de fuir à travers champs, pour éviter les

Séparation et adieux du docteur Alpanus, de Balthazar et de Candida.

quolibets des voyageurs qui se croisaient avec lui, il n'entrait dans les auberges qu'à la nuit tombante, en priant le maître de voiler les miroirs, et c'est pour cela qu'il avait reçu le sobriquet de général Suwarow, parce que ce général avait, dit-on, la même manie.

Il arriva enfin dans sa ville natale. Sa femme le reçut à bras ouverts, et il espéra un moment que son malheur était fini. En prenant avec soin toute sorte de précautions, il parvenait à dissimuler l'absence de son reflet. Déjà même, le souvenir de Giulietta s'effaçait de sa pensée. Mais, un soir qu'il jouait avec sa petite fille, l'enfant qui s'était noirci les mains en touchant le tuyau du poêle, les appliqua sur son visage en s'écriant joyeusement : « Vois donc, papa, comme tu es barbouillé ! » Puis s'échappant des bras de son père, elle saisit un petit miroir et le lui présenta en y regardant elle-même par-dessus son épaule. Avant que Spickherr eût pu se lever, la petite n'apercevant pas le reflet de son père, laissa tomber le miroir et s'enfuit en criant. La mère accourut au bruit. « Qu'est-ce que « me dit l'enfant ? » demanda-t-elle. « Eh ! par- « bleu, » répondit Spickherr, avec un rire forcé, « elle te dit que je n'ai pas de reflet. Eh bien ! « qu'importe ? un reflet n'est qu'une illusion, ma « chère ; quand on se voit au miroir, on pèche par « vanité. Dieu m'exempte de ce péché-là ! »

La pauvre femme le saisit par la main, le traîna comme un coupable devant une glace, et en reconnaissant l'affreuse vérité, devint une mégère furieuse. « Va-t'en, » s'écria-t-elle ; « va-t'en loin « d'ici, maudit ; tu as sans doute fait un pacte avec « le démon ! Ou plutôt tu n'es pas mon Érasme ; « tu es un esprit de l'enfer ! »

Elle se couvrait de signes de croix. Érasme, éperdu, se jeta hors de la maison et courut se réfugier au loin, dans une campagne déserte. Comme il errait au hasard, bourrelé de mille angoisses, l'image de Giulietta lui apparut tout à coup, plus belle que jamais. « Hélas ! » dit-il, « que t'ai-je « fait pour me persécuter ! Ma femme m'aban- « donne, je n'ai plus d'affection sur la terre ; Giu- « lietta, pitié, pitié pour moi ! Où te retrouverai-je « maintenant ?... »

« — Tout près d'ici, mon cher, car elle brûle « elle-même de vous revoir, » répondit une voix derrière lui. Il se retourna, fort surpris d'être en face de l'odieux Dapertutto, qui le couvrait d'un regard sardonique. « Je suis votre serviteur, » poursuivit l'homme écarlate, « et j'affirme qu'aussitôt « que Giulietta sera sûre de vous posséder en per- « sonne, elle se fera un vrai plaisir de vous rendre « un reflet dont son amour ne peut se contenter. »

Érasme était hors de lui. « — Conduisez-moi, » s'écria-t-il ; « je lui appartiendrai sans réserve... »

Visite de Jacobus Baumgartner le conseiller chez Martin le tonnelier.

« — Permettez, » reprit Dapertutto, « ceci exige l'accomplissement d'une petite formalité. Vous êtes engagé dans des liens qu'il faudrait rompre; car Giulietta veut vous posséder sans partage; or, votre femme et votre enfant... »

« — Eh bien!... ma femme... mon enfant.... »

« — Il s'agit de vous en débarrasser; oh mais, d'une manière très-simple et qui ne saurait vous compromettre. J'ai là, dans une petite fiole, un élixir dont deux gouttes seulement délivrent de toute sorte d'importuns. Ils ne font, je vous le certifie, pas la moindre grimace. Tenez, mon cher, cela exhale un léger parfum d'amande amère qui procure un sommeil... sans réveil. »

« — Misérable! » hurla Érasme; « oses-tu bien me proposer un tel crime!... »

« — Eh, qui vous parle de crime? » répliqua Dapertutto; » vous désirez revoir Giulietta; je vous en offre le moyen; voilà tout. Prenez donc, et ne faites point la femmelette. »

Érasme, en proie au vertige, se trouva tout à coup la fiole en main et en face du lit où sa femme s'agitait dans les douleurs d'un cauchemar sinistre, en priant Dieu d'une voix délirante et entrecoupée de sanglots. Le pauvre mari sentit son cœur se briser devant ce spectacle. Il ouvrit la fenêtre, lança la fiole bien loin, et alla s'enfermer dans une chambre voisine, pour y pleurer sur sa destinée. La pensée de Giulietta vint l'y retrouver. « Ange ou démon, » s'écria-t-il, « tu as causé mon malheur! Eh bien! j'accepte mon sort, montre-toi une fois encore à mes yeux, dussé-je mourir en te revoyant! »

En ce moment, minuit sonna. Au dernier coup de l'horloge, Giulietta se trouva devant lui. « — Mon bien-aimé, » lui dit-elle, « j'ai fidèlement gardé ton reflet : regarde! » Le voile qui couvrait la glace se détacha, et Érasme vit son image enlacée à celle de la belle Florentine. « — Oh! rends-moi mon reflet si tu m'aimes; rends-le-moi par pitié! » disait-il en se traînant à genoux. « Mais je ne veux pas le racheter au prix du crime qu'exige Dapertutto! »

« — Écoute, » reprit Giulietta, « nous ne pouvons être unis que quand tes liens seront brisés. Un prêtre les a formés, toi seul peux y renoncer. Mais il n'est pas nécessaire que tu agisses; prends seulement ce papier; écris dessus que tu renonces à ta famille terrestre, pour m'appartenir éternellement... »

Érasme frémissait de tous ses membres. Giulietta le couvrait de baisers ardents. Tout à coup il vit s'élever derrière elle la figure de Dapertutto, qui lui présentait une plume de fer. Au même instant, une veine de sa main gauche creva, et le sang jaillit.

« — Écris! écris! » disait Dapertutto d'une voix stridente et métallique.

« — Écris, mon bien-aimé! » disait Giulietta, dont les voiles se détachèrent pour offrir aux regards fascinés d'Érasme tous les trésors de sa voluptueuse beauté.

Il prit la plume, la rougit de sang et allait signer, quand un pâle fantôme entra dans la chambre et prononça ces mots d'une voix sépulcrale : « — Érasme! Érasme! veux-tu donner ton âme à Satan? Au nom de Jésus, arrête!... »

Érasme reconnut la voix de sa femme.

Giulietta, au nom sacré qui venait d'être prononcé, changea de forme et apparut comme un spectre de feu.

« — Arrière, Satan! » s'écria Spickherr; « retourne aux enfers d'où tu es sorti!... »

Aussitôt des craquements effroyables ébranlèrent la maison; le plancher s'entr'ouvrit, Giulietta et Dapertutto s'enfoncèrent dans une vapeur sulfureuse, qui éteignit les lumières. Puis tout rentra dans le silence et l'obscurité.

Quand Érasme, étourdi par l'épouvante, parvint à recueillir ses idées, l'aube du jour pénétrait dans la chambre. Il retourna près de sa femme. Elle était éveillée, et son enfant jouait avec elle sur le lit. « — Mon ami, » lui dit-elle avec douceur, « je sais maintenant la fâcheuse aventure que tu as éprouvée en Italie. J'en suis désolée; tu vois, n'est-ce pas, combien sont redoutables les piéges du démon, qui t'a volé ton joli reflet que j'aimais tant à voir me sourire dans la glace! Maintenant, tu ne peux plus représenter un père de famille respectable : chacun te montrera au doigt. Je t'engage à te remettre en route et à voyager à la recherche de ton reflet. Aussitôt que tu l'auras retrouvé, comme je l'espère, hâte-toi de revenir. Je t'attendrai avec impatience, et je te reverrai avec bonheur. Embrasse-moi, et pars, à la garde de Dieu. Songe, de temps en temps, à envoyer à ton petit des hussards en pain d'épice et des jouets de Nüremberg, afin qu'il ne t'oublie pas. »

Spickherr, le cœur gros, embrassa sa femme et son enfant, prit son bâton et se mit en route. Il rencontra un jour le fameux Pierre Schlémihl, qui avait perdu son ombre. Ces deux infortunés se proposèrent de voyager de compagnie. Spickherr eût prêté son ombre et Schlémihl son reflet. Mais ils ne purent s'accorder, et nul ne sait aujourd'hui ce qu'ils sont devenus.

LE TONNELIER DE NUREMBERG.

I.

Le premier jour de mai de l'an de grâce 1580, il y avait grande fête et réjouissance dans la vieille cité de Nüremberg. La très-honorable confrérie des tonneliers célébrait solennellement l'anniversaire de son institution. Elle venait de perdre un de ses principaux chefs, qui portait le titre symbolique de *Maître des Lumières*. Des candidats nombreux se disputaient l'héritage de cette dignité. Une élection presque unanime désigna, comme le plus digne, maître Tobias Martin.

C'est que maître Martin n'avait point de rival dans son métier. Nul ne se vantait de construire, avec autant d'adresse et de perfection, des tonnes d'une capacité sans égale, ou d'aménager plus artistement une cave de vins exquis. Réputation, clientelle et fortune, tout dépassait ses désirs. Jamais homme de son état n'était né sous une meilleure étoile.

Aussitôt que son élection fut proclamée aux applaudissements de l'assemblée, le respectable conseiller Jacobus Baumgartner, qui présidait à cette cérémonie, se leva et dit : « Voilà une belle journée pour l'illustre corps d'état des tonneliers! Félicitons-nous d'un acte qui consacre, dans la personne de Tobias Martin, la plus noble récompense d'une carrière bien remplie. Maître Martin, riche, probe, estimé de tous, a conservé les habitudes simples et laborieuses de sa vie entière. Saluons en lui le parfait modèle des vertus qui couronnent le travail! »

En achevant cette allocution, le conseiller fit quelques pas, les bras ouverts, pour donner l'accolade au nouveau *Maître des Lumières*. Mais, à sa grande surprise, Tobias Martin, ne se soulevant qu'à peine du siége qu'il occupait, répondit par une froide inclination de tête à l'honneur que lui faisait M. Jacobus, et retomba lourdement assis.

« — Ah çà, maître Martin, » s'écria le conseiller, qu'avez-vous donc? Seriez-vous moins heureux que nous du témoignage offert aux qualités qui vous distinguent? »

Le tonnelier se renversa doucement en arrière, et, frappant à petits coups sur son gros ventre, il répondit après un moment de silence, les yeux demi-clos, et avec un sourire de satisfaction quelque peu sardonique : « Et pourquoi donc, s'il vous plaît, cher monsieur, ne serais-je point satisfait? Les pratiques affluent chez moi, parce que je travaille à leur guise; mes confrères m'estiment, parce que je fais honneur à mes petits engagements; les ouvriers habiles me considèrent, parce que je les paie bien. En m'accordant le titre de *Maître des Lumières*, on n'a donc rien fait de très-extraordinaire. Je ne crains, Dieu merci, vous le savez, ni comparaison ni critique; du côté de mon art, mes preuves datent de loin. Du côté des écus, je vous régalerai à loisir du spectacle de mes coffres loyalement garnis. Et si pour chatouiller davantage la légitime vanité de notre corporation le *Maître des Lumières* doit être un personnage au-dessus du commun, demandez à monseigneur le prince-évêque de Bamberg ce qu'il pense de moi. »

A ces mots, Tobias Martin, frappa de nouveau sur son ventre avec un air de béatitude, et sembla provoquer du regard les félicitations de son auditoire. Mais il n'entendit que des accès de toux, signe peu contestable d'un certain mécontentement. « Au surplus, » reprit-il, pour calmer cette secrète irritation, « vous savez tous, mes dignes confrères, que je ne négligerai rien pour justifier vos suffrages. Chacun de vous est assuré de trouver auprès de moi bons conseils et fraternelle assistance. Défenseur zélé de vos priviléges, je soutiendrai en toute cause vos intérêts comme les miens propres; et pour sceller cette promesse, je vous invite à venir chez moi, dimanche prochain, vider, quelques flacons de vieux Johannisberg, en causant des affaires de quiconque aura besoin de s'appuyer sur les bons offices de Tobias Martin. »

Cette péroraison ne manqua point son effet. Les tonneliers oublièrent le péché d'orgueil dont leur élu s'était rendu coupable à leurs yeux. Forcés de convenir, au fond de leur âme, que maître Martin les éclipsait de toute façon, ils lui pardonnaient en raison de l'éclat que son nom versait sur la confrérie, et cette réunion se termina par un embrassement général.

Le conseiller Jacobus Baumgartner devait passer, pour retourner chez lui, devant la maison de maître Martin. « Très-cher monsieur, » lui dit celui-ci, en ôtant son bonnet de peau de loutre et en faisant une révérence aussi profonde que le permettait son énorme embonpoint, « très-cher monsieur le conseiller, ne voudriez-vous pas honorer mon humble domicile d'une petite visite? »

« — Comment donc, maître Martin, » répondit Baumgartner, « mais c'est un vrai plaisir que vous me faites. Quant à ce mot d'*humble domicile*, je proteste, car il n'est bruit, dans Nüremberg, que des belles choses dont vous êtes possesseur. Plus d'un riche bourgeois, sans compter les grands seigneurs, s'étalerait chez vous comme chez un petit prince. »

Le conseiller disait vrai. L'habitation de maître Martin était un chef-d'œuvre de confortable et de goût. Les planchers se découpaient en ravissantes mosaïques; les murailles revêtues de panneaux de chêne sculpté, encadraient des peintures de prix, et l'élégance des meubles, travaillés par les plus célèbres ouvriers de l'Allemagne, ne pouvait être surpassée. A pareille enseigne on devinait la richesse de l'incomparable tonnelier.

Maître Martin conduisit son hôte dans une vaste salle à manger, décorée de bahuts que chargeait une splendide vaisselle. Il appela Rose, sa fille unique.

Rose était, sans contredit, la plus belle créature de Nüremberg. Tout ce que l'imagination peut rêver de grâces virginales s'épanouissait dans sa personne. Un poëte l'eût comparée à cette adorable image de la *Marguerite de Faust*, qui rend immortel le génie du peintre Cornélius.

A l'aspect de Rose, Jacobus Baumgartner s'arrêta court, muet de surprise et d'admiration. Le respectable conseiller sentit les glaces de la cinquantaine se fondre au reflet de tant de charmes. Une rougeur timide colora ses joues, comme le soleil d'automne ravive, par instants, les feuilles jaunies que le vent va détacher. « Diable, diable, » fit-il en bégayant, « je ne soupçonnais pas tous vos trésors, maître Tobias! Gardez bien celui-là, car, voyez-vous, si j'en juge par l'effet que je ressens de sa contemplation, il pourrait tenter de hardis voleurs! »

Maître Martin fronça le sourcil. Cette galanterie du vieux conseiller lui paraissait assez peu convenable. Il ordonna sèchement à Rose, qui rougissait comme une cerise, de servir un flacon de vin du Rhin, et dès qu'elle eut obéi et posé sur la table deux coupes en cristal de Bohême, il la congédia d'un signe.

« — Monsieur le conseiller, » dit-il alors, « vous trouvez ma fille jolie, et vous avez raison; mais il y a de ces choses qu'il ne faut pas dire devant les jeunes filles. Je ne crains guère qu'on me l'enlève, car j'y mettrais bon ordre, et si, comme vous le dites, c'est un trésor, je ne conseille point aux godelureaux de Nüremberg, fussent-ils de la plus haute volée, d'en approcher de trop près. Je suis d'un rude bois : qui s'y frotte, s'y pique! Mais parlons d'autre chose, je vous prie... »

Comme il achevait de verser son vin de prédilection, après avoir offert un siége à Jacobus, on entendit le pas d'un cheval qui s'arrêtait devant la maison. Rose accourut pour annoncer à son père qu'un vieux gentilhomme, nommé Henri de Spandenberg, désirait lui parler. »

« — Vive Dieu! » s'écria maître Martin, « c'est la meilleure de mes pratiques! Il s'agit sans doute d'une commande considérable. Permettez, monsieur le conseiller, que j'aille au-devant de cette visite! »

Le nouveau venu se présenta cordialement, prit place à table et fit, en fin gourmet, l'éloge de la divine liqueur, qui ne tarda point à dérider les visages. Pendant leur entretien qui s'égayait de plus en plus, Rose était revenue avec une corbeille d'osier pour dresser le couvert. C'était l'heure du dîner. Quand les mets furent servis, elle engagea poliment les visiteurs à partager le repas de son père. Jacobus la dévorait des yeux. Maître Martin la contemplait avec bonheur. Le vieux Spandenberg, autorisé sans doute par l'affection qu'il portait à la famille du tonnelier, se leva tout à coup, attira Rose dans ses bras, et déposa sur son front un baiser paternel; puis il se replongea dans son fauteuil, et parut abîmé dans une triste préoccupation.

« — Allons, maître Tobias, » s'écria le conseiller Jacobus, « buvons un coup au bonheur de cette chère enfant! Vous voyez que M. de Spandenberg est ravi, comme moi, de sa beauté; je suis sûr qu'il lui prédit, comme moi, dans un prochain avenir, l'arrivée d'un jeune mari dont vous serez fier, et qui la promènera en carrosse blasonné! »

« — Eh! bon Dieu! » répondit le tonnelier avec un accent qui déguisait mal son impatience, « qu'importe un avenir dont je ne m'occupe point! Rose n'a que dix-sept ans; elle a du chemin à faire avant d'arriver au mariage. Le ciel sait ce qui l'attend; mais ce que je sais aussi, et ce que j'affirme en homme sûr de sa volonté, c'est que, noble ou bourgeois, eût-il en caisse les mines du Pérou, celui qui prétendra au titre d'époux de ma fille, n'obtiendra de moi le moindre accueil qu'après avoir exécuté, à ma parfaite satisfaction, un chef-d'œuvre de maîtrise dans le métier que j'honore depuis un demi-siècle. Après cela, c'est à lui d'obtenir le cœur de Rose dont je ne forcerai jamais l'inclination. »

Jacobus et Spandenberg n'en croyaient point leurs oreilles. Ils regardaient tous deux maître Martin avec des yeux ébahis. « Comment, » lui dirent-ils, « vous si riche, vous condamneriez de gaîté de cœur votre fille unique à n'épouser qu'un artisan, un simple ouvrier?.. »

« — Oui-dà, messeigneurs, tel est mon bon plaisir. »

« — Parole de roi, » reprit Spandenberg, « mais qui n'oblige point un excellent père. Car, enfin, maître Tobias, si un homme richement établi, quoique de profession différente, ou si quelque artiste déjà célèbre venait vous dire, un beau matin: « J'aime votre fille, elle m'aime; donnez-nous votre bénédiction, » auriez-vous le courage de refuser? »

« — Balivernes! » s'écria le tonnelier en vidant son verre. « Mon bel ami, dirais-je au candidat épouseur, vous n'aurez pas Rose, si vous n'êtes de force à construire une tonne de deux foudres, toute pareille à celle qui m'a valu la maîtrise. Et si le quidam refusait l'épreuve, ou n'en sortait pas à ma guise, je ne le jetterais point par les fenêtres, mais je le consignerais à ma porte! »

« — Allons, allons, » repartit Spandenberg, « ne vous faites point pire que Dieu ne l'a voulu. Je gage que si l'amoureux vous répondait humblement qu'il ne sait pas cercler un tonneau, mais qu'en revanche il a fourni les plans de telle ou telle maison dont vous admirez vous-même l'élégante architecture, je gage, maître, que vous lui pardonneriez de ne savoir point pousser la doloire. »

« — J'en ferais à ma tête, » s'écria de nouveau le tonnelier avec un geste d'impatience; « et tenez, je ne vois guère l'utilité de continuer un pareil chapitre. Ma fille n'est pas en âge de songer aux fiançailles, et quand il en sera temps, je trouve qu'elle ne pourra mieux faire que de vivre comme a vécu son père. Ce n'est pas le tout que de savoir cercler une tonne comme le premier ouvrier venu. Le génie de l'art consiste à gouverner et à bonifier les vins de prix. Et d'ailleurs, un habile tonnelier n'est pas un être si peu instruit que vous semblez le croire. Il faut du calcul et du goût pour scier, assembler et ajuster les pièces; il faut une main sûre pour un travail solide et durable; et je ne connais, en vérité, pas un homme plus heureux que moi, quand j'entends du matin au soir l'harmonie cadencée des marteaux, que je suis la marche d'une besogne bien comprise, et que je n'ai plus qu'à y appliquer le tour de maître qui en fait un chef-d'œuvre. Vous parlez du métier d'architecte; mais quand la maison est sur pied, le premier badaud qui possède un sac d'écus peut s'y pavaner tout à l'aise, et se moquer, du haut de ses balcons, du pauvre artiste qui bat le pavé. L'architecte est à la merci des rustres qui le paient; moi, je ne construis de logement que pour les vins généreux. Vive le vin et les tonneaux! je ne sors pas de là! »

« — Bravo! » fit Spandenberg en trinquant avec maître Martin. « Vous venez de dire là, mon cher, une foule de bonnes choses; mais cela ne prouve pas que j'aie tort, ni que vous ayez tout à fait raison. Or, je suppose maintenant qu'un homme de haute bourgeoisie, qu'un prince, peut-être (car on a vu des rois épouser des bergères), vienne vous demander la main de votre fille... Diable! diable! maître Martin, qu'en diriez-vous?... »

« — Ce que je dirais? » repartit le tonnelier, l'œil en feu, le visage cramoisi, « eh bien! je dirais à ce gaillard-là, sans façon: « Excellence, Altesse, tout ce que vous voudrez, je suis vraiment désolé que vous ne soyez pas tonnelier, mais... »

« — Mais, mais, » interrompit le vieux gentilhomme, « s'il insistait...? »

« — Vive-Dieu! je lui fermerais la porte au nez, et, après avoir tiré les verrous, je lui dirais, par le trou de la serrure: « Passez votre chemin, beau sire; ce n'est pas pour vous que je cultive les fleurs de mon jardin. Ma cave et mon coffre-fort seraient sans doute de votre goût, et vous feriez à ma fillette l'honneur de la prendre par-dessus le marché? Je vous serai très-reconnaissant si vous voulez bien filer au pas redoublé! »

Cette dernière sortie de maître Martin fit monter le rouge au front du vieux gentilhomme. Il s'accouda sur la nappe et se mit à jouer avec les miettes de pain, pour dissimuler l'embarras qu'il éprouvait; puis il reprit, après un moment de silence, en s'efforçant de garder le ton de l'indifférence: « Vous êtes à cheval sur vos idées, mon cher maître, et je ne veux pas vous blâmer. Mais vous ne dites point votre dernier mot. Si, par exemple, un jeune seigneur bien élevé vous était présenté, et si ce jeune seigneur était mon fils; si je faisais moi-même la démarche auprès de vous, nous fermeriez-vous la porte au nez, et me feriez-vous l'injure de croire que je convoite votre cave et vos écus? »

« — Ah! que me dites-vous là? » répondit maître

Martin; « comment aurais-je de vous une pareille idée? Certes, cher monsieur, je vous ferais, de mon mieux, un accueil digne d'un tel honneur, et, en ce qui me concerne, je serais votre très-humble serviteur. Quant à ma fille... Mais, de bonne foi, que signifie tout cela? Nous oublions nos verres en devisant de choses fort puériles pour des hommes de notre âge. Laissons là, je vous prie, les gendres fantastiques, et puisque vous avez parlé de votre fils, buvons à la santé et à l'heureux avenir de ce jeune seigneur, qu'on dit être le plus galant jouvenceau de notre vieille cité! »

Les trois convives portèrent le toast proposé. Le conseiller Jacobus Baumgartner avait écouté sans mot dire. Mais Spandenberg faisait, depuis quelques instants, une moue significative : « Vous avez raison, dit-il au tonnelier, de me rappeler au sérieux de la vie. Il est bien évident que nous parlions pour ne rien dire. A moins que mon fils ne commette quelque folie, auquel cas je le déshériterais lestement, il ne peut songer à se marier qu'avec une fille de naissance. Votre Rose, malgré tous ses charmes n'est pas en position de lui convenir... »

« — O mon Dieu, non! » se hâta d'ajouter maître Martin, « pas plus qu'il ne pourrait lui-même me convenir, sous la réserve de tout l'honneur que me ferait une pareille proposition. Excusez ma franchise. C'est peut-être orgueil de métier, mais, voyez-vous, le marteau c'est ma noblesse, et j'y tiens. Vous ne trouverez pas, dans toute l'Allemagne, deux tonneliers de ma force et de mon caractère. Je le dis sans charlatanisme et sans me soucier de la critique. Buvons un coup, mon digne monsieur, ce noble Johannisberg ne craint pas de se mésallier en coulant dans mes veines. »

Jacobus Baumgartner sentit que l'entretien s'égarait sur un terrain de bouderies; il s'efforça, comme l'on dit, de rompre les chiens. Mais Spandenberg était piqué au vif par les rudes saillies du tonnelier. Sa contenance exprimait un embarras mal déguisé. Il se leva tout à coup, prit sa canne et son chapeau, gagna brusquement la porte et disparut, sans adieu et sans parler de revenir.

Maître Martin le suivit du regard sans essayer de l'apaiser; mais il retint le conseiller Jacobus qui voulait aussi se retirer. « Pourriez-vous deviner, lui dit-il, quel rat trotte dans la cervelle de ce respectable gentilhomme, l'une de mes meilleures pratiques? »

« — Maître Tobias, » répondit gravement le conseiller, « vous êtes très-certainement un des hommes les plus estimables que je connaisse. Vous devez votre fortune au travail, et c'est pour vous un honneur que bien des gens pourraient envier. Mais prenez garde qu'un légitime orgueil, poussé trop loin, ne vous abuse dangereusement. Ce matin déjà, votre langage, un peu cassant, a déplu à vos confrères; vous avez parlé de façon à vous faire plus d'un ennemi, et, malgré l'indépendance de votre position, il est peu généreux d'abaisser autrui! pardonnez-moi cette amicale observation. Tout à l'heure, en plaisantant, je le veux croire, avec ce M. de Spandenberg, vous lui avez donné clairement à entendre que vous qualifieriez d'aigrefins les trois quarts des gens qui songeraient à votre fille. Il eût été facile d'éviter envers lui des sarcasmes très-inutiles, et de discuter sans aigreur les principes que vous vous êtes faits..... »

« — Bon, bon! » reprit maître Martin, « j'accepte la semonce. Il est possible que j'en aie dit trop long, mais aussi, pourquoi ce diable d'homme m'a-t-il poussé à bout? »

« — Et pourquoi, diable, » riposta Jacobus, « vous obstinez-vous donc à ne vouloir pour gendre qu'un tonnelier? Avez-vous donc, tout père que vous êtes, le droit absolu de disposer du cœur de votre enfant? Et ne craignez-vous pas, en forçant ses inclinations, d'attirer tôt ou tard, sur elle et sur vous, des chagrins irréparables? »

« — Ah! si vous pouviez lire au fond de mon âme, » reprit maître Martin, « vous sauriez que ma résolution ne procède pas d'un fol entêtement. Je ne fais rien, croyez-le, sans motifs amplement réfléchis. Tenez, asseyez-vous encore un moment, je vais vous confier mon secret entre deux verres. Je vous ai dit, un jour, que ma pauvre femme était morte en donnant le jour à Rose. Près d'elle vivait encore une vieille aïeule, paralysée. Un soir que Rose reposait auprès du lit de l'aïeule, dans les bras de sa nourrice, la bonne vieille qui, depuis des années, ne bougeait plus et ne parlait guère, se ranima tout à coup, comme si un miracle l'eût guérie. Elle étendit ses bras sur l'enfant, pour le bénir, et entonna, d'une voix claire et vibrante, une chanson allemande dont j'ai retenu ce couplet : « Petit ange aux joues rosées, veux-tu être heureuse pendant les années que Dieu te prépare? Ferme avec soin ton âme à l'orgueil et chasse de ton cœur les vains désirs. Sois simple et modeste comme la violette des bois, si tu veux que le ciel verse autour de toi les parfums du bonheur! » La vieille chanta encore d'autres couplets dont j'ai perdu la mémoire, puis elle prit l'enfant des mains de la nourrice, le posa sur son lit, et, après l'avoir longtemps caressée, elle prononça sur elle des paroles mystérieuses que je n'entendis point; mais son attitude exprimait la prière. Cette résurrection de ses forces dura peu; elle retomba doucement sur l'oreiller, ferma ses paupières et parut s'endormir. C'était le sommeil de la mort. »

«— Dieu garde son âme en paix! » dit le conseiller Jacobus; « mais, mon cher Martin, je n'aperçois aucun rapport entre la chanson de cette vénérable dame et l'obligation que vous imposez à Rose de n'épouser qu'un tonnelier. »

« — Eh quoi! » répliqua vivement maître Martin, « vous ne comprenez point que cette simplicité, cette modestie de la violette des bois, recommandées à Rose comme les gages de son bonheur à venir, ne peuvent exister qu'au sein d'une vie obscure, partagée entre le travail et la vertu? Je me souviens aussi que l'aïeule parlait, dans sa chanson, de petite maison proprette, de flots parfumés et d'anges aux ailes de flamme. Eh bien! quelle maison proprette peut se comparer à une tonne fraîchement rabotée, et sortant toute neuve des mains d'un habile ouvrier? les flots parfumés ne sont-ils pas les vins généreux dont s'emplissent les chefs-d'œuvre du tonnelier? Enfin, les anges aux ailes de flamme ne seraient-ils point ces bulles étincelantes et vermeilles qui jaillissent à la surface des coupes, quand le vin fermente et bouillonne? Voilà le sens que j'entrevois sous les paroles mystiques de la bonne vieille. L'explication que je m'en fais n'a rien qui choque la raison, et comme elle me convient, j'ai résolu de n'accepter pour gendre qu'un excellent tonnelier. »

« — Du moment que cela vous convient, » reprit le conseiller, « je n'ai rien à objecter. Quant à moi, je l'avoue, je ne subordonnerais pas les inspirations de la Providence à l'interprétation fantastique d'un couplet de chanson. Je croirais être plus prudent et plus sage, en me bornant à éclairer les inclinations de mon enfant, pour mieux assurer son bonheur. »

« — Belle phrase! » s'écria maître Martin; « mais ce que j'ai une fois dit est bien dit. Le ciel tomberait, que je n'en démordrais pas. Rose n'épousera qu'un tonnelier de mon choix! »

M. Jacobus Baumgartner n'était pas loin de s'emporter contre la bizarre obstination de son hôte. Mais il eût le bon esprit de conclure en lui-même que cette affaire ne le regardant point, une discussion prolongée ne serait qu'un hors-d'œuvre déplacé. « Mon cher maître, » dit-il, en trinquant pour la dernière fois, « on oublie les heures en votre compagnie; permettez-moi de vous quitter, pour aller où me réclament quelques devoirs pressants. Je vous remercie de vos honnêtetés, et j'ai l'honneur de me dire votre tout dévoué. »

Maître Martin le reconduisait avec les égards dus à sa qualité, lorsque Rose accourut, en s'écriant : « Père, quel malheur! le pauvre Valentin est mort; voici sa femme avec cinq petits enfants qui n'ont plus de pain ni d'asile!... »

Valentin, l'un des meilleurs ouvriers du riche tonnelier, s'était blessé, quelque temps auparavant, en maniant une doloire fraîchement aiguisée. La gangrène avait gagné la plaie. Il périssait à la fleur de l'âge. Maître Martin, malgré sa bizarrerie et la rudesse de son caractère, avait un excellent cœur. Il fit entrer la veuve et les enfants. « Bonne femme, » s'écria-t-il en les voyant, « je ne laisse point dans la détresse les gens qui ont contribué par leur travail à m'amasser de la fortune. Valentin était un garçon laborieux et probe; il est mort à mon service; par conséquent, sa veuve et ses orphelins ont le droit de s'asseoir à mon foyer. Aussi longtemps que vivra maître Martin, aussi longtemps que Dieu permettra qu'il y ait chez lui un morceau de pain, ce pain est à vous. Dès demain, mes enfants, vous irez vous établir dans ma métairie du Frauenthor. Vous, femme, je vous donne le gouvernement de ce petit domaine, et quand les enfants grandiront, je ferai en sorte qu'ils deviennent de braves et habiles ouvriers. Il vous reste encore un vieux père qui savait travailler dans son temps. Les infirmités de l'âge ne lui ont pas ôté le droit de vivre tout doucement jusqu'au bout de ses jours. D'ailleurs, on pourra bien l'utiliser d'une manière ou d'une autre. Je veux, entendez-vous, qu'il aille s'installer là-bas auprès de vous. A demain! »

Témoin de ce beau trait d'humanité, le conseiller Jacobus Baumgärtner ne put retenir ses larmes. Il serra vivement la main du tonnelier, en s'écriant : « Maître Martin, vous êtes un homme unique! La noblesse de votre âme est plus précieuse que tous les parchemins des familles princières. Si M. de Spandenberg avait vu ce que je vois, il viendrait, chapeau bas, vous demander pardon de s'être fâché. »

II.

A l'heure où le soleil, à demi voilé de la pourpre du soir, jaspe encore de ses reflets mourants l'azur du ciel assombri, un jeune homme de bonne mine, en simple costume d'ouvrier voyageur, se repose au sommet d'une verte colline, d'où ses regards plongent, en rêvant, sur l'horizon chargé de vapeurs. Il se nomme Frédéric. Les clochers de Nüremberg se détachent au loin, comme des fantômes, au-dessus des masses grisâtres de la vieille cité germanique. Le silence enveloppe les campagnes solitaires. Les ombres de la nuit qui s'approche s'étendent par degrés. Frédéric, fatigué d'une longue route, ne songe point encore à gagner le terme de son voyage. Plongé dans une contemplation muette, il effeuille les pétales blanches de quelques marguerites que le vent chasse au hasard. Ses yeux sont humides, sa poitrine se soulève par instants, sous l'empire des émotions qui l'oppressent, et de ses lèvres s'échappe le murmure entrecoupé d'un vieux chant national.

« — Salut, » dit-il, « berceau chéri de mon enfance, loin de toi, mon cœur aimant ne t'oubliait pas! Nuages vermeils qui dorez les horizons fuyants, de votre sein semblent neiger des roses lumineuses, mais la Rose que j'aime a plus d'éclat que vous! crépuscule embaumé des senteurs du soir, va lui porter la confidence de mon amour! et si je mourais avant de la revoir, dis-lui tout bas que son nom si doux s'est envolé de mes lèvres avec mon âme! »

Et pendant qu'il chantait, le beau jeune homme modelait délicatement avec de la cire une jolie rose à cent feuilles. — « Fort bien, mon brave, cria tout à coup derrière lui une voix inconnue; » en vérité, vous avez là un talent d'artiste qui n'a point son pareil! »

Frédéric se retourna vivement, tout surpris de n'être point seul. « Vous êtes bien honnête, » répondit-il avec un mélancolique sourire; « cette petite distraction ne mérite pas tant d'éloges. »

« — Diable, » reprit l'inconnu, « si vous appelez distraction l'œuvre que je vois là, de quoi les maîtres sont-ils capables? vous êtes, pour sûr, un artiste célèbre, qui veut garder l'incognito. En tout cas, permettez que je vous complimente ! Pourrais-je savoir si vous êtes des environs? »

« — J'arrive, » répliqua Frédéric ; « je reviens à Nüremberg, ma ville natale. Mais il y a encore loin, la nuit tombe, et je compte coucher au prochain village. »

« — Ma foi, » repartit l'inconnu, « si ma proposition ne vous déplaît point, nous ferons route de compagnie, et demain nous entrerons ensemble à Nüremberg où je me rends de mon côté. »

A ces mots, Reinhold, c'était le nom du nouveau venu, se jeta sur l'herbe, à côté de Frédéric, et continuant ses questions : « N'êtes-vous pas, » lui dit-il, « un artiste ciseleur, autant que j'en puis juger par l'exquise perfection de cette délicieuse petite rose? »

« — Hélas! mon cher monsieur, » répondit Frédéric en soupirant, « je suis loin d'être ce que vous supposez ! Ne voyez en moi qu'un pauvre ouvrier qui se rend à Nüremberg avec l'espoir d'être admis chez un maître de sa profession. Je ne travaille ni l'or, ni l'argent, je fais tout simplement, de mon mieux, des cercles de tonneaux. »

« — Eh, par Dieu, » quand cela serait, s'écria Reinhold, croyez-vous que j'en veuille rabattre un mot des éloges que je viens de vous donner? Au surplus, une confidence en vaut une autre, et tel que vous me voyez, camarade, je suis tonnelier comme vous. »

« — Tonnelier?.. vous?.. » interrompit vivement Frédéric en jetant des regards stupéfaits sur le jeune homme qui lui parlait ainsi. Et, de fait, il avait lieu d'être surpris, car le costume de Reinhold n'annonçait rien moins qu'un ouvrier. Il était vêtu de fine étoffe de velours, portait dague au côté, et pour coiffure un large feutre orné d'une plume tombante. Sa tournure dégagée, ses mains blanches, l'aisance qui régnait dans toute sa personne ne permettaient pas de le classer au-dessous d'un riche bourgeois voyageant pour quelque affaire de commerce. Frédéric restait ébahi.

« — Allons, ami, » reprit joyeusement Reinhold, « je ne veux pas prolonger ta surprise. Tu n'es jamais allé bien loin si tu ignores qu'à Strasbourg, d'où j'arrive, les simples compagnons gagnent de quoi se vêtir comme des princes. Tiens, » ajouta-t-il en ouvrant son bissac, « voilà ma doloire et mon tablier de travail. Me croiras-tu, maintenant? Moi aussi j'aime les arts, mais n'y réussit pas qui veut. Je me suis guéri de cette maladie, et je ne vois plus rien au-dessus de mon métier. Quant à toi, je soupçonne que tu n'as point pris si carrément ton parti. Je te vois triste, et c'est grand dommage. Ouvre-moi ton cœur, et puisque nous sommes du même état, je t'offre dévouement et amitié. »

« — Tu m'as donc deviné? » s'écria Frédéric, tout ému, en se jetant dans les bras de Reinhold. « Eh bien, pourquoi te cacherais-je mon chagrin? Oui, j'adore l'art, et c'est mon malheur. Longtemps j'avais espéré qu'à force de persévérance je pourrais devenir graveur sur métaux, et même ciseleur, comme le fut avec tant de gloire Benvenuto Cellini. J'ai travaillé sous les yeux de maître Jean Holzschuer, le plus fameux graveur sur argent de notre époque. C'est dans son atelier que j'ai vu venir un jour maître Tobias Martin, le célèbre tonnelier de Nüremberg, avec sa fille Rose, un ange de beauté que je n'ai pu m'empêcher d'adorer. Maître Martin a dit devant moi qu'il n'aurait jamais pour gendre qu'un bon ouvrier de son état. Depuis ce moment, ma passion naissante pour la belle Rose s'est changée en folie. L'atelier de Jean Holzschuer m'est devenu odieux ; j'ai abandonné l'art dans lequel il m'était permis de me créer un avenir. Quittant le burin pour la doloire, je me suis fait tonnelier, et je viens demander à maître Martin de m'accepter parmi ses compagnons, heureux, s'il m'est possible d'obtenir cette faveur, désespéré si je suis repoussé ; et j'ajoute tout de suite qu'en touchant au terme du voyage, une foule de tristes pressentiments m'assiégent déjà. Je ne me sens plus le courage de me présenter devant maître Martin, car son refus serait pour moi un arrêt de mort!.. »

« — Bah ! » fit Reinhold en détournant ses regards ; « est-ce que l'on meurt si follement? et un garçon de cœur, comme toi, doit-il se créer à l'avance des chimères qui l'affligent? Avant tout, dis-moi franchement si la fille de maître Martin a reçu l'aveu de ton amour, et si elle t'a permis quelque espérance... »

« — Jamais! » s'écria Frédéric. « J'ai gardé mon secret dans mon cœur. »

« — Tant mieux ! » repartit Reinhold avec un geste qui fit reculer son compagnon.

« — Qu'est-ce à dire? en quoi ma franchise aurait-elle pu t'offenser?.. » demanda celui-ci.

« — Assez, assez, brisons là, » reprit Reinhold avec la même brusquerie. « Descendons au village où nous devons coucher, et ne me parle plus, je t'en prie, j'ai besoin de réfléchir. Un jour, peut-être, tu sauras pourquoi. »

Frédéric le suivit, en cherchant en vain, dans sa pensée, la cause du changement qui s'opérait dans son nouvel ami. Tous deux arrivèrent, à la nuit close, dans une petite auberge. Avant d'y entrer, Reinhold l'embrassa sans mot dire, et alla se coucher. Frédéric n'osa point l'interroger.

III.

Le lendemain, de bonne heure, la surprise de Frédéric augmenta en voyant Reinhold dépouillé de son élégant costume de la veille, et vêtu comme un ouvrier qui va se rendre au travail. « Ami, » lui dit Reinhold, « j'ai dû te paraître, hier, un peu bizarre. Je ne sais vraiment ce qui se passait en moi, lorsque tu me parlais de ton amour. Je ne connais point la fille de maître Martin, et cependant il me semblait que j'étais jaloux de toi. Le cœur de l'homme a, parfois, de singuliers accès de folie ; heureusement que la nuit a dissipé celui-là. J'ai dormi tout d'un somme, et me voilà, Dieu merci, rendu au calme du bon sens. Je ne me souviens

Rencontre de Frédéric et de Reinhold.

que de l'amitié sincère que je t'offrais hier. Elle date d'une première rencontre ; mais sa durée sera cimentée par un travail commun, dans la même ville, sous le même toit. Chacun de nous viendra en aide à l'autre. Je t'apprendrai, s'il en est besoin, l'art de mesurer et de jauger avec exactitude; je me connais en bois et en outils ; je serai ton guide loyal et constant. Point de basse jalousie entre nous : soyons deux frères, et assurons-nous l'avenir par l'union de nos efforts. Puisque tu crains de manquer d'aplomb devant maître Martin, je veux t'y accompagner pour soutenir ton courage. En route ! le ciel est pur, les chemins s'inondent de soleil, ne perdons pas une minute ! »

Les deux amis prirent leur sac, et marchant d'un pas rapide, ils atteignirent en peu d'heures le faubourg de Nürenberg. Après avoir rajusté dans un cabaret leur modeste toilette autour d'un pot de bière, ils s'acheminèrent, avec l'espérance au cœur, vers la maison de maître Martin.

C'était un dimanche, et précisément le jour fixé par le riche tonnelier pour réunir ses confrères dans un banquet en l'honneur de sa récente élection. On entendait de la rue le cliquetis des verres qui s'entrechoquaient et la bruyante animation des nombreux invités. « Mauvais moment ! » s'écria Frédéric. « — Au contraire, » dit Reinhold ; le vin dilate le cœur et rend les hommes plus affables ; je gage que maître Martin va nous recevoir à bras ouverts. Entrons le jarret tendu, comme des gaillards sûrs d'eux-mêmes. »

A leur grande surprise, ce fut le tonnelier lui-même qui vint au-devant d'eux. Le digne homme avait déjà fêté la bouteille ; ses jambes flageolaient un peu, et ses joues rubicondes annonçaient un contentement de lui-même qui devait le disposer en faveur des nouveaux arrivants. Il reconnut aussitôt Frédéric : « Comment c'est toi, mon garçon ? s'écria-t-il avec un gros rire ; « eh ! vive Dieu, sois le bienvenu, car tu n'as pas mal choisi ton jour

Reinhold et Frédéric à la table de Martin et servis par Rose.

de visite. Quel diable te ramène à Nüremberg ? »

« — Maître, « répondit le jeune homme en rougissant, » je viens vous demander du travail. »

« — Du travail ? tant que tu voudras, et encore plus ! Parbleu, j'avais bien dit à ce vieux fou de maître Holzschuer, que tu aurais, tôt ou tard, trop de cœur pour gaspiller le temps, comme une femmelette, en grattant des figures comme on en voit dans la cathédrale de Saint-Sébald. Tu te décides à faire des tonneaux, cela me va, et je t'estime davantage. Mais à demain la besogne, aujourd'hui la joie ! ton camarade que voilà est-il du métier ?... »

Reinhold s'inclina. « De mieux en mieux ! reprit maître Martin. Je suis accablé de commandes, et les ouvriers sont rares. Je m'empare de vous, et vous ferez votre chemin, mes braves, si vous avez du nerf. Jetez là vos sacs, et venez boire à ma santé. »

Cet accueil, que Frédéric n'eût osé se promettre, lui causa un bonheur ineffable. Il se serait volontiers jeté aux genoux de maître Martin, s'il n'eût craint de laisser échapper le secret de son amour. Introduits dans la salle à manger, où l'honorable conseiller Jacobus Baumgartner présidait la joyeuse assemblée des notables de la tonnellerie, les deux jeunes gens, qui ne manquaient point d'appétit, virent la table chargée de flacons de Johannisberg et de grands verres de Bohême où pétillait ce vin généreux qui ne paraît plus guère, de nos jours, que sur la nappe des grands seigneurs. Rose, par ordre de son père, vint les faire asseoir, et leur apporta tout ce qu'elle put trouver de mieux dans les plats qui avaient échappé à la voracité des convives. Elle prit place entre eux deux, pour les servir avec cette grâce prévenante et naïve qu'elle mettait en toutes ses actions. Reinhold ne perdait pas un coup de dent. Mais Frédéric, les yeux baissés sur son assiette, ne pensait qu'à ses amours. Le frôlement de la robe de Rose produisait sur lui l'effet d'une secousse électrique. Il sentait le besoin de dire quelque chose, mais ses idées se confondaient dans un vertige douloureux ; les mots lui manquaient ; il ne savait que rougir, pâlir, trembler, et faire, en un mot, la plus triste mine qui se puisse imaginer. Son compagnon l'éclipsait totalement. C'était un garçon aux allures décidées, à l'œil vif, au tempérament de feu. Quelques verres de vin du Rhin l'avaient mis de charmante humeur. Il racontait à Rose, avec une singulière poésie, les détails de ses voyages, et Rose l'écoutait avec un plaisir qu'elle ne cherchait point à dissimuler. Plus d'une fois même elle s'était laissé prendre sa petite main blanchette, et ne faisait nul mouvement pour la retirer.

Frédéric, ne pouvant triompher de sa timidité, jouait là un rôle fort peu de son goût, et se dépitait. Reinhold s'en aperçut, et en franc compagnon, tel qu'il avait promis d'être, il voulait rendre service à son ami en échauffant modérément sa cervelle. « Bois donc, lui disait-il, à la santé de mademoiselle Rose ! » Frédéric obéissait presque machinalement ; mais tout à coup les ardentes effluves de l'exquise liqueur chassèrent les brouillards de sa pensée ; sa langue se délia, et son sang courut, comme du vif-argent, dans ses veines embrasées. « Rose, » dit-il enfin, en plongeant sur la jeune fille un regard plein de passion, « Rose, puis-je penser que vous ne m'avez pas tout à fait oublié, depuis le beau jour où vous m'êtes apparue, chez maître Jean Holzschuer ? »

« — Mais, » répondit Rose avec un sourire malicieux, « pourquoi vous aurais-je oublié ? Je me rappelle parfaitement que vous m'avez offert un très-joli bouquet, cueilli dans le jardin de M. Jean Holzschuer. On apprend à faire de bien merveilleux ouvrages chez maître Jean Holzschuer. Pourquoi donc l'avez-vous quitté, monsieur Frédéric ? Je ne comprends pas que l'on puisse abandonner la profession d'artiste pour se faire simple compagnon tonnelier... »

« — Vous ne comprenez pas ? » s'écria Frédéric, « vous ne comprenez pas que vous seule, divine Rose, m'avez imposé ce sacrifice !... Vous ne comprenez pas que je vous aime, que je vous adore, que j'en mourrai peut-être !... »

Cette déclaration à brûle-pourpoint était au moins de la plus haute imprudence, en pareil moment. Rose, tout étourdie, ne savait que répondre et baissait les yeux. Fort heureusement pour Frédéric, maître Martin n'avait rien entendu. La conversation générale, enflammée par le vin du Rhin, s'élevait à un si haut diapason, et commençait à former un chaos de paroles si enchevêtré, que la saillie du pauvre garçon se perdit dans le bruit des verres et des voix. Les uns chantaient, les autres discutaient, les autres glapissaient, et maître Martin ne songeait plus qu'à faire sauter les bouchons. Reinhold, qui ne perdait point la tête, jouissait singulièrement du spectacle étalé sous ses yeux. Il saisit un instant favorable, et élevant son verre, il voulut, pour sa bienvenue, porter un toast à la santé du patron qui l'engageait à son service. Maître Martin, flatté de cette attention délicate, exigea qu'il bût dans sa propre coupe qui tenait une grosse pinte. Les assistants applaudirent avec frénésie, et la soirée s'acheva aux cris de : « Vive maître Tobias ! vivent ses joyeux compagnons ! »

Avant minuit, l'ivresse générale était complète ; les honorables tonneliers ne quittèrent la place qu'après avoir enseveli leur dernière lueur de raison au fond de la dernière bouteille. Le conseiller Jacobus Baumgartner, malgré sa gravité officielle, ne parvint pas à retrouver l'usage de ses jambes. Il fallut le traîner jusqu'à son logis. Frédéric et Reinhold dominaient seuls cette scène bachique. Quand ils voulurent se retirer, maître Martin s'y opposa : « Je ne lâche pas, » leur dit-il en bégayant, « des compagnons comme vous ; ma maison est assez grande pour vous servir de cage ; les folies sont finies : à demain la doloire ; nous verrons ce que vous savez faire !... »

IV.

Peu de jours suffirent au riche tonnelier, pour constater qu'il possédait en Frédéric un ouvrier infatigable et d'une rare intelligence. Reinhold se montrait fort habile dans l'art de se servir de la ligne et du compas, mais il était moins apte à supporter les fatigues quotidiennes du travail d'atelier. Du reste, ils se recommandaient l'un et l'autre à sa bienveillance par une conduite sans reproche. Frédéric ne pouvait voir l'aimable Rose traverser furtivement l'atelier, sans éprouver une émotion qu'il avait peine à cacher. Quant à Reinhold, il chantait du matin au soir, en battant la mesure à coups de marteau ; maître Martin s'en égayait, et la jeune fille trouvait mille prétextes pour venir l'entendre de plus près.

Un beau jour que les deux compagnons procédaient ensemble à l'ajustage d'une énorme futaille, le patron arriva près d'eux, les bras croisés et le front soucieux. « Mes enfants, » leur dit-il, « je n'ai que des éloges à donner à votre zèle pour mon service ; et cependant me voici fort embarrassé. On m'écrit que, cette année, les vendanges donneront un produit extraordinaire. Il paraît qu'un célèbre astronome a prédit l'apparition d'une comète dont la chaleur centuplera la fécondité de la vigne. Les commandes vont pleuvoir chez moi, et pour commencer, le révérend évêque de Bamberg, le plus fin gourmet de l'Europe, me charge de lui construire une tonne gigantesque. Il est impossible qu'à nous seuls nous puissions suffire, en temps utile, à ce surcroît de besogne, et je ne puis me dispenser de chercher un troisième compagnon. Or, j'ai peur d'attirer ici quelque gâcheur d'ouvrage qui m'occasionne plus de désagrément que de profit. Ne connaîtriez-vous pas un garçon laborieux et franc, dont vous pourriez me répondre ? Si loin qu'il faille l'aller chercher, et quelque somme qu'il m'en coûte, je ne saurais m'en passer. »

Il achevait à peine ces mots, que la porte s'ouvrit avec fracas, et un jeune homme de haute taille apparut sur le seuil, en criant à pleins poumons :

« Holà, les amis, n'est-ce point ici l'atelier de maître Martin?... »

« — Vous y êtes, » répondit le tonnelier; « mais soit dit en passant, je n'aime pas qu'on tombe chez moi comme une avalanche qui va tout briser. De plus je ne suis pas sourd!... »

« — Ha! ha! ha! » reprit le jeune homme en se laissant aller à un rire formidable, « voilà bien le portrait qu'on m'avait fait : Ventre de tonne, prunelle de feu, nez de rubis et triple menton! Jamais signalement ne fut plus exact. Maître Martin, je suis votre serviteur!... »

« — Et que diable voulez-vous de maître Martin? » demanda le tonnelier, très-peu flatté de cette espèce d'algarade.

« — Ce que je veux, maître? Eh pardieu! du travail! Je suis un compagnon de choix, tâtez-en, si le cœur vous le dit. »

Jamais rencontre, à l'heure du besoin, n'était venue si à propos. Maître Martin toisa le gaillard qui se présentait avec tant d'aplomb, et, le voyant de taille à faire de la besogne comme quatre, il lui demanda, d'une voix radoucie, les certificats des maîtres chez lesquels il avait travaillé.

« — Des certificats? » s'écria le compagnon; « ma foi, vous vous en priverez pour le quart d'heure. Tout ce que je puis vous dire, c'est que j'en ferai venir des masses quand il le faudra. Quant à présent, je crois que ma parole d'honnête homme vaut bien tous les chiffons de l'univers. Voulez-vous m'engager, oui, ou non? Je m'appelle Conrad, à votre service! »

Et sans attendre la réponse du patron, Conrad traversa l'atelier, jeta dans un coin son sac de voyage, quitta sa veste, ceignit un large tablier de cuir, et retroussant ses manches, demanda résolument par quelle besogne il fallait commencer.

Cette hardiesse ne déplut pas à maître Martin, car elle annonçait un naturel sans détour. Il réfléchit néanmoins pendant quelques minutes, puis s'adressant à Conrad : « Compagnon, » lui dit-il, « vous paraissez bien sûr de vous-même; et si vous connaissiez maître Martin, vous seriez peut-être plus modeste. Voyons un peu, que savez-vous faire? Empoignez-moi cette doloire, et tâchez de me polir les cercles que voilà. »

« Jeu d'enfant! » répondit Conrad. En dix minutes il eut fini. « Eh bien! maître Martin, comment trouvez-vous le bouillon?.. Passons à d'autres exercices. Ah çà, mais, est-ce que chez vous on appelle cela des outils de tonnelier? » poursuivit-il d'un ton goguenard, en maniant chaque objet à la portée de sa main. « Dites donc, maître, est-ce que ce marteau ne serait pas un jouet de vos petits enfants, perdu dans l'atelier? » et, en disant cela, il faisait tournoyer comme une paille un énorme maillet dont Frédéric et Reinhold ne se servaient qu'avec peine. « Et cette doloire, maître Martin, n'est-ce pas un ustensile de poche? et ces tonnes, qui tiendraient dans mon verre, sont-elles les chefs-d'œuvre qu'on bâcle ici? » et tout en bavardant, l'athlétique compagnon maniait deux foudres énormes avec une aisance effrayante. « Le bois de chêne est-il bon dans ce pays? » reprit-il en soulevant une douve épaisse qu'il fit voler en éclats sur le tranchant d'une meule.

Cette fois, maître Martin se jeta au-devant de lui pour sauver ses matériaux menacés d'un désastre. « Par les reliques de saint Sébald! » s'écria-t-il, « restons-en là, mon cher Conrad, et tâchez de vous contenter de la petite besogne qu'on fait chez nous. La vigueur a son prix, mais c'est une qualité brutale, bien inférieure à l'adresse!... »

« — Là, là, ne nous fâchons pas pour si peu de chose, » repartit Conrad, en saluant très-humblement. « Je n'ose m'offrir à vous qu'en qualité d'homme de peine, pour vous aider dans les gros ouvrages. Pardonnez-moi d'avoir la main trop rude. On tâchera de se corriger. »

Maître Martin passait d'une surprise à une autre. Le calme subit dans lequel venait de rentrer cet ouvrier si tapageur, produisait sur lui une impression indéfinissable. Il lisait dans ses traits réguliers, dans ses grands yeux bleus pleins de franchise, sur son front large et bien découvert, tous les signes d'une nature ardente, mais sympathique. A force de l'envisager, il saisissait dans sa physionomie une ressemblance lointaine avec celle d'un homme qu'il avait jadis aimé et vénéré. « Voyons, pensait-il tout bas, il faut essayer ce garçon-là; j'apprendrai plus tard à le connaître; » puis, élevant la voix : « Mon brave, » lui dit-il en montrant un établi vacant, « mettez-vous là! Je vous garde, à deux conditions : la première, c'est que vous serez sage et ne démolirez point ma maison; la seconde, c'est qu'avant huit jours, vous me produirez les bons témoignages de vos anciens patrons. »

L'accord fut bientôt fait, et chacun se mit à raboter, à ajuster, à marteler. Frédéric et Reinhold, en train de cercler une futaille, chantaient un duo pour s'animer au travail, et de temps à autre, maître Martin s'arrêtait pour les écouter avec complaisance. Mais voilà que, tout à coup, Conrad s'élance de sa place, en criant à tue-tête : « Quel ramage de grenouilles! ah çà! mes petits, vous m'agacez les nerfs avec votre complainte d'enterrement! Tenez, voici comme doit chanter un solide compagnon pour se donner du cœur : écoutez! » Et d'une voix tonnante qui fit trembler les vitres, il entonna un refrain de chasse, mêlé d'halali, halloh, huzzah, et d'aboiements de chiens si vigoureusement imités, que les enfants de la veuve Valentin, qui jouaient avec des copeaux, prirent la fuite en pleurant. Maître Martin se boucha les oreilles, Frédéric et Reinhold laissèrent tomber leurs outils, et Rose accourut tout effarée, pensant qu'un affreux accident venait d'arriver à son père.

L'apparition de la belle jeune fille fut un coup de théâtre. Conrad s'arrêta court au milieu de son chant, ôta son bonnet, fit quelques pas au-devant de Rose et lui dit, d'une voix pleine de douceur : « Je ne savais pas qu'un ange pût quitter le Paradis pour descendre au milieu de pauvres ouvriers! Pardonnez-moi d'avoir blessé vos oreilles par mon chant sauvage... — Holà donc! vous autres, » poursuivit-il en s'adressant à maître Martin et à ses compagnons : « Silence aux marteaux, quand une si belle personne nous honore de sa présence! faites comme moi, si vous savez vivre, inclinez-vous, et admirez! »

Frédéric et Reinhold ne répondirent à cette apostrophe que par un regard de muette colère. Quant à maître Martin, l'excentricité de Conrad lui semblait fort désopilante. « Ma foi, mon cher, » dit-il au compagnon, « je ne sais que penser de vous. Tantôt, vous êtes prêt à mettre en poussière tout ce qu'il y a ici; ensuite, vous nous assourdissez autant que pourrait le faire une troupe de chats-huants; et, maintenant vous traitez ma fille comme une fée! Je crois que vous seriez mieux dans un cabanon de fous que dans mon atelier! »

« — Votre fille, maître Martin, je la proclame hautement la plus gracieuse personne de l'Europe, et je vous prédis qu'avant peu elle verra à ses pieds les hommages du plus galant héritier de noble race qui ait jamais incliné devant la beauté l'antique bannière de ses aïeux! »

« — Décidément, cet homme est fou! » s'écria le tonnelier. « Or çà, nous ne sommes point ici, » ajouta-t-il, « pour filer le parfait amour autour d'une princesse. Ramassez-moi ce marteau, et tâchons de pousser la besogne. Je ne paie pas mes ouvriers pour baguenauder... »

« — C'est juste, » dit Conrad en se remettant au travail sans regimber contre la semonce du patron, et sans jeter un second regard sur Rose, qui vint s'asseoir auprès de son père. « Chaque chose à son temps, » reprit maître Martin, après quelques minutes de silence. « J'aime la joie comme un autre, mais la joie décente qui ne bouleverse rien et qui repose du travail de la semaine. Dimanche prochain, mes braves, si je suis content de vous, nous irons fêter la Sainte-Catherine, et vous prendrez vos ébats en pleins champs, tout à votre aise. »

Ce qui fut dit fut fait. Le tonnelier était homme de parole. Après un bon dîner sur l'herbe, soigneusement humecté de vin du Rhin, Frédéric et Reinhold, offrant chacun leur bras à la jolie Rose, se pavanaient fièrement sous les yeux du papa. Mais Conrad n'avait pas été de la partie. Maître Martin le rencontra loin de la ville, mêlé à un groupe de jeunes gens qui faisaient assaut de force et d'adresse, au milieu d'un grand cercle de spectateurs dont les applaudissements s'entendaient de fort loin. Conrad était le vainqueur dans tous ces exercices, et le maître tonnelier le contempla longtemps avec satisfaction, en disant à ses voisins : « Parbleu! je le connais bien, c'est un de mes trois compagnons : je n'en prends jamais que de pareils à mon service! » Quand les jeux furent terminés, il l'appela par son nom pour continuer ensemble la promenade. — « J'irai très-volontiers avec vous, » répondit Conrad, « si vous permettez que mademoiselle Rose m'accorde le prix de la victoire que j'ai remportée devant elle sur mes rivaux... » — « Et quel prix peut-elle vous donner? » demanda sèchement maître Martin, qui redoutait d'essuyer en public quelque nouvelle incartade de l'écervelé compagnon. Conrad devina ses craintes et sourit, puis, s'approchant de Rose avec les formes du respect le plus délicat : « Mademoiselle, » lui dit-il, « je serais bien heureux si votre père m'autorisait à recevoir de vos mains une simple fleur du bouquet de fleurs des champs que vos jolies mains ont cueilli. Les chevaliers d'autrefois étaient fiers d'obtenir un ruban de la noble dame qui présidait à leurs brillants carrousels. Il n'y a plus de chevalerie, mais la beauté est immortelle comme Dieu... »

« — Qu'est-ce que c'est que ce bavardage amphigourique? » s'écria maître Martin; « allez-vous recommencer vos lubies de l'autre jour? Allons, Rose, donne donc une fleur à ce grand nigaud, et que tout soit dit. On nous regarde, et je n'aime point à paraître en spectacle. »

Rose rougit et abandonna son bouquet tout entier; ce que voyant, Frédéric et Reinhold échangèrent une piteuse grimace. Conrad pressa les fleurs sur ses lèvres et les serra précieusement dans son sein, puis il s'empara du bras de Rose, qui ne résista point, et l'entraîna d'un air triomphant. Sa belle taille attirait tous les yeux. Maître Martin le suivait aussi vite que le permettait son gros ventre. Les deux autres compagnons fermaient la marche en baissant l'oreille, et plus d'un passant s'arrêtait en disant : « Tiens, tiens, comme Rose a l'air guilleret tantôt, en compagnie d'un si beau garçon; le père Martin va donc la marier? »

V.

Le lendemain matin, la fillette resta longtemps dans sa petite chambre, toute rêveuse, en songeant à la promenade de la veille. Sa tapisserie avait glissé de ses mains sur le plancher, et sa tête charmante, inclinée sur son sein palpitant, semblait n'oser se relever, de peur de rougir en face d'un souvenir. Dame Marthe, la jeune veuve de l'ouvrier Valentin, entra tout doucement, sans être aperçue, et vint s'asseoir auprès d'elle. « Qu'avez-vous donc, ma toute belle? » lui dit-elle bien bas, vous êtes pâle et toute changée! »

Rose tressaillit et répondit à peine, comme si elle eût craint de laisser pénétrer son secret. Marthe insista. « Je n'ai rien, je ne souffre pas, » répondit la jeune fille. Mais dame Marthe n'était point femme à se contenter de si peu; elle devinait dans la mélancolie de Rose l'éclosion d'un sentiment tout neuf; elle voulut en cueillir la première confidence. « Savez-vous, ma chère, » lui dit-elle de sa voix la plus caressante, que vous êtes une fille bien heureuse, entre trois beaux galants, parmi lesquels vous n'aurez que l'embarras du choix? »

« — Ah! mon Dieu, que me dites-vous là? » s'écria Rose frissonnante, éperdue. « Moi, trois galants!.. »

« — Voyons, » reprit dame Marthe, « y a-t-il là de quoi s'effrayer? Pourquoi cacher ce que tout le monde a déjà vu? Trois galants, en tout bien, tout honneur, n'est-ce pas de quoi rendre heureuse une fille adorée de son père et qui sera riche un jour? »

« — Taisez-vous, Marthe, taisez-vous! ah! si mon père vous entendait! »

« — Le digne homme ne s'en fâcherait point, car il sait que je ne vous donnerais que de bons avis. Et, tenez, vous-même, êtes-vous sûre de ne pas venir me dire bientôt, avec ces cajoleries que vous savez si bien : ma bonne petite Marthe, voilà trois épouseurs qui se disputent ma main, auquel faut-il que je me fie? et ma foi, chère Rose, je vous conseillerais de choisir le *préféré*, car ils sont tous trois braves et laborieux, et c'est grand dommage que votre père n'ait qu'une fille. Après tout, comme en ce monde nul n'est parfait, chacun des trois mêle bien à ses bonnes qualités quelques petits défauts, et, d'après ce que j'ai pu observer, il me semble que Frédéric vous rendrait plus heureuse que les deux autres. Sa manière de travailler me rappelle mon pauvre Valentin. Quant à Reinhold et à Conrad, je soupçonne qu'ils ne sont nés ni l'un ni l'autre pour le métier de tonnelier. Leur tournure, leurs manières, ce je ne sais quoi de supérieur à la classe ouvrière qui éclate dans tout ce qu'ils font, l'affectation qu'ils apportent dans une brusquerie mal imitée, tout me fait croire que ce sont deux personnages mystérieux qui couvent quelque projet. Je ne dis point qu'ils cachent de mauvais desseins, mais je gagerais qu'ils n'ont du compagnon tonnelier que le masque; au lieu que notre bon Frédéric... »

« — Frédéric, Frédéric, » interrompit vivement Rose, « est un garçon très-estimable, je n'en disconviens pas; mais il me semble aussi que Reinhold... »

« — Ah! nous y voilà donc! » reprit Marthe. « Oui, certes, Reinhold est le plus beau des trois; mais je me dis précisément que la présence de celui-là fait beaucoup trop d'honneur à l'atelier de maître Martin. Ce n'est certes point un ouvrier, j'en mettrais ma main au feu. Quant à Conrad, dont vous ne dites rien, c'est celui qui joue le plus mal son rôle. Il y a dans tous ses gestes, dans son accent, dans son regard, un cachet d'orgueil impérieux dont maître Martin lui-même est forcé de subir l'ascendant. A coup sûr, ce Conrad n'a pas été élevé sur un sac de copeaux. Il nous ébouriffait hier par tous ses tours d'adresse; il manie la rapière comme un soldat, il... mais à quoi pensez-vous donc, chère petite? vous ne m'écoutez plus. »

« — Mon Dieu, que vous dirai-je, dame Marthe; je songe que vous avez sur Reinhold, des idées que... qui... »

« — Mais je n'en dis aucun mal, au contraire. Je le trouve trop distingué pour un ouvrier, voilà tout. Eh bien! puisqu'il est le *préféré*, Dieu veuille qu'il soit l'épouseur, et que tout le monde soit content. »

« — Chut! chut! dame Marthe, n'en parlons plus. Il n'est pas permis de sonder les décrets de la Providence, et il n'appartient, après elle, qu'à mon père, de disposer de mon avenir. »

Tandis qu'on s'occupait d'eux, à leur insu, dans la chambrette de Rose, les trois compagnons de maître Martin travaillaient avec une activité sans pareille. Les commandes se multipliaient si prodigieusement, que le patron s'était vu forcé de recruter des apprentis et des hommes à la journée pour dégrossir ses voliges. Reinhold avait été chargé d'ordonner les dimensions de la tonne monstre destinée à monseigneur le prince-évêque de Bamberg. Frédéric et Conrad en dirigeaient la construction d'après ses savants calculs. Les autres ouvriers travaillaient à qui mieux mieux, et maître Martin ne se sentait pas de joie en voyant ses affaires suivre un si beau chemin. Le bruit incessant des marteaux ne laissa pas entendre l'arrivée de maître Jean Holzschuer, qui parut tout à coup au milieu de l'atelier.

Maître Martin alla au-devant de lui, en se frottant les mains. « Soyez le bienvenu, » lui dit-il; « est-ce une commande qui vous amène? nous sommes rudement talonnés par la besogne. »

« — Je m'en doute, » répondit maître Holzschuer, « car voilà mon brave Frédéric tellement occupé, qu'il ne m'a pas même aperçu. Le travail est la fortune des bonnes maisons, maître Martin, et je viens, à ce propos, vous prier de me vendre une tonne de la plus grande mesure. En voilà une sur chantier qui me conviendrait fort. Quel prix en voulez-vous? »

« — Pour celle-là, » dit Reinhold, en ôtant à maître Martin le temps de répondre, « vous pouvez, mon cher monsieur, l'admirer tout à votre aise; mais, à moins que vous ne soyez le révérendissime évêque de Bamberg, en personne, elle ne descendra jamais dans votre cave! »

« — Taisez-vous donc, mordieu! « s'écria maître Martin, « de quoi vous mêlez-vous? Excusez, maître Holzschuer, l'inconvenante réplique de ce garçon. Il est vrai que la tonne que vous voyez est destinée à monseigneur l'évêque; un pareil travail ne peut entrer que dans une cave de prince. Mais aussitôt que j'aurai un loisir, je vous fabriquerai quelque chose de convenable. »

Holzschuer fronça le sourcil. « — Il me semble, » dit-il froidement, « que mes écus valent bien ceux de tous les évêques de la terre. Quand je vois un objet à ma guise, il m'appartient si j'en compte le prix. Au surplus, vous n'êtes pas l'unique tonnelier dont le travail se recommande; je ne serai pas fort embarrassé de trouver ailleurs pareille marchandise et à meilleur marché. »

Maître Martin fut piqué à son tour; mais il n'osait envoyer à tous les diables M. Holzschuer, qui jouissait en ville d'une haute considération. Il cherchait donc à déverser sa mauvaise humeur autour de lui, sous le premier prétexte venu. Conrad le lui offrit. Ce rude compagnon, tout à son œuvre, frappait à tour de bras sur les cercles qui serraient les douves de la tonne du prince-évêque.

« — Stupide bête! » s'écria maître Martin, en courant à lui, « ne vas-tu pas briser la plus belle pièce qui soit jamais sortie de chez moi?.. »

« — Merci, bourgeois! » répondit Conrad; « si

je brise la tonne, je rirai bien! et, au fait, pourquoi ne la briserais-je pas, si cela me convient?.. » Et il se mit à redoubler ses coups à outrance, avec une telle fureur, qu'à la cinquième volée de maillet une des plus fortes douves éclata comme du verre.

« — Chien enragé! » hurla maître Martin, hors de lui, et, saisissant un des débris de sa tonne de prédilection, il en asséna tout le poids sur les épaules de Conrad.

« — Touché! » s'écria celui-ci, en faisant un bond de tigre, l'œil en feu, la bouche écumante. « A ton tour, vieux coquin! » et d'une main que la rage tendait comme un ressort d'acier, il lança contre maître Martin la plus grosse doloire de l'atelier.

Frédéric, d'un geste plus prompt que l'éclair, n'eut que le temps de pousser le pauvre vieillard. La doloire, qui lui aurait fendu le crâne, ne l'atteignit qu'à l'épaule. Maître Martin tomba en jetant un cri de douleur. Tous les assistants se précipitèrent au-devant de Conrad qui allait frapper de nouveau. Aucune force ne pouvait l'arrêter, lorsque Rose, accourant au cri de son père, apparut pâle comme une morte. A son aspect, le furieux Conrad se sentit foudroyé. L'énorme maillet qu'il brandissait autour de lui s'échappa de ses mains. Il poussa un hurlement de désespoir, écarta tout le monde avec violence, et s'élança hors de l'atelier. Compagnons et apprentis, nul n'osa le poursuivre. On s'empressa de secourir le malheureux tonnelier, qui perdait beaucoup de sang. Le vieux Holzschuer fit une longue et véhémente diatribe contre les métiers dangereux qui livraient aux gens du peuple des outils si terribles dans leurs mains, et il suppliait Frédéric de quitter son affreuse doloire, pour venir reprendre le burin. Quant à maître Martin, c'était un tonnelier philosophe. A peine revenu de son évanouissement, sa première parole fut l'expression d'un regret douloureux pour la tonne de l'évêque de Bamberg.

Le même soir, Frédéric et Reinhold rencontrèrent Conrad qui errait aux environs de la ville. Le remords était peint sur ses traits altérés. « Amis, » dit-il à ses deux compagnons, d'une voix pleine de sanglots, « nous ne nous reverrons jamais! Pardonnez-moi le mal que j'ai commis, et suppliez Rose de ne point maudire mon souvenir. Dites-lui que, jusqu'à ma dernière heure, son bouquet ne me quittera point, et, que je l'arroserai de mes larmes! Adieu!... adieu!... »

Il s'enfuit d'un pas rapide et disparut dans un fourré. « Ce pauvre diable, » dit Reinhold à Frédéric, « n'est point un criminel? Son désespoir me touche, et, quoique j'aie pour lui peu de sympathie, je ne puis juger sa malheureuse action d'après la morale vulgaire. Il y a dans cet homme un mystère que nous découvrirons peut-être un jour. »

VI.

Depuis cette triste scène, l'atelier de maître Martin avait perdu sa physionomie joyeuse et pittoresque. Reinhold, dégoûté du travail, n'y faisait plus que de rares séances. Maître Martin, le bras en écharpe, semblait indifférent à tout ce qui l'entourait, et n'ouvrait guère la bouche que pour maudire le compagnon étranger auquel il avait ouvert sa porte sans en exiger des certificats en bonne forme. Rose restait enfermée, ou ne montrait, de loin en loin, qu'un visage sombre et des yeux rougis de larmes. Dame Marthe passait de longues heures auprès d'elle, avec les petits enfants de Valentin qu'elle n'osait plus laisser jouer parmi les ouvriers, de peur de quelque malheur. Frédéric, abandonné à lui-même, portait seul le poids du travail, et s'occupait en silence à raccommoder et à finir la tonne de l'évêque de Nüremberg. Son courage s'émoussait de jour en jour, car il avait remarqué que Reinhold prétextait une maladie, pour garder la chambre, et que Rose, depuis son absence, n'entrait plus dans l'atelier. Il en concluait naturellement que Reinhold était aimé. Cette pensée, qui renversait toutes ses espérances, le plongeait dans une amère et profonde tristesse.

Le dimanche suivant, il refusa d'accompagner maître Martin qui, se trouvant mieux, voulait faire, avec sa fille, une promenade champêtre. Prenant une autre route, il alla s'asseoir sur le coteau où il avait rencontré Reinhold pour la première fois. « Voilà donc, » se disait-il en soupirant, « le fruit de ces promesses d'éternelle amitié que le perfide me prodiguait! Pourquoi lui ai-je livré mon cœur si facilement! n'est-ce pas moi qui, en l'attirant chez maître Martin, me suis créé un rival! Je porte la peine de mon imprudence! Eh bien! puisque Rose l'aime, je veux du moins qu'il me l'avoue; je veux tenir de sa bouche l'arrêt qui mettra le comble à mes chagrins! »

Sous l'empire de cette pensée, il revint sur ses pas avec une vitesse fébrile. Arrivé à la porte de Reinhold qui n'était point fermée, il entra doucement, d'un pied furtif, et en retenant son haleine, comme s'il eût voulu surprendre un secret. Tout à coup il se sentit cloué sur le plancher, sans pouvoir faire un pas de plus, ni reculer.

Reinhold, une palette à main, était assis devant un chevalet chargé d'une grande toile où s'épanouissait un magnifique portrait de femme. Cette femme, d'une merveilleuse ressemblance, c'était Rose!

« Grand Dieu! » s'écria Frédéric, pâle de saisissement.

Reinhold, qui lui tournait le dos, se leva vivement et le soutint dans ses bras.

« C'en est fait, » balbutia Frédéric; « je ne puis pas lutter contre toi. Tu es un grand artiste, et moi, je ne serai jamais qu'un pauvre ouvrier. La partie n'est pas égale entre nous. J'avais rêvé qu'il serait beau de couler pour Rose une statuette d'argent fin; mais tu m'as devancé par un chef-d'œuvre auquel je ne puis rien opposer. Je travaille la matière morte, mais toi, tu lui donnes la vie! à toi la victoire, à moi l'exil! Promets-moi de donner à Rose tout le bonheur dont elle est digne, afin que je parte avec moins de regrets... »

« — Non, tu ne partiras point, » dit Reinhold, avec un accent plein d'affectueux reproche; « tu ne m'accuseras point d'avoir voulu te ravir tes espérances. Puisque tu as surpris mon secret, je veux te le révéler tout entier. Tu vois bien que je ne suis pas né tonnelier, et ce tableau te prouve aussi que je ne suis pas un rapin. Écoute, ami, j'ai appris l'art à l'école des grands maîtres, et l'art m'a déjà donné la fortune et la gloire. Comblé des faveurs du grand-duc de Florence, je voulais me perfectionner encore en visitant les œuvres des grands peintres de l'Allemagne. Je suis venu une première fois à Nüremberg, pour y découvrir des toiles célèbres d'Albrecht Dürer, et surtout la Vierge inimitable créée par son génie. En arrivant dans cette ville, le premier objet qui frappa mes regards fut la charmante fille de maître Martin. Ébloui de tant de beauté, je croyais qu'il me suffirait de révéler à ce riche artisan ma fortune et mon nom, pour obtenir sans hésitation la main de sa fille. Les renseignements que je demandai sur sa position m'ayant appris que cet original s'obstinait à ne vouloir pour gendre qu'un ouvrier de son état, je partis pour Strasbourg, où je fis mon apprentissage dans le plus grand secret. Tu sais le reste. Aujourd'hui, je puis ajouter que maître Martin m'a prédit, dans un moment de belle humeur, que je serais, un jour, un fabricant de tonneaux digne d'honorer sa vénérable corporation. Tu vois que mes affaires sont en voie magnifique du côté du papa. »

« — Oui, oui, et Rose t'aime! Rose a deviné en toi l'artiste! Comment voudrais-tu qu'un misérable ouvrier comme moi pût supporter la moindre comparaison! Oui, certes, je dois partir! J'en mourrai peut-être, mais... »

« — Mais, » s'écria Reinhold, « tu ne feras pas cette folie. Le père Martin a ses manies, mais la petite a son cœur, et ce cœur ne s'est pas du tout déclaré. Je la trouve pleine de grâces et de politesse; mais en tout cela je ne vois point d'amour. Aussi, ai-je sagement renoncé à la doloire et au maillet. Dans trois jours, je me présente officiellement. Si Rose m'aime, elle le dira, tu partiras, et tu verras que le temps guérit toutes les douleurs, même celles qui brisent le cœur (en langage langoureux). Je te demande ces trois jours. Accorde-les-moi : tu ne t'en repentiras point. »

Frédéric accepta, car attendre, c'était encore espérer. Dans la soirée du troisième jour, son cœur battait plus fort que jamais. Il avait saisi au vol, pendant son travail et les allées et venues de maître Martin, certaines paroles courroucées, parmi lesquelles les mots vagues d'*ingrat*, de *fainéant*, de *bonté méconnue*, lui donnaient de singulières inquiétudes. Poursuivi par les fantômes de son imagination bouleversée, il sortit de la ville où l'air lui manquait. La première personne qu'il rencontra, c'était Reinhold, à cheval, avec une valise en croupe. « Ah! pardieu! » s'écria celui-ci, « tu arrives à point pour me confesser. Je partais sans adieu, persuadé que demain, mon départ, vite oublié près de Rose, t'instruirait assez tôt. Sois heureux, mon ami; deviens le roi de la doloire et du marteau, et que Dieu t'accorde beaucoup d'enfants qui te ressemblent. J'emporte le portrait de Rose, mais je te laisse son amour... »

« — Bonté divine! » exclama Frédéric en joignant les mains, « n'ajoute pas l'ironie à mes tortures!... »

« — Allons, ne prends donc pas cette mine de déterré, quand tout va pour toi le mieux du monde. Rose ne m'aime pas; elle me l'a dit aussi discrètement que possible, en déclarant qu'elle se marierait selon la volonté paternelle. Je me suis bien gardé de solliciter un aveu plus clair de son indifférence à mon égard. Pour en finir avec maître Martin, je suis allé lui notifier que son maillet me faisait pousser de la corne dans le creux de la main, et que le grincement de la doloire m'agaçait le système nerveux. Le vieux a cru que je me moquais de lui, et m'a mis à la porte sans façon. Je me suis laissé faire avec une grâce exquise, et, au peu de regret que j'éprouve en m'éloignant de Nüremberg, je comprends que ma passion n'était que dans ma tête; que ce que j'aimais, dans la beauté de Rose, n'était que le reflet d'un être idéal, qui n'aura jamais de réalité que dans les créations de mon art. La destinée de l'artiste, c'est de suivre son génie à travers l'immensité de ses rêves, sans jamais s'arrêter à cueillir les fleurs passagères de ce monde. Je retourne à Rome, vivre de la vie des grands maîtres. Sois heureux, je le répète, c'est mon vœu sincère, et tu n'as qu'à vouloir. »

En achevant ces mots, Reinhold serra la main de Frédéric, et s'éloigna de toute la vitesse de son cheval, sans jeter un regard derrière lui.

VII.

Quelques jours après, la tonne de l'évêque de Bamberg se trouvait terminée. Maître Martin lui donnait ce qu'il appelait le cachet du chef-d'œuvre. Frédéric, occupé d'une autre besogne, ne disait mot; il pensait à son isolement depuis le départ de Reinhold. Maître Martin parut le deviner, car, tout à coup, il jeta de côté son maillet, croisa ses bras sur sa poitrine, et dit d'un air sombre : « J'ai perdu deux singuliers compagnons. Conrad décampe après m'avoir presque assommé : Reinhold le suit après m'avoir trompé. Je n'ai pas de chance! Ce Reinhold était un artiste, qui a cru me faire prendre le noir pour du blanc. Heureusement que je ne suis pas trop bête. Le voilà déniché. Que Dieu le conduise et ne le ramène pas. Quant à toi, mon pauvre Frédéric, tu n'es point de l'acabit de ces gaillards-là. Tu travailles consciencieusement; tu fais des progrès : cela me va. Reste-moi fidèle et dévoué, et tu ne t'en plaindras point. Car, au bout de toute chose, il y en a une autre; et, ma foi, si par hasard, un beau matin, ma petite Rose te trouvait de son goût, eh bien! je verrais... »

Là-dessus, maître Martin reprit son maillet. Frédéric l'avait écouté comme un oracle; il sentait courir dans ses veines une douce flamme, qui ravivait tout son être. Au même instant, Rose parut

Rose abandonne son bouquet à Conrad.

dans l'atelier, où elle n'avait pas remis le pied depuis bien des jours. Mais son visage était empreint d'une tristesse remarquable : il était facile de s'apercevoir qu'elle avait pleuré. « Pauvre petite ! » se dit tout bas Frédéric, « elle aime Reinhold, et c'est pour lui qu'elle verse des larmes cachées ! Je n'ai rien à espérer !.. »

Maître Martin, qui n'était plus à l'âge où le cœur est toute la vie, s'extasiait devant sa tonne magnifique. « Vive Dieu ! mon enfant, » s'écria-t-il en frappant rudement sur l'épaule de Frédéric, « il n'y a point d'art au monde plus réel, plus utile et plus durable que le nôtre. Si jamais tu parviens à faire une tonne de cette tournure, et si Rose y consent, tu seras mon gendre ! »

Rose s'enfuit comme une gazelle.

Le travail reprenait son entrain : les pratiques se disputaient les services de maître Martin. Il fallut engager deux nouveaux compagnons. Le temps manquait pour les choisir. Ceux-ci étaient aussi vauriens qu'habiles, et, portant à l'atelier les libertés du cabaret, n'épargnaient ni chants obscènes ni grossières plaisanteries. Rose fut contrainte de ne plus se montrer. Frédéric cherchait alors le prétexte de pénétrer jusqu'auprès d'elle, et lui disait tristement : « Mademoiselle Rose, vous n'êtes plus aimable comme aux jours où Reinhold était ici. » Rose soupirait et répondait, en rougissant : « Monsieur Frédéric, avez-vous quelque chose à me demander ? » Et Frédéric ne savait que se taire et soupirer comme la jeune fille. Ce n'était pas le moyen d'avancer ses affaires.

« — Voyons, mon brave, » lui dit un jour maître Martin, « je me fais vieux, et il ne faut pas que la maison cloche. Je veux que tu fasses ton chef-d'œuvre, afin qu'on puisse te conférer la maîtrise. Voilà de belles planches de chêne, sans nœuds, qui ont cinq bonnes années de magasin ; voilà des outils de première qualité : travaille, sors de l'épreuve, et tu seras mon gendre et mon successeur. »

Mais Frédéric, tourmenté par les inquiétudes de l'amour et par la crainte d'échouer, perdait courage et ne pouvait se décider. Il regrettait parfois d'avoir abandonné la douce carrière d'artiste ciseleur pour embrasser un métier qui faisait son désespoir. De temps à autre, il s'absentait pour courir furtivement à l'église de Saint-Sébald, où il admirait les statues, les balustrades, les figurines sculptées. « Oh ! » s'écriait-il alors, « moi aussi, j'étais destiné à perpétuer ma vie dans de pareilles œuvres, et pourtant j'ai sacrifié cette gloire, pour avilir mes mains à la fabrication de misérables tonnes, destinées à pourrir dans des caves ! Et je ne posséderai Rose qu'à ce prix ! O fatale passion qui me perd, tandis que Reinhold qui en a triomphé, voit s'ouvrir devant lui un si radieux avenir ! » La nuit, le

Conrad lance de toutes ses forces une douve contre maître Martin.

pauvre ouvrier, voyait, dans ses rêves, des dessins fantastiques. Mais c'était toujours l'image de Rose, entourée de capricieuses arabesques, de feuillages métalliques merveilleusement entrelacés. Il lui semblait créer des modèles divins, et, au réveil, le désespoir le reprenait en face de ses ignobles outils de tonnelier.

L'idée lui vint une fois d'aller confier ses chagrins à son ancien maître, Jean Holzschuer. L'artiste lui fit un accueil paternel, et lui permit de venir, à temps perdu, travailler dans son atelier. Frédéric, rendu à ses goûts chéris, oubliait son chef-d'œuvre de maîtrise, qui devait rivaliser avec la tonne de l'évêque de Bamberg, et maître Martin était obligé de lui reprocher sa négligence en termes qui allaient presque jusqu'à la colère. Il fallut enfin se soumettre, ou se résigner à perdre Rose. Le pauvre garçon se mit à la besogne, mais jamais il n'avait été plus maladroit. Les douves étaient rabotées de travers ; quelques-unes se trouvaient hors d'état de servir à la fabrication des tonneaux les plus communs. Cette fois, maître Martin, dont la patience n'était pas longue, éclata en reproches difficiles à supporter. Frédéric jeta ses outils à l'autre bout de l'atelier : « Maître, » lui dit-il, « c'est fini ; je ne travaillerai plus. Je renonce à ce métier qui m'abrutit, car j'étais né pour les arts, et je ne me suis soumis à vos caprices que pour obtenir votre fille que j'adore. Eh bien ! j'y renonce, avec la certitude de mourir désespéré ; mais je mourrai artiste, et, dès aujourd'hui, je retourne, pour n'en plus sortir, à l'atelier de maître Jean Holzschuer, que j'aurais dû ne jamais quitter ! »

« — Ah ! ah ! » s'écria maître Martin l'œil flamboyant, la lèvre écumante, « ah ! tu ressembles donc à tous les autres ?.. Tu méprises aussi mon métier ! Eh bien ! tant mieux, vaurien ! vagabond ! tu ne me tromperas pas plus longtemps !.. Sors d'ici sur l'heure, et que l'enfer ne te ramène jamais devant moi !.. »

Et sans donner le temps à Frédéric de répondre un seul mot, il le jeta dans la rue, aux applaudissements des autres ouvriers.

VIII.

Le départ de Frédéric fit bientôt un vide immense autour du maître tonnelier. Les compagnons nouveaux venus, délivrés de la présence d'un homme dont l'honnêteté les faisait rougir de leur licence, ne mettaient plus de bornes à leur grossière turbulence. L'atelier était souvent le théâtre de leurs querelles avinées. Maître Martin se laissait aller à un profond découragement. Réduit à veiller aux moindres détails et à réparer sans cesse les maladresses ou les dégâts qui se faisaient chaque jour, il déplorait avec amertume son délaissement et ses ennuis. Plus d'une fois même, accablé d'une morne tristesse, il envisagea le suicide comme l'unique remède qui pût le délivrer de cette vie insupportable. Mais, hélas! que deviendrait la pauvre Rose, privée de tout appui sur la terre?

Un soir qu'il rêvait à ses chagrins, sa douloureuse méditation fut brusquement interrompue par la visite du conseiller Jacobus Baumgartner et de Jean Holzschuer, le maître ciseleur. « Ah! mes bons amis, » s'écria Tobias Martin, « m'apportez-vous des nouvelles de Frédéric? L'ingrat se repent-il de m'avoir quitté pour courir après les fantômes de sa folle imagination? Si cet écervelé revenait à moi, tenez, j'aurais la faiblesse de le recevoir comme l'enfant prodigue. Ah! s'il avait eu un peu de constance et de véritable amour du travail, quel fameux maître tonnelier j'aurais tiré de ce garçon-là! »

Jacobus et Holzschuer écoutèrent en souriant ces exclamations du père Martin dont la voix était pleine d'impatience fiévreuse. Holzschuer se hâta de répondre. « C'est précisément, » dit-il, « de ce pauvre Frédéric que nous venons tous deux vous entretenir. Nous avons aujourd'hui la certitude qu'il n'eût jamais fait qu'un tonnelier fort ordinaire, tandis qu'il promet de se distinguer éminemment dans l'art de graver et de ciseler les métaux. Voyez-vous, maître Martin, il ne faut contrarier ni les vocations, ni les inclinations de la jeunesse. Les unes et les autres viennent de Dieu, qui ne crée rien au hasard. Ceci posé, et sous notre garantie quant à l'avenir que Frédéric devra un jour à son talent d'artiste, nous vous supplions de ne pas repousser la bonne pensée que vous aviez de lui accorder votre fille en mariage. Il la rendra fort heureuse et fera plus d'honneur à votre nom que vous ne pensez. »

« — Mille grâces, chers messieurs, » répliqua maître Martin, en ôtant son bonnet de fourrures et saluant ses interlocuteurs de sa révérence la plus profonde; « mille grâces vous soient rendues par Frédéric pour les magnifiques choses qu'il vous plaît de me dire à son sujet. Oui, certes, j'en eusse fait mon gendre, en qualité de bon ouvrier, tel que j'ai l'honneur d'être. Il avait ma promesse, je ne le cache point; mais il a manqué à la sienne. Tant pis pour lui. Ma fille, je vous l'ai dit cent fois, n'épousera qu'un tonnelier. Sur ce chapitre-là, vous ne me ferez pas reculer d'une syllabe. Mais cela ne doit pas nous empêcher de casser le cou à un flacon de vin vieux, pour fêter le plaisir que me cause votre visite. »

Là-dessus il appela Rose et lui donna ses ordres. Quand l'exquise liqueur fut débouchée avec tous les soins convenables, maître Holzschuer tira de sa poche un gobelet d'argent délicieusement sculpté. Tout autour de ce petit chef-d'œuvre courait un feuillage de vigne et de roses entrelacées, et du calice de chaque rose épanouie sortait une petite tête d'ange toute souriante. L'intérieur du gobelet, doublé d'or, reproduisait exactement le même dessin. Holzschuer le remplit jusqu'au bord et le présenta à maître Martin, en lui disant : « Voyez donc, cher ami, comme ces petits anges semblent s'animer pour monter à la surface de ce vin pétillant! »

« — C'est, en vérité, quelque chose de ravissant! » s'écria le tonnelier.

« — Eh bien! » reprit Holzschuer, « ce que vous trouvez ravissant, et c'est justice, est l'œuvre de Frédéric; dites, maintenant, si ce brave jeune homme ne mérite pas l'intérêt que vous lui refusez trop durement? Eh bien! maître Martin, il me reste à vous apprendre que si Frédéric perd tout espoir, il est résolu de s'expatrier pour toujours. Voulez-vous qu'une vie qui pourrait devenir si glorieuse aille s'éteindre, ignorée, sur la terre étrangère, parce qu'une cruelle obstination de votre part aura tué son bonheur?... »

« — Je ne veux la mort de personne, » s'écria maître Martin, « et je n'ai jamais souhaité que le bien de Frédéric, mais rien que je sache ne peut engager ma conscience à lui donner ma fille, car après tout, cher monsieur Holzschuer, vous qui prêchez si bien le respect dû aux inclinations, savez-vous seulement si Rose l'accepterait pour époux?.. »

Il achevait à peine de poser cet argument sur la solidité duquel il comptait beaucoup, quand la porte s'ouvrit. Frédéric, en personne, pâle, brisé par l'angoisse, apparut sur le seuil, les mains jointes, dans la posture muette et suppliante d'un criminel qui va subir son arrêt de mort. Rose, qui avait tout entendu, sans oser se mêler à la conversation, ne l'eut pas plutôt aperçu qu'elle se sentit défaillir, et vint tomber dans ses bras, en poussant un cri déchirant.

Maître Martin resta stupéfait; et pendant que le conseiller Jacobus et M. Holzschuer s'empressaient avec Frédéric de secourir la jeune fille éplorée, il bégayait en frappant du poing sur la table : « La malheureuse l'aimait donc, et je ne m'en doutais pas! C'est une fatalité qui tombe sur mes vieux jours! »

« — Allons, allons, » répondit l'honorable conseiller, « ce n'est point le moment de vous irriter, maître Tobias, mon digne ami; songez plutôt à cette enfant bien-aimée qui souffre à vos pieds, et dont la douleur demande grâce. Tenez, ses yeux s'entr'ouvrent et cherchent les vôtres avec effroi. N'allez pas la briser d'un mot qui vous laisserait des remords sans fin?... »

« — Père... père! » murmurait Rose, presque foudroyée par une émotion trop violente pour les forces de son cœur.

« — Tu l'aimes donc bien?.. » s'écria maître Martin, en ouvrant ses bras pour la recevoir.

« — Ah! plus que la vie!... »

« — Eh bien! eh bien! reprit le tonnelier en frissonnant, que la volonté de Dieu soit faite, et qu'il vous préserve tous deux des maux que je redoute! Approchez-vous, mes enfants; je vous pardonne, Frédéric; et toi, ma fille, je te bénis! »

Les fiancés se traînèrent aux genoux du vieillard, en versant de douces larmes. Il pleurait aussi, mais ce n'était point de bonheur : Son âme était troublée; la mystérieuse chanson de l'aïeule tintait dans sa mémoire comme un glas funèbre.

« — Ami, » lui dit alors le conseiller Jacobus, en lui pressant les mains affectueusement, « Dieu ratifie là-haut, soyez-en sûr, les vœux paternels que vous venez de former. Je lis dans vos souvenirs, et je n'y vois plus rien qui puisse alarmer votre cœur. Regardez donc ce gobelet d'argent! Ne comprenez-vous pas le sens attaché à chaque détail de ce joli chef-d'œuvre? Ce vase d'un métal si pur, n'est-il point la radieuse image de la maison proprette que la respectable aïeule souhaitait à votre enfant? et, d'ailleurs, est-ce donc autre chose qu'un tonneau infiniment petit? Vos désirs ne sont-ils pas satisfaits dans les conditions les plus délicates? Et trouveriez-vous, dans les quatre parties du monde, un compagnon tonnelier capable de vous causer pareille surprise? »

« — C'est vrai, c'est bien vrai, » disait maître Martin. « Voilà bien le plus joli petit tonnelet que j'aie vu de ma vie. Ta pièce de maîtrise n'est plus à faire, mon brave Frédéric. Tu es un artiste et nous ne sommes que des manœuvres. »

« — Ah! que dites-vous, cher maître! » s'écria Frédéric avec une noble exaltation; « l'homme à jamais heureux auquel vous ouvrez votre famille, pourrait-il se montrer digne de vous, sans honorer la profession que vous illustrez? Père, je ferai sous vos yeux ma tonne de deux foudres, et vous la conserverez comme un hommage de ma vénération! Avant de retourner au burin et aux creusets, moi aussi je veux être tonnelier, et recevoir de vous la maîtrise!

« — Merci, mon enfant; honneur à toi pour cette bonne pensée! » répondit maître Martin, en se levant avec enthousiasme : « Le jour où tu donneras ton dernier coup de maillet sera celui de la noce. Je serai fier de te montrer à mes confrères, et de les voir me saluer en disant : « Le gendre de maître Tobias Martin n'est pas seulement un grand artiste, mais c'est encore un tonnelier comme on en voit peu; c'est l'élève du premier maître de notre corporation! »

IX.

Frédéric tint sa promesse. Il fit une tonne admirable, qui mérita la faveur d'une exposition publique, et réunit des suffrages unanimes. Le beau-père nageait dans la joie; son front resplendissait d'orgueil. La noce fut célébrée en grande pompe dans l'église de Saint-Sébald. Tous les tonneliers de Nüremberg y assistèrent avec leurs familles.

Au sortir du temple, tout le cortége se rendit à la maison de maître Martin, où le banquet nuptial était préparé avec une magnificence digne de la richesse du célèbre tonnelier. Mais qui fut bien surpris, ce furent les jeunes époux, en voyant accourir une splendide voiture, précédée d'un piqueur qui sonnait des fanfares.

La voiture s'arrêta devant la maison. M. Henri de Spandenberg mit la tête à la portière : « Holà, maître Martin, » s'écria-t-il, « je ne passe par ici ni pour les vins de votre cave, ni pour vos sacs d'écus, mais pour admirer la jeune mariée. Voulez-vous bien me permettre de lui offrir mes félicitations? »

L'embarras de maître Martin serait imposible à peindre; il se souvenait de sa discussion avec le gentilhomme, et se confondait en révérences. M. de Spandenberg descendit, suivi d'un beau jeune homme en costume de cour, tout étincelant de pierreries, et qui donnait la main à une femme parfaitement belle.

« — Bonté divine! » s'écria maître Martin, qui n'en pouvait croire ses yeux, « voilà Conrad, mon ancien compagnon!... »

« — Oui, lui-même, cher maître, » répondit le jeune homme, en se découvrant avec vénération. « Conrad vient vous demander pardon d'une scène qu'il n'a point oubliée... »

« — Ah! monsieur, que vous avez eu la main heureuse ce jour-là! » reprit maître Martin, « un véritable compagnon m'aurait tué sur place. Dieu soit béni de ce que j'en suis resté quitte à si bon marché. Je n'ai point de rancune, monsieur Conrad, touchez là!.. »

« — Et vous, madame, » poursuivit Conrad en s'adressant à Rose, tout interdite, « ne daignerez-vous pas joindre votre pardon à celui de votre père?... »

Et, comme tous les assistants, Rose, Frédéric et maître Martin ne savaient quelle contenance faire devant une apparition si peu attendue, M. de Spandenberg se hâta de prendre la parole pour mettre fin à l'embarras général : « Mes bons amis, » dit le vieux gentilhomme, « voici le mot de l'énigme. Je vous présente mon étourdi de fils, à qui j'avais eu l'imprudence de dire, un jour, que Rose était la perle de Nüremberg, mais que son père la gardait mieux que ses écus, et qu'il ne serait pas, lui-même, jugé digne d'aspirer à sa main. J'avais de bonnes raisons, n'est-ce pas, maître Martin, de m'exprimer ainsi?... »

Maître Martin s'inclina et ne dit mot.

« — Là-dessus, » continua M. de Spandenberg, M. Conrad, que voilà, s'éprit éperdument de la charmante Rose, et jura qu'il mourrait si je ne lui permettais de l'épouser. Il me fallut hasarder cette affaire, et, ma foi, maître Martin m'envoya.... sans façon. Conrad, au désespoir, imagina de se présenter, un beau jour, sous le déguisement d'un simple compagnon. Son projet était de se faire aimer de Rose et de l'enlever. Heureusement que certain coup de douve, solidement appliqué, a brisé à temps les ailes de cet amour-là. Je m'en félicite, mais mon fils n'a pu se consoler qu'en épousant une jeune personne qui porte aussi le nom de Rose, et qui lui ressemble d'une manière frappante. Tout est pour le mieux quand Dieu s'en mêle, et je souhaite aux deux ménages une longue félicité. »

A ces mots, d'un mouvement spontané, les deux

Rose se jetèrent dans les bras l'une de l'autre. La jeune épouse de Conrad passa au cou de la fille du tonnelier un beau collier de perles, et lui dit : « Tenez, voilà le bouquet que vous aviez donné à Conrad et dont il ne s'est jamais séparé jusqu'à nos fiançailles. Il me l'a donné comme sa richesse la plus précieuse. Ne m'en veuillez pas de l'avoir reçu. J'avais promis de le porter à mon tour, et de vous le rendre, après votre mariage, en vous demandant pour échange une immortelle amitié. »

« Ah, Madame, » répondit Rose Martin, d'une voix émue, il vous aimait avant moi, j'en suis sûr. Vous êtes belle et noble, et je ne suis qu'une humble fille du peuple. La ressemblance d'un *petit nom* avait pu seule attirer sur moi les regards de M. Conrad de Spandenberg. C'était votre souvenir qu'il venait chercher auprès de moi. Oublions le passé, soyons heureuses, soyez bénie pour les sentiments que vous me témoignez. »

Le mystérieux entretien qui allait s'établir entre les deux jeunes femmes se trouva interrompu par l'entrée bruyante d'un nouveau survenant. Celui-ci portait un riche costume italien, et s'élança d'un bond vers Frédéric qu'il embrassa étroitement.

« — Reinhold ! » s'écria Frédéric.

« — Oui, Reinhold, ton ancien rival, mais ton ami à perpétuité. Ne t'avais-je pas bien conseillé de t'en tenir au maillet ? J'arrive à temps pour te faire mon présent de noces. La joie de maître Martin l'empêchera de me gronder pour avoir reparu chez lui sans permission. »

Maître Martin se demandait s'il rêvait. « Eh bien, s'écriait-il tout ébahi, n'avais-je pas cent fois raison de dire que j'avais, en ce temps-là, de fameux compagnons ? »

« — Oui, mon cher, dit tout bas le conseiller Jacobus Baumgartner ; mais si Dieu ne s'en était pas mêlé, la chanson de l'aïeule aurait pu vous porter malheur !... »

Deux valets de Reinhold entrèrent en ce moment, chargés d'un magnifique tableau sur lequel étaient peints maître Martin, avec Frédéric, Reinhold et Conrad, travaillant à la tonne du prince-évêque de Bamberg, devant Rose assise et brodant des fleurs d'or sur une bannière destinée à Notre-Dame de Saint-Sébald.

« — Voilà ta pièce de maîtrise, » dit Frédéric en souriant ; « la mienne est moins brillante ; elle est en bas pleine de vin du Rhin. Mais, patience, je ferai autre chose..... »

« — Je sais tout, » reprit Reinhold, et c'est pour cela que j'accours. Si tu m'en crois, tu ne quitteras point les tonneaux. La gloire est un météore qui resplendit rarement au front de l'artiste. Crains de risquer un bonheur paisible contre une couronne d'épines. Imite plutôt maître Martin, pour arriver, comme lui, au bout de ta carrière, chargé d'ans mais exempt de regrets. Le bonheur n'est ni dans l'éclat de la vie, ni dans les acclamations de la foule. Il fleurit au fond du cœur, dans le doux recueillement de la famille.

« — Amen ! » s'écria maître Martin. « Allons dîner en famille, et boire à la santé de Reinhold qui a si bien parlé ! »

Le festin nuptial se prolongea bien avant dans la nuit. Maître Martin, entouré de ses anciens compagnons, fit si largement les honneurs de la fête, que les grands verres de Bohême ne restèrent pas vides un seul instant. Il n'avait garde de s'oublier en versant à ses voisins, et le respectable conseiller Jacobus, placé en face de lui, le secondait de toutes ses forces. Quand l'aurore perça les grands vitraux de la salle à manger, elle aperçut tous les convives, excepté Frédéric et Rose qui s'étaient éclipsés, endormis, sous la table, du sommeil des justes.

L'HOMME AU SABLE

I.

L'étudiant Nathanaël, un des plus jolis garçons et des plus studieux écoliers qui aient jamais brillé à l'université de Gœttingue, écrivait, un jour, à son ami Lother, la lettre qu'on va lire :

« Gronde-moi bien, très-cher, car voilà plus de six semaines, passées depuis mon départ, sans que j'aie donné de mes nouvelles. Ma pauvre mère doit être inquiète, et j'entends d'ici notre bonne petite Clara, ta sœur aimée, m'accuser tout bas de l'oublier au milieu des goguettes de ma vie d'étudiant. Je t'assure, toutefois, et tu me croiras, que je n'ai à me reprocher, ni inconduite, ni paresse ; je vous garde à tous une chaleureuse affection, et c'est justement pour cela que j'éloignais, d'heure en heure, la lettre qui m'échappe aujourd'hui. Pourquoi te le cacher davantage ? ma vie, naguère si joyeuse et si calme, se remplit de pressentiments lugubres. Il me semble qu'une fatalité pleine de périls inévitables enveloppe mon avenir, et dussé-je te paraître fou à lier, il faut que je vide mon cœur dans le tien.

« Dans notre enfance, ma sœur et moi, nous ne

voyions notre père qu'à l'heure des repas. C'était un homme fort occupé de choses que nous n'avons jamais pu connaître. Mais, presque chaque soir, après le souper, ma mère nous conduisait près de lui dans son cabinet, autour d'une table ronde, couverte d'un tapis vert. Mon père se faisait apporter un pot de bière, qu'il vidait à petites gorgées, et nous contait, en fumant sa pipe, une foule d'histoires fantastiques. Quand il n'était point d'humeur à causer, il ouvrait devant nous de gros livres pleins de vieilles estampes, et s'enfonçait dans son fauteuil, en suivant d'un œil distrait les bouffées de tabac qui montaient en spirales bleuâtres vers le plafond. Mais ces jours-là, notre mère était triste, et dès que l'horloge sonnait neuf heures : « Allons, enfants, » disait-elle, « au lit, au lit ! voici l'*Homme au sable* : il monte l'escalier ! vite, vite !... »

« Nous entendions en effet un bruit de pas lents et lourds, qui nous faisait fuir comme des chats. Ma mère s'étant aperçue que mon imagination se frappait d'épouvante, voulut effacer l'effet de cette menace. « Cher petit, » me dit-elle en m'embrassant, « il n'y a point d'homme au sable. Mais quand vous avez bien sommeil, ne vous semble-t-il pas qu'on vous a jeté du sable dans les yeux ? C'est cette idée que je tourne en plaisanterie. » L'explication fut loin de me satisfaire, car je me demandais sans cesse pourquoi j'entendais du bruit dans l'escalier, chaque fois que ma mère annonçait l'homme au sable. J'en parlai en secret à la vieille servante qui berçait ma petite sœur. « L'homme au sable ? » s'écria-t-elle avec un gros rire édenté, « c'est un vilain homme, sec comme du bois, qui vient chercher les enfants quand ils refusent d'aller au lit ; il leur jette du sable dans les yeux pour les aveugler ; puis il les fourre dans un sac, et les emporte dans la lune pour servir de pâture aux hiboux. » Ce conte grossier produisit un terrible effet sur ma tendre imagination. A partir de ce moment, je n'eus plus de repos, ni jour ni nuit. Je me mettais à trembler comme une feuille, chaque soir où j'entendais retentir des pas sur l'escalier, puis un être inconnu entrer dans le cabinet d'où je venais de m'échapper à toutes jambes. Ces impressions de terreur ne s'effacèrent point avec l'âge.

« Quand j'eus atteint ma dixième année, ma mère me fit coucher seul dans une petite chambre située au fond d'un corridor, et contiguë au cabinet de mon père. Le visiteur inconnu faisait toujours, très-régulièrement, ses visites à la même heure. Un soir, enfin, la curiosité dominant en moi toute autre sensation, je feignis une fatigue extraordinaire, et demandai la permission de me coucher avant neuf heures. Dès que ma mère m'eut quitté, j'ouvris tout doucement la porte du cabinet de mon père, qui, absorbé dans ses pensées, et me tournant le dos, ne s'aperçut pas de mon équipée. Je me glissai derrière un immense rideau, et retenant mon souffle pour n'être pas découvert, j'attendis en frissonnant. Bientôt le pas mystérieux fit craquer la boiserie de l'escalier, la sonnette tinta, mon père se leva brusquement et vint ouvrir : j'aperçus... devine qui, cher Lother ? le vieil avocat Coppélius, un habitué de la maison.

« Ce Coppélius est l'homme le plus laid que je connaisse. Imagine-toi une tête en forme de bassinoire ; un visage d'un jaune d'ocre ; des yeux verdâtres, creusés sous des sourcils gris hérissés comme des moustaches de chat ; un énorme nez crochu, retombant sur une bouche moqueuse armée de longues dents clair semées ; le tout surmontant un buste grêle et voûté, qui fléchissait sur de longs échalas entortillés d'une culotte noire râpée, avec des bas bleus. Ajoute à ce portrait un habit gris à basques traînantes, un gilet rouge ; une perruque à trois marteaux, posée de travers au sommet du crâne, et trop courte pour abriter des oreilles plates et démesurément longues ; tu me diras ce que tu penses d'un pareil personnage. Mon père l'invitait, de temps en temps, à dîner. Chaque fois était pour nous un jour de supplice. Coppélius avait remarqué notre aversion, et surtout le dégoût que nous inspiraient ses doigts osseux et velus. Eh bien ! ce maudit homme se faisait un malicieux plaisir, au dessert, de toucher à toutes les sucreries qu'on mettait sur notre assiette, ou bien encore il affectait de porter à ses lèvres violettes le vin qu'on nous versait. Il nous appelait *petites bêtes*, et voulait toujours nous embrasser. Ma mère le détestait autant que nous ; mais notre père, au contraire, se conduisait à son égard avec cette déférence et cette obséquiosité dont on n'use guère qu'envers un être supérieur, de qui l'on doit tout attendre et tout supporter. Il fallait, bon gré, mal gré, qu'à son aspect tous les visages prissent un air joyeux, ou du moins les apparences du plus cordial empressement ; on lui servait ses mets favoris, et les vins les plus généreux.

« Rien ne pouvait effacer de mon esprit la pensée que ce laid Coppélius ne fût l'homme au sable, le cruel ravisseur de petits enfants, le diabolique pourvoyeur des hiboux qui perchent dans la lune. Je me tenais donc, immobile et terrifié, derrière le rideau, en me repentant déjà de ma curiosité, lorsque Coppélius se mit à parler à mon père, de sa voix brève et stridente. « A l'œuvre, à l'œuvre, » disait-il en mettant bas son habit gris ; « nous sommes en retard ! » Mon père ôta sa robe de chambre, et tous deux se revêtirent de blouses longues et toutes souillées de fumée. Mon père ouvrit une espèce de porte basse qui donnait sur un obscur enfoncement où se trouvait un petit fourneau, parmi des ustensiles de toute forme et de toute grandeur, dont je ne comprenais pas l'usage. Coppélius se mit à souffler, et aussitôt une flamme bleuâtre éclaira le laboratoire. Il maniait avec d'énormes tenailles de gros morceaux d'un métal brillant qu'il faisait rougir à blanc et qu'il frappait ensuite à grands coups de marteau. A chaque instant, je croyais voir s'agiter dans la flamme du fourneau, et à travers les millions d'étincelles jaillissant de la vapeur, des figures étranges qui me faisaient des grimaces menaçantes. Je m'imaginais ouïr la voix de Coppélius, me criant : « Tes yeux ! tes yeux ! Donne-moi tes yeux, pour mes hiboux qui ont faim ! » L'émotion que me causait le désordre de mes idées fut bientôt si violente, que ma tête n'y put résister. Je glissai sur le parquet en poussant un cri.

« Je fus découvert. Coppélius m'enleva, de sa griffe sèche et crispée, comme il eût fait d'un jeune chat, et me fit craquer toutes les articulations des mains et des pieds. Je perdis connaissance d'effroi et de douleur. Quand je revins à moi, une tiède haleine caressait mon visage. Ma mère, penchée sur moi, me contemplait avec une tendresse pleine d'inquiétude. « Mère, » lui dis-je d'une voix qu'elle entendit à peine, « l'homme au sable est-il parti? »

« L'excellente femme me rassura de son mieux, et fit rentrer un peu de calme dans mon âme. Mais la terreur avait dépassé mes forces. Je fus, pendant plusieurs semaines, tourmenté d'une fièvre ardente, et je ne guéris que par des soins de tous les instants.

« Une année s'écoula, sans que j'entendisse parler de Coppélius. On disait qu'il avait quitté la ville, et son souvenir s'était presque effacé de ma pensée, lorsqu'un soir, vers neuf heures, comme nous étions tous rangés, à l'ordinaire, autour de la grande table ronde, dans le cabinet de mon père, la porte de la rue grinça sur ses gonds avec un craquement lugubre, et l'escalier trembla, comme autrefois, sous ce même pas lourd et ferré qui nous avait tant de fois causé des transes mortelles.

« — C'est Coppélius! » s'écria ma mère en pâlissant.

« — Oui... oui... » répondit mon père d'une voix qu'il s'efforçait en vain de rendre ferme et tranquille; « c'est Coppélius, mais, Dieu merci! ce sera sa dernière visite. Emmène les enfants, et laisse-moi seul. »

« Il fallut obéir. Quand je fus au lit, toutes mes appréhensions, tous mes souvenirs d'autrefois se redressèrent dans mon imagination. L'affreux visage de Coppélius se penchait sur mon chevet, comme une apparition infernale, et je ne pouvais fermer les yeux. Tout à coup, une secousse épouvantable, accompagnée d'un bruit plus violent que le tonnerre, ébranla notre maison de fond en comble. Quelqu'un passa en courant dans le corridor où se trouvait ma chambre, et, peu d'instants après, la porte extérieure se ferma avec fracas. « C'est Coppélius! » m'écriai-je avec horreur. « Ah! mon Dieu, qu'est-il arrivé!.. »

« J'entendais les cris de désespoir d'une servante: « — Mon maître! mon pauvre maître! »

« Je m'élançai du lit, je courus à la chambre de mon père. Dieu! quel spectacle! L'infortuné était étendu sur le carreau, la figure brûlée et noircie... ce n'était plus qu'un cadavre. Ma mère et ma sœur se tordaient, en proie au délire, et je tombai entre elles deux sans connaissance.

« La justice, éveillée par les rumeurs du voisinage, ouvrit une enquête sur la mort tragique de mon pauvre père. Elle ne put en pénétrer le mystère, et quand elle voulut faire comparaître Coppélius, le misérable avait disparu de la ville.

« Eh bien! figure-toi, mon cher Lother, que, dernièrement, j'ai vu entrer ici, dans ma chambre, un marchand de baromètres et de lorgnettes, et que dans ce marchand j'ai reconnu Coppélius. Et je n'ai pas vengé sur cet infâme la perte de mon père! Un pouvoir inconnu paralysait mon cerveau et mes membres! oh! oui, c'était bien lui! Quoiqu'il ait changé de costume, qu'il porte le nom de Giuseppe Coppola, et qu'il se donne pour un colporteur piémontais, je l'ai parfaitement reconnu!

« Cette vision me présage quelque malheur. J'en ai le sinistre pressentiment. Mais quoi qu'il arrive, il faut que je venge mon père. Le ciel m'inspirera. Garde secrète cette révélation; n'en dis rien à ma mère, et embrasse pour moi ta bonne sœur Clara. Je lui écrirai quand ma pensée aura retrouvé un peu de calme. »

II.

Malgré les recommandations de Nathanaël, sa lettre tomba, je ne sais comment, aux mains de la jolie Clara, qui lui fit une réponse pleine de douce moquerie, à l'endroit de ses préoccupations fantasmagoriques. Ses arguments dissipèrent ce qu'elle appelait les billevesées d'un songe creux Nathanaël écrivit une seconde fois à Lother, pour lui reprocher sa négligence et lui donner des détails sur sa bizarre aventure.

« Je t'en veux, » lui disait-il, « de n'avoir pas été discret. Mais puisque notre aimable Clara est heureusement douée d'une si bonne dose de philosophie positive, je ne veux pas rester au-dessous d'elle. D'ailleurs, je suis aise de t'annoncer que le marchand de baromètres, Giuseppe Coppola, n'a rien de commun avec l'avocat Coppélius. Une étrange ressemblance m'avait abusé; mais j'ai pris sur son compte des renseignements complets, et je sais à quoi m'en tenir. Je suis le cours d'un professeur de physique fameux, nouvellement arrivé à l'université. Il se nomme Spallanzani. C'est un Italien, compatriote de Coppola, qu'il connaît depuis longtemps. De plus, Coppélius était Allemand, et Coppola possède un accent italien très-prononcé.

« Cependant, à dire vrai, je ne suis pas encore entièrement rassuré. Regardez-moi, Clara et toi, comme un rêveur et un visionnaire; riez de mon absurdité tant qu'il vous plaira; mais je ne puis bannir entièrement l'impression qu'a produite sur moi cette fatale ressemblance de Coppélius et de Coppola. Le marchand de baromètres a quitté la ville. Spallanzani m'en a donné l'assurance. Tant mieux!

« Mon digne professeur de physique est un petit homme tout rond; ses traits sont fins, ses yeux perçants, ses pommettes saillantes. Dernièrement, comme je montais chez lui, à l'heure de sa leçon, j'aperçus, à travers le rideau d'un cabinet vitré, une femme d'une taille admirable, et richement vêtue, assise devant une table sur laquelle elle appuyait ses deux mains croisées. Rien n'était plus enchanteur que son angélique visage; seulement ses regards étaient d'une fixité saisissante. Elle semblait ne me point voir, quoique ses yeux fussent directement attachés sur moi. On eût dit une persomne dormant les paupières ouvertes. Je me sentis tout ému de cette rencontre, et je me glissai dans la salle du cours avec un singulier battement de cœur. J'ai appris que cette belle personne se nomme Olympia. C'est la fille de Spallanzani, et son père, par une cruelle bizarrerie, la tient constamment enfermée, sans lui permettre la plus innocente communication avec qui que ce soit. Peut-être est-elle idiote : ce serait grand dommage. Dans le cas contraire, Spallanzani serait un être bien cruel et bien dénaturé.

« Mais, après tout, que me fait cette Olympia, et que t'importe, cher Lother, le radotage qui remplit cette lettre ! Songeons plutôt à notre prochaine réunion, car, s'il plaît à Dieu, dans quinze jours, au plus, je serai près de ma mère, près de toi, cher ami, et près de l'excellente Clara, que je me propose de gronder un peu pour son excès de philosophie positive. A bientôt. »

III.

Il est temps de faire plus ample connaissance avec l'étudiant Nathanaël, et d'éclairer les parties obscures de son histoire en complétant les deux lettres qu'on vient de lire.

Peu de temps après la mort du père de Nathanaël, Lother et Clara, tous deux enfants d'un parent éloigné qui les laissait orphelins, furent recueillis par la mère de l'étudiant. Clara et Nathanaël ne purent se voir longtemps sans s'aimer. Ils étaient même fiancés, lorsque Nathanaël dut retourner à l'université de Gœttingue, pour y passer les examens qui terminent l'éducation d'un jeune homme soigneusement élevé.

Clara n'était pas une beauté. Cependant, sa taille ne manquait point d'élégance, et un peintre n'eût pu reprocher à ses épaules et à sa poitrine que des lignes un peu trop chastes, un peu trop enfantines. Mais elle possédait une magnifique chevelure; sa peau blanche et satinée se colorait des riches teintes d'une jeunesse pleine d'éclat. Un fin sourire se jouait sans cesse sur ses lèvres de carmin, et son imagination vive et folâtre s'épanouissait en joie bruyante au récit de toutes les scènes fantastiques qui meublaient la cervelle un peu sombre de son futur mari. Cette charmante nature contrebalançait heureusement les rêveries de Nathanaël, et lui firent oublier, dès son retour, le funèbre souvenir de Coppélius. Cependant, cette diversion dura peu. L'étudiant souffrait d'entendre la jeune fille faire une guerre continuelle de persifflage à ses hallucinations. Son cœur en était blessé; il ne pouvait se défendre d'une certaine aigreur, et Clara, qui s'en était aperçue, y répondait, à son insu, par un peu de refroidissement.

Un jour, Nathanaël, plus obsédé que jamais par ses visions, avait composé un poëme dans lequel il peignait ses jeunes amours, troublées tout à coup et détruites par l'infernal prestige de Coppélius. Clara, forcée d'en subir la lecture, ne put s'empêcher d'éclater en reproches amers contre l'esprit funeste qui poussait son fiancé à tourmenter le repos de sa vie par des compositions délirantes. Nathanaël s'irrita, et l'appela outrageusement du titre d'*automate*. Clara fondait en larmes, lorsque Lother survint. Lother adorait sa sœur, et traita son ami avec l'emportement d'une légitime indignation. Tous deux sautèrent sur des épées; le sang allait couler, lorsque Clara, tout éperdue, se jeta entre les adversaires. Cette scène finit par des sanglots. Les deux amis, réconciliés dans les bras de la jeune fille, se jurèrent une éternelle affection; Nathanaël jura qu'il était à jamais guéri de ses manies fantastiques, et repartit pour Gœttingue, où il devait passer encore quelques mois, avant de s'établir dans sa ville natale, avec l'espoir d'obtenir un emploi honorable, et d'assurer son bonheur en s'unissant à Clara.

IV.

En arrivant à l'université, Nathanaël apprit avec surprise que la maison où se trouvait sa modeste chambre d'étudiant avait été dévorée par un incendie. Ses camarades étaient seulement parvenus à sauver du désastre ses papiers, ses livres, et quelques instruments de physique. Tous ces objets avaient été portés dans un autre logis où il s'installa.

Ce nouveau domicile était situé en face des fenêtres du professeur Spallanzani. De la sienne, Nathanaël pouvait plonger ses regards dans le cabinet où mademoiselle Olympia se tenait invariablement assise à la même place, dans la même toilette, le regard fixe, et les deux mains croisées sur la table. L'étudiant n'y fit d'abord qu'une médiocre attention, et s'arrêtait rarement à lancer une œillade de ce côté. La pensée qu'Olympia pouvait être idiote, dominant en lui toute autre supposition, il se souciait peu de son immobile beauté, et gardait fidèlement le souvenir de Clara.

Un matin que, tout entier aux douces rêveries de son prochain mariage, il écrivait une longue lettre à sa fiancée, on frappa à sa porte. « Entrez, » fit-il avec un mouvement d'impatience contre la visite importune qui venait troubler son recueillement.

Le visiteur, c'était Giuseppe Coppola.

Nathanaël éprouva un frisson fébrile; mais se rappelant aussitôt les renseignements donnés par le professeur Spallanzani, il s'efforça de comprimer le sentiment de mystérieuse défiance qui l'agitait, et s'écria, d'une voix qui défendait la réplique : « Allez au diable avec vos baromètres. Je ne veux rien ! »

« — Ah ! cher monsieur, » répondit Coppola sur un ton nazillard et en faisant trois humbles saluts jusqu'à terre, « je n'ai pas seulement des baromètres; j'ai aussi de bien jolis yeux pour regarder de loin les jeunes filles ! »

Et fouillant aussitôt dans les immenses poches de son habit, Coppola en tira toute une collection de lunettes et de lorgnons qu'il étala sur la table. « Voilà, voilà, » disait-il, « des yeux comme vous n'en avez jamais eu. »

Rose tomba presque mourante dans ses bras.

Et toutes ces lunettes, tous ces lorgnons commencèrent à scintiller et à projeter de tous côtés d'étranges reflets. Il semblait à Nathanaël que chacun de ces objets fût une paire de regards animés et convulsifs, dont il ne pouvait plus détourner les siens. Et Coppola ne cessait d'en tirer encore de ses poches inépuisables; et de cet amas qui allait déborder la table, jaillissaient, de plus en plus, des rayons fauves et ardents qui semblaient s'injecter de lueurs rouges comme du sang.

« Arrête! arrête! » s'écria l'étudiant. « Ote-moi tout cela, brigand! où je t'étrangle! » Et déjà, joignant le geste à la menace, il avait saisi le bras de Coppola. Mais l'impassible colporteur, insoucieux comme s'il n'eût senti qu'une étreinte d'enfant, ramassait et empochait toutes ses lunettes: « Au moins, » dit-il, « mon jeune seigneur, vous prendrez ce petit lorgnon, pour me faire étrenner. Voyez! il est tout simple, mais excellent; je vous le garantis, et vous me le payerez quand vous voudrez. Oh! je ne suis pas tracassier, et j'ai en vous, mon cher monsieur, une confiance illimitée. »

Et il présentait à Nathanaël interdit un lorgnon monté en ébène, d'un travail soigné, mais sans aucun luxe. L'étudiant, qui se reprochait déjà son accès de vivacité, prit le lorgnon et jeta trois ducats à Coppola.

Dès que le marchand fut sorti, en renouvelant ses révérences, Nathanaël se prit à rire de sa propre folie. « Où diable ai-je donc fourré ma raison, » se disait-il; « et que penseraient mes amis de là-bas, s'ils pouvaient voir comme je suis fidèle à mes promesses! Au fait, ce lorgnon est un meuble utile, et je trouve qu'il convient parfaitement à ma vue un peu courte. » En raisonnant de la sorte, il s'approcha de la fenêtre, et se mit à regarder machinalement à travers celle de Spallanzani.

Olympia était toujours assise à la même place. A force de chercher son regard fixe et d'y concentrer la puissance du lorgnon qu'il essayait, Nathanaël

Nathanaël voulant précipiter Clara du haut de la tour.

crut voir d'humides rayons lunaires jaillir des prunelles de cette belle personne, et s'embraser peu à peu d'un éclat magnétique. « Diable ! » se dit l'étudiant, « mademoiselle Olympia ne saurait être idiote avec des yeux pareils; mais d'où vient donc que je ne les avais pas encore remarqués? Au surplus, qu'est-ce que cela me fait? Je ne dois pas y songer, Clara m'attend... finissons ma lettre. » Et il se remit à écrire jusqu'à ce qu'un de ses amis d'études vînt le chercher, pour aller au cours de Spallanzani.

Le lendemain Olympia resta invisible; les persiennes de la fenêtre étaient soigneusement fermées. Elles s'ouvrirent le troisième jour, mais derrière les vitres tombait une épaisse draperie. L'impossibilité de lorgner sa mystérieuse voisine remit martel en tête à Nathanaël. Pour se distraire, il alla se promener aux environs de la ville. Mais l'image d'Olympia le poursuivit; elle flottait devant lui dans les airs, elle s'élevait des buissons, elle rayonnait dans le cristal des ruisseaux limpides. La pauvre Clara subissait le malheur des absents, elle était complétement oubliée. Nathanaël courait çà et là, comme un fou, jetant à tous les échos ses plaintes amoureuses et les improvisations échevelées de sa cervelle en feu.

Quand la fatigue le ramena au prosaïsme de la vie réelle, il revint chez lui à pas lents, la tête penchée, l'âme toute confuse de ses faiblesses. Un grand bruit qui se faisait de l'autre côté de la rue l'appela à sa fenêtre. L'appartement de Spallanzani était plein d'ouvriers qui allaient et venaient précipitamment. Les uns portaient des meubles, les autres clouaient des draperies; c'était un vacarme de marteaux à rendre sourd. L'étudiant s'informa bien vite de ce qui causait tout ce remue-ménage. Un voisin lui apprit que M. le professeur Spallanzani devait offrir le lendemain un bal aux notabilités de la ville et de l'université, et que cette fête solennisait la première présentation de mademoiselle Olympia dans un monde où cette jeune personne, dont on disait merveille, produirait l'effet le plus saisissant. Nathanaël reçut le même soir une lettre d'invitation, et Dieu sait de quelle joie son cœur palpitait, lorsqu'à l'heure dite, il arriva, dans sa tenue la plus coquette, à ce rendez-vous inespéré qui lui permettrait de contempler de près, tout à son aise, l'idole de ses rêves.

Une nombreuse société était déjà réunie dans les salons du professeur. Mademoiselle Olympia, parée avec une recherche et un goût sans pareils, étalait aux regards éblouis toutes les grâces de sa personne. Quelques critiques féminins blâmaient seulement, tout bas, la cambrure un peu affectée de sa taille. Les jeunes gens qui avaient remarqué ce détail supposaient plus charitablement que la nature éminemment délicate de cette belle fille souffrait de la pression exagérée de son corset. Olympia marchait avec la majesté d'une reine; cependant il y avait dans ses mouvements une certaine raideur. On l'attribuait à sa timidité naturelle.

Le concert commença. Olympia prit place au clavecin et chanta une romance nouvelle avec une voix dont l'éclat et les modulations argentines ressemblaient aux mélodies qu'on exécute sur l'harmonica. Nathanaël était ravi. Placé au dernier rang des assistants, il ne pouvait pas bien distinguer les traits d'Olympia au milieu de l'éblouissante clarté des bougies. Alors, sans que l'on s'en aperçût, il tira de sa poche la lorgnette de Coppola, et, la tenant à demi cachée dans le creux de sa main, il se mit à dévorer du regard tous les charmes de la jolie fille de Spallanzani. Il lui semblait de temps en temps qu'elle lui décochait à la dérobée des œillades langoureuses, et que tout son être exprimait à l'avance chaque nuance de son chant. Les roulades compliquées d'Olympia résonnaient à son oreille comme les cris de joie céleste d'une âme exaltée par l'amour, et, lorsqu'enfin retentit bruyamment dans le salon le *trillo* prolongé de la cadence finale, Nathanaël sentit un nuage passer sur ses yeux et son cœur défaillir. Son imagination, détachée de tout ce qui l'entourait, s'égarait dans un monde idéal, tout peuplé de légers fantômes qui prenaient, pour lui sourire, les traits d'Olympia.

Le concert fini, le bal commença. Danser avec elle! c'était pour Nathanaël le but de tous ses désirs, de toute son ambition. Mais comment oser l'inviter? On ne saurait dire comment cela se fit; personne, sans doute, n'y prit garde; mais la danse était à peine engagée, que Nathanaël se trouva près d'Olympia dont il avait saisi la main sans pouvoir prononcer une parole. Cette main était froide comme du marbre. Nathanaël tressaillit et fixa un regard craintif sur la jeune fille; mais il crut lire dans ses yeux l'expression d'un doux encouragement. Cette croyance lui rendit son aplomb, et il l'entraîna dans le cercle des valseurs. Olympia dansait avec une précision qui rendit jalouses toutes les femmes. Quand l'orchestre se tut, Nathanaël la reconduisit à sa place avec un frémissement d'orgueil, et, s'emparant d'un siége vide auprès d'elle, il se mit à lui faire bravement sa déclaration d'amour, entourée de toutes les fleurs de réthorique que sa mémoire put lui fournir. Mais la très-vertueuse fille, en véritable modèle de modestie, se contenta de répondre à toutes ses avances par un monosyllabe guttural qui ressemble assez au son produit par : Ach! ach! ach!

Tout autre que Nathanaël eût été fort ébahi de ce langage aussi bizarre que peu clair. Mais notre étudiant croyait entendre une musique céleste, et lui disait tout bas : « O femme digne de l'amour des anges! ô chaste reflet du bonheur des élus, laisse encore tomber sur moi un de tes doux regards!... » A quoi mademoiselle Olympia se contentait de répondre : « Ach! ach! ach! »

Pendant cet entretien délicieux, le professeur Spallanzani avait passé plusieurs fois devant le pauvre Nathanaël, et chaque fois il lui souriait d'une manière étrange. L'amoureux transi ne s'apercevait pas que les bougies s'éteignaient, et que les invités avaient depuis longtemps abandonné la place. Il ne pouvait se résoudre à partir sans avoir obtenu un aveu ou une espérance, et s'exténuait à découvrir des phrases qui pussent lui mériter la faveur d'une réponse intelligible. Mais tout à coup mademoiselle Olympia se leva et se mit à marcher en faisant de nouveau : « Ach! ach! ach! » Nathanaël la suivait comme un fou, en multipliant ses hélas, sans songer à prendre son chapeau pour se retirer en galant discret. Spallanzani le tira enfin de cette espèce d'hallucination en l'arrêtant par le bras pour lui dire : « Mon cher monsieur, puisque la conversation de ma fille a tant de charmes pour vous, je vous autorise de grand cœur à nous faire de temps en temps quelques visites. »

Le paradis se fût ouvert à ses yeux, que l'étudiant ne se serait pas senti plus heureux. Il s'en alla, le cœur plein d'amour, et, dès le lendemain, le bal du professeur et les grâces ravissantes d'Olympia devinrent l'objet continuel de ses discours. Malheureusement, tous ses auditeurs ne partageaient pas son enthousiasme. Certains critiques imberbes poussaient même la malice jusqu'à relever, dans les faits et gestes du docte professeur, je ne sais combien de petites maladresses, fort excusables sans doute, mais qui dénotaient peu d'habitude du monde. Quelques-uns poussaient encore plus loin l'irrévérence, en discutant les plus secrètes imperfections dont eût pu s'affliger mademoiselle Olympia. Ce terrible chapitre était traité à fond, et se terminait par une conclusion impardonnable, à savoir que la fille de Spallanzani offrait tous les caractères physiologiques de la stupidité; en conséquence de quoi on se permettait de déclarer, à la presque unanimité, que monsieur son père eût sagement fait de la tenir enfermée dans une de ses caisses d'histoire naturelle.

Nathanaël était furieux; mais il n'osait éclater, de peur que le fracas d'un duel ne compromît la réputation de la reine de ses pensées, et que M. Spallanzani ne lui fermât sa porte au nez. « Je suis bien lâche, » se disait-il tout bas, en s'égratignant la poitrine; « je devrais mettre en pièces tous ces maudits bavards; mais patience, quand je serai l'époux de la divine Olympia, je rabattrai vivement leur caquet. Je serai dans mon droit irrécusable! »

A cheval sur cette belle résolution, il écoutait, en rongeant son frein, tous les quolibets. Un jour, son ami Sigismond ne put s'empêcher de lui dire : « En vérité, mon cher Nathanaël, je ne puis comprendre qu'un homme de bon sens devienne amoureux d'une poupée qui ne sait que marcher, tourner, et faire : Ach! ach! ach! »

« — Mon brave, » répondit Nathanaël, « si une lumière intérieure, une seconde vue te dévoilait comme à moi les trésors mystérieux de cette fille incomparable, tu partagerais mon idolâtrie. Je suis enchanté de voir que tu ne les soupçonnes même pas. Ton aveuglement à cet égard m'épargne le chagrin de rencontrer dans le meilleur de mes camarades un rival que je ne pourrais m'empêcher de détester, fût-il mon propre frère. »

« — Pauvre Nathanaël, » reprit Sigismond, « tu es bien malade! Après tout, la beauté n'est pas quelque chose d'absolu; elle n'a de réalité que dans notre imagination, et chacun voit ses voisins selon les facultés visuelles que lui donne son nerf optique. Sois donc pleinement rassuré sur mon compte. Je ne prendrai jamais mademoiselle Olympia pour une des houris du paradis de Mahomet, et si tu n'a jamais de rival plus dangereux que moi, je t'engage à dormir sur l'une et l'autre oreille. Au surplus, je ne suis point seul de mon avis. Tous nos camarades d'université s'accordent à confesser que mademoiselle Olympia possède des yeux sans regard, et que sa personne ressemble à une machine assez soignée. Elle chante, mais c'est toujours la même chose; elle danse, mais tous ses pas sont mesurés, comme si elle n'agissait que par ressorts. Voilà ce que nous avons tous constaté, en concluant qu'une personne aussi régulièrement organisée ressemble un peu plus à une horloge qu'à une jolie fille. »

« — Grâce pour elle, » répliqua Nathanaël. « Vous êtes tous des êtres prosaïques, alourdis par la bière et la fumée de tabac. Vous ne savez pas même épeler dans le livre des merveilles de la nature. Oui, certes, pour des esprits bornés, qui ne peuvent s'élever aux sublimes régions de l'idéal, Olympia ne semble être qu'une femme ordinaire. Elle m'a très-peu parlé, j'en conviens, mais est-il besoin de discours pour communiquer son âme? elle ne m'a même dit qu'un seul mot, toujours le même : « Ach! ach! ach! « Eh bien, je déclare que cette vague expression produit sur moi l'effet d'une ravissante note de musique tombée d'un clavecin céleste! »

« — Oui, oui, tu as raison, » reprit Sigismond en jetant sur Nathanaël un regard de compassion moqueuse : « Je ne suis qu'un imbécile et tu es un grand poëte; je n'ai point d'ailes pour te suivre dans les cieux, et je reste humblement sur la terre. Si tu daignes quelquefois redescendre au niveau des pauvres humains, et si tu as besoin de quelque service, fais-moi l'honneur de ne pas oublier notre ancienne amitié. » Là-dessus, il se retira à reculons, en saluant jusqu'à terre, et persuadé que la cervelle de Nathanaël s'était subitement dérangée.

V.

La bonne petite Clara était aussi complétement oubliée que si elle n'eût jamais existé. Lother avait également disparu du souvenir de Nathanaël. Le malheureux étudiant, enfermé dans son amour comme dans une galère, ne pouvait plus s'occuper d'aucun autre objet que de la belle Olympia. Il passait toutes ses journées à côté d'elle ou à ses genoux, sa passion, de plus en plus ardente et folle, s'épanchait en petits poëmes qu'il composait la nuit pour venir les lui réciter. Olympia l'écoutait avec une impassibilité fantastique. Elle fixait sur lui ses deux yeux noirs éternellement fixes, et lorsque l'étudiant, fasciné par cet étrange regard, se jetait à ses pieds, couvrait ses mains d'ardents baisers, et la suppliait de lui accorder un seul mot d'amour, elle se contentait de lui faire cette invariable réponse : « Ach! ach! ach! »

Tout autre que Nathanaël se fût impatienté; mais l'amour est aveugle. Le monosyllabe d'Olympia était une parole magique au son de laquelle un monde sans fin de voluptés platoniques s'ouvrait devant le pauvre étudiant. Il se plongeait dans une mer d'ineffables délices, et maigrissait à vue d'œil. Quelquefois, quand il était seul, bien tard dans sa petite chambre, il retrouvait des instants de lucidité fugitive; mais sa raison ne pouvait lutter longtemps contre les ravages de la passion. Il fuyait ses camarades et ne se montrait plus nulle part. Jamais l'amour n'avait produit un tel bouleversement des facultés chez un jeune homme qui passait à juste titre pour un des sujets les plus distingués de l'université. Le professeur Spallanzani, loin de chercher à le ramener au bon sens, semblait suivre avec un intérêt scientifique les progrès du déménagement intellectuel qui s'opérait graduellement dans son élève. Il ne témoignait aucune inquiétude et engageait, au contraire, Nathanaël à prolonger ses assiduités auprès de sa fille, en lui rappelant seulement qu'il se fiait à son honneur. Nathanaël, orgueilleux de cette incroyable confiance, restait scrupuleusement, vis-à-vis d'Olympia, dans les termes d'une adoration pudique. Mais, un beau jour, sentant que le tête-à-tête devenait trop dangereux et qu'il ne pourrait bientôt plus résister à l'entrainement de ses désirs auprès d'une belle fille qui ne songeait jamais à lui retirer sa main, il prit l'héroïque résolution de mettre un terme à ce long martyre qui durait depuis un mois. « Je veux, » se dit-il, « qu'aujourd'hui même Olympia m'autorise à la demander en mariage. L'épreuve qu'elle m'a fait subir a bien assez duré; je mérite la récompense de ma sagesse, et, à moins qu'elle n'ait un cœur de pierre, il faudra bien qu'elle sorte de son impitoyable réserve pour m'avouer que mes sentiments ne lui sont pas indifférents! »

Là-dessus Nathanaël chercha dans sa cassette un bel anneau d'or qu'il tenait de sa mère, et qu'il voulait passer au doigt d'Olympia, en signe de fiançailles. « Si elle l'accepte, » pensait-il, « et pourquoi le refuserait-elle, je suis au comble de mes vœux ! »

Sans perdre un moment, il courut chez Spallanzani, résolu de ne point quitter la place qu'il n'eût obtenu le consentement de la fille et du père. Comme il montait l'escalier, un vacarme effroyable qui avait lieu dans l'appartement du professeur frappa tout à coup son oreille. A travers des piétinements, des cliquetis métalliques, des coups violemment heurtés contre les cloisons du logis, il discernait deux voix d'hommes qui hurlaient des injures furieuses. Il s'arrêta, tout tremblant, pour écouter. « Diable ! diable ! » se disait-il, « je crois que j'ai choisi un jour néfaste pour franchir le Rubicon ! Allez donc proposer un gendre à un homme en colère ! »

Cependant le tapage allait *crescendo*. Les voix s'entremêlaient avec une fureur dont il n'y avait point à douter. « Brigand ! » s'écriait l'une, « veux-tu me lâcher ! » — « Scélérat, » hurlait l'autre voix, « c'est mon sang et ma vie ! » — « Tu m'as volé ! » — « Toi aussi ! » — « Mais les ressorts sont à moi ! » — « Mais j'ai fait la carcasse ! » — « Rends-moi mon bien !... » — « Tu m'étrangles !... » — Malédiction ! ha !... ha !... ha !... » Et puis c'était un enchevêtrement de corps qui se bousculaient à qui mieux mieux, et des craquements à faire dresser les cheveux.

« — On assassine mon digne professeur ! mon futur beau père ! » s'écria Nathanaël ; et se jetant de tout son poids contre la porte de l'appartement, il la fit céder et tomba comme une bombe au milieu des combattants.

Jamais spectacle plus horrible n'eût pu s'offrir à ses regards ! Le professeur Spallanzani se cramponnait aux épaules d'une femme que son adversaire tirait avec rage par les jambes.

Cette femme, c'était Olympia !...

Le barbare inconnu, c'était l'Italien Coppola !...

« — Horreur ! » s'écria Nathanaël en sautant sur le maudit marchand de lorgnettes. Mais avant que l'étudiant eût pu le saisir à la gorge, Coppola, qui jouissait d'une force peu commune, avait fini par arracher Olympia des mains de Spallanzani, et la soulevant de ses bras nerveux, il la fit tournoyer comme une massue, et en déchargea un si rude coup sur la tête du professeur, que le pauvre homme, presque assommé, alla rouler à dix pas.

Un nuage passa sur les yeux de Nathanaël qui s'affaissa comme une masse, dans un état d'hébétude impossible à décrire. Coppola entraînant sa proie descendit fièrement l'escalier tout le long duquel les jambes d'Olympia cliquetaient comme des castagnettes. La tête de la victime était restée sur le champ de bataille ;... c'était une tête de cire, dont les yeux d'émail roulaient sur le plancher !

L'infortuné Spallanzani gémissait dans son coin, parmi des débris de cornues et d'alambics et de bocaux. Son visage, ses mains, sa poitrine débraillée étaient couverts d'égratignures saignantes qu attestaient une lutte furieuse. — « Coppélius, Coppélius ! » disait-il d'une voix étouffée, « tu m'emportes le fruit de vingt ans de travail !... mais, c'est égal... j'ai sauvé les yeux !.. »

C'en était trop pour la raison de Nathanaël. Sa cervelle se fondait comme au feu d'un brasier. Il fixait des yeux hagards sur les preuves de la cruelle mystification qu'il avait si longtemps subie. Nathanaël, l'amant d'un mannequin, d'un automate !... Il devenait fou à lier ; ses nerfs se tordaient, ses yeux sortaient de leur orbite, sa bouche écumait... quelques voisins, accourus au bruit, eurent à peine le temps de le contenir pour qu'il ne se jetât point sur Spallanzani. On le porta, étroitement garrotté, à l'hôpital des fous, et son ami Sigismond alla s'établir, en pleurant, au chevet de son lit, pour lui prodiguer les soins d'un cœur dévoué.

Le célèbre professeur Spallanzani fut guéri en peu de jours de ses légères blessures ; mais dès qu'il put marcher, il se hâta de quitter la ville, car les étudiants de l'Université avaient juré de lui tordre le cou pour venger leur ami Nathanaël. Il avait même été question de lui intenter un procès criminel comme coupable d'avoir, par ses perfides artifices, détraqué le cerveau d'un élève qui donnait les plus belles espérances. Heureusement pour lui qu'il parvint à fuir à temps. On ne revit pas davantage le marchand de lorgnettes, Giuseppe Coppola.

VI.

Au bout de trois mois, Nathanaël, qui n'avait dû la vie qu'à des soins assidus, s'éveilla un matin dans sa petite chambre, entouré de sa mère, de Clara et de son ami Lother. Le pauvre jeune homme croyait sortir d'un long cauchemar. Quand il ouvrit les yeux, Clara lui parla la première : « Ami, » lui dit-elle, « tu as été bien malade ; nous avons craint de te perdre ; mais le bon Dieu t'a rendu à nos larmes et à nos prières. »

« — Clara.... Clara !... » murmura Nathanaël en promenant autour de lui de longs regards étonnés, comme pour chercher à recueillir un souvenir ; puis comme sa faiblesse était extrême, il ferma de nouveau les yeux et se rendormit.

On lui prodigua longtemps encore les soins les plus touchants, en éloignant de lui tout ce qui pourrait lui rappeler la fatale aventure qui avait failli lui coûter la vie. Quand il fut rétabli, sa mère lui apprit qu'un vieil oncle qui, de son vivant, avait toujours paru fort pauvre et très-avare, venait de mourir, laissant à ses héritiers une petite maison champêtre, à une lieue de la ville, et quelques sacs de bons ducats. C'est là que toute la famille se proposait d'aller habiter au sein d'une douce tranquillité. On fixa le jour de l'installation et chacun s'occupa en toute hâte des préparatifs du départ.

Quand ce moment désiré fut arrivé, Clara se montrait toute radieuse de joie naïve. On se mit en route avec cette impatience des navigateurs longtemps battus par la tempête, qui aperçoivent enfin le port. En traversant la place de l'Église, Clara qui donnait le bras à Nathanaël lui dit avec un doux sourire : « Ami, nous ne viendrons pas souvent à la ville; ne voudras-tu pas me faire monter à la tour, pour que je voie encore une fois les vertes collines et les forêts ombreuses qui bornent l'horizon? »

Nathanaël trouva l'idée délicieuse. Mais la vieille mère se souciait peu d'escalader trois cents degrés de pierre. Lother resta près d'elle, et Clara se mit à grimper avec son *promis*, en jetant derrière elle ses frais éclats de rire.

Quand ils arrivèrent sur la plate-forme, un majestueux spectacle se déroula devant eux. Les hautes cimes des grands bois ondulaient sous la brise comme des vagues d'eau verte, et les montagnes, dorées au sommet par le soleil du matin, s'échappaient en festons bizarres qui fuyaient au loin sous le ciel.

« Oh! vois donc, cher, » s'écria tout à coup la jeune fille, « vois donc le singulier buisson gris qui remue là-bas! on dirait qu'il vient vers nous!... »

Nathanaël, doué d'une vue moins perçante, chercha machinalement dans sa poche la lorgnette de Coppola. Mais à peine l'eût-il ajustée vers la plaine, qu'il poussa un cri rauque en bondissant comme un chat sauvage. Il venait de voir la figure d'Olympia au bout du fatal instrument; cette vision lui donna un transport au cerveau. Il jeta au loin la lorgnette, et fixant sur Clara, qui tremblait de tous ses membres, un regard où s'animait par degrés le feu du délire : « mannequin, » dit-il en grinçant des dents, « Mannequin de Satan, va-t-en à tous les diables!... »

Et comme la fièvre du souvenir tordait ses nerfs, il saisit la pauvre enfant par la taille, et voulut la jeter au bas de la tour.

Aux cris de Clara qui se cramponnait avec désespoir aux sculptures de la balustrade, Lother s'empressa d'accourir. Comme il posait le pied sur la dernière marche de l'escalier, il vit sa sœur évanouie, suspendue au-dessus de l'abîme par Nathanaël qui s'agitait en tout sens avec d'horribles ricanements. Plus prompt que la pensée, il s'élance, retire en arrière le corps de Clara, et, pour forcer Nathanaël de lâcher prise, il est réduit à lui asséner sur la tempe un terrible coup de poing. Nathanaël, étourdi, pirouette comme une toupie. Lother emporte sa sœur et descend précipitamment, de peur d'être poursuivi et jeté en bas des degrés avec son précieux fardeau. Quand il arrive sur la place, la foule accourt de tous côtés. Tous les regards sont levés vers le sommet de la tour, où l'on voit avec épouvante l'infortuné Nathanaël qui se livre à des cabrioles périlleuses en poussant des cris d'enragé.

Au même instant, l'avocat Coppélius paraît au milieu des curieux, et se met à regarder comme tout le monde. Nathanaël, qui suspendait de temps en temps ses évolutions pour injurier les spectateurs de sa folie, le reconnaît, franchit la balustrade, et vient se briser le crâne à ses pieds.

Quand on le releva, il ne donnait aucun signe de vie. L'avocat Coppélius ne fit point mine de le reconnaître et s'éclipsa dans la foule.

Quelques années après, Clara, si miraculeusement échappée à une mort affreuse, et qui avait quitté le pays pour toujours, était mariée dans une jolie campagne. Sigismond, l'ami du pauvre Nathanaël, la rencontra un jour au bras d'un homme jeune encore, qui la contemplait avec un sourire plein de bonheur. Deux jolis petits enfants blonds couraient devant elle en se tenant par la main.

Sigismond pensa tristement à l'oubli qui s'étend sur les morts comme un linceul impénétrable. En passant auprès de Clara, il détourna la tête, et doubla le pas.

BONHEUR AU JEU.

La charmante petite ville de Pyrmont, rendez-vous annuel d'une société fort curieuse pendant la belle saison, se trouvait, au mois de juin 18.., plus encombrée que jamais par ces flâneurs de tout pays qui ont de l'or et du temps de trop. Cet été dut fournir une abondante récolte aux industriels de bon ton qui cherchent fortune dans la bourse d'autrui. Les entrepreneurs ou fermiers des jeux de hasard avaient dressé leurs plus savantes batteries et déployé toutes les séductions du luxe pour mieux attirer dans leurs filets le gibier de banque que le diable leur envoie tous les ans. Les ducats, les louis, les doublons ruisselaient sur les tapis verts, à la clarté des bougies; et les barons ambigus accouraient de tous les coins de l'Europe pour faire leurs dévotions devant l'autel de la fortune.

Les établissements de bains doivent moins leur célébrité à la vertu de leurs sources qu'à l'immense concours attiré par les maisons de jeu. On y rencontre, d'un bout de l'année à l'autre, des gens qui ne touchent pas une carte, et qui cependant suivent du matin au soir toutes les vicissitudes de la chance, comme des pontes émérites. Il y en a d'autres qui s'imaginent qu'on ne saurait passer pour un homme de bon ton sans perdre avec aisance quelques pièces d'or tous les jours.

Néanmoins, à l'époque dont je parle, un jeune baron, que je suppose Allemand et dont je tais le nom par respect pour certaines convenances délicates, se défendait avec un soin extrême de l'entraînement général. On le rencontrait souvent dans les bois d'alentour, où il faisait de longues et mélancoliques promenades. Plus souvent, il restait enfermé pendant des jours entiers, sans que nul ne pût pénétrer le secret de sa mystérieuse existence.

Vrai héros de roman, jeune, beau, riche et de noble souche, il laissait raconter sur son compte une foule d'histoires galantes, sans y prendre nul souci. Les jeunes gens de son âge, après avoir bien glosé sur sa bizarrerie et son refus obstiné de mettre jamais le pied dans le salon de jeu, finirent, de guerre las, par lui infliger l'épithète d'avare. Ils avaient trouvé, cette fois, sans s'en douter, le moyen de le piquer au vif.

Notre jeune baron jura de leur donner un éclatant démenti. Il arriva à l'improviste devant le banquier du *pharaon*, résolu de risquer une somme considérable. La chance fut pour lui. Sans paraître ému de ce succès, il laissa sa mise sur le tapis, joua de nouveau, gagna coup sur coup, et soutint, avec un bonheur inouï, des parties extravagantes. Après l'avoir jugé avare, on le proclama fou. Il ne se plaignit pas, mais châtia les bavards en gagnant leur argent. Peu à peu, il prit une telle habitude du jeu que ce passe-temps devint en lui une véritable passion.

Une nuit, comme le banquier venait d'achever la taille, le baron, levant les yeux au hasard sur la galerie des joueurs, aperçut un homme entre deux âges, qui paraissait l'observer avec une singulière persistance. L'impression produite par ce regard pénétrant lui causa une gêne inexplicable; cependant il se tut.

Le lendemain, le même inconnu reparut autour du tapis, et vint de nouveau se poster en face de lui, avec le même regard. Cette conduite choqua le baron qui, perdant patience, se leva et dit tout haut : « Vous m'obligeriez, monsieur, de choisir une autre place, ou de ne plus me fixer ainsi. »

L'inconnu sourit tristement, salua, et sortit du salon, sans répondre un seul mot.

La nuit suivante, il revint à la même place, armé du même coup d'œil, avec une expression plus incisive que la veille.

Le baron sentit le rouge lui monter au front. Ce procédé d'un personnage dont il ignorait même le nom lui paraissait injurieux. « Monsieur, » lui dit-il cette fois, avec un accent bref, qui trahissait une sourde colère, « s'il vous plaît de me regarder ainsi, il ne me plaît pas de le souffrir ! » Puis, d'un geste impérieux, qui bravait toute réplique, il lui montra la porte.

L'étranger sourit, salua, et sortit tranquillement, comme la première fois.

Ce sang-froid, qui n'avait rien d'affecté, intriguait le jeune baron. Rentré chez lui, et ne pouvant trouver le sommeil, il rêvait à cette aventure, lorsque tout à coup il lui sembla voir devant lui la figure de son problématique adversaire. Cette espèce d'hallucination le lui montrait en costume râpé, quoique la physionomie fût celle d'un homme au-dessus de la condition que laissait supposer l'aspect de son indigence. « Au fait, » se dit le baron, « j'ai eu tort de molester ce pauvre homme qui ne m'a fait aucun mal. C'est probablement un vieux joueur ruiné qui dévorait des yeux les fruits métalliques de mon étrange bonheur au jeu. La première fois que je le verrai, je m'excuserai de ma brusquerie, et je tâcherai de lui faire accepter délicatement quelque service. »

Il n'attendit pas longtemps cette occasion. Dès le lendemain, la première personne qu'il rencontra, c'était le mystérieux inconnu, qui rôdait à pas lents sur la promenade des baigneurs.

Le baron s'approcha doucement et lui dit : « Monsieur, je me reproche d'avoir été hier un peu brutal envers vous. Je vous prie d'agréer mes très-humbles excuses... »

« — Monsieur le baron, » répondit l'homme entre deux âges, » vous ne me devez aucune réparation. Si l'un de nous deux a quelque tort, le tort est de mon côté. »

« — Diable, » se dit le baron un peu déconcerté par le calme impassible de l'inconnu, « ce gaillard-là est cuirassé d'à-plomb, tâchons de faire un peu connaissance... » Et il se mit à continuer l'entretien en causant de choses et d'autres, ce qui lui fournit l'occasion d'effleurer la question délicate, en parlant, avec une apparente indifférence, de certains embarras de la vie qui influent d'une manière fâcheuse sur certains caractères. Il essaya, en même temps, de faire comprendre à mots couverts, à son interlocuteur, qu'il serait heureux de pouvoir prêter son bonheur au jeu à un honnête homme maltraité par la fortune.

« — Je vous devine, monsieur le baron, » répliqua l'inconnu ; « vous me prenez tout simplement pour un pauvre diable qui enviait votre gain, t vous me témoignez une générosité dont je vous sais gré ; mais je ne suis pas aussi dépourvu de ressources que ma vieille redingote semble l'annoncer. J'ai fort peu de besoins à satisfaire en ce monde ; l'argent ne me tente guère, et si vous croyez m'avoir offensé, j'avoue que tout l'or de la ferme des jeux ne saurait réparer la peine que vous m'avez causée. »

« — Monsieur, » reprit le baron en saluant, « je crois, à mon tour, vous deviner. Je serais, soyez en sûr, désespéré de refuser à un galant homme la réparation qu'il se jugerait en droit d'exiger. J'ai donc l'honneur de me mettre à vos ordres. »

« — Pour quoi faire, s'il vous plaît, mon cher monsieur? » répliqua l'inconnu ; « les chances d'un duel seraient trop inégales entre nous, et d'ailleurs, le duel n'est, à mon sens, en général, qu'une mauvaise plaisanterie, car il ne met que par hasard le bon droit à sa place. Il y a cependant des circonstances où la terre devient trop étroite pour deux hommes, et où l'un de ces hommes, fût-il perché sur le Caucase, et l'autre enfoui dans une mine, il faut que l'un des deux sorte de la vie, pour que l'autre puisse respirer à son aise. Ces cas sont rares, très-heureusement. Quant à nous, monsieur, je ne pense pas que nous en soyons réduits à une pareille extrémité. Qu'est-ce que prouverait un duel entre vous et moi? Si j'avais le malheur de vous tuer, je briserais peut-être une existence riche d'avenir; si je succombais, vous m'auriez délivré de bien des souffrances. Vous voyez donc que les chances ne seraient pas exactement partagées. Au surplus, je m'empresse de vous déclarer que je ne me tiens nullement pour offensé. Je vous fixais d'une manière qui a pu vous contrarier. Vous m'avez invité à sortir du salon de jeu, et... je me suis rendu à votre désir... Voilà tout. »

Cette explication, donnée avec un grand calme apparent, semblait cacher néanmoins une profonde douleur. Le jeune baron ne put se défendre d'une certaine émotion qui ressemblait à de l'attendrissement. Il renouvela formellement ses franches protestations de regret, et rejeta sa vivacité sur l'impression pénible qu'il avait trop soudainement éprouvée.

« — Eh bien! » reprit l'inconnu en s'animant un peu, « s'il est vrai que mon regard ait produit sur vous tant d'effet, puisse ce regard ne jamais s'effacer de votre souvenir; et puisse encore ce souvenir vous préserver des périls que je crains d'entrevoir dans votre avenir. Ah! je vous en supplie, s'il est possible que j'obtienne de vous quelque confiance, défiez-vous de la passion du jeu qui s'est emparée de vous; combattez-la de toutes vos forces, avant que vous soyez entièrement dominé par elle; car, si vous ne parvenez pas à en triompher, je vous prédis qu'avant peu de temps, vous serez un homme ruiné et déshonoré!... »

Le baron voulut tourner cette apostrophe en plaisanterie. « Il était, disait-il, parfaitement maître de lui-même; les risques auxquels il s'exposait ne dépasseraient jamais les limites de deux cents louis; enfin son opiniâtreté au jeu n'avait d'autre but que de lasser son inexplicable bonheur, après quoi il ne s'approcherait, de sa vie, d'aucun tapis vert.

« — Oui, oui, » s'écria l'inconnu, « les commençants disent toujours cela. Eh bien! Dieu veuille que vous ne réalisiez point ma prédiction, car c'est précisément votre bonheur au jeu qui sera la source de votre perte! Cette curiosité qui vous tient en haleine se changera un jour en délire cupide; vous aurez la rage de parier, et dès qu'une seule fois vous aurez vu le râteau du banquier ou la poche d'un de vos voisins absorber votre enjeu, vous voudrez une revanche et ce sera votre premier pas vers l'abîme. En vous observant, trois jours de suite, dans la salle du *pharaon*, j'ai deviné le penchant funeste que vous ne soupçonnez pas encore. Vous m'avez rappelé l'histoire lamentable d'un jeune homme qui s'est perdu comme vous vous perdrez; je me souvenais, en vous regardant, d'une existence brillante, flétrie tout à coup dans sa fleur par la plus corrosive des passions humaines. Voilà pourquoi, mon cher monsieur, j'étudiais tous vos traits avec une anxiété dont vous ne pouviez comprendre le motif. Vous voyez bien maintenant que je n'avais aucunement l'intention de vous blesser; et, quant à la dureté de votre procédé à mon égard, je ne l'ai point sentie. A mon âge, lorsqu'on a beaucoup souffert, le cœur ne bondit plus sous une parole légère. Tenez, je vous parlais, tout à l'heure, d'une sombre histoire. Si vous avez le loisir de l'écouter, vous y puiserez, non pas une leçon, je ne prétends pas vous en donner, mais un conseil d'ami à côté d'un terrible exemple..... »

A ces mots l'inconnu et le baron s'assirent sur un banc de pierre, à l'ombre d'un plateau, et voici l'histoire qui fut racontée.

Le chevalier de Ménars était un cadet de famille doué de tous les dons de la nature. Il ne lui manquait que la richesse pour faire dans le monde un chemin rapide. Mais son état touchait presque à la gêne, et ce n'était qu'à force d'économie qu'il parvenait à faire une modeste figure parmi les jeunes seigneurs que son rang l'obligeait à fréquenter. Ceux-ci l'entraînèrent, un soir, dans une maison de jeu. La partie s'engagea sous ses yeux; sa bourse n'y pouvait prendre part, mais il n'en ressentait nul regret, et suivait d'un œil plus ennuyé que curieux les vicissitudes éprouvées par ses compagnons.

« — Eh pardieu, quel miracle! » s'écria un vieux colonel en arrivant dans le salon, « voilà, je crois, le chevalier de Ménars, un homme heureux s'il en fut. Voyons, chevalier, pour votre bienvenue, faites-moi la grâce de parier pour moi. Je gage que, sous vos auspices, avant la fin de cette nuit, je ferai sauter la banque!... »

Le chevalier eut beau résister aux sollicitations moitié plaisantes, moitié sérieuses du colonel, il lui fallut capituler, c'est-à-dire prendre place autour du tapis. Le pauvre garçon jouait en tremblant; son modique revenu d'une année pouvait s'engouffrer en un clin d'œil dans ce tripot, et alors que deviendrait-il? Ma foi, la chance lui sourit, il gagna et regagna. Le colonel ne se fit point prier pour empocher les ducats. Le chevalier, échappé du guêpier, s'était bien promis qu'on ne l'y reprendrait plus. Le colonel, qui perdait presque toujours, fit de vains efforts pour ramener ce bienheureux aux ivraies qu'il appelait, en ricanant, sa poule aux œufs d'or. Le jeune de Ménars se montra inébranlable, et déclara même, un beau jour, qu'il préférerait affronter cent duels, plutôt que de céder.

Un an après, le fermier qui lui payait sa modique rente ayant mis quelque retard dans cet envoi, le chevalier, réduit à la plus dure extrémité, emprunta quelques pièces d'or d'un de ses amis. Cet ami lui rendit le service demandé, mais en lui reprochant de ne savoir point profiter des ressources que pouvaient lui offrir les chances du jeu. Rentré chez lui, le chevalier se sentit l'âme inquiète. Sa pauvreté lui apparaissait comme un spectre; dans

Clara et Nathanaël sous la tonnelle du jardin

une longue insomnie, les mots techniques à l'usage des banques de *pharaon* lui revenaient en mémoire; il lui semblait ouïr les tintements sonores des piles de ducats, tandis que sa bourse accusait un vide affligeant. « Une seule nuit, » se disait-il, « une seule heure, peut-être, suffirait pour changer ma misère en opulence; je serais alors considéré, fêté, honoré comme un prince, tandis que la misère et l'isolement sont mon partage. Et pour cela, il ne faudrait que me laisser aller tout doucement au courant d'une veine heureuse!... »

« — Pardieu, que ne le disais-tu! » s'écria un jour l'ami prêteur qui avait surpris ce soliloque, et qui, le prenant au mot, lui glissa vingt louis et l'entraîna, plutôt qu'il ne le conduisit, au tripot. Le chevalier de Ménars jeta son enjeu sur table, sans combinaisons, sans calculs; il gagna mille louis. Il jouait à colin-maillard avec la fortune, l'aveugle déesse mit à se laisser prendre une excessive bonne volonté.

Le lendemain, lorsque son premier regard, au moment du réveil, tomba sur les piles de jaunets qui se pavanaient sur sa table de nuit, Ménars crut rêver. Il étendit le bras pour attirer de plus près la table; puis, sa main caressa d'abord avec timidité ces délicates effigies de l'opulence qui semblaient lui sourire, éclairées par un chaud rayon de soleil. L'impression soudaine qu'il avait alors ressentie décida de son avenir. Le poison de la cupidité s'infiltra dans ses veines. Il devint tout à coup un joueur effréné, et attendit avec une anxieuse impatience l'heure qui rouvrait chaque soir les maisons de jeu. La chance lui resta fidèle, et il ramassa, en peu de semaines, des sommes considérables. Dès lors il ne jugea plus personne digne de risquer contre lui quelques modestes ducats. Il avait soif des tas d'or ruisselant sur le tapis; il voulait avoir pour témoins et pour victimes de sa chance tous les Crésus de l'Europe. Il ouvrit une banque de *pharaon* qui devint rapidement la plus fré-

Mon père, mon père... j'ai tout entendu.

quentée de Paris, parce que des fortunes énormes s'y engloutissaient en un clin d'œil.

La richesse du chevalier de Ménars, fécondée par la ruine d'autrui, avait atteint des proportions fabuleuses. Mais sa vie déréglée et semée de folles débauches usait rapidement son âme et son cœur. Il ne resta bientôt plus rien en lui du gentilhomme d'autrefois. Le beau chevalier qui, naguère encore, intéressait tout le monde, s'était transformé en croupier de la plus sordide avarice.

Son diabolique bonheur au jeu ne dura pas toujours. L'homme, ici-bas, est ordinairement châtié de ses fautes par ses fautes elles-mêmes. C'est le premier avertissement que lui envoie la Providence avant d'appesantir sa main. Une nuit que le jeu roulait avec une fureur qui tenait du vertige, un petit vieillard, jaune, décharné, mal vêtu, flageolant sur des jambes étiques, entra dans la salle, s'approcha du tapis, planta sur son nez une paire de grosses besicles, et tirant de sa poche un louis d'or tout usé, le jeta timidement devant le banquier. Ce louis disparut sous le râteau fatal. Sans se déconcerter de cette perte, le petit vieillard tira deux autres louis, et les perdit encore. Ce second échec ne le fit point sourciller. Il continua de doubler sa mise à chaque coup, jusqu'à ce qu'enfin il perdit, d'une seule râfle, la somme ronde de cinq cents louis.

« Vive Dieu ! signor Vertua, » s'écria un des joueurs, « si vous pouvez continuer longtemps à perdre si crânement, je ne désespère pas que, la chance venant à tourner pour vous, vous ne fassiez sauter la banque du chevalier de Ménars. Je suis bon diable, et je rirais de tout mon cœur en voyant sa mine déconfite ! »

Le petit vieillard lança un fauve regard à l'homme qui venait de lui adresser la parole, puis il sortit de la salle. On le croyait à sec pour longtemps, mais il reparut au bout d'une heure, avec un petit sac de cuir qu'il ouvrit négligemment, et d'où sortirent à la file d'autres louis d'un excellent aloi, qui ne tardèrent pas à rejoindre les précédents dans la caisse du banquier. A la fin de la séance, le chevalier de Ménars prit à part le joueur qui avait persifflé une aussi excellente pratique, et lui reprocha, avec un peu d'aigreur, la défaveur qu'il tendait à attirer sur sa maison.

« Allons donc, » répliqua celui-ci, « je vous donnais un bon avis que vous auriez dû comprendre. Vous ne connaissez donc pas encore la réputation du vieux Francesco Vertua, car autrement vous me sauriez gré de vous l'avoir signalée. Eh bien ! mon cher de Ménars, sachez que ce Vertua, né à Naples, mais qui, depuis quinze ans, tourmente le pavé de Paris, est le plus scélérat usurier de la terre, et je pourrais citer un millier d'individus

LAGNY. — Imprimerie de VIALAT et Cie. 5

dont il a dévoré le dernier écu. Il est bien juste qu'à son tour il sache, par expérience, combien pèse la misère à laquelle il a réduit tant de familles. C'est la première fois que ce madré gaillard fourre son nez dans une maison de jeu; mais comme les suppôts de Satan ne doutent de rien, l'idée lui sera venue de plumer votre banque, et il a le moyen de soutenir assez longtemps les chances défavorables. Il s'est, vous le voyez, obstiné à perdre ce soir une somme assez rondelette. Je crois que la leçon lui profitera pendant quelques mois; mais, comme dit le proverbe, *qui a bu boira*, et le vieux coquin vous reviendra. Tenez-vous donc pour averti, afin de l'amorcer convenablement. »

II.

Vertua n'était pas au bout de ses rouleaux. Il revint dès la nuit suivante, joua largement et perdit de même. Ce nouveau revers ne diminua rien de son impassibilité; seulement, un sourire ironique plissait le coin de ses lèvres, chaque fois que le râteau du banquier faisait rafle impitoyable de son enjeu. Chacune des nuits suivantes, il revint encore et perdit sans cesse; on calcula qu'au bout d'une semaine il avait fait passer trente mille louis dans le gouffre du croupier. Quelques jours s'écoulèrent alors sans qu'on le revît; mais, un soir, il reparut, pâle et tout effaré. Il regarda quelque temps le jeu, sans mot dire, avec des yeux étincelants; puis, au moment où le chevalier de Ménars allait faire une nouvelle taille, il se fit jour jusqu'auprès de lui, et, d'une voix caverneuse, lui jeta ces mots dans l'oreille : « Monsieur, je possède, rue Saint-Honoré, une maison richement meublée, j'ai de la vaisselle et des bijoux pour une somme de quatre-vingt mille francs. Voulez-vous accepter cette garantie et me laisser jouer un seul coup?.. »

« — Soit! » répondit Ménars sans même tourner la tête, et il continua de tailler.

« — *Dame!* » s'écria l'usurier.

La *dame* perdit. Vertua chancela comme un homme ivre, et alla s'appuyer contre la muraille, où il resta longtemps, immobile comme une statue de pierre. Personne ne fit plus attention à lui.

Quand vint l'heure de fermer la salle de jeu, Vertua se ranima, et se traînant, d'un pas mal assuré, jusqu'en face du chevalier de Ménars : « Monsieur le chevalier, » lui dit-il, « je voudrais vous dire deux mots. »

« — Faites vite, mon brave, je suis pressé, » répondit Ménars d'un ton fort sec, en retirant la clé de la caisse qu'il serra dans sa poche.

« — Monsieur, » reprit Vertua, « ma maison, mon argenterie, mes bijoux, tout ce que je possédais s'est englouti chez vous. J'ai perdu sur parole; je suis homme d'honneur; demain, vous pourrez tout saisir; je n'en détournerai pas un brin de paille. Demain donc, je n'aurai pas le moindre abri pour reposer ma tête, et je ne sais où je pourrai trouver un morceau de pain. Eh bien, dans une pareille situation, je n'ai point à balancer. Vous êtes noble, monsieur; à ce titre, je vous crois généreux. Prêtez-moi la dixième partie de la somme que vous m'avez gagnée depuis une semaine. Avec le secours de cette obole, je pourrai recommencer quelques affaires et tâcher de subvenir aux besoins les plus indispensables de ma chétive existence. »

« — Ah çà, vous moquez-vous de moi? » reprit le chevalier de Ménars; « où diable avez-vous jamais vu que le banquier d'une maison de jeu s'avise de prêter de l'argent aux joueurs qui ont tout perdu? »

« — Vous avez raison, monsieur, » répliqua Vertua; « mais l'argent que je vous supplie de me prêter ne sera pas employé à jouer contre vous. Je m'engage même à ne jamais remettre le pied devant nul tapis vert. »

« — C'est ce que je vous conseille, en vérité, si vous êtes à sec! » s'écria le chevalier; « en tout cas, vos affaires ne me regardent point. On joue chez moi librement; on perd ou l'on gagne, peu m'importe; j'encaisse ou je paie; mais je ne prête point. »

« — Eh bien; » balbutia Vertua, « eh bien, mon digne monsieur... ne me prêtez point... mais accordez-moi.... une aumône!.. »

« — Une aumône? ah, vraiment, le mot est joli, monsieur Vertua! L'avez-vous jamais faite aux malheureux que votre infâme usure a mis sur la paille? Une aumône à la bête fauve qui a dévoré le dernier sou des familles malheureuses? ah, convenez-en, monsieur, si je vous accordais une aumône, Dieu ne serait pas juste! »

A ces mots, le vieux Vertua cacha son front dans ses mains, et tomba aux genoux du chevalier, en pleurant amèrement. Ménars, peu soucieux de consoler cette douleur qui n'éveillait dans son âme aucune pitié, ordonna à ses valets de porter dans sa voiture les sacs d'or qui contenaient ses bénéfices du jour, puis il dit à l'usurier : « Quand comptez-vous, signor Vertua, vous acquitter envers moi, c'est-à-dire me faire entrer en possession de votre maison, de votre vaisselle et de vos bijoux? vous n'ignorez point, je le suppose, que les dettes de jeu ne tolèrent aucun délai? »

« — Je suis à vos ordres, monsieur! » s'écria Vertua, en reprenant, comme par enchantement, toute sa fermeté. « Venez, monsieur le chevalier, vous serez payé avant le lever du soleil, puisque vous n'avez qu'à vous installer chez..... vous, et faire l'inventaire des valeurs. »

« — Fort bien, » reprit Ménars; « j'aime assez que l'on s'exécute de bonne grâce. Ma voiture est là; conduisez-moi sur-le-champ dans ma propriété; et, comme je suis bon diable, et que je ne sais point abuser de l'embarras d'un honorable débiteur, je vous accorde jusqu'à demain soir pour déguerpir. »

Chemin faisant, ils gardèrent tous deux un morne silence. Quand ils furent arrivés, Vertua sonna doucement. Une vieille gouvernante se leva et vint ouvrir la porte. — « Doux Jésus! » s'écria-t-elle, « peut-on rentrer si tard! cette pauvre mademoiselle Angèle est dans une inquiétude mortelle !... »

« — Silence !... » répondit Vertua, d'une voix étouffée ; « je désire qu'Angèle n'ait pas même entendu mon retour. Il sera temps, demain, de lui apprendre ce qu'elle doit savoir ! »

La vieille se retira en grommelant, toute surprise de l'étrange physionomie de son maître, de sa rentrée, à heure indue, en compagnie d'un personnage inconnu, et de ses paroles incompréhensibles qui semblaient cacher un triste secret.

Lorsque Vertua fut seul dans son cabinet avec le chevalier de Ménars, il essaya encore d'attendrir cet inflexible créancier. « Monsieur, » lui disait-il, « j'ai une fille ; vous venez d'entendre prononcer son nom. Cette fille est tout ce qui me reste de consolation dans une existence qui eût pu être heureuse jusqu'à mon dernier jour, si je n'étais devenu la victime de ma folle passion pour le jeu. J'ai parcouru jadis plus de la moitié de l'Europe, ouvrant partout des banques, et gagnant, comme vous, des sommes énormes. Dieu seul pourrait dire combien de fortunes j'ai réduites à zéro, sans plus de pitié que vous ne m'en accordez en ce moment ! eh bien, le ciel est juste. Mon châtiment s'est fait longtemps attendre ; il n'en est que plus rigoureux, mais je n'ai pas le droit d'élever une plainte. Je ne regrette point les derniers débris de fortune que vous allez me ravir ; mais j'ai des remords en songeant à Angèle, à ma fille, à ce dernier objet de mon affection, que je viens de condamner à toutes les horreurs de l'indigence, et qui, cependant, n'aurait point dû partager la punition trop légitime des fautes de son père. Hélas, monsieur, parmi tous ces bijoux qui vous appartiennent maintenant, il y en a qui sont l'unique richesse de ma fille, le dernier secours qui lui reste contre la misère ! Ne voulez-vous point lui accorder un peu de générosité ? »

« — Qu'à cela ne tienne, » reprit le chevalier de Ménars. « Je n'ai nulle intention de dépouiller votre fille de tous les objets de luxe qui peuvent servir à une jeune personne. Tout ce qu'elle réclamera, comme lui appartenant en propre, sera respecté. Il y a plus ; je n'entends pas comprendre dans la remise qui doit m'être faite, le linge, les vêtements, les ustensiles de ménage. Je n'exercerai mes droits que sur la maison, la vaisselle, les bijoux et l'opulent mobilier qui constituent, à l'heure qu'il est, votre propriété. »

A ces mots, le vieil usurier fixa quelque temps sur son interlocuteur des yeux humides, dans l'expression desquels rayonnait une vague espérance. Il eut encore une fois recours aux sanglots et aux gémissements ; il se jeta aux pieds du chevalier, en s'écriant, d'une voix larmoyante : « Monsieur, s'il vous reste encore quelque sentiment d'humanité, prenez pitié de ma pauvre enfant ! Prêtez-lui, pour qu'elle vive, la vingtième partie seulement de ma fortune que le sort a jetée dans vos mains !.. »

« — Assez causé ! » interrompit Ménars que ces jérémiades commençaient à impatienter ; « nous avons un compte à faire : terminons-en, car je serais charmé d'aller me coucher.... »

Comme il achevait ces mots, la porte du cabinet s'ouvrit : une jeune fille de vingt ans, éplorée, demi-nue, se précipita dans la chambre où cette triste scène se passait. « Mon père ! mon père ! » s'écria-t-elle, « j'ai tout entendu. Vous êtes ruiné, mais avez-vous donc tout perdu, absolument tout ? Est-ce que votre Angèle ne vous reste pas ? auriez-vous si vite oublié que Dieu a mis près de vous une fille dont le devoir et le bonheur sont de veiller sur votre existence ? si nous sommes sans ressources, je travaillerai pour deux ! venez, mon père, quittons au plus vite cette maison où nous sommes désormais étrangers ; fuyons l'aspect de cet homme sans cœur qui vient dépouiller un vieillard et une enfant ! allons chercher quelque asile obscur où mon affection vous consolera.... »

L'aspect de cette jeune fille dont les larmes rehaussaient la beauté, et dont la voix magnétique allait droit au cœur, produisit sur le chevalier une impression dont il ne put se défendre. Le regard d'Angèle, en le couvrant de mépris, le torturait comme une flamme vengeresse. Il avait été impitoyable pour le vieil usurier. C'était deux vices qui s'entre-déchiraient autour d'une honte égale. L'apparition d'un être pur, sans autre puissance que son désespoir, bouleversa l'âme de l'ancien gentilhomme devenu croupier. « Signor Vertua, » s'écria-t-il, « j'étais loin de m'attendre à rencontrer près de vous un si parfait chef-d'œuvre de la création. Rendez grâce à cette belle fille qui a trouvé le défaut de ma cuirasse pour me percer le cœur. Reprenez, sans que j'en garde un denier, tout ce maudit argent que le sort du jeu m'avait livré. Reprenez tout, je l'offre à votre fille.... »

« — Non, » reprit Angèle, « cet or ne rentrera pas ici, emportez, monsieur, ces viles richesses qui causent le malheur des uns pour s'entasser avec le remords dans le cœur des autres. Nous ne voulons de vous qu'une chose, c'est d'être délivrés de votre présence ! »

« — Mon Dieu ! » s'écria le chevalier de Ménars, que stupéfiait tant d'énergie dans un âge si tendre, « puis-je entendre de si dures paroles sortir de lèvres si charmantes ! O Angèle, si Dieu avait placé dans ma vie l'affection d'un être qui vous ressemble, serais-je tombé si bas, et mériterais-je aujourd'hui vos malédictions ? Ah ! je vous en supplie, épargnez-moi ! Pardonnez-moi ces larmes que je vous fais répandre ; dites que vous ne me maudissez pas, dites que le chevalier de Ménars, purifié des souillures de sa vie par un souffle angélique, ne sera pas toujours indigne d'obtenir une place dans votre cœur ! Dites un mot, mademoiselle, un seul mot, et je fais, à vos pieds, le serment de renoncer pour toujours à mon atroce profession de joueur ! Je suis énormément riche ; eh bien, j'emploierai tout cet or à expier les fautes de ma vie, en semant les bienfaits autour de moi ! mais si je ne parviens pas à vous fléchir, vous me verrez revenir, pour me tuer sous vos yeux !.... »

A ces mots, dont la conclusion imprévue décelait une surexcitation singulière, le chevalier prit son chapeau et se jeta hors de la chambre, comme un homme en délire. Le vieux Vertua, qui comprenait avant toutes choses la nécessité de rétablir sa fortune, voulut tenter cette occasion, et presser Angèle de devenir l'ange sauveur du chevalier en l'épousant. Mais la noble jeune fille repoussa hautement cette proposition. Cependant, tandis que le banquier Ménars ne lui paraissait digne que du mépris le plus absolu, le sort qui se joue si victorieusement de nos sentiments et de nos volontés, préparait peu à peu l'accomplissement de cette union.

Ménars s'était tout à coup décidé à changer de vie. Il avait fermé sa banque de *pharaon*, et on ne le rencontrait plus nulle part. Les bruits les plus étranges et les plus contradictoires circulèrent sur son compte; mais, au lieu de s'en inquiéter, il devenait de plus en plus sauvage et inaccessible. Le changement qui s'était opéré en lui ne fut pas ignoré d'Angèle. Son amour-propre de femme, flatté d'une telle preuve de passion, fit éclore en elle, peu à peu, un sentiment sérieux et profond. Lorsque, plusieurs mois après leur première entrevue, elle rencontra le chevalier dans une avenue du parc de Versailles, elle ne put se défendre d'un tressaillement. Il était si pâle, si abattu! Il paraissait si souffrant, si malheureux! Vertua, qui ne perdait point de vue son projet de mariage, dont il espérait tirer une excellente spéculation, lui fit un accueil très-cordial, et le pria avec instance de venir le visiter dans sa maison de la rue Saint-Honoré. Angèle confirma cette invitation par un regard où il y avait quelque chose de plus que l'oubli du passé.

Le chevalier n'eut garde de refuser une offre qui ouvrait l'espérance à son amour. Ses visites devinrent de plus en plus longues et fréquentes. Il était jeune, bien fait, de bonne maison, son cœur avait refleuri depuis que ses mœurs s'étaient purifiées. Angèle remarquait tout cela avec une satisfaction qu'elle ne cherchait plus à cacher; si bien qu'un jour, persuadée qu'elle aimait très-réellement le chevalier de Ménars, et qu'elle exerçait sur lui un empire irrésistible, elle consentit à lui donner sa main.

III.

Quelques jours après les fiançailles, Angèle, appuyée sur le balcon de sa fenêtre, regardait défiler un beau régiment de cavalerie légère qui allait rejoindre l'armée française en Espagne. En passant devant la maison de Vertua, un des cavaliers ralentit le trot de son cheval, le poussa hors des rangs, et fit le salut du sabre à la jeune fille, en signe d'adieux.

Ce jeune soldat, fils d'un voisin du signor Vertua, se nommait Duvernet. Elevé dès l'enfance tout près d'Angèle, et la voyant chaque jour, il avait conçu pour elle une affection qui avait grandi avec les années. Devenir l'époux d'Angèle était le rêve de sa vie; il n'y avait renoncé qu'en apprenant la liaison qui s'était formée entre Vertua et le chevalier de Ménars; mais ne pouvant se résoudre à être témoin du mariage qui le désespérait, il s'était fait soldat, comme un autre se serait fait chartreux.

Angèle, en voyant partir l'ami de son enfance, ne put retenir un léger cri. Son père et le chevalier de Ménars comprirent qu'il venait de se passer quelque chose de singulier dans son cœur. Mais aucune question ne put lui dérober ce secret. Le chevalier, craignant quelque rival inconnu qui pourrait, au dernier moment, lui enlever son trésor, hâta la célébration du mariage.

Les premiers temps de cette union furent heureux. Un seul nuage les assombrit, ce fut la mort du père Vertua. Le vieil usurier mourut dans l'impénitence finale du péché de toute sa vie. A sa dernière heure, ses doigts se crispaient, comme pour tailler, couper et tirer des cartes. Son dernier mot fut un terme de l'argot des croupiers.

Lorsqu'Angèle se vit seule sur la terre avec le chevalier, le souvenir des derniers instants de son père lui revint en mémoire, comme un sinistre pressentiment. Elle craignait que, tôt ou tard, son mari ne sentît renaître la passion du jeu. De temps en temps, Ménars lui-même, reportant sa pensée désœuvrée sur le passé de sa vie, donnait quelques fugitifs regrets à ses émotions d'autrefois. Le calme du ménage ne lui suffisait pas. En dépit de sa fortune, il ne pouvait aspirer à jouer aucun rôle dans la haute société, parce que son nom avait subi une souillure indélébile en servant d'enseigne à une maison de jeu. Il ne lui restait plus d'autre avenir que les paisibles jouissances du foyer domestique, et cette perspective ne pouvait suffire au besoin d'agitation qui le tourmentait. Sa mauvaise étoile reprit son influence. La rencontre d'un homme perverti, ancien croupier de Pyrmont, acheva de lui faire trouver sa vie nouvelle puérile et ridicule; il s'étonna d'avoir pu sacrifier à la possession d'une femme les plaisirs d'une existence qui, pendant plusieurs années, lui avait donné, chaque jour, des distractions dorées.

Son parti fut bientôt pris. La banque du chevalier se rouvrit, à grand fracas d'annonces dans toutes les feuilles publiques. Son bonheur au jeu ne l'avait pas abandonné. Les louis et les billets pleuvaient dans sa caisse, comme aux plus beaux jours. Mais le bonheur d'Angèle s'évanouit comme un rêve. Le chevalier ne la traita plus qu'avec une indifférence qui ressemblait presque à du dédain. Des semaines, des mois entiers s'écoulaient, sans qu'il parût une seule fois auprès d'elle. Un vieux maître d'hôtel prenait soin des affaires de la maison; les valets, changés souvent, passaient au jeu tout le temps que leur service n'exigeait point au logis; de sorte que madame de Ménars vivait comme une recluse, et se trouvait presque étrangère dans sa propre maison. L'isolement aigrit le cœur, en amenant la comparaison du chagrin présent avec les souvenirs plus doux des temps qui ne sont plus. L'image de Duvernet apparut quelquefois dans les rêves agités de la pauvre femme; et quand, au réveil; elle se retrouvait sous les chaînes de la vie réelle, son âme demandait à Dieu de mettre un terme à sa triste existence.

Il arriva un jour qu'un jeune homme de noble famille, après avoir perdu au jeu tout ce qu'il possédait, et engagé de plus sa parole pour une somme considérable qu'il était hors d'état de payer, se tua d'un coup de pistolet dans la salle même du jeu. Les témoins de cet affreux suicide poussèrent des cris perçants. Les uns appelaient du secours, les autres voulaient fuir. Le chevalier de Ménars garda seul, en face du cadavre de sa victime, une atroce impassibilité, en se plaignant qu'on fît tant de bruit et qu'on dérangeât le jeu, à propos d'un fou qui ne savait pas vivre. Cette conduite sans exemple souleva l'indignation générale. Les joueurs les plus endurcis protestèrent contre un pareil scandale. La police, informée de cet événement, ferma provisoirement la maison de jeu. Puis des révélations secrètes se produisirent. Une enquête fit découvrir que la chance merveilleuse qui favorisait le chevalier était moins ce qu'on appelle vulgairement *bonheur au jeu*, que le résultat de certaines manœuvres de prestidigitation réprouvées par la morale la plus tolérante. M. de Ménars, traduit devant les tribunaux et convaincu d'escroquerie, fut condamné à une énorme amende qui dévora les deux tiers de sa fortune. N'osant plus se montrer nulle part, outragé, honni, menacé de tous côtés, il se rapprocha de sa femme, pour ne pas rester seul au monde. Angèle était bonne; elle crut à ses protestations de repentir, elle lui pardonna. Tous deux quittèrent Paris, pour aller chercher à Gênes un asile ignoré.

M. de Ménars paraissait corrigé par la rude leçon qu'il venait de recevoir; cependant il ne pouvait retrouver auprès de sa femme la douce intimité des premiers jours de leur union. Angèle avait pardonné, mais elle n'aimait plus. La vie intérieure à deux lui était devenue presque intolérable en face de l'homme qu'elle ne pouvait plus estimer. Elle restait fidèle à ses devoirs, mais n'accordait rien au delà. Un chagrin muet usait les ressorts de sa vie, et elle se laissait aller tout doucement vers le tombeau.

De son côté, le chevalier se morfondait d'ennui. Sa mauvaise aventure avait eu de l'éclat. Son nom se trouvait déshonoré à Gênes comme à Paris, et il sentait avec irritation l'impossibilité de recommencer sa fortune.

La plus fameuse maison de jeu de sa nouvelle résidence était tenue par un colonel français que des blessures graves avaient forcé d'abandonner le service. M. de Ménars qui, s'il ne pouvait plus être acteur au jeu, voulait du moins chercher une distraction dans la contemplation des parties, s'y présenta un jour. A sa grande surprise, le colonel ne l'eût pas plus tôt aperçu, qu'au lieu de lui faire mauvais accueil, il s'écria, de toute la force de ses poumons : « Ah! parbleu, messieurs, voici une célébrité du *pharaon*, qui mérite que chacun de vous s'incline devant elle! Je vous présente le chevalier de Ménars, l'homme d'Europe que le bonheur au jeu n'a jamais abandonné. Si M. de Ménars voulait nous donner une petite démonstration de son *savoir-faire*, je vous jure que ce serait une partie bien curieuse à observer *de près*. »

Ménars rougit jusqu'aux oreilles. Ce persifflage le signalait d'une manière sanglante, et son passé lui ôtait le droit de demander la moindre réparation d'une injure. « Je ne joue point, monsieur, » répondit-il d'une voix stridente, dont le tremblement décelait la rage que son cœur comprimait avec effort. La galerie le regardait curieusement. Il allait sortir, désespéré de cette avanie, mais le colonel le retint en lui disant, avec un accent dont les intentions étaient adoucies : « Mon gentilhomme, il n'est pas possible que vous refusiez de jouer deux ou trois petits coups contre moi, car ce refus, de la part d'un homme tel que vous, me permettrait de mettre en doute votre *bonheur* au jeu. On ne vous connaît ici que de réputation, et il faut faire vos preuves! »

Le chevalier frémit sous cette parole provocante. Les piles d'or étalées sur le tapis vert fascinaient ses regards. Il pensa que s'il ne pouvait plus tenir une banque pour son propre compte, il lui était du moins permis de tenter la fortune en simple joueur, quand l'occasion s'en présentait.

« — Allons, mon cher, fouillez votre escarcelle, » poursuivit l'ancien colonel; « je serai vraiment ravi de faire une petite joute avec un homme comme vous. »

Ménars se laissa séduire et déposa son enjeu. Les trois premiers coups lui furent favorables; au troisième, il avait fait un gain de prince. Le colonel semblait moins empressé, et ne proposait pas d'aller plus loin. Ménars avait un air de béatitude : « Bonheur au jeu, bonheur au jeu! » disait-il en promenant autour de lui des yeux étincelants; « si je continuais, je ferais sauter la banque! »

« — Soit! » s'écria le colonel; « j'aime les batailles décisives! »

Cette fois, la chance tourna. Ménars perdit, voulut prendre sa revanche, perdit encore, perdit toujours. A la fin de la soirée, il ne lui restait, pour tout avoir, qu'environ deux mille ducats en lettres de change. — « A demain, colonel, » dit-il à son heureux adversaire. — « C'est trop juste, » répondit celui-ci; « je suis et serai toujours votre serviteur. »

Le lendemain, Ménars courut tout le jour pour faire argent de son papier, et ne rentra chez lui que fort tard. Au moment où, le soir venu, il allait reprendre le chemin de la maison de jeu pour y risquer sa dernière ressource, Angèle se trouva sur son passage. « Mon ami, » lui dit-elle avec l'expression du désespoir, « veux-tu donc nous condamner à la plus extrême misère? je sais tout; dans quelques heures il ne nous restera pas même un asile! si tu m'as jamais aimée, tu ne sortiras point, tu ne remettras jamais le pied dans ce gouffre horrible où nous périrons tous deux! »

« — Chère amie, » répondit le chevalier, presque attendri par les larmes de sa femme, « je te fais pour demain la promesse que tu me demandes; mais aujourd'hui, ce n'est point ma volonté, c'est la destinée qui me conduit! j'ai perdu, hier, considérablement; c'est une raison pour que je sois en veine ce soir, et que je récupère ce qu'un sort fatal nous a enlevé. J'ai la certitude de réussir! calme-toi, va te reposer, et demain, rendus tous deux à l'aisance que je n'ambitionne que pour toi, nous quitterons Gênes pour aller vivre dans quelque charmante solitude, loin des séductions des grandes villes et de ces cartes qui nous ont fait tant de mal!.. »

En achevant ces mots, Ménars embrassa sa femme et s'arracha vivement de ses bras, qui s'efforçaient de le retenir. Une heure après, les deux mille ducats avaient disparu sous le râteau du colonel. Le chevalier resta immobile devant le tapis vert; on l'eût cru pétrifié.

« — Eh bien! mon cher, » lui demanda le colonel, « vous ne pontez plus? je suis toujours prêt à vous donner revanche... »

« — Et moi, » répondit Ménars, « je ne suis plus qu'un mendiant! »

« — Ah diable! » reprit le colonel, en continuant à tailler pour les autres joueurs; « est-ce que nous serions à sec?.. Je vous plains de tout mon cœur! » Puis, il ajouta, en lui parlant à l'oreille : « dites donc, chevalier, j'ai ouï parler de votre femme, on prétend qu'elle est fort jolie, et si vous vouliez?.. »

« — Qu'est-ce à dire? » s'écria Ménars avec un geste où se peignit une colère que les autres joueurs, trop occupés de leur affaire, ne remarquèrent point.

« — Je dis, » continua le colonel, toujours à voix basse, « que j'accepterais de jouer madame Angèle de Ménars contre mille ducats... »

« — Êtes-vous fou? » reprit Ménars qui avait peine à se contenir.

« — Non, » répliqua le colonel, « et la preuve, c'est que je mets le prix aux jolies choses; votre femme vaut vingt mille ducats; ce serait un beau denier pour un homme qui n'a plus ni sou ni maille!.. cela vous va-t-il? »

En ce moment, le colonel, qui ne suivait plus le jeu que d'un œil, perdit deux fois de suite. « La chance le quitte! » pensa le chevalier de Ménars; « ce que je vais risquer est infâme, mais la fatalité ne sera pas toujours contre moi; vingt mille ducats, ou le désespoir, la honte, l'infamie... »

« — Eh bien! » reprit le colonel, qui perdait un troisième coup, sans paraître contrarié, « eh bien! est-ce *oui* ou *non*?.. »

« — Oui! » murmura le chevalier en pâlissant, car il avait horreur de lui-même. Il joua sur la *dame*; cette figure perdit. Les traits du colonel restèrent immobiles. Ménars se leva brusquement, et alla s'asseoir dans un coin de la salle, où il cacha son front dans ses mains.

A la fin de la séance, quand les assistants se furent tous retirés l'un après l'autre, le colonel vint se placer en face de Ménars qui sanglotait. « Ah çà, » lui dit-il en ricanant, « je vous croyais plus beau joueur. Un homme de votre réputation, qui a plumé tant d'écus, devrait s'exécuter galamment, quand le sort lui donne une petite correction... »

Ménars se leva lentement, croisa ses bras sur sa poitrine, et fixant sur le colonel un regard de haine farouche : « Vous m'avez ruiné, » répondit-il, « et je n'ai pas le droit de m'en plaindre; mais pensez-vous avoir fait une partie sérieuse en me jouant ma femme? une femme est-elle, à Gênes ou ailleurs, une esclave ou une marchandise? »

« — Ne sortons pas de la question, s'il vous plaît! » répliqua le colonel; « avez-vous, *oui* ou *non*, joué votre femme contre vingt mille ducats? avez-vous, *oui* ou *non*, perdu votre enjeu? Les dettes de jeu sont des dettes d'honneur. Payez donc en la monnaie convenue, ou en or de bon aloi, ou en bonnes lettres de change. Sinon, je vous affiche demain au ban de la ville, car il est évident pour moi, que si vous m'eussiez gagné les vingt mille ducats, vous ne m'auriez fait nulle grâce! »

« — Mais vous savez bien que je ne possède plus que les yeux pour pleurer! »

« — Il ne s'agit pas de pleurer, mais de payer!.. »

« — Eh bien! » s'écria Ménars, « venez donc chez moi saisir vous-même votre proie, si vous l'osez! Madame de Ménars ne vous connaît point. Je lui dirai quel pacte infâme nous avions fait; elle me méprisera, elle me chassera de sa présence; je le sais! mais vous, qu'espérez-vous donc?.. »

« — Être reconnu, car je suis aimé, » répondit gravement le colonel.

« — Aimé... vous? » hurla Ménars.

« — Oui, » continua le colonel; « car je suis Duvernet, le fils de l'ancien voisin de l'usurier Vertua; je suis l'ami d'enfance d'Angèle, et c'est à vous que je dois la perte des doux rêves de bonheur que j'avais formés. Je vous haïssais, parce que vous m'aviez ravi le cœur d'Angèle. Je m'étais fait soldat pour chercher la mort ou l'oubli : je n'ai pu ni mourir, ni oublier! J'ai appris qu'Angèle n'était point heureuse; j'ai voulu la venger et vous la reprendre; la venger en vous ruinant, la reprendre quand elle n'aurait plus que moi pour appui. Pour la venger, je me suis fait joueur, afin de tendre un piége à votre passion; pour la reprendre, je vous ai réduit à la mendicité. Vous n'avez sans doute pas le projet de la faire mourir de faim... allons nous expliquer devant elle!.. »

Ménars était anéanti. Mille serpents lui dévoraient le cœur. Le colonel l'entraîna. Quand ils arrivèrent à la maison, sans avoir échangé une seule parole, le chevalier, bourrelé de remords et de honte, tenta de retarder encore cette affreuse scène. « Par pitié, » dit-il au colonel Duvernet, « respectez le sommeil d'une femme!.. »

« — Allons donc, » s'écria Duvernet, « croyez-vous qu'une femme dont vous avez perdu l'honneur à Paris, et joué à Gênes le dernier morceau de pain, puisse reposer d'un sommeil bien paisible? Entrons! »

« — Pitié, pitié pour elle et pour moi! » reprit

le chevalier en se jetant à genoux devant cet ennemi qui l'écrasait de sa haine méprisante.

« — De la pitié, » répliqua Duvernet; « en avez-vous eu pour le vieux Vertua? Non, non, le ciel est juste!.. »

« — Eh bien! » s'écria le chevalier, « venez donc, et que cette femme soit juge entre vous et moi!.. »

Il se précipita dans la chambre à coucher, tira violemment les rideaux du lit, appela Angèle.

Elle ne répondait point.

Près d'elle, sur le plancher, gisait un flacon brisé. La pauvre femme était crispée sur son lit; ses membres contractés, ses traits décomposés annonçaient une lutte violente; et cependant elle ne bougeait plus; ses mains étaient déjà froides comme la pierre...

« — Morte! » s'écria Duvernet.

« — Dettes de jeu, dettes d'honneur! Vous êtes payé, monsieur! » répondit le chevalier d'une voix sourde.

Quelques gouttes d'opium teignaient encore un verre placé près du cadavre.

Telle fut l'histoire qu'entendit le jeune baron allemand, sous les sycomores de Pyrmont. Quand ce triste récit fut achevé, il se fit un moment de silence.

« — Qu'est devenu le colonel Duvernet? » demanda le baron.

« — Ne pouvant résister à la perte d Angèle, il s'est tué, » répondit l'inconnu.

« — Et le chevalier de Ménars? »

« — Il est devant vous!!! »

Le baron allemand se leva et s'enfuit, comme s'il eût vu le diable en personne. Il ne toucha, de sa vie, une carte à jouer.

FORMICA

I.

Chassé de Naples par la révolution de Mas'Aniello, le peintre Salvator Rosa venait chercher un asile à Rome. Son costume annonçait l'indigence, et sa bourse, réduite à deux sequins, bien usés, ne lui permettait guère de choisir son gîte. Il se glissa dans la ville, à la tombée de la nuit, à travers des rues désertes. En passant sur la place Navona, son regard s'arrêta longtemps sur la villa Pamfili, délicieuse maison qu'il avait habitée dans des jours plus heureux. « Hélas! » se disait-il, « il faudra dépenser bien des jours, et barbouiller bien des toiles au caprice des sots, pour gagner de quoi relever ma triste position. Je ne me sens plus ni courage, ni foi dans l'avenir! »

Le froid un peu vif de cette soirée lui rappelant bientôt la nécessité de chercher un logis, il vint frapper à la porte d'une chétive maison située à l'angle de la rue Bergognona. Cette maison était habitée par une pauvre veuve et ses deux filles. Il y avait déjà vécu, pendant son premier séjour à Rome, quand il n'était encore qu'un pauvre artiste ignoré. Il espérait que ce souvenir lui vaudrait un bon accueil et son attente ne fut point trompée. La vieille dame Caterina qui venait de se coucher, mit tout le logis en l'air pour recevoir son hôte qu'elle aimait comme un fils et dont elle proclamait partout le talent avec un véritable fanatisme. Mais à peine Salvator fut-il entré, qu'il s'évanouit de lassitude et de faim. Cet accident jeta la bonne dame dans une cruelle perplexité; elle courut frapper à la porte d'un voisin, pour le prier, dans son trouble, d'aller chercher un confesseur. Par bonheur, le voisin jugea qu'un médecin vaudrait mieux pour le moment, et se hâta d'aller à la place d'Espagne, réclamer les soins du docteur Splendiano Accoramboni, tandis que Caterina et ses filles, après avoir douillettement couché le pauvre artiste, s'efforçaient de faire glisser entre ses lèvres pâles et ses dents serrées quelques gouttes d'un vieux cordial. A l'arrivée du docteur, les trois femmes se retirèrent discrètement, en jetant sur Salvator Rosa des regards pleins d'affectueuse inquiétude.

Le docteur Splendiano Accoramboni n'avait jamais pu atteindre la taille respectable de quatre pieds; et cependant il est permis de dire que, sous le rapport du développement physique, son enfance donnait les plus belles espérances. Sa tête, un peu difforme par suite de quelque accident survenu dans ses premières années, avait acquis des proportions exagérées. Ses joues grasses et pendantes allaient se perdre dans les contours d'un triple menton. Son nez perpétuellement barbouillé de tabac d'Espagne avait acquis des reflets violacés, et son ventre gonflé de macaroni retombait, comme un sac, sur des cuisses courtes qu'il dissimulait presque entièrement. Il est vrai qu'avant d'avoir subi ces infirmités de l'âge, le docteur pouvait passer pour un joli petit homme, dont les vieilles dames romaines raffolaient au point de lui donner le petit nom de *pupazetto*. Ce sobriquet d'une élégance bourgeoise avait fait fortune, et un peintre allemand disait, d'un air narquois, en voyant le signor

Ménars et Duvernet trouvent Angèle morte dans sa chambre à coucher.

Splendiano traverser la place d'Espagne, qu'il semblait qu'un Alcide de la plus riche encolure, et haut de six grands pieds, eût laissé tomber sa tête sur les épaules d'une marionnette. Cette bizarre figure était roulée dans une immense pièce de damas de Venise, taillée en forme de robe de chambre. Il portait, par-dessus, un large baudrier de buffle d'où pendait, en traînant, une rapière démesurément longue. Sa perruque, poudrée à frimas, était surmontée d'un haut bonnet conique, qui ne ressemblait pas mal à l'obélisque de la place Saint-Pierre; et cette perruque ébouriffée, qui, en raison de la taille exigue de son propriétaire, descendait au bas de son dos, lui donnait l'apparence d'une espèce de cocon d'où sortait à demi un énorme bombyce.

En approchant du lit de Salvator, le docteur planta ses lunettes sur son nez, et, après un long examen de la physionomie et du pouls du malade, il tira à part la vieille Caterina et lui dit en hochant la tête : « Le diagnostic n'annonce rien de bon; les symptômes sont fâcheux, et je ferai miracle en tirant d'affaire ce malade. Mais, dites-moi, depuis quand est-il à Rome? A-t-il rapporté de Naples quelques belles toiles? »

« — Hélas, mon digne monsieur, » répondit la veuve, « le pauvre homme m'est tombé des nues cette nuit. Quant aux tableaux, je n'ai rien vu; mais il y a en bas une grande caisse qu'il m'avait bien recommandée avant son fatal accident. »

Caterina mentait évidemment; nous en verrons plus tard le motif.

« — Bien! bien! » fit le docteur, en se frottant les mains, « examinons encore notre client. » Et se rapprochant du lit, il procéda amplement à un nouvel examen, mêlé d'*a parte* farcis de grec et de latin, qui cataloguaient sans doute une foule de maladies curieuses que Salvator Rosa n'avait heureusement point, et parmi lesquelles l'honorable Esculape cherchait à faire un choix pour se donner un air capable. Il prescrivit ensuite quelques re-

Je ne me sens plus ni force ni confiance dans l'avenir.

mèdes, et sortit en priant Caterina de lui montrer la caisse mystérieuse. La vieille lui montra un immense coffre qui servait de magasin aux défroques de son défunt mari. « Bien ! bien ! » reprit Splendiano en aspirant une forte prise de tabac ; « nous verrons cela, nous verrons !.. »

II.

Après son départ, la bonne veuve remonta près de Salvator. Ses deux filles avaient repris leur poste au chevet de son lit, où elles se tenaient attentives et recueillies comme deux anges gardiens. Le malade commençait à donner quelques signes de vie. « Mère, » dirent alors les jeunes filles, « Dieu ne laissera pas mourir notre bon ami Salvator ; mais pourquoi donc as-tu fait venir ici ce vilain docteur, dont les visites coûtent si cher, et dont le seul aspect nous donne la fièvre ! »

« — Taisez-vous, jeunes folles, » répondit Caterina, « nous sommes trop heureuses que le célèbre Splendiano, le médecin du grand monde de Rome, ait daigné nous faire une visite. Si, grâce à ses soins, maître Salvator recouvre la santé, il lui fera présent d'un beau tableau, et Splendiano sera satisfait, car c'est un homme généreux qui traite les artistes en confrères... »

« — Oui, » s'écrièrent les jeunes filles, « quand il ne les enterre pas... »

« — Chut ! » fit Caterina, « Salvator entr'ouvre les yeux. »

En effet, les couleurs de la vie revenaient sur le visage du peintre ; sa poitrine se soulevait pour exhaler un soupir, et ses lèvres, doucement agitées par le réveil de ses sens, exprimaient, comme ses prunelles encore à demi voilées, un sentiment d'affectueuse gratitude pour les soins dont il était l'objet. Il allait essayer de prononcer quelques mots, mais une main blanchette se posa sur sa bouche, tandis qu'une douce voix murmurait tout bas à son oreille : « Espoir et courage ! »

Quelques moments après, le docteur Splendiano reparut, portant sous les bras plusieurs flacons remplis d'une drogue détestable qu'il ordonnait de faire avaler, de gré ou de force, à son client. L'effet de ce remède fut déplorable, et soit qu'il fût pis que le mal, le pauvre Salvator s'en allait à petits pas vers l'autre monde.

Caterina passa cette nuit à prier la madone et tous les saints du ciel de venir en aide à son ancien locataire, et de ne pas le laisser mourir si jeune et si digne d'avenir. Les jeunes filles, désoiées, accusaient les drogues du maudit docteur, et poussaient des cris plaintifs à chaque convulsion du malade que le délire avait saisi. Ce spectacle de terreur et de larmes dura jusqu'à l'aube. Tout à coup, dans un accès de fièvre ardente, Salvator se jeta hors de son lit, saisit l'une après l'autre toutes les fioles de Splendiano Accoramboni et les jeta par la fenêtre.

Au moment de cette exécution, le docteur, qui arrivait pour demander des nouvelles de son client, reçut le contenu des fioles, remplies d'une noire liqueur, sur sa perruque et sa belle douillette en damas de Venise. Il doubla le pas, en criant d'étrange sorte : « mon malade a le transport au cerveau; dans dix minutes il sera trépassé; qui me paiera mes visites?.. dame Caterina, livrez-moi les toiles que doit contenir la grande caisse! c'est mon gage!... »

Caterina ne put mieux faire alors que d'ouvrir le coffre dont nous avons parlé. Quand Splendiano eut aperçu toute la friperie dont il était aux trois quarts plein, ses yeux bordés d'écarlate s'enflammèrent de colère. Il frappa du pied, grinça des dents, et, vouant à tous les diables de l'enfer tous les habitants de la rue Bergognona, il s'élança hors de la maison comme un taureau échappé de l'abattoir.

Lorsque la fièvre diminua, Salvator tomba dans une profonde torpeur. La bonne Caterina, croyant qu'il allait expirer, courut au couvent voisin demander le père Bonifazio, pour administrer au moribond les derniers sacrements. Mais à l'aspect de Salvator, qu'il examina avec attention, le religieux s'empressa de déclarer qu'à l'aide de quelques soins intelligents, le peintre était sûr de recouvrer la plus parfaite santé, pourvu que la porte de sa chambre restât close à tous les prôneurs de drogues empiriques. En effet, il se chargea de le sauver en plaçant auprès de lui, pour le garder, un homme en qui il avait toute confiance. Bientôt des remèdes simples et sagement appliqués rétablirent l'équilibre dans les organes du malade. Quand Salvator put se remuer, et proférer quelques paroles, ses premiers regards tombèrent sur un jeune homme d'un extérieur distingué qui se jeta à genoux au chevet du lit, en s'écriant : « O mon digne maître, Dieu soit béni! vous êtes sauvé!... »

« — Où suis-je?... » murmura Salvator.

« — Vous êtes hors des mains du docteur Pyramide, qui travaillait à vous envoyer dans le ciel. »

« — Pyramide?... que voulez-vous dire? » reprit le peintre, d'une voix faible.

« — C'est, » répliqua le jeune homme, » un médecin de Rome qui a la monomanie des tableaux, et qui, pour enrichir sa galerie, poursuit tous les artistes que leur mauvais sort lui fait rencontrer, leur fait croire qu'ils sont atteints d'une maladie de son invention, et les assassine à coups de médicaments. Dès qu'ils sont expédiés pour l'autre monde, il se présente à la maison mortuaire avec le mémoire des visites qui lui sont dues, et fait main basse sur les tableaux, les statues, les dessins, pour se payer ses honoraires qui, grâce à sa célébrité bien ou mal acquise, sont toujours très-haut taxés. Le surnom de Pyramide a été donné au signor Splendiano Accoramboni, par ceux qui ont eu, comme vous, le rare bonheur d'échapper à ses griffes. Vous avez, dans un accès de délire, jeté ses fioles par la fenêtre, et bien vous avez fait, car c'est la mort que vous avez ainsi chassée du logis. Votre brave hôtesse a eu la bonne pensée de recourir au père Bonifazio, un saint et savant religieux du monastère voisin. C'est lui qui m'a envoyé près de vous. Une simple saignée a suffi pour dégager le trop plein de votre sang. Des calmants ont produit le reste, et vous voilà, grâce à Dieu, bien vivant et assuré de vivre, dans la petite chambre que vous habitiez autrefois. C'est plus qu'il n'en fallait pour le bonheur du pauvre Antonio Scacciati, votre serviteur, qui demandait au ciel, depuis si longtemps, la faveur de voir une fois, de près, une seule fois en sa vie, le célèbre Salvator Rosa! »

« — Mais, » reprit Salvator, en s'efforçant de fixer ses pensées, « je ne comprends pas, mon bon ami, quel si grand intérêt d'affection vous avez lieu de me témoigner. »

« — Souffrez que j'en taise encore le motif, » dit Antonio ; « quand vous pourrez supporter un plus long entretien, je vous confierai ce secret. »

— « Je suis tout à vous, mon cher, » répondit Salvator, « et je suis bien touché de vos procédés; permettez-moi d'ajouter que jamais visage ne me fut plus sympathique; plus je vous regarde, plus il me semble retrouver en vous quelque chose des traits du divin Raphaël Sanzio!... »

Le visage d'Antonio resplendit comme un éclair, mais il se tut. Caterina entrait dans la petite chambre, suivie du père Bonifazio qui présenta au convalescent une excellente potion fortifiante. La santé de Salvator se rétablit à vue d'œil, et, peu de jours après, il avait assez de forces pour reprendre ses crayons et pour tracer, d'une main déjà ferme, plusieurs esquisses qu'il se proposait d'exécuter prochainement sur la toile. Antonio, devenu son ami par les liens d'une sympathique reconnaissance, ne le quittait presque pas; il assistait à ses heures de travail, et risquait, de temps à autre, avec modestie, des remarques savantes qui annonçaient, avec un profond sentiment de l'art, des notions pratiques très-avancées. « Ah ça, » lui dit un jour Salvator,

« je veux que le ciel me confonde, si vous n'êtes pas un artiste déguisé en médecin ! »

« — Pourquoi, » répondit Antonio en rougissant, « pourquoi garderais-je plus longtemps le secret de ma vie ? Oui, maître, j'aime les arts.... »

« — C'est une passion malheureuse, » reprit Salvator; « croyez-moi, mon cher, mieux vaut devenir savant médecin que peintre médiocre, ou méconnu.... »

« — Oserais-je vous avouer, » répliqua Antonio, « que malgré l'opposition de ma famille, j'ai longtemps fréquenté plusieurs grands artistes; qu'Annibal Carrache n'a pas dédaigné de me donner quelques leçons, et que je puis me dire l'élève de Guido Reni ? »

« — Vraiment ! » dit Salvator, avec un accent où perçait, malgré lui, une légère teinte d'ironie; « eh mais, si vous êtes le disciple de si grands maîtres, comment pouvez-vous accorder quelque mérite à mes pauvres œuvres ? »

« — Ah ! laissez-moi vous ouvrir mon âme tout entière ! Je n'ai, je le jure, jamais admiré aucun talent à l'égal du vôtre ! Vous lisez dans la nature, comme en un livre divin; vous faites vivre sur la toile ses plus mystérieuses beautés ! Les peintres les plus fameux de Rome seraient trop heureux de vous copier, et, ce n'est point là, sachez-le bien, mon humble opinion; c'est le sentiment de Guido Reni et de Pierre le Calabrais, un artiste comme on en voit peu !... »

Salvator l'écoutait avec étonnement. Lorsqu'Antonio eut achevé, il se jeta dans ses bras : « Vous venez, » lui dit-il, « de parler de l'art avec une supériorité que j'admire. Il y a sûrement en vous un génie que le temps verra éclore. Venez me montrer les œuvres que vous avez déjà faites. »

Antonio le conduisit dans son atelier. Salvator examina chaque chose avec conscience : « Je le répète, » dit-il alors, « vous possédez le feu sacré; mais il vous faut du temps, de l'étude et de la pratique, pour atteindre au degré de perfection qui constitue seul un grand maître. Eh bien, cher Antonio, à votre place, je ne préférerais point le pinceau à la lancette. L'art devient, de jour en jour, plus ingrat, et les envieux nous font une guerre sans merci. Souvenez-vous du sort d'Annibal Carrache, votre maître, qui mourut de misère à la fleur de l'âge; souvenez-vous des lâches Belizario et Ribéra, qui ont payé le valet du Dominiquin, afin qu'il mêlât des cendres à la chaux de ses fresques, pour que la peinture de ce grand maître tombât par écailles sous sa main désespérée !.. Prenez garde, Antonio, la couronne de l'artiste ne s'achète souvent qu'au prix du martyre ! »

« — Mais, j'accepte la lutte, » s'écria Scacciati, « et, puisque vous prophétisez ma gloire future, vous pouvez, d'un seul mot, me faire place dans l'avenir. »

« — Vous me flattez ! » reprit Salvator en souriant; « mais n'importe, je vous donnerai tous les conseils qui dépendront de moi. Tenez, par exemple, voilà une *Madeleine aux pieds du Christ* qui n'a point l'austère physionomie que réclame le sujet. C'est une ravissante figure, telle que Guido Reni aurait pu la créer. Ah çà! mais, on n'invente point de pareilles têtes sans être animé d'une inspiration vivante ! Ou je me trompe fort, ou le modèle de cette *Madeleine* est à Rome : Seriez-vous amoureux, Antonio ?.. »

« — Rien ne vous échappe, maître, » répondit le jeune homme en baissant les yeux; « vous avez surpris mon secret tout entier; mais soyez indulgent. Oui, j'aime ce tableau comme la plus chère de mes œuvres, et vous seul au monde l'avez vu. »

« — Quoi, moi seul ? »

« — Vous seul, maître, je le jure ! »

« — Oh ! alors, » reprit Salvator Rosa, « ne craignez plus les envieux, votre place est faite ! Envoyez cette toile chez moi; le reste me regarde. Oui, vous avez quelque chose de Raphaël Sanzio; ne l'oubliez point, mais que cette pensée ne vous donne pas un orgueil précoce. Toute la vie de l'artiste n'est qu'un rude acheminement vers un degré plus haut de perfection. »

III.

A quelque temps de là vint le jour où l'Académie romaine de Saint-Luc ouvrait le concours annuel des ouvrages de peinture. Salvator Rosa y fit présenter la *Madeleine* de Scacciati. Les maîtres jurés furent ravis de la grâce des contours et de la vigueur du coloris, et lorsque Salvator leur annonça que cette toile était l'œuvre d'un pauvre artiste mort à Naples dans l'indigence et l'obscurité, ces messieurs ne mirent plus de limites à leurs exclamations enthousiastes. Rome entière fut conviée au spectacle de cette œuvre d'un génie prématurément enlevé aux arts. On allait jusqu'à dire, dans la célèbre Académie de Saint-Luc, que Guido Reni lui-même n'atteignait point à une pareille perfection.

Un jour, dans la foule qui se pressait autour de la *Madeleine*, Salvator aperçut un demi-vieillard, long et fluet, dont la figure blême, percée de deux yeux roux au-dessus d'un nez pointu, et terminée par une barbiche grisonnante, s'encadrait, dans une perruque ébouriffée, sous un feutre à panache. Ce bizarre personnage était vêtu d'un pourpoint espagnol à crevés d'azur, avec des boutons d'acier poli. Un manteau brun, des bas gris-clair, des souliers chargés de nœuds de ruban jonquille, et sa flamberge rouillée, le faisaient ressembler à la caricature d'un traître de comédie. Il se livrait à une série de contorsions burlesques, poussait des soupirs étouffés, fermait et ouvrait ses yeux éraillés, et prenait des poses incroyables devant la fameuse *Madeleine*. A chaque minute, il lâchait une exclamation de plaisir tellement affectée que ses voisins le croyaient fou. Salvator l'entendit se plaindre de sa pauvreté, qui le privait d'acquérir un si rare chef-d'œuvre, puis bénir Dieu, la madone et tous les saints, d'avoir mis l'auteur en paradis.

De jour en jour, le succès de la *Madeleine* allait

croissant. Quand les maîtres jurés de l'Académie de Saint-Luc procédèrent à l'élection des candidats aux places vacantes dans leur illustre corps, Salvator leur demanda si l'auteur du tableau que Rome entière admirait n'eût pas été digne de leurs suffrages. Il n'y eut alors qu'une voix pour déplorer la perte cruelle et prématurée que l'Italie venait de faire en la personne d'un artiste dont, au fond, ces messieurs se sentaient fort aises de voir la concurrence hors de page. Ils poussèrent l'hypocrisie des regrets jusqu'à décider que la palme du concours serait déposée sur la tombe du peintre défunt, et qu'une messe solennelle serait célébrée tous les ans, dans l'église de Saint-Luc, pour le repos de son âme.

Salvator se leva alors devant le docte aréopage : « Messeigneurs, » leur dit-il, « consolez-vous ; le défunt n'a pas un besoin pressant de vos prières ; le prix que vous destiniez à sa tombe peut encore faire sa joie. Je suis heureux, pour ma part, du jugement impartial que vous venez de rendre à la face du monde ; et vous serez, sans nul doute, charmés d'apprendre que l'auteur de la *Madeleine aux pieds du Sauveur* est un de vos compatriotes, le jeune médecin Antonio Scacciati. Sa modeste profession l'avait tenu longtemps à l'écart ; mais il est juste qu'il prenne enfin la place due à son génie. Un artiste-médecin ne sera pas de trop dans l'Académie de Saint-Luc, pour rendre des couleurs aux visages blafards et maladifs qui sortent quelquefois des mains de nos confrères. »

Les académiciens se mordirent les lèvres ; mais il n'y avait pas moyen de revenir sur la chose jugée. Ils feignirent d'être enchantés de la surprise que Salvator leur avait ménagée, et Antonio fut reçu membre de l'Académie, avec le cérémonial usité. Ce bonheur inespéré fut le commencement de sa fortune. Les commandes affluèrent aussitôt dans l'atelier du jeune artiste. Un mot de Salvator l'avait mis en lumière. La gloire était venue, la fortune accourait ; mais à partir de ce jour mémorable, Antonio devint mélancolique et pensif. « Maître, » dit-il enfin à Salvator, « de quoi me sert le rang où vous m'avez élevé parmi les artistes ? A quoi bon ces honneurs, cette réputation, ces richesses qui me viennent de toute part, si le chagrin est mon compagnon d'existence ? Ce tableau de la *Madeleine* qui a fait ma fortune a fait en même temps mon désespoir !... »

« — Allons, » répondit Salvator, « je me doutais bien que vous aviez puisé votre génie au fond de deux beaux yeux. Mais un homme de cœur et d'avenir ne doit pas se désespérer comme un enfant. Voyons, contez-moi ce grand chagrin auquel vous ne voyez point de remède ; j'en découvrirai un, peut-être, et si mes services doivent vous être utiles, je n'ai pas besoin d'ajouter que tout mon dévouement vous est acquis. Asseyez-vous là, et parlez. S'il s'agit d'une entreprise épineuse comme la conquête de la Toison d'or, tant mieux : j'aime les difficultés ; on n'est vraiment artiste qu'à la condition de savoir en triompher. »

« — Maître, » reprit Antonio, « on voit, en entrant dans la rue Ripetta, par la porte del Popolo, une maison de structure coquette, mais constamment close. C'est la demeure du personnage le plus étrange, le plus baroque, le plus quinteux qui soit dans Rome. Figurez-vous un vieux célibataire, vaniteux comme un paon, sordide comme un juif, fat comme un duc, et, par-dessus tout, amoureux. Au physique, c'est un cep de vigne rabougri, entortillé dans un manteau castillan, que surmonte une perruque de filasse avec un chapeau pointu, chargé de plumes fanées. Joignez à cela des souliers à nœuds jonquille, une rapière... »

« — Eh, pardieu ! » interrompit Salvator, « j'y suis ; c'est l'original que j'ai vu, l'autre jour, écarquillé devant la *Madeleine !* » et prenant un morceau de craie, il en traça la silhouette avec une ressemblance frappante.

« — Parfait ! parfait ! » s'écria Antonio ; « c'est bien là le seigneur Pascal Capuzzi ! sur mon âme, il ne manque à ce croquis que la parole !... »

« — Eh bien ! » répliqua Salvator en jetant la craie, « puisque je connais déjà votre rival, nous sommes en bon chemin. Continuez. »

« — J'oubliais de vous dire, » poursuivit Antonio, « que le seigneur Pascal Cappuzi est aussi riche que ladre. Il raffole de musique et de peinture, mais il donnerait plutôt son âme au diable qu'un ducat pour une toile ou pour un opéra de maître. Il se croit, au surplus, le premier compositeur du siècle. Dans sa jeunesse, il a fait jouer un opéra de son crû, qui s'est noyé dans les nuées. Cet accident ne l'a point guéri de la rage d'écorcher les oreilles d'autrui. Il rôde partout avec une guitare que traîne sur ses pas un affreux nain que tout Rome connaî sous le nom de Pitichinaccio. A ces deux personnages s'attèle l'infernal docteur Pyramide, que vous connaissez suffisamment, et qui a l'audace de faire la basse dans les duos dont Pascal Capuzzi, assassine les passants, tous les soirs, du haut de son balcon. Mon père avait, autrefois, accès chez Capuzzi dont il soignait la perruque et la barbiche. Après sa mort, j'héritai de cet emploi dévolu aux élèves chirurgiens sans fortune. Capuzzi m'aimait d'abord beaucoup, parce que je savais donner à sa coiffure un tour très-élégant, et qu'à cette précieuse qualité je joignais celle de saluer jusqu'à terre après ma besogne quotidienne. Mais, un jour que je procédais à sa toilette, voilà qu'une porte s'ouvre, et qu'un ange m'apparaît : Oui, un ange, l'original adoré de ma *Madeleine !*... Je laisse tomber mon fer à frisures, et je reste pétrifié d'admiration. Jusque-là, point de malheur. Capuzzi semble flatté de mon éblouissement, et m'apprend que cette belle jeune fille est sa nièce, qu'elle se nomme Marianna, qu'elle est orpheline et n'a plus que lui au monde. Il n'en fallait pas tant pour m'enflammer. Dès ce jour, la maison de Capuzzi devint pour moi un paradis. Malgré la surveillance du bonhomme, je fis tant et si bien, qu'il me fut enfin permis d'espérer que la belle Marianna ne me voyait pas d'un œil indifférent. Mais les amoureux sont étourdis comme des linottes.

Le vieux singe pénétra mon secret et me fit entendre que nous ne serions jamais d'accord. Je m'avisai de tomber à ses genoux; il répondit en s'efforçant de me jeter en bas de l'escalier. Réduit à user du droit de légitime défense pour ne pas me laisser rompre le cou, je lui fis faire, avec tous les ménagements dus à l'oncle de Marianna, une culbute assez désagréable pour qu'il ne pût me la pardonner. Depuis ce moment, tout espoir m'est à jamais ravi. Après ma nomination de membre de l'Académie de Saint-Luc, j'ai risqué une tentative pour le fléchir; mais, en me voyant paraître, il a crié au meurtre, au voleur! Je n'ai eu que le temps de fuir pour éviter une esclandre. Voilà où en sont mes affaires, et, ce qui met le comble à ma douleur, ce damné Capuzzi va, dit-on, épouser sa nièce! Vous voyez bien, maître, que je suis le plus malheureux des hommes! »

« — Au contraire, » s'écria Salvator; « jamais homme ne fut en si belle situation! Puisque Marianna vous aime, il ne s'agit que de la délivrer des griffes de son tyran. Demain, de grand matin, venez me voir, et nous dresserons nos batteries contre le château enchanté où ce féroce magicien tient votre fée sous cloche. »

IV.

« — Eh bien, » lui dit-il le lendemain, « je n'ai pas trop mal employé mes heures. D'après nos renseignements, la jolie Marianna est au supplice. Son argus est transi d'amour; et, de plus, il est si jaloux que portes et fenêtres de toutes les pièces du logis sont verrouillées comme les moindres fissures d'une prison d'État. Outre cela, la maison est gardée par une espèce de sacripant, propre à tout faire, hors le bien, et par une duègne criarde qu'il serait difficile de museler. En pareil cas, la force ouverte, dans le but d'enlever la belle captive, me paraît un moyen assez peu raisonnable. Cependant, je veux que, la nuit prochaine, vous soyez en face de Capuzzi et de Marianna. Le reste est votre affaire. »

« — Ciel! se pourrait-il! » s'écria Antonio. « Mais, par quels moyens.... »

« — Du calme, du calme! » reprit Salvator; « ou, sans cela, je ne réponds de rien. Prêtez-moi toute votre attention. Voyez, dans ce coin, cette épinette délabrée. Elle appartient à Capuzzi, qui me l'a vendue dix ducats, dont je suis encore débiteur. Le marché s'est fait par l'entremise de mon hôtesse Caterina, que j'avais chargée de me procurer un instrument de musique quelconque, pour me distraire pendant les jours de ma convalescence. Cette machine ne vaut, certes, pas dix ducats, et votre Capuzzi m'a pris pour dupe. Or donc.... »

A ces mots, la porte s'ouvrit avec bruit, et, à la grande surprise d'Antonio, le seigneur Pascal Capuzzi fit dans l'atelier de Salvator une entrée majestueuse, qui se termina par un saut de chèvre, en apercevant l'amant infortuné de sa nièce.

Salvator ne fit point mine de remarquer sa déconvenue. Il se leva avec empressement, et, lui prenant les deux mains avec les signes de la plus courtoise cordialité: « Eh mais, mon digne seigneur, » s'écria-t-il, « quel heureux hasard me procure l'honneur de votre visite? Auriez-vous la gracieuse intention de voir mes dernières ébauches, ou de me faire quelque commande? En quoi puis-je vous servir? »

« — Je viens, » répondit Capuzzi, d'une voix chevrotante, « je viens pour affaire personnelle, et, puisque vous êtes en compagnie, je remettrai à un autre moment l'objet de ma démarche. »

« — Non pas, s'il vous plaît, » répliqua vivement Salvator, « vous ne pouviez arriver plus à point, et je me fais un plaisir de vous présenter le signor Antonio Scacciati, mon digne ami, et le premier artiste de Rome, l'auteur de la fameuse ***Madeleine aux pieds du Sauveur*....** »

Capuzzi frissonnait de tous ses membres; ses yeux roux lançaient des éclairs contre le pauvre Antonio tout décontenancé, mais qui, néanmoins, réunit toutes ses forces pour adresser à son ennemi un salut dégagé, accompagné d'un compliment fort enchevêtré par l'émotion, à l'adresse de l'homme qui, dans toute l'Italie, possédait, dit-il, au plus haut degré, le goût exquis et la science profonde des beaux-arts.

Cet éloge à brûle-pourpoint obligea Capuzzi de dévorer sa colère; il tordit sa bouche pour grimacer un sourire, et pressé, de se soustraire à cette entrevue fort déplaisante, il se hâta de réclamer à Salvator sa petite créance de dix ducats.

« — A vos ordres, mon digne seigneur, » dit le peintre; « mais ne pourrais-je vous offrir un verre de fin Syracuse dont on m'a fait présent? »

Cette gracieuseté caressait trop délicatement la gourmandise de Capuzzi, pour qu'il s'avisât de la refuser. Il dégusta en parfait connaisseur l'aristocratique breuvage, et s'en montra fort satisfait. Salvator saisit ce moment pour l'attaquer à l'improviste: « On prétend, » lui dit-il, « mon cher seigneur, que vous possédez une nièce adorable; il n'y a qu'une voix, dans toute la rue Ripetta, pour vanter les charmes de Marianna, et je connais, pour mon compte, plus d'un joli garçon qui va faire le pied de grue sous votre balcon, dans l'espoir d'entrevoir cette perle des beautés romaines. »

Cet exorde n'était pas du goût du tyran de Marianna. Sa réponse fut brève et maussade. « On se mêle de bien des choses à Rome, » répondit-il; « je ne nie point que ma nièce soit une assez gracieuse enfant; mais, à son âge, cela ne saurait avoir aucune conséquence. »

Salvator comprit qu'il ne fallait insister qu'en redoublant la dose de Syracuse, et en paraissant n'attacher qu'une curiosité banale à des questions qui pouvaient devenir irritantes. « Serait-il indiscret, » pousuivit-il, « de vous demander si votre nièce a des cheveux blonds, ou bruns, et s'il est vrai, comme on le prétend, qu'elle ressemble à la ***Madeleine aux pieds du Christ***, dont l'Académie de Saint-Luc a récemment couronné l'auteur?.. »

« — Ma foi, » répliqua Capuzzi, » je me soucie très-peu de ce que disent les oisifs, et nous ferions tout aussi bien, je crois, de causer d'autre chose. » Et, comme Salvator, piqué au jeu, poussait son interlocuteur dans ses derniers retranchements, Capuzzi, n'y tenant plus, se leva tout courroucé : « Par tous les diables de l'enfer ! » s'écria-t-il en repoussant son verre à demi plein, « ne seriez-vous point d'accord avec ce maudit Antonio, pour m'ingurgiter quelque philtre ensorcelé ? Ma nièce, sachez-le, n'a que faire de vos éloges ni de vos questions ; je trouve les uns et les autres fort impertinents, et me borne à vous réitérer ma réclamation de dix ducats. »

« — Insolent vous-même !.. » riposta, sur le même ton, Salvator offensé ; « et, quant à vos dix ducats, me jugez-vous assez stupide pour donner un pareil prix d'une épinette vermoulue ? dix ducats !.. non certes, et je veux que le diable emporte mon âme sur l'heure, si je vous donne seulement une obole ! » Et joignant l'acte aux paroles que lui inspirait la colère, il alla droit au pauvre instrument, qu'il brisa d'un coup de pied.

« — Ah, vive Dieu ! » reprit Capuzzi en faisant une retraite prudente vers la porte, « nous verrons s'il y a des juges à Rome ! vous ne porterez pas en paradis l'injure que vous me faites... »

« — Allons, allons, très-cher seigneur, se fâche-t-on si vite pour une plaisanterie ? » s'écria de nouveau Salvator en courant après lui et le retenant d'une main de fer. « Dix ducats pour votre épinette ? mais, en vérité, je le répète, vous vous moquez de moi ! cette charmante épinette ! mais c'était un chef-d'œuvre d'art ; et je veux vous la payer trente ducats ! »

Pascal Capuzzi resta tout ébahi. « Trente ducats ! » disait-il avec une surprise qui le foudroyait ; « trente ducats !... mais, après tout, savez-vous, maître Salvator, que vous n'êtes guère poli ?.. »

« — Trente ducats ! » répéta l'artiste.

« — Savez-vous, » continua Capuzzi, « que vous m'avez fait une grave insulte ? »

« — Quarante ducats ! » reprit Salvator, avec un flegme imperturbable, « et je vous promets de ne vous point garder rancune, à une toute petite condition, c'est que vous voudrez bien chanter devant moi le grand air de votre opéra de *Thétis et Pélée*. Nous vous en aurons, Antonio et moi, une reconnaissance éternelle, car il n'y a pas, je le jure, dans l'Italie tout entière, un seul compositeur digne de dénouer les rubans jonquille de vos souliers. »

Pascal Capuzzi se gonfla d'aise ; il n'était point habitué à de pareils compliments, et le sérieux avec lequel Salvator l'encensait le fit donner en plein dans le panneau. Il prit une pose d'inspiré, et détonna par un beuglement qui eût fait fuir une légion de chats.

Caterina et ses deux filles accoururent, pensant qu'il était arrivé quelque malheur. Mais Capuzzi ne se douta point de l'effet ultra-ridicule qu'il venait de produire. Drapé dans son orgueil, il continua de hurler son grand air favori dont Rome entière avait ri jusqu'aux larmes. En arrivant à la note finale, son gosier laissa échapper un *kouik* atroce, et il tomba sur un siége, tout hors d'haleine, les veines du front tout injectées de sang, la face violacée, et la langue pendante comme celle d'un chien aux abois.

Pendant cette scène burlesque, Salvator, tranquillement assis devant son chevalet, avait saisi le croquis des personnages qui posaient sous ses yeux. Cette charge était ravissante d'esprit. Capuzzi, en reprenant ses sens, aperçut cette ébauche, sauta dessus et prit la fuite comme un voleur qui a mis la main sur un trésor. Personne ne songea à le retenir. « Va donc, vieux fou ! » lui cria Salvator, « les marchands de tableaux te paieront chèrement ce caprice de mon pinceau. Mais tu as beau courir, tu n'es pas sorti de mes filets !.. »

V.

Les deux amis, restés seuls, s'en donnèrent à cœur joie sur le compte de cet original. Antonio Scacciati avait retrouvé le courage et l'espérance. Salvator décida que, la nuit prochaine, sans plus tarder, l'assaut serait livré à la forteresse de la rue Ripetta.

Au déclin du jour, le seigneur Pascal Capuzzi, fidèle à ses habitudes, visita soigneusement verrous et serrures ; puis, quand il se fut bien assuré que Marianna ne pouvait s'envoler par aucune fente de sa prison, il sortit avec son porte-guitare Pitichinaccio, pour le reconduire chez lui. Ce soir-là, l'avorton se montrait de fort piteuse humeur. Marianna lui avait détaché, le long de la journée, une série de croquignoles sur le nez, et de coups de pied sur les tibias, dont il se sentait fort endolori. Capuzzi avait toutes les peines du monde à le consoler. Ils arrivèrent ainsi devant le taudis qu'habitait Pitichinaccio. En ce moment, un affreux tapage ébranlait l'escalier. C'était un ivrogne qui demandait avec de gros jurements son chemin pour sortir de la maison. Pitichinaccio, se collant près du mur, supplia Capuzzi de passer devant. Mais à peine l'oncle de Marianna eût-il enjambé quelques degrés, que l'ivrogne, perdant l'équilibre, tomba sur lui comme la foudre, et l'entraîna comme une avalanche jusqu'au milieu du ruisseau. Capuzzi s'était meurtri tous les os sur le pavé, et l'ivrogne, gonflé comme un sac, l'écrasait bravement, sans mot dire. A ses cris de détresse, deux passants accoururent et dégagèrent le seigneur Pascal qui se frottait les tibias, tandis que l'ivrogne, qui parut un peu dégrisé par cet événement, s'en allait sans s'excuser, et maugréant de tout son cœur :

« — Bon Dieu, signor Pascal, que faites-vous donc à cette heure, et en pareil équipage ? quelle mauvaise affaire vous est advenue ? »

« — Ah ! mes nobles seigneurs, je suis mort ! ce chien d'enfer m'a brisé les membres ! »

« — Voyons, voyons ! » s'écria Antonio Scacciati (car le lecteur a, sans doute, deviné que les deux passants étaient justement nos artistes), « voyons un peu!... » Et, palpant la carcasse étique de son ennemi de cœur, il lui pinça si vivement la jambe *droite* que le patient poussa un cri terrible.

« — Ah! seigneur, » reprit Antonio, « vous avez la jambe *gauche* rompue! le cas est très-grave, en vérité, car vous risquez d'en mourir ou d'en rester boiteux! »

« — Hélas! mon doux Jésus! » balbutiait Capuzzi d'une voix dolente.

« — Courage! » continua Antonio; « quoique je sois peintre et membre de l'Académie de Saint-Luc, je n'ai pas oublié mon premier métier. Nous allons vous transporter chez maître Salvator Rosa, et je me charge de vous bien soigner gratuitement. »

« — Mais, estimable docteur Antonio, comment se pourrait-il......, car vous n'êtes guère de mes amis!... »

« — L'humanité avant tout, » dit à son tour Salvator; « sachez, seigneur Capuzzi, que, devant la souffrance, tout autre sentiment doit faire place à la générosité d'un noble cœur. Allons, Antonio, remplissons ce devoir sacré. »

Les deux amis s'emparèrent alors du bonhomme, l'un par la tête, l'autre par les jambes, et l'emportèrent, non sans bien rire sous cape de ses gémissements.

Dame Caterina, en les voyant venir, leur débita un beau sermon sur la charité chrétienne, sans épargner les quolibets à Capuzzi : « Vous n'avez, » lui dit-elle, « que ce que vous méritez. Dieu vous punit du tourment que vous causez à votre nièce; car vous êtes un bourru, un jaloux, un vrai tyran, et, si vous ne mourez pas des suites de cette culbute, fasse le ciel que la leçon vous profite! ayez des amis, si vous pouvez, et tâchez de laisser voir un peu le soleil à votre petite Marianna. N'est-ce pas chose odieuse que de traiter à votre manière une si jolie fille, si douce, et si aimante? Et n'avez vous pas de honte de la séquestrer sous la garde d'un laideron monstrueux, tel que ce Pitichinaccio, qui ne vous quitte pas plus que son ombre? Ne craignez-vous pas que tous les jeunes gens de Rome se soulèvent, un beau matin, contre une si cruelle oppression? Et dites-moi donc, si vous l'osez, pourquoi vous affublez votre misérable nain d'une robe de duègne? Que faites-vous de ce cerbère, qui ne vaut pas un coup de pied? Tenez, mon pauvre seigneur, en l'état où je vous vois, écoutez une bonne fois mes représentations, de peur qu'il ne vous en cuise bientôt davantage. Quand on a, comme vous, une si gentille colombe en cage, il ne faut pas la traiter en hibou. Si vous n'aviez pas le cœur sec et l'esprit tortu, ne seriez-vous pas, tout le long du jour, à l'affût, pour deviner et prévenir les moindres caprices de Marianna? Prenez garde à la justice de Dieu, mon très-honoré seigneur; et, s'il permet que vous guérissiez, offrez-lui, en expiation de vos indignes procédés, le mariage de votre jolie nièce avec un beau jeune cavalier qui semble tombé du ciel tout exprès pour son bonheur! »

Ce sermon de longue haleine fut débité d'un bout à l'autre par la sévère Caterina, pendant que les deux peintres mettaient l'infortuné Capuzzi en charte privée entre deux draps. Le pauvre diable était si convaincu de la dislocation totale de son individu, qu'il n'osait ni se bouger, ni respirer. Antonio lui faisait des signes pour l'empêcher de parler, et tout à coup il s'avisa de prier dame Caterina de lui procurer au plus vite une bonne quantité d'eau glacée. Quant au mal, il n'y en avait guère, et le danger n'existait que dans le cerveau frappé de Capuzzi. Le personnage embusqué par Salvator dans l'escalier de Pitichinaccio avait joué son rôle à merveille; la culbute du sire n'avait eu d'autres suites qu'une série de contusions assez légères. Capuzzi était donc pris au trébuchet, car toute l'aventure de cette nuit était de la façon de Salvator.

Antonio serra la jambe du bonhomme dans des éclisses, de manière à l'empêcher de se mouvoir. Il l'enveloppa en outre de compresses imbibées d'eau glacée qu'il renouvelait souvent, sous prétexte de prévenir une inflammation. Le pauvre homme, ainsi garroté, grelottait de tous ses membres.

« — Mon bon docteur Antonio, » disait-il de temps en temps, « croyez-vous que j'en réchappe?.. »

« — Nous verrons, » répondait l'artiste; « je ferai tous mes efforts pour vous tirer de ce mauvais pas; mais... »

« — Ah! mon cher, mon excellent ami! » reprenait Capuzzi, « ne m'abandonnez pas! »

« — Vous dites cela actuellement, » répliquait Antonio; « vous avez vite oublié de quelle façon vous m'avez traité. »

« — Oubliez, oubliez, je vous en prie! » s'écriait en gémissant l'oncle de Marianna.

« — Oh, mon Dieu, je le veux bien, » disait Antonio; « je n'ai pas un cœur de rocher; mais votre nièce, seigneur Capuzzi, votre nièce doit être dans des inquiétudes cruelles; elle ignore ce que vous êtes devenu. Je crois donc qu'il serait convenable de vous faire transporter chez vous; là, j'irai vous visiter assidûment jusqu'à votre parfaite guérison, et j'indiquerai à Marianna les soins qu'il faudra prendre pour hâter votre rétablissement. »

Au souvenir de Marianna, Capuzzi ferma les yeux et parut se recueillir un moment; puis il tendit la main à Antonio, et, l'attirant près de lui: « Jurez-moi, mon brave docteur, » lui dit-il, « que vous n'avez nul projet qui puisse troubler le repos et l'innocence de ma nièce! »

« — Je vous le jure! » s'écria Antonio, « et fiez-vous à ma parole comme à mes soins. Je ne vous cache point que cette petite Marianna m'avait séduit la première fois que le hasard me la fit rencontrer. J'ai même eu la faiblesse de reproduire, et trait pour trait, sa figure dans mon tableau de la *Madeleine aux pieds du Sauveur;* mais, en vérité, ce n'était, je le sens bien, qu'une passion d'artiste. Je rends justice à votre nièce; c'est une assez piquante jeune fille, et j'ai cru l'aimer un

Salvator dans l'atelier d'Antonio.

moment, mais j'ai en tête, aujourd'hui, bien d'autres affaires ! »

« — Ah, cher ami, » reprit Capuzzi, « dites-moi, répétez-moi encore que vous n'avez point d'amour pour Marianna ! c'est un beaume céleste que vous versez sur ma douleur ! tenez, je me sens guéri, parfaitement guéri ! »

« — Eh ! mais, » interrompit Salvator qui avait écouté toute cette scène sans mot dire, « Eh ! mais, signor Capuzzi, si l'on ne vous connaissait pour un homme sensé, on serait tenté de croire que vous battez la campagne ou que vous êtes amoureux fou de votre nièce. »

A ces mots, Capuzzi ferma de nouveau les yeux ; sa figure se contracta douloureusement, et il se plaignit de sentir redoubler son mal.

Cependant, le jour commençait à poindre. Antonio et Salvator soulevèrent le matelas du malade, qui suppliait en vain qu'on lui ôtât les compresses d'eau glacée, qu'on rajustât sa perruque et sa moustache, pour que son retour ne causât pas à Marianna une trop vive émotion. Deux portefaix attendaient dans la rue, avec un brancard sur lequel on emballa Capuzzi. Dame Caterina, qui n'était point dans le secret de nos artistes, voulut l'escorter elle-même jusqu'à son logis, afin de le sermonner de nouveau comme il le méritait. Elle étendit sur le brancard un vieux manteau râpé jusqu'à la corde, et le cortége prit le chemin de la rue Ripetta.

Marianna, en apercevant son oncle en si piteux état, oublia ses persécutions, fondit en larmes et couvrit de baisers ses mains osseuses. C'était un touchant spectacle que cette jeune fille désolée du malheur arrivé au tyran de sa jeunesse ; mais, telle est la finesse des instincts de la femme, qu'un signe de Salvator suffit pour lui révéler la mystification dont Capuzzi était l'objet. La pudeur se mêlant à la joie, Marianna vit alors auprès d'elle son bien-aimé Antonio ; une vive rougeur colora ses joues pâles, et un sourire adorablement malicieux brilla parmi ses larmes. Capuzzi fut si charmé du tendre accueil de sa nièce, qu'il oubliait son mal, et rien n'était plus burlesque que ses soupirs et ses grimaces de Don Quichotte amoureux. Mais Antonio ne lui laissa pas le temps de se reconnaître. Les éclisses furent plus étroitement serrées. On emmaillotta soigneusement le malade imaginaire, comme une poupée de bois, la tête noyée dans un amas de coussins, et Savator se retira discrètement, pour laisser les deux amants jouir du bonheur inespéré de se revoir.

La jeune fille lui avait paru, dans cette entrevue, d'une admirable beauté. Cette ravissante figure était mille fois plus digne de retracer l'image de la mère de Dieu que la patronne des femmes péni-

Mon oncle, grâce pour lui, grâce pour moi!

tentes. L'artiste éprouva un mouvement de jalousie, mais ce fut une sensation rapide comme l'éclair, et la loyauté naturelle de son caractère dissipa aussitôt cette crise des sens émus par un chef-d'œuvre de grâces. Salvator ne songea plus qu'à terminer son plus bel ouvrage, en délivrant Marianna des griffes de son tuteur. La bonne et douce enfant, oubliant les duretés de Capuzzi, courait à chaque instant près de son lit, pour lui demander comment il se trouvait. Elle était heureuse de se dévouer au soulagement de la souffrance, et livra plusieurs fois sa main blanchette aux baisers du barbon.

VI.

Le lendemain, de bonne heure, Antonio vola chez son ami, avec une mine désolée. « — Hélas ! » s'écria-t-il, « tout est perdu ! tout est découvert !.. »

« — Tant mieux ! » dit Salvator, sans s'émouvoir; « contez-moi donc cela. »

« — Figurez-vous, » reprit Antonio, « qu'hier, à mon retour de chez Capuzzi, que je n'avais quitté un moment que pour aller chercher quelques drogues énergiquement purgatives, j'aperçois le damné vieillard, costumé de pied en cap, à la porte de sa maison, et causant avec le docteur Pyramide ! La fureur de Capuzzi en me revoyant ne saurait se dépeindre il me menaça du poing, me couvrit de malédictions, et jura qu'il me ferait étrangler si jamais je remettais le pied dans sa maison ; « et quant à votre ami Salvator, » ajoutait-il, « j'ai assez de ducats pour me faire solder mon compte sans procès !.. » Comme il criait et se démenait, secondé par le docteur Pyramide, qui faisait avec lui chorus d'imprécations, les passants s'ameutèrent, et je me voyais menacé d'un fort mauvais parti, si, ramassant, malgré mon émotion, tout ce qui me restait de courage et de forces, je ne m'étais fait jour, pour fuir, en bousculant rudement cet infernal Capuzzi. C'est la seconde fois que j'ai le malheur d'étendre l'oncle de Marianna les quatre fers en l'air : vous voyez bien, maître Salvator, que tout est perdu ! »

« — Tout cela est ravissant, sur ma parole ! » s'écria Salvator ; « mais ce qu'il y a de mieux, c'est que je savais tout avant vous. Le docteur Splendiano Accoramboni, votre *Pyramide*, qui est à la piste de toutes les plaies et bosses, a trop vite appris l'accident de son ami. Son zèle s'est enflammé ; il a voulu visiter les éclisses, et il ne fallait pas beaucoup de malice pour découvrir notre supercherie. »

« — Mais, » reprit Antonio, « comment pouvez-vous savoir... »

« — Qu'importe ? » répliqua Salvator ; « le plus urgent est de profiter de cet incident, et je m'en charge, puisque j'ai promis de vous conduire au triomphe de vos amours. Je sais d'ailleurs que Marianna possède le génie que donne la tendresse ; elle a su persuader au vieux Capuzzi qu'elle ignorait notre ruse, et qu'elle la détestait si fort, qu'à aucun prix elle ne voudrait nous permettre de la revoir. L'argus, ivre de joie, et se croyant à la veille d'un bonheur inespéré, a juré d'obéir au premier souhait de Marianna. Celle-ci a demandé qu'il la conduisît au théâtre du signor Formica, près de la porte *del Popolo*. Le bonhomme, surpris de cette fantaisie, a tenu conseil avec le docteur Pyramide et Pitichinaccio. Ces deux personnages ont eu le bon esprit de reconnaître que Capuzzi devait tenir sa parole. C'est donc demain que Marianna doit aller au théâtre de Formica, suivie de ses acolytes. Vous voyez que ma petite police est assez bien informée. »

Antonio tombait de surprise en surprise, et peu s'en fallait qu'il ne s'avisât de penser que son ami entretenait commerce avec le diable, pour être si bien instruit de tout ce qui concernait Marianna. Voici la clé que lui donna Salvator de cette omniscience à laquelle nul détail n'échappait.

Dans la maison de la rue Ripetta, logeait, porte à porte de Capuzzi, une vieille amie de l'hôtesse de Salvator. La fille de cette femme s'était prise d'un tendre intérêt pour la pauvre nièce de Capuzzi, et le hasard servait à souhait leurs secrètes entrevues, car l'amie de Marianna avait découvert dans sa chambre une ouverture pratiquée en forme de ventilateur, et qu'une mince planchette fermait depuis longtemps. Cette ouverture donnait sur un cabinet obscur et attenant à la chambre de Marianna, qu'une simple cloison séparait du logement de sa voisine. Les deux jeunes filles faisaient par là de longues causeries confidentielles, pendant la sieste quotidienne du vieux Capuzzi. C'est par l'amie de Caterina que Salvator s'était procuré tous les renseignements désirables sur la vie domestique du tyran de Marianna, et qu'il avait appris le projet d'excursion au théâtre de Formica.

Mais il est nécessaire, avant d'aller plus loin, que le lecteur fasse connaissance avec le fameux Formica et avec son théâtre de la porte *del Popolo*.

VII.

L'origine de cette entreprise était l'œuvre d'un certain Nicolo Musso, qui faisait jouer, au temps du carnaval, des bouffonneries improvisées. Le local qui servait à l'exercice de son industrie n'annonçait pas une situation financière bien brillante. Il n'y avait, au lieu de loges et d'orchestre, qu'une galerie circulaire qui portait, à l'extérieur, l'empreinte des armes du comte Colonna, protecteur de Nicolo Musso. La scène était figurée par une espèce d'échafaudage revêtu de planches et décoré de vieux tapis. Les parois se couvraient, tour à tour, de papier peint qui représentait, selon l'occurrence, une forêt, un appartement, ou une rue. Pour tout siége, les assistants devaient se contenter de banquettes dures et étroites. Aussi le public de ce théâtre faisait-il beaucoup plus de bruit qu'il n'apportait d'argent. Du reste, on ne pouvait rien voir de plus amusant que ces parades joyeuses, dont l'esprit de Nicolo Musso faisait presque tous les frais. C'était un feu roulant et bien nourri d'épigrammes sur tous les vices de l'humanité et les ridicules de la société romaine en particulier. Chaque acteur donnait à son personnage la plus piquante physionomie, mais le *Pasquarello*, bouffon d'office, enlevait tous les applaudissements par sa verve caustique et l'originalité de sa pantomime qui reproduisait, à s'y méprendre, la voix, la taille, et les mouvements des gens les plus connus de la ville. L'individu chargé de ce rôle de critique, et qu'on appelait dans le peuple *signor Formica*, était un véritable phénomène. Il y avait dans son talent de mime une telle élasticité, sa voix prenait parfois de si étranges inflexions, qu'on ne pouvait se défendre du frisson en même temps qu'il fallait céder aux accès du rire le plus fou. A côté de ce personnage figurait, comme interlocuteur habituel, un certain docteur Graziano, dont le rôle était tenu par un vieux saltimbanque de Bologne, nommé Maria Agli. Le beau monde de Rome ne dédaignait pas les représentations comiques de Nicolo Musso. Le théâtre de la porte *del Popolo* faisait toujours chambrée complète, et le nom de Formica circulait dans toutes les bouches. Ce qui ne contribuait pas moins à augmenter la réputation de ses pensionnaires, c'est que Nicolo Musso ne se montrait nulle part hors de son théâtre. Un secret fort bien gardé murait sa vie, et nul ne savait même au juste où ce bizarre directeur de spectacle pouvait loger habituellement.

Tel était le théâtre où la jolie Marianna voulait que son oncle la conduisît en partie de plaisir.

VIII.

« — Soyez tranquille, » disait Salvator à son ami ; « j'ai mon plan dans la cervelle, et je vous jure que Capuzzi et toute sa séquelle s'en mordront les doigts !.. »

Le soir venu, nos deux artistes prirent chacun une guitare, et se rendirent sous le balcon de Capuzzi, pour le faire enrager en donnant à sa nièce une sérénade. Salvator avait une voix fort agréable, et Antonio ne manquait pas de talent musical. Capuzzi voulut d'abord paraître sur le balcon pour injurier ses adversaires ; mais sa colère était si grotesque, que les huées des passants l'obligèrent à rentrer bien vite dans son trou. Marianna se laissa entrevoir deux ou trois fois derrière les rideaux et fit aux deux jeunes gens quelques signes d'intelligence et d'amitié.

Le lendemain, c'était jour de carnaval, c'était le grand jour du théâtre Formica. Marianna avait forcé son oncle de lui tenir parole malgré sa mauvaise humeur. En conséquence, le barbon, finement attifé, bichonné, corseté et musqué, se mit en route d'un pas fier, le chapeau sur l'oreille, et tenant Marianna étroitement captive sous son bras. Le docteur Splendiano Accoramboni cheminait à sa hauteur, d'un côté de la rue, en secouant, d'un air satisfait, sa perruque monumentale. A l'arrière-garde piétinait l'avorton Pitichinaccio, affublé d'un cotillon couleur de feu, et la tête hérissée de fleurs de toute espèce.

Formica fut, ce soir-là, d'une gaieté folle. Le vieux Capuzzi, oubliant ses mésaventures, coquetait auprès de Marianna dont il baisait les mains à chaque minute, et jurait qu'il la mènerait tous les soirs, si elle le désirait, au théâtre de Nicolo. Ses *bravos*, ses trépignements d'aise attiraient les regards de tout l'auditoire. Le docteur Splendiano gardait sa dignité scientifique, et gourmandait de l'œil et du geste les excentricités de Capuzzi. Quant à Pitichinaccio, relégué derrière l'immense perruque du docteur, non-seulement il n'apercevait rien, à cause de sa petite taille, mais encore il dévorait les sarcasmes grossiers de deux femmes du peuple qui se moquaient de lui à outrance.

Quand la représentation fut achevée, Capuzzi laissa sortir les plus pressés et éteindre les lumières, afin de n'être point foulé et d'éviter à Marianna des œillades indiscrètes. Le docteur Splendiano tira de sa poche un rat de cave, dont il se munissait chaque soir, et se mit à marcher en avant pour éclairer la route.

A quelques pas de la porte *del Popolo*, quatre figures, drapées dans de vastes manteaux couleur de muraille, barrèrent tout à coup le passage à la compagnie. D'un revers de main, le rat de cave du docteur fut lancé à tous les diables, puis une clarté blafarde illumina sous les manteaux quatre têtes de mort, dont les yeux creux et flamboyants se braquèrent sur Capuzzi et sur Splendiano.

« — Malheur, malheur à toi, maudit ! » s'écria une voix gutturale ; « malheur à toi, Splendiano Accoramboni ! je suis Cordier, le peintre français que tu as mis en terre la semaine passée, avec tes drogues d'enfer !.. »

« — Malheur à toi, Splendiano, » dit la seconde voix, « je suis Küfner, le peintre allemand que tu as empoisonné par tes pilules diaboliques !.. »

« — Malheur à toi, Splendiano, » dit à son tour la troisième voix, « je suis Liers, peintre flamand ; tu m'as fait mourir pour voler mes tableaux !... »

« — Malheur à toi, Splendiano, » dit la quatrième voix, « je suis Ghigi, peintre de Naples, que tes opiats ont mis en purgatoire !.. »

« — Le diable nous envoie te chercher, Splendiano ! » reprirent en chœur les quatre voix. Et au même instant, le docteur fut enlevé par des bras robustes qui étouffèrent ses cris en lui faisant mordre sa perruque. Ses ravisseurs disparurent avec lui dans les ténèbres.

Capuzzi, voyant que les spectres ne s'étaient pas occupés de lui, avait repris un peu d'aplomb. Mais Marianna s'était évanouie de frayeur, et Pitichinaccio poussait des cris de paon, en s'accrochant de toutes ses griffes au pourpoint de son patron. Capuzzi releva sa nièce et l'emportait dans ses bras, en rêvant à cette aventure, lorsqu'au détour de la rue, quatre autres figures, roulées dans des manteaux couleur de feu, et secouant des lanternes à reflets bleuâtres, l'assaillirent d'une ronde satanique, en criant parmi d'affreux coups de sifflet : « Hui ! hui ! hui ! Pascal Capuzzi, vieux podagre, qui t'avises d'aimer un ange, nous sommes les diables des laides amours, viens rôtir avec nous !.. »

En achevant ces mots, l'une des figures lui arracha Marianna qui venait de glisser à ses pieds. Les trois autres tombèrent sur lui et sur Pitichinaccio, et les rouèrent de coups.

« — Mon ange ! ma bien-aimée ! » disait alors le plus laid des quatre diables rouges, en jetant son masque et son manteau, pour secourir Marianna, « mon adorée, reviens à toi, Dieu est pour nous ! dis-moi que tu m'aimes et que tu me pardonnes ta frayeur. J'ai fait, cette nuit, une atroce folie ! mais je voulais te voir à tout prix, et te serrer dans mes bras !.. »

Et Marianna, ranimée par les baisers, rouvrait les yeux, reconnaissait Antonio, et lui disait d'une voix faible : « Je t'aime... je t'aime, Antonio !.. »

Mais, au même instant, le jeune artiste sentait glisser sur son épaule le froid d'une lame d'acier ; des torches de résine éclairaient la scène, et une patrouille de sbires, l'épée nue, fondait sur Antonio. Ses amis lâchèrent Capuzzi pour voler à son secours, mais cette partie trop inégale eût fini d'une manière funeste, sans l'arrivée de deux inconnus bien armés, qui tombèrent à grands coups de rapière sur les sbires, en jetèrent deux sur le carreau et mirent les autres en fuite. « Dieu soit loué ! » s'écria Salvator, car c'était à lui qu'Antonio devait son salut ; « nous l'avons échappé belle ! mais comme on ne tue pas des sbires impunément, il serait dangereux, dans l'équipage où nous sommes, de regagner nos logis ! qu'allons-nous faire ? retournons au théâtre, et prions Nicolo Musso de nous donner asile pour cette nuit. »

Ce projet réussit heureusement. Nos amis apprirent plus tard que le sacripant que Capuzzi soldait pour l'escorter de loin, ayant vu son maître aux prises avec des diables contre lesquels il ne pouvait lutter tout seul, avait couru à la rencontre de la première patrouille de police que le hasard amènerait. Pendant la bagarre, il avait relevé Marianna, évanouie de nouveau, et Capuzzi l'avait suivi, aussi vite que le lui permettaient ses contusions, en traînant Pitichinaccio plus mort que vif.

Quant au docteur Splendiano, la terreur lui avait donné une fièvre chaude. On le trouva, le lendemain, au coin d'une borne, roulé dans sa perruque comme un porc-épic, grelottant de froid et en proie au délire. Dans ce délire il s'accusait hautement d'être un âne, un bourreau de malades ; il criait qu'on jetât par les fenêtres ses fioles, ses onguents, ses ordonnances, et qu'on priât le ciel de ne plus envoyer le diable à ses trousses.

IX.

Salvator et Antonio, retranchés dans l'atelier de la rue Bergognona, n'étaient pas sans inquiétude au sujet de l'enquête que les autorités ne manqueraient pas d'ordonner sur les événements de la nuit passée, car le sang avait coulé. « Dame justice, » disait Salvator, « pourrait bien nous servir un plat de sa façon. Je crois qu'il faut user de ruse pour dépister les soupçons. Malgré les tracasseries qui nous menacent, j'ai juré de vous mettre en possession de Marianna, et je tiens à sortir de cette affaire à mon honneur. Tenez-vous donc prêt à fuir de Rome, à l'heure même où nous aurons enlevé la fillette. Vous irez à Florence, où votre nom connu vous donnera les moyens d'exister... »

« — Vous en parlez bien à votre aise, » interrompit Antonio, « mais Marianna ne saurait être enlevée comme une fauvette. Le Capuzzi ne sortira plus de chez lui ; sa maison sera surveillée et protégée contre toute tentative... »

« — Allons donc ! » s'écria Salvator, « vous parlez comme un enfant qui ne sait rien de la vie. Puisque Marianna vous a reconnu cette nuit, elle obligera Capuzzi de la conduire encore au théâtre de Formica, dans l'espérance de vous revoir. Le vieux ne pourra s'y refuser ; mais il prendra ses précautions, je n'en doute point. C'est pour cela que je prendrai les miennes aussi. Nicolo est un brave homme ; ses acteurs me sont connus ; ils nous donneront un coup de main, et je réserve Formica pour le coup de grâce.

« — Formica ! » s'écria Antonio, avec un éclat de rire moqueur ; « et que diable pouvez-vous attendre de Formica ? »

« — Un tour de son métier ; il est plus sorcier que vous ne pensez, et votre bonheur est dans ses mains, » répliqua gravement Salvator ; « laissez-moi mener la barque, vous arriverez au port. »

Quelques jours après la scène nocturne que nous venons de raconter, le sacripant qui servait de garde du corps à Capuzzi, et qui ne le quittait plus, vint annoncer à son maître qui dînait en tête à tête avec Marianna, la visite d'un étranger.

« — Le connais-tu ? » demanda Capuzzi.

« — Je ne l'ai jamais vu, » répondit le sacripant, « mais c'est un homme d'âge et de bonne mine ; il dit se nommer Nicolo Musso. »

« — Bah ! » s'écria Capuzzi ; « le directeur du théâtre de Formica ? eh, que peut-il me vouloir ?.. fais-le attendre ; je descends lui parler. » A ces mots, il prit ses clés et ses cadenas, enferma sa nièce comme une madone dans sa niche, et vint recevoir Nicolo.

« — Mon respectable seigneur, » lui dit le directeur de spectacle en s'inclinant jusqu'à terre, « depuis le jour que vous avez paru à mon théâtre, toute la ville, qui vous proclame le premier virtuose de l'Italie, afflue à mes représentations, et l'or pleut dans ma caisse. Je suis désolé que d'effrontés bandits vous aient attaqué, mais je vous supplie de ne pas me faire porter la peine de cet accident, et de vouloir bien honorer encore une fois mon théâtre de votre précieuse présence. Si vous m'accordiez cette faveur, ma fortune seraite faite. »

Capuzzi n'était point blasé sur le chapitre des compliments. Les flatteries de Nicolo chatouillèrent fort délicieusement son épiderme. Mais il se souvenait des horions, et goûtait peu la perspective d'en essuyer une nouvelle dose. « Certes, mon cher, » dit-il à Nicolo, « je ne disconviens pas que votre spectacle ne soit très-attrayant. Je m'y suis même beaucoup amusé. Mais pourquoi diable le nichez-vous dans un quartier aussi peu confortable ? Savez-vous que j'ai failli laisser ma peau dans l'attaque nocturne de l'autre soir, et que mon illustre ami, le docteur Splendiano Accoramboni, le premier médecin de Rome et de l'Europe, est fort malade de la frayeur qu'il a éprouvée ?.. Que ne vous installez-vous dans la rue Ripetta ou sur la belle place d'Espagne ? vous seriez au centre de la bonne société, et je deviendrais volontiers votre habitué. Mais tous les saints du paradis ne me reconduiraient jamais dans les parages de la porte *del Popolo* ! »

« — Ah ! seigneur, » reprit Nicolo avec l'accent du plus profond découragement, « vous auriez pu faire de moi l'homme le plus heureux du monde entier !... Vous savez combien plaisent au public les petites pièces entremêlées d'ariettes ! Eh bien, j'avais songé à faire les frais d'un orchestre, et à créer ainsi, malgré les rigoureuses limites de mon privilége, une espèce d'opéra. Or, vous êtes, en vérité, seigneur Capuzzi, le premier compositeur de notre siècle, et il faut que le beau monde de Rome ait perdu l'esprit, ou que vos envieux soient bien puissants, pour que l'on joue sur nos théâtres d'autres œuvres que les vôtres. Et moi, seigneur, j'osais prendre la liberté de vous supplier de m'accorder le droit de les faire représenter, avec tous les soins qui dépendent de moi, sur mon très-humble théâtre. »

Maître Pascal Capuzzi se fondait au feu de l'orgueil en écoutant ce langage. « J'ajoute, » poursuivit Nicolo, « que si vous daignez condescendre à ma prière, et assister à nos représentations, je réponds, sur ma tête, de vous garantir de toute mauvaise aventure. Après la pièce, je suis sûr que le public vous ramènera en triomphe, et je veux, moi-même, avec tous mes camarades, vous escorter aux flambeaux. Malheur à quiconque oserait vous approcher, autrement que pour baiser la trace de vos pas !.. »

« — Vraiment, » reprit Capuzzi, tout frétillant de joie, « vous feriez cela ? et j'entendrais Formica, qui a une si belle voix, chanter tous mes morceaux ? »

« — Comme j'ai l'honneur de vous le dire, » répliqua Nicolo, en faisant un salut plus profond que jamais.

« — Eh bien, » dit Capuzzi, « maître Nicolo, j'irai demain à votre théâtre. »

Nicolo poussa un cri de joie semblable à un rugissement de lion. Il étreignit Capuzzi dans ses bras, comme s'il eût voulu l'étouffer, et il allait se retirer au milieu d'une fusée de congratulations, lorsque Marianna, que le barbon avait appelée, pour la consulter sur cette grave affaire, prit la parole et dit, d'un ton fort sec, à Nicolo : « Vous perdez votre temps, monsieur, à fourrer toutes ces belles idées dans la tête de mon oncle. Je ne souffrirai pas qu'il s'expose de nouveau, fût-ce pour un empire, à un accident dont la Providence l'a si miraculeusement sauvé. Je ne le veux pas, signor Nicolo, et ce que je ne veux pas, mon oncle ne le voudra pas. »

Capuzzi, fort étonné du dégoût que la jeune fille montrait subitement pour le théâtre, eut beau lui détailler tous les soins que maître Nicolo prodiguerait à sa sûreté, Marianna persista, en ajoutant avec finesse que l'estimable directeur de spectacle pourrait bien être d'accord avec les mauvais sujets qui avaient manqué leur coup une première fois.

Ce soupçon provoqua de la part de Nicolo, qui comprit le manége de la jeune fille, un déluge de protestations chaleureuses.

« — Eh bien, » reprit Marianna, « je vous crois un honnête homme; votre accent me persuade, et je ne fais plus d'objections, malgré que je pense que la prudence est la meilleure garantie de la sûreté de mon cher oncle. »

« — Divine, adorable créature ! » s'écria Capuzzi, touché jusqu'aux larmes de cette tendresse prévoyante, « bannis toute crainte, et ne te refuse pas le bonheur de venir entendre les applaudissements qui couvriront les chefs-d'œuvre de ton oncle bien-aimé ! A demain, maître Nicolo ; je veux devenir le pilier de votre entreprise !.. »

X.

La félicité artistique dont se berçait Capuzzi n'eût pas été complète, s'il n'avait pu décider son ami Splendiano Accoramboni à retourner avec lui au théâtre de Formica. Le docteur, qui se piquait d'être un esprit fort, consentit sans longues difficultés, en se promettant de porter secrètement une relique qui tiendrait les diables à distance. Quant à Pitichinaccio, il croyait de toute son âme à la sorcellerie et ne s'en cachait point. Tous les raisonnements possibles le trouvaient inflexible, et sa résistance ne céda qu'à la promesse d'une boîte de raisins confits.

Salvator, informé, par l'amie de Marianna, de tout ce qui se passait ou se disait chez Capuzzi, ne songeait plus qu'au moyen d'isoler au théâtre l'oncle et la nièce, et de se débarrasser de Splendiano et de Pitichinaccio dont la présence serait un grave obstacle à l'exécution de ce projet. Le hasard lui vint en aide beaucoup plus à point que tous les plans imaginables.

Pendant la nuit qui suivit la visite de Nicolo, un affreux vacarme mit en émoi toute la rue Ripetta. Le garde du corps de Capuzzi, rôdant non loin de la maison, dans un état d'ivresse qui le disposait à prendre les premiers passants venus pour des ennemis de son maître, n'avait point reconnu Splendiano et Pitichinaccio qui s'en retournaient fort tard à leur logis. Il les avait assaillis à coups de bâton, avec une telle furie, que les pauvres diables étaient restés, aux trois quarts assommés, sur le pavé. Capuzzi se voyait donc forcé d'aller au théâtre sans ses deux acolytes. Il ne s'agissait plus que de s'emparer de Marianna.

« — Nous tiendrons bientôt votre Angelette, j'en réponds, » disait Salvator, « je voudrais être aussi sûr du bonheur que vous espérez en ménage... »

« — Que dites-vous? » s'écria Antonio.

« — Pardonnez-moi ce doute, ami, » reprit Salvator ; « je respecte toutes les femmes, autant que vous adorez Marianna; mais, malgré moi, je ne puis me défendre d'une foule d'appréhensions quand je songe au mariage; tant d'exemples funestes m'ont appris à ne plus croire à l'amour !... »

« — Je n'ose vous écouter !.. comment supposer... »

« — Que Marianna puisse un jour ne plus vous aimer ! » répliqua Salvator avec un sourire mélancolique; « oh ! Dieu me garde de souffler sur vos rêves ! mais enfin, mon cher, mon amitié pour vous ne saurait-elle, sans offenser votre passion, redouter l'apparition de quelque nuage sur l'azur où rayonnera votre lune de miel? Dois-je contempler sans souci la légèreté de cette jolie fille? N'avez-vous point remarqué sa finesse, l'art exquis qu'elle déploie pour mettre en défaut les instincts jaloux de Capuzzi?.. Ce n'est point que je prétende blâmer son antipathie pour le plus laid des oncles ! A la guerre comme à la guerre, dit un vieux proverbe; mais enfin... au surplus, laissons ce chapitre; il se peut qu'en ce moment je n'aie pas le sens commun. Ne m'en veuillez pas, et ne songeons plus qu'à vous ouvrir les portes du temple de l'hyménée. »

XI.

Quand les splendides apprêts de Nicolo Musso furent terminés, on vit Pascal Capuzzi s'acheminer, avec Marianna, vers le théâtre de Formica. Sa physionomie décelait quelque inquiétude, mais son *bravo* marchait devant lui, armé de toutes pièces, comme un chevalier de la Table-Ronde, et une vingtaine d'archers de police formaient, à six pas de distance, une arrière-garde assez respectable. Maître Nicolo vint recevoir son illustre visiteur à la porte du spectacle, et le conduisit cérémonieusement à une place réservée. La salle était pleine; les femmes faisaient foule, et Capuzzi se pâmait d'aise en songeant qu'il allait être le héros de la soirée.

Déjà cinq ou six violons, embusqués derrière une tapisserie, faisaient crier leurs archets pour se mettre d'accord. Après une heure d'attente, les trois coups d'avertissement furent frappés pour le lever du rideau, et il se fit un silence solennel.

Signor Formica entra en scène, sous le costume bouffon de Pasquarello. Dès qu'il ouvrit la bouche, Capuzzi se frotta les yeux pour s'assurer qu'il ne rêvait point. Formica représentait avec la plus désopilante exactitude ses allures et ses gestes. Un éclat de rire universel fit trembler la salle, et tous les regards se portèrent sur l'infortuné Capuzzi. Mais, à la surprise générale, le barbon se carrait avec un sourire de béatitude; il n'entendait que les paroles de son opéra de *Thétis et Pélée*, chanté par Formica; et il prenait la copie de son individu pour une gracieuseté délicate, dont le directeur du théâtre avait voulu lui ménager la surprise.

Les rires de l'auditoire ne se calmèrent qu'au moment où Formica poussa la note finale de son grand air. On vit alors apparaître le docteur Graziano dont, pour cette fois, Nicolo Musso remplissait l'emploi. Ce personnage entra en scène en se bouchant les oreilles avec d'affreuses grimaces : « Brigand! » s'écriait-il, « auras-tu bientôt fini de m'assassiner les oreilles?.. »

« — Tout beau, mon maître, » répondit Formica, en multipliant ses lazzis, « la musique dont je vous régale est du premier virtuose de l'Italie; il n'y a qu'un âne bâté qui puisse le nier... »

« — Et comment nommes-tu ce virtuose? » demanda Graziano.

« — L'excellentissime signor Pascal Capuzzi, le plus généreux des hommes, domicilié en Europe, rue Ripetta... »

« — Je m'en doutais, » reprit Graziano; « pareil gâchis ne pouvait sortir que de ce long sac à macaroni, dont Rome entière se moque! Ah! c'est de ce Capuzzi, le plus sordide avare, le plus affreux chat-huant... le plus... »

A chaque injure nouvelle Formica saluait jusqu'à terre, et l'hilarité débordait. Les spectateurs de cette parade se roulaient sur les banquettes. Ce fut bien pis, lorsqu'on vit survenir entre les deux interlocuteurs un troisième personnage couvert d'un masque qu'on eût dit moulé sur la face de Capuzzi. Cette caricature ambulante reproduisait si fidèlement l'original, que le véritable Capuzzi, frappé de terreur par cette apparition qui semblait doubler son individu, lâcha la main de Marianna, et se mit à se palper depuis la perruque jusqu'à la cheville, pour voir s'il faisait encore partie du monde des vivants.

« — Comment vous va, cher docteur, » demanda la caricature à Graziano.

« — Pas mal, et vous, illustre maître, » répondit Graziano; « je ne me plains, pour le moment, que de loger le diable dans ma bourse, et jamais disette de fonds ne me fut plus sensible. J'ai promis, hier, à la dame de mes pensées, une paire de bas écarlates; c'est une folie de trente ducats, et si je ne trouve quelque juif qui me prête cette misère, je suis déshonoré dans le monde galant... »

« — Trente ducats! » s'écria le faux Capuzzi, « n'est-ce que cela? mais, noble ami, je suis trop heureux de vous en offrir cinquante, sans intérêts. » Et comme Graziano tirait ses tablettes pour écrire son reçu, il ajouta : « Ne m'ôtez point le plaisir de vous obliger; vous doubleriez ma joie en ne vous souvenant jamais de cette petite bagatelle. »

« — Ne vous disais-je pas, tout à l'heure, » reprit alors Formica, en s'adressant au public, « que l'excellentissime virtuose Capuzzi était encore le plus généreux des humains?.. »

« — Merci, mon garçon, merci, » s'écria le faux Capuzzi en jetant au pasquarello quelques pièces de monnaie; « toute peine vaut son salaire; mais ne te ruine pas en fades compliments sur mon génie musical; tu me compromettrais, car tout le monde sait qu'il n'y a de bon, dans les œuvres lyriques de Capuzzi, que les passages volés par lui aux compositeurs contemporains, et qu'il s'approprie avec une audace effrontée... »

« — Tu en as menti par la gorge! » hurla le véritable Capuzzi, en bondissant de fureur sur sa banquette, et en s'efforçant, malgré ses voisins, de sauter sur la scène.

Le faux Capuzzi ne se déconcerta point. Il attendit que le calme fût rétabli pour reprendre son dialogue avec le docteur Graziano. « Demain, » dit-il, « je donne un splendide festin, et j'espère que vous me ferez l'amitié d'y prendre part. Demain, je célèbre les fiançailles de ma jolie nièce Marianna avec le plus célèbre peintre de Rome, Antonio Scacciati, qu'elle aime de tout son cœur... »

« — C'est un gueux! un scélérat!.. » exclama de nouveau le vrai Capuzzi, dont l'irritation, portée jusqu'à une fureur sans exemple, excita dans toute la salle le plus violent tumulte.

Le faux Capuzzi, toujours impassible, s'avança gravement au bord de la scène, et, montrant du doigt son malheureux Sosie : « Je voudrais bien, » dit-il, « savoir pourquoi ce vieux pensionnaire du diable, s'avise de troubler les plaisirs qu'une société honnête vient chercher au théâtre; je voudrais savoir s'il n'est pas permis à l'estimable Pascal Capuzzi de marier sa nièce; et s'il ne se trouverait pas ici quelque archer de police, assez ami de l'ordre, pour jeter dehors, par les épaules, un malotru qui vient empêcher le bonheur de deux enfants créés pour s'aimer?.. Viens donc ici, vieux coquin, ose donc séparer ces deux tourtereaux?.. »

Au même instant, on vit sortir de la coulisse Antonio et Marianna, se tenant par la main. La colère avait tellement bouleversé les sens de Pascal Capuzzi, que cette nouvelle illusion scénique l'aveugla entièrement. Il tira sa rapière, et se mit à faire un moulinet furieux, en s'efforçant de nouveau d'escalader la scène. Cet épisode imprévu allait tourner au tragique, lorsqu'un officier des sbires, franchissant rapidement les banquettes, saisit Capuzzi par derrière, lui arracha son arme, et le foudroya de ce nom magique : « Je vous arrête! »

En même temps les deux acteurs qui figuraient Antonio et Marianna, ôtaient leurs masques, et montraient des visages inconnus...

On ne saurait prendre l'accablement du pauvre Capuzzi, une sueur glacée inondait son visage; il croyait sortir d'un cauchemar. Mais sa stupeur fit place au plus cruel désespoir, lorsque, reprenant sa raison, il chercha près de lui sa nièce et ne la retrouva plus.

Que s'était-il passé?.. le véritable Antonio, profitant de la querelle burlesque qui venait de s'engager entre Capuzzi et les comédiens, s'était glissé jusqu'auprès de Marianna, et, pour la tranquilliser, lui avait raconté, en peu de mots, le stratagème imaginé avec Salvator pour détourner l'attention de son oncle. Il lui dépeignait, en traits brûlants, l'impossibilité d'obtenir la consécration de leur amour, si elle refusait de se soustraire à la garde jalouse de Capuzzi. Il la suppliait de fuir et de se confier à sa foi. La jeune fille était toute tremblante. La pensée de fuir avec son amant, sans lui être unie par les liens sacrés du mariage, excitait dans son âme des sentiments de honte et de terreur, contre lesquels sa tendresse pour Antonio ne pouvait la fortifier. Capuzzi n'était-il point l'homme à qui son père mourant l'avait confiée ? Pouvait-elle, sans se perdre aux yeux du monde, abandonner furtivement le seul parent qui lui restât sur la terre? Et cependant, il était probable qu'après l'affreuse bagarre de cette soirée, Capuzzi ne maltrait plus le pied hors de la maison ; il était certain qu'il triplerait les verrous et la surveillance, et qu'elle ne reverrait plus son bien-aimé. Assaillie par ces cruelles pensées et par les supplications d'Antonio, Marianna pleurait en silence; son cœur se gonflait; des frissons convulsifs agitaient tous ses membres. Un nuage passa sur ses yeux, elle défaillit. Antonio se hâta de l'emporter, comme pour la secourir. Une voiture attendait les deux amants à quelques pas du théâtre, et les emporta, de toute sa vitesse, sur la route de Florence.

Pendant cette fuite, les sbires, sourds aux plaintes et aux réclamations de Capuzzi, le traînaient en prison.

XII.

Tant qu'un homme n'est que ridicule, chacun s'empresse de rire à l'envi à ses dépens. Mais notre espèce n'est point tellement dénuée de cœur, qu'elle ne passe de la satire à la pitié, quand l'objet de ses plus malignes plaisanteries est frappé de quelque infortune véritable. L'enlèvement de Marianna devint, dès le lendemain, le thème de toutes les conversations. On cessa généralement de critiquer l'excentricité de Capuzzi pour plaindre sa disgrâce. La police, confidente des mauvais tours que lui jouaient nos artistes, se hâta de le relâcher en lui promettant son appui contre ses persécuteurs. Mais le pauvre diable ne touchait pas au terme de ses chagrins. Peu de jours après sa dernière mésaventure, il perdit Pitichinaccio, mort d'une indigestion de fruits confits, et le docteur Splendiano Accoramboni périt à son tour, victime d'une faute d'orthographe. Cloué sur un lit de douleur par suite des coups qu'il avait reçus du bravo de Capuzzi, ce célèbre praticien voulut un jour écrire lui-même la formule d'une potion dont il attendait les plus heureux effets. Mais sa main tremblante allongea démesurément la queue d'un signe pharmaceutique, indiquant la dose de sublimé corrosif qui devait entrer dans la composition du remède. L'apothicaire n'eut garde de soupçonner l'erreur d'un si grand médecin. Le malheureux Splendiano, gorgé de poison, rendit l'âme au milieu d'atroces tortures.

Le blâme le plus sévère ne tomba point directement sur le ravisseur de Marianna. Tout le monde sut, par des indiscrétions sournoises, quelle part active Salvator Rosa venait de prendre au succès de cet enlèvement. Les meilleures familles dans lesquelles il avait accès lui fermèrent leur maison. Les envieux de son génie exploitèrent avec avidité cette occasion de le décrier publiquement. Quelques-uns poussèrent la méchanceté jusqu'à répandre le bruit qu'il avait quitté Naples pour se soustraire au juste châtiment des actions les plus révoltantes, et que, si la police ne le surveillait, il serait bientôt l'associé des malfaiteurs les plus qualifiés. La calomnie est une arme terrible, dont les blessures tuent parfois plus cruellement que le fer. Les commandes des riches amateurs se détournèrent de l'atelier de Salvator. La mode vint de dénigrer ses œuvres comme sa réputation. Les membres de l'Académie de Saint-Luc, stupidement jaloux du vrai talent, comme le seront sans cesse toutes les coteries académiques, inventèrent à l'envi les moyens les plus vils d'étouffer son nom et de s'attribuer l'original de ses œuvres.

Nul ne prenait la défense du pauvre Salvator. Mais l'artiste, redoublant de courage devant ces persécutions, acheva, pour se venger avec éclat, deux toiles qui devaient mettre le sceau à sa gloire. L'une de ces œuvres retraçait les emblèmes de la fragilité des grandeurs humaines. L'autre avait pour sujet la Fortune semant ses dons au hasard. La main de l'aveugle déesse laissait pleuvoir à profusion des chapeaux de cardinal, des mitres d'évêque, des palmes académiques, des bourses gonflées d'or sur un troupeau d'ânes et de moutons, tandis qu'à côté de ces vils animaux des hommes dont le front resplendissait de génie attendaient vainement, sous les haillons de la misère, que le hasard leur donnât un morceau de pain. Les figures d'animaux, fort habilement faites, offraient chacune les traits frappants de quelqu'un des envieux du grand artiste. Les académiciens de Saint-Luc furent assez sots pour avouer qu'ils se reconnaissaient dans ce fouillis de longues oreilles et de mufles bêlants. Leur rage solda des bandits pour assassiner Salvator. Mais, averti du péril, l'artiste partit secrètement pour Florence, où l'accueil du grand-duc et d'une société d'élite adoucit l'amertume des souvenirs qu'il emportait de Rome. La faveur publique lui rendit la fortune avec la gloire, et son atelier splendide devint bientôt le rendez-vous des personnages les plus illustres.

Sa plus douce joie fut de retrouver Antonio Scacciati et la charmante Marianna, dont l'hymen avait sanctifié l'amour. Mais la jeune femme ne se sentait pas heureuse; la tendresse d'Antonio ne pouvait calmer ses regrets. Ses yeux se mouillaient de larmes, chaque fois qu'elle songeait à Capuzzi La tyrannie de l'oncle s'était effacée de sa mémoire, pour ne laisser place qu'à l'image attristée du vieillard qui avait pris soin de son enfance. Salvator s'efforçait de la consoler : « Patience, » lui disait-il, « je n'ai encore fait que la moitié de votre bon-

Je me vois en face d'un ange, c'était ma Magdeleine.

heur ; je veux achever mon œuvre en vous réconciliant avec ce diable d'oncle, qui, après tout, n'est pas un méchant homme. » Et Marianna lui souriait à travers ses larmes.

Il n'y a qu'heur et malheur dans la vie. Un matin, dès l'aurore, Antonio accourut, comme un fou, dans l'atelier de Salvator : « Ami, » s'écria-t-il, « Nous sommes perdus ! Pascal Capuzzi est à Florence ! Il a obtenu, hier soir, du grand-duc un ordre d'arrestation contre moi, comme ravisseur de sa nièce ! la police est à mes trousses !... »

« — Pourquoi faire ? » demanda tranquillement Salvator ; « N'êtes-vous point marié ? »

« — Oui, mais Capuzzi, avant de quitter Rome, s'est jeté aux pieds du pape ; et il a obtenu qu'après une enquête, mon mariage serait déclaré nul. »

« — En ce cas, mon cher, le remède serait pire que le mal, » reprit Salvator ; « et je ne crois pas que le Saint-Père arrive à temps pour rendre à Marianna tous ses priviléges de jeune fille. Au surplus, je ne vois rien là qui puisse vous inquiéter. Nicolo Musso se trouve, très à propos, à Florence, avec sa troupe. Signor Formica se chargera volontiers de vous tirer d'affaire. Allez rassurer de ma part l'excellente Marianna, et dites-lui qu'avant peu Capuzzi vous serrera tous deux sur son cœur. »

« — Ah ! maître, » s'écria Antonio, « ne vous jouez point de ma douleur ! le temps de nos folles équipées de Rome est passé ; je vais les expier cruellement !... »

« — Homme de peu de foi, » répliqua Salvator, « laissez-moi faire. J'ai traversé d'autres épreuves, et je veux vous prêter encore ma bonne étoile. »

XIII.

Le même jour, Pascal Capuzzi recevait une invitation cérémonieuse au nom de l'*Academia di Percossi*. Jamais jubilation ne fut égale à celle qu'il ressentit de cet honneur imprévu. Il perdit pour

Mon ange, ma bien-aimée, disait le plus laid des diables rouges.

un moment la mémoire de la grave affaire qui l'amenait à Florence. « Vive Dieu ! » s'écriait-t-il, en parcourant sa chambre à pas précipités, « Florence est une ville de premier ordre, où les gens distingués ne peuvent rester inaperçus. Il paraît que mon nom et mes œuvres obtiennent ici plus de justice qu'à Rome ! ne nous faisons pas trop attendre ! »

En répétant à satiété cette série d'exclamations, le baron se mit en devoir de mettre en ordre son costume favori. Le pourpoint d'Espagne fut brossé jusqu'à la corde ; la plume jaune du chapeau fut rafraîchie, les souliers s'embellirent de rosettes neuves du jonquille le plus éclatant, et Capuzzi, ceignant la rapière dont l'imprudent usage lui avait attiré une si cruelle avanie, ne fit qu'un saut de son hôtellerie au palais de l'*Académie de Percossi*. Il reçut, à son entrée dans la salle des séances, un accueil si merveilleusement flatteur, qu'il se crut à l'apogée de la gloire. Salvator Rosa, qui faisait partie du docte conclave, s'avança au-devant de lui, avec une dignité si courtoise, pour le présenter à l'assemblée et au public, que, sans chercher à s'expliquer comment son ennemi de Rome se trouvait à Florence, à point nommé, pour lui offrir une ovation, il se crut transporté au septième ciel, et ne songea plus qu'à jouir, de toutes les puissances de son être. Après la séance, il fut convié à un banquet magnifique, où quelques verres de Palma-Christi lui firent noyer dans une douce ivresse et ses chagrins domestiques et ses projets de vengeance. Profitant de cet état de béatitude, Salvator s'empressa d'exécuter, avec l'aide de ses amis, une petite charade improvisée, dont il se proposait de régaler Capuzzi, pour s'emparer entièrement de son esprit.

A un signal donné, les draperies qui fermaient au fond la salle du festin s'écartèrent lentement, et l'on vit apparaître, comme par magie, un bocage naturel, tout embaumé de fleurs.

« — Bonté divine! » s'écria Capuzzi, « que vois-je? C'est le théâtre de Nicolo Musso!.. »

Sans lui répondre, deux des convives, Évangélista Coricelli et Andréa Cavalcanti le prirent sous les bras, et l'entraînèrent doucement jusqu'au fauteuil disposé pour lui en face du spectacle qui s'apprêtait.

Presque aussitôt, apparut sur la scène signor Formica, sous l'habit de Pasquarello.

« — Damné Formica! » s'écria Capuzzi en s'élançant de sa place, les poings crispés. Mais ses deux voisins, qui ne l'avaient pas quitté, le forcèrent de se rasseoir. Le Pasquarello, pleurant à chaudes larmes, parlait de se couper la gorge ou de se noyer dans le Tibre; mais, par malheur, disait-il, la vue du sang lui causait des vertiges, et d'un autre côté, il se croyait incapable de se jeter à l'eau sans se mettre aussitôt à la nage.

Survint alors le docteur Graziano, qui lui demanda le sujet de son chagrin. « Hélas! » dit le Pasquarello, « ignorez-vous donc qu'un vil scélérat a enlevé la nièce de l'honorable virtuose Pascal Capuzzi? »

« — Eh bien! » répondit Graziano, « c'est l'affaire de dame justice..... »

« — Oui, certes, » reprit le Pasquarello, « tout fin qu'il puisse être, Antonio Scacciati n'échappera point à ses griffes. Il est arrêté, son mariage avec la jolie Marianna est cassé par le tribunal du Saint-Père, et la colombe fugitive est rentrée dans la cage de son digne oncle... »

« — Quoi, serait-il vrai?.. » s'écria Capuzzi, hors d'haleine; « ce coquin d'Antonio est déjà sous clé? O Formica, je te bénis! »

« — Taisez-vous donc, » lui dit à demi-voix un de ses gardiens; « votre tenue scandalise l'honorable assemblée. »

Cappuzi fit la plus laide grimace, en essayant de se contenir, pendant que le docteur Graziano poursuivait son colloque avec Formica. « — Oui, oui, tout est fini, tout est rompu, » disait celui-ci; « mais la pauvre Marianna ne survivra point à ce malheur; elle a juré de se tuer, et elle est femme à tenir parole! qui sait même si, au moment où je parle... »

A ces mots, des voix lointaines entonnèrent un *De profundis* en faux bourdon, puis des pénitents noirs firent le tour de la scène, en portant une bière ouverte où gisait, sous un blanc linceul orné de fleurs, l'image de Marianna. Un autre acteur, déguisé sous le costume et le masque de Capuzzi, suivait, en sanglotant, ce funèbre appareil.

Capuzzi sentit son cœur se fondre; il cacha son visage dans ses mains et se mit à pleurer amèrement, comme s'il eût assisté à son propre enterrement. Tout à coup un bruit lugubre lui fit relever la tête. La scène se couvrait de ténèbres, le tonnerre grondait, et l'on vit s'élever de terre un spectre gémissant : « — Pascal Capuzzi, » murmurait ce fantôme, d'une voix sépulcrale, « frère dénaturé, qu'as-tu fait de ma fille, que je t'avais confiée? Tu l'as tuée, Dieu te maudit! l'enfer t'attend!.. »

Capuzzi ne put résister à cette épreuve : l'illusion scénique était si parfaite, qu'il laissa échapper un cri perçant et glissa de son fauteuil, sans connaissance, aux pieds de Coricelli et de Cavalcanti, qui s'empressèrent de le secourir. « — Ah! ma pauvre enfant! » s'écria-t-il en reprenant ses sens, « je suis bien coupable envers toi! Le ciel est juste, je suis un monstre!.... »

Pour peu que cette crise eût duré, le bonhomme aurait perdu la raison. Salvator se hâta de faire un signe pour changer le caractère de la scène. Antonio et Marianna, qui se tenaient cachés pour le dénoûment, apparurent subitement et tombèrent aux genoux de Capuzzi, en couvrant de baisers ses mains défaillantes. Marianna implorait avec larmes son pardon et celui d'Antonio, qui lui appartenait devant Dieu.

A l'aspect de l'artiste détesté, Capuzzi fit un mouvement d'horreur; une malédiction errait sur ses lèvres qui n'avaient point la force d'articuler une parole. Marianna redoubla ses supplications : « — Grâce, » s'écriait-elle, « grâce pour Antonio, ou je me tue à vos pieds! »

Le chant lugubre du *De profundis* recommençait dans le lointain. Cette harmonie funèbre ébranla de nouveau toutes les fibres du cœur de Capuzzi, qui serra convulsivement sa nièce dans ses bras, comme pour s'assurer qu'il n'étreignait pas une ombre fugitive. L'attendrissement dominait peu à peu en lui tous les souvenirs, toutes les rancunes. « — Grâce! grâce! illustre maestro, » disaient en même temps autour de lui tous les témoins de ce combat des passions; « grâce pour votre nièce, au nom de votre génie, dont l'Italie est si fière! grâce pour Antonio Scacciati, dont le talent jettera un jour un si vif éclat sur votre maison! »

« — Eh bien!.. oui... oui... je pardonne, » bulbutia Capuzzi, « quoique vous m'ayez fait bien du mal! Je vous pardonne, et je vous aimerai comme un père!.. »

A peine achevait-il ces mots, proférés d'une voix entrecoupée de soupirs, que le rideau du fond se tira sur la scène. Formica jeta aux pieds de Capuzzi son masque et son déguisement de Pasquarello, désormais inutile, et lui tendit la main...

« — Salvator Rosa!!! » s'écrièrent à la fois Capuzzi, Antonio et Marianna.

« — Oui, mes amis, » répondit le grand artiste; « c'est moi qui ai voulu jouer aujourd'hui, pour la dernière fois, le rôle de Formica. C'est moi que, pendant six mois, les Romains, qui dénigraient mes tableaux, venaient applaudir chaque soir, sous ce nom, au théâtre de Nicolo Musso. Je me vengeais de leurs dédains en flagellant leurs ridicules, et aujourd'hui je leur pardonne, Capuzzi, car votre cœur me réconcilie avec eux... »

« — Maître Salvator, « dit Capuzzi, « tous les Romains n'ont pas été injustes envers vous, car, si je détestais votre personne, je n'ai jamais nié votre génie. Soyons amis! Je ne forme plus qu'un vœu, c'est de finir mes jours auprès de Marianna et de l'époux qu'elle a choisi. Un oncle de mon âge est un père, et j'espère qu'Antonio, malgré qu'il soit devenu un artiste déjà célèbre, ne refusera point de friser lui-même, chaque dimanche, ma moustache grise. C'est la punition que je lui impose pour prix de ses malices. Je ne crois pas être trop sévère?.. »

Mille baisers de Marianna lui fermèrent la bouche.

Salvator Rosa contemplait d'un regard profond et triste cette scène de famille, qui était son ouvrage. Il y avait un mystère sur son front pensif, mais nulle révélation de ce qui se passait dans son cœur ne tomba de ses lèvres plissées par un mélancolique sourire. Peu de jours après il quitta Florence, sans avertir Marianna ni son ami Antonio, qui ne le revirent jamais.

LE MAJORAT

I.

Au milieu d'une lande solitaire dont les bruyères arides côtoient les rives du lac de ***, le voyageur aperçoit encore les ruines d'un vieux manoir qui porte le nom de Reinsitten. A droite, le regard s'endort sur des eaux muettes, profondes, et d'une couleur toujours plombée par les brumes du Nord. A gauche semble fuir et se perdre à l'horizon lointain la lisière attristée d'une grande forêt de sapins qui entrelacent leurs bras noirs comme une armée de fantômes. Le ciel toujours morne de ce rude climat n'abrite que des oiseaux sinistres, et pèse comme un linceul sur ces grèves sauvages. Mais, à trois quarts de lieue de là, la contrée se transfigure; tout s'égaie : un charmant village surgit tout à coup, avec ses maisons blanches et coquettes, du sein de prairies plantureuses. Au bout de ce village verdoie un bois d'aulnes, non loin duquel apparaissent les premières assises d'un château qu'un des derniers seigneurs de Reinsitten se proposait de bâtir dans cette oasis. Mais la mort l'avait surpris sur son œuvre, et ses héritiers s'étaient peu souciés d'enfouir les ducats de la succession dans un monceau de pierres de taille.

Le baron Roderich de Reinsitten, résigné à partager avec les hiboux l'antique masure patrimoniale de ses ancêtres, s'était borné à en faire étayer les parties les plus délabrées, pour s'y établir tant bien que mal, avec une poignée de vieux domestiques aussi revêches, aussi peu communicatifs que leur maître. Il passait les jours à chevaucher çà et là sur les grèves abandonnées, sans jamais diriger ses pas vers le village, où son nom seul servait de menace aux enfants mutins. Au-dessus du donjon féodal, il avait fait pratiquer une espèce d'observatoire, garni de tous les instruments astronomiques connus en ce temps-là. Il s'y enfermait souvent, pendant des nuits entières, avec un vieil intendant dont le caractère bizarre et taciturne était la parfaite copie de son seigneur. Les paysans d'alentour lui attribuaient des connaissances magiques fort redoutables, et les notables du village disaient tout bas que le baron avait été banni de la cour de son souverain par suite de certaines découvertes qui accusaient ses relations avec les esprits infernaux. Quoi qu'il en fût, le baron avait un amour superstitieux pour son étrange domaine, et il voulut constituer cette propriété en majorat, pour lui rendre son importance féodale. Mais ses parents, au lieu de se grouper autour de lui avaient tous préféré vivre dans leurs terres de Courlande.

Roderich n'avait auprès de lui que deux sœurs de son père, auxquelles il donnait l'hospitalité. Ces deux dames, d'un âge avancé, occupaient une aile du manoir. Un chasseur infirme, décoré du titre de garde, habitait une espèce de pigeonnier. L'intendant et les serviteurs logeaient au village voisin. Chaque année, vers les derniers jours d'automne, quelques seigneurs du pays venaient visiter Roderich avec leurs meutes, et, pendant six semaines, on chassait à grand bruit les sangliers et les loups. Le manoir devenait alors une véritable hôtellerie ouverte à tout venant. Après la clôture des chasses, le manoir se replongeait dans la solitude et le silence; le baron, redevenu morose, partageait le reste de l'année entre ses rêveries astronomiques et les détails quotidiens de la juridiction qu'il exerçait sur ses paysans. Il était secondé dans cette partie des attributions seigneuriales par mon grand-oncle, l'avocat V***, dont la famille se transmettait de père en fils, et de temps presque immémorial, la charge de justicier des domaines de Reinsitten.

Au commencement de l'hiver de 179..., le respectable avocat, vieillard encore très-vert, malgré ses soixante-deux ans, me dit un jour avec un sourire de bonhomie : « Petit neveu, je t'emmène à Reinsitten. Ta santé délicate se fortifiera en respirant l'air des bois. Tu me rendras quelques services en rédigeant sous ma dictée les actes judiciaires, et tu apprendras, dans tes loisirs, le métier de franc chasseur. » Je fus ravi de cette proposition. Mes préparatifs de voyage n'étaient pas longs à faire, et, dès le lendemain, nous roulions, le grand-oncle et moi, dans une excellente berline, chaudement enveloppés d'épaisses fourrures, à travers les accidents pittoresques d'une contrée qui devenait à chaque pas plus agreste, à mesure que nous avancions vers le nord, à travers les grandes neiges et d'interminables forêts. Chemin faisant, le grand-oncle me racontait des anecdotes sur les habitants de Reinsitten; il me traçait la conduite que je devais tenir pour me rendre digne des bonnes grâces du baron, sans toutefois m'imposer aucune contrainte. Nous arrivâmes, en devisant de toutes choses, sur le territoire seigneurial, après un voyage de trois jours.

Il était nuit close quand notre berline entra dans le village; mais personne ne dormait. La maison de l'intendant était illuminée; on y entendait une musique dansante fort animée, et l'unique auberge du lieu avait mis en train tous ses fourneaux. Bientôt nous nous retrouvâmes sur la route qui devenait de moins en moins frayée, et disparaissait, çà et là, sous une épaisse couche de neige. La bise faisait gémir les eaux du lac et craquer avec un bruit sinistre les branches des grands pins; puis, au milieu d'une espèce de mer blanche, nous vîmes enfin se découper en noire silhouette la masse du vieux château. Un silence de mort pesait sur cette demeure, pas une clarté ne s'échappait de ses fenêtres taillées en meurtrières. Je trouvai cet abord extrêmement triste, et mon cœur se serra quand la berline s'arrêta sur le pont-levis, devant les herses.

« — Holà, hé, Franz!.. » criait mon grand-oncle, « holà, debout; veux-tu nous laisser figer sur la neige?.. »

L'aboiement rauque d'un chien de garde répondit d'abord à cet appel; puis le reflet d'une torche de résine agita les ombres, des bruits de clés grincèrent dans les serrures, et maître Franz nous salua d'un *qui vive* assez bourru. « Il n'y a, « dit-il, « que le diable en personne, ou M. le justicier, qui puisse arriver à pareille heure et avec un pareil temps. » Ce sauvage portier était un être fort chétif, assez comparable à un fagot de bois sec, roulé dans une casaque de peau qui eût largement abrité trois individus de sa taille. Il paraissait tout consterné de nous voir: « Comment ferai-je, » grommelait-il, « pour vous loger convenablement? Les chambres sont nues; toutes les vitres sont cassées; les quatre vents du bon Dieu se battent dans tous les coins du château, et je crois que le feu de l'enfer ne suffirait pas à vous réchauffer!.. »

« — Comment, maraud! » s'écria mon grand-oncle, en secouant la neige qui chargeait ses épaules, « tu n'as pas eu l'esprit de mettre en état la chambre que j'habite chaque fois que M. le baron a besoin de mes services? »

« — Hélas! » reprit Franz d'un ton piteux, « la chambre de M. le justicier est précisément, à l'heure qu'il est, la plus inhabitable, et il y a trois jours que le plancher de la salle d'audience s'est écroulé de vieillesse!.. »

Mon grand-oncle, qui aimait beaucoup ses aises, se mit à grelotter comme une girouette en temps d'orage. Mais il fallait se résigner. « Petit neveu, » me dit-il, « à la guerre comme à la guerre; nous allons tâcher de camper le moins mal possible, pour cette nuit. »

« — M. le baron, » reprit Franz, « a cependant donné des ordres pour qu'un autre logement fût préparé pour M. le justicier, mais celui-là ne vaut pas l'ancien... »

« — C'est bon, c'est bon, marche devant, vieux cerbère, et une autre fois, ne me fais pas attendre, le nez au vent, et les pieds dans la glace. »

Franz obéit, l'oreille basse, et nous précéda le long d'une galerie sur laquelle s'ouvraient des salles démantelées, où la bise s'engouffrait en hurlant. Au bout de cette galerie, nous fûmes introduits dans un grand salon peu meublé, mais un feu vif resplendissait sous la haute cheminée, et cet aspect nous réconforta en attendant le souper, dont Franz fit sur-le-champ les apprêts. Après le repas, mon grand-oncle alluma une jatte de punch, bourra sa pipe et congédia le vieux serviteur. Deux bougies et les reflets mourants du foyer faisaient chatoyer de mille capricieuses façons les ornements gothiques de cette salle. Des tableaux représentant des chasses ou des combats étaient appendus aux parois, et les crépitations vacillantes du feu semblaient faire mouvoir les personnages de ces peintures. Je remarquai des portraits de famille, de grandeur naturelle, et qui gardaient sans doute le souvenir des membres les plus illustres de la race des Reinsitten. Sur un côté de la muraille s'étendait une haute et large tache blanche, qui figurait la place d'une porte murée. Je ne prêtai guère d'attention à ce détail qui ne pouvait éveiller aucune curiosité. Mon imagination ne s'occupait que de l'ensemble sauvage de ce château délabré. Je restai près du feu, pendant que le grand-oncle se couchait dans un cabinet voisin, et je me mis à feuilleter un volume qui se trouvait là par hasard; c'était le *Visionnaire*, de Schiller, lecture tout à fait de circonstance pour un esprit disposé à peupler de fantômes ce séjour inconnu.

J'étais plongé depuis quelque temps dans une espèce d'hallucination paisible, lorsque des pas légers, mais également cadencés, me semblèrent traverser la salle. Je prête l'oreille; un gémissement sourd se fait entendre, cesse, puis recommence. Je crois ouïr gratter derrière la tache blanche qui figure une porte murée. Plus de doute, me dis-je, c'est quelque pauvre animal, chien ou chat, qui se trouve enfermé de l'autre côté. Je frappe du pied le plancher et j'écoute encore. O terreur! on continue de gratter, et, cette fois, c'est avec une espèce de rage; mais nul autre signe de vie n'est donné. Déjà mon sang s'arrête dans mes veines; les idées les plus incohérentes viennent m'assaillir, et me voilà cloué sur ma chaise, sans oser faire un mouvement, lorsqu'enfin la griffe mystérieuse cesse de gratter et les pas recommencent. Je me lève comme par ressort, j'avance vers le fond de la chambre qui se perd dans l'ombre; tout à coup un courant d'air glacé passe sur mes joues, et au même instant la lune, perçant un nuage, éclaire d'un reflet qui tremble un portrait d'homme en pied, à face rébarbative; puis, des voix mystérieuses murmurent autour de moi ces paroles, pareilles à des sanglots : « Pas plus loin! tu vas tomber dans l'abîme du monde invisible! » Alors un bruit de porte qui se ferme avec violence fait tressaillir la salle où je suis. J'entends distinctement courir dans la galerie; puis, le pas d'un cheval résonne sur les pavés de la cour; la herse se lève et quelqu'un sort et rentre presque aussitôt...

Tout cela est-il bien réel, ou n'est-ce qu'un rêve de mon esprit en délire? Pendant que je lutte contre mes doutes, j'entends mon grand-oncle soupirer dans la chambre voisine. S'éveille-t-il? Je prends le flambeau et j'entre : il se débat contre l'angoisse d'un mauvais songe. Je saisis sa main, je le secoue, je l'éveille, il pousse un cri étouffé; mais aussitôt, me reconnaissant : « Merci, petit-neveu, » dit-il avec un sourire contraint; « je rêvassais à propos de ce château et de certaines vieilles histoires que j'ai vu s'y passer. Mais bast, il vaut mieux dormir que de penser à tout cela; va te coucher. » En achevant ces mots, il ramena le drap sur son visage et parut se rendormir. Mais quand j'eus éteint le feu et gagné mon petit lit, j'entendis le digne grand-oncle murmurer tout bas des prières, et, sans trop savoir pourquoi, je fis comme lui.

II.

Le lendemain, nous allâmes, vers midi, présenter nos hommages aux deux châtelaines, que Frantz avait averties de notre arrivée. Ces dames, vêtues à la mode du siècle précédent, me firent l'effet de deux caricatures; elles étaient chargées d'oripeaux et de paillettes comme des bannières d'église. Le grand-oncle me présenta comme un jeune légiste de ses parents, qui venait faire son stage à Reinsitten. Mais les deux vieilles avaient sans doute démêlé, malgré tous mes efforts, l'envie de rire qui me serrait la gorge. Leurs yeux bordés d'un rouge sanglant, leur nez crochu et leur bouche édentée, exécutèrent une pantomime dont l'expression ne m'était rien moins que favorable.

Le soir de ce premier jour, comme j'étais avec mon grand-oncle, assis dans notre chambre, les pieds sur les chenets et le menton enfoncé dans ma poitrine, « — Quel diable t'a donc ensorcelé hier? » s'écria l'excellent avocat, « tu ne bois ni ne manges, et tu as toute la mine d'un fossoyeur... » Je ne crus pas devoir cacher au grand-oncle ce qui causait mon malaise. En m'écoutant, il devint très-sérieux. « — Ce que tu me dis là, » s'écria-t-il après une pause, « me paraît bien étrange! J'ai vu en rêve tout ce que tu dis avoir entendu. J'ai vu un hideux fantôme entrer dans la chambre, se traîner jusqu'à la porte murée, et gratter à cette porte avec une telle fureur que ses doigts étaient écorchés jusqu'à l'os. Ensuite, ce fantôme descendit, fit sortir de l'écurie un cheval et l'y ramena presque aussitôt. J'en étais là de mon rêve, quand tu es venu m'éveiller. Rendu à moi-même, j'ai surmonté l'horreur secrète qui naît toujours des moindres rapports avec le monde invisible. C'est sans doute une illusion, je veux le croire, mais enfin, aurais-tu, cette nuit, le courage d'attendre, à mes côtés, les yeux ouverts, la prochaine visite du spectre qui nous a dérangés hier? » « — Oui, certes, » m'écriai-je. « — Eh bien! » reprit le grand-oncle, « c'est chose convenue. S'il y a, dans cette aventure, quelque chose de réel, je prierai pour l'âme en peine qui revient peut-être implorer les vivants. Quel que soit le résultat de notre attente, tu en porteras témoignage. Il existe un motif secret qui éloigne de ce domaine la plupart des membres de la famille de Reinsitten. Ce secret, je veux le découvrir, et comme ma curiosité n'a rien de coupable, comme je ne veux user de sa révélation, si je l'obtiens, que dans le but de faire le bien, l'esprit de ténèbres ne peut avoir sur nous aucune puissance. »

Frantz nous servit, comme le soir précédent, un souper confortable et la jatte de punch, puis il se retira. Quand nous fûmes seuls, la pleine lune brillait du plus vif éclat; la bise grondait effarée dans la forêt voisine et, de minute en minute, les vitraux de la fenêtre gémissaient dans leurs châssis de plomb. Mon grand-oncle avait posé sur la table sa montre à répétition. Quand elle sonna le dernier coup de minuit, nous entendîmes très-distinctement le bruit d'une porte qui s'ouvre dans une chambre voisine, et les pas que j'avais ouïs la nuit passée recommencèrent à se traîner sur le plancher.

Mon grand-oncle pâlit, mais il se leva, tourné vers le côté de la chambre où se voyait la tache blanche en forme de porte murée. Des sanglots se mêlèrent bientôt au frôlement des pas inconnus; puis on entendit, comme la veille, gratter avec acharnement. Alors, mon grand-oncle s'avança jusqu'au mur, et, d'une voix haute, il cria : « — Daniel! Daniel! que fais-tu ici à cette heure?.. »

Un cri lamentable répondit à cette interrogation, et fut suivi d'une lourde chute. « Demande pardon à Dieu! » reprit mon grand-oncle, dont la voix s'élevait avec une puissance qui me fit frissonner; « demande pardon à Dieu, et, si Dieu ne te l'accorde point, ne reparais jamais ici, ou tu es maudit!.. »

Il me sembla alors qu'un sourd et long gémissement se perdit au dehors parmi les rafales du vent nocturne; mon grand-oncle revint à pas lents jusqu'à son fauteuil. Il y avait sur sa physionomie un reflet d'inspiration surhumaine; ses yeux flamboyaient comme des étoiles. Il se rassit devant le feu, et, les mains jointes, l'attitude recueillie, il parut prier pendant quelques minutes. « Petit-neveu, » me dit-il ensuite, « que penses-tu de tout cela? »

Saisi de crainte et de respect, je m'agenouillai devant le vieillard, et je couvris ses mains de larmes que je ne pouvais plus retenir. « Allons, » reprit-il, « il n'y a rien à craindre; tout est calme pour le reste de la nuit; va te reposer, petit, et tâche de bien dormir. »

III.

Peu de temps après notre installation à Reinsitten s'ouvrirent les chasses d'hiver. Le baron Roderich y arriva avec sa femme, et les gentilshommes de la contrée ne tardèrent point à se réunir. Le château sembla sortir de ses ruines pour prendre une physionomie de gala. Le baron parut très-contrarié de l'accident qui avait forcé son justicier de changer de logement. En visitant notre local, il jeta un regard sur la porte murée, et recula d'un pas, en passant la main sur son front, comme pour en effacer un souvenir désagréable. Il gronda rudement le vieux Frantz de ne nous avoir pas installés ailleurs, et pria mon grand-oncle de se comporter au château avec toute l'aisance d'un propriétaire. Quant à moi, il ne m'honora pas même d'un coup d'œil, et je remarquai bientôt que ma présence lui déplaisait, sans que je pusse m'expliquer le motif de cette répulsion.

La baronne Séraphine de Reinsitten m'avait émerveillé par sa grâce idéale. Elle m'apparaissait comme un ange de lumière, plus capable que tous les exorcismes du monde de chasser les mauvais génies du château. La première fois que cette ravissante personne voulut bien m'adresser la parole pour me demander si je me plaisais dans la morne solitude de ce domaine, je fus tellement saisi du charme de sa voix et de la céleste mélancolie de ses regards, que je ne trouvai pour lui répondre que des monosyllabes sans suite, qui durent me faire passer à ses yeux pour le plus timide ou le plus niais des adolescents. Les vieilles châtelaines, témoins de ma gaucherie, voulurent bien me considérer dès ce moment comme un garçon sans conséquence et dont il ne fallait redouter aucune incartade; elles daignèrent me recommander à la bienveillance de la baronne Séraphine. Malgré le chagrin que m'inspirait mon infériorité sociale devant cette noble et gracieuse personne, je sentis s'allumer dans mon cœur le foyer d'une irrésistible passion; et, quelque persuadé que je fusse de la folie d'un pareil sentiment, il me fut impossible d'en refouler les attaques. Par instants, je tombais dans une espèce de délire, et pendant des nuits entières, livré à toutes les angoisses de l'insomnie, j'appelais Séraphine avec des transports de désespoir. Une belle nuit, mon grand-oncle, éveillé en sursaut par mes monologues extravagants, me cria de son lit : « Petit, petit, est-ce que tu perds la cervelle? Sois amoureux tout le long du jour, c'est de ton âge; mais la nuit est faite par le bon Dieu pour dormir!.. » Il borna là sa mercuriale, mais le lendemain, en nous rendant à la salle d'audience judiciaire, il prononça gravement ces paroles, dont je pouvais faire mon profit : « Plaise à Dieu que chacun, ici, sache veiller sur soi prudemment! » puis, se tournant vers moi, il ajouta : « Petit neveu, tâche d'oublier un moment ton doux fantôme, afin d'écrire sans frissonner, car il y a des jours où ton griffonnage devient illisible. »

La place à table du grand-oncle était à la droite de la belle baronne, et cette faveur faisait bien des jaloux. Je me glissais ici et là, comme je pouvais, parmi les autres convives, qui se composaient souvent d'officiers de la garnison voisine, auxquels il fallait tenir tête, le verre à la main. Un soir, cependant, un hasard inespéré me rapprocha de Séraphine. Je venais d'offrir mon bras à la dame de compagnie pour passer dans la salle à manger, et quand nous nous retournâmes pour saluer, je remarquai, en tressaillant de bonheur, que j'étais tout près de la baronne. Un doux regard me permit de m'asseoir à la place que je trouvais libre à ses côtés. Tant que dura le repas, au lieu de manger, je ne fis qu'entretenir, avec la dame de compagnie, une conversation dans laquelle tout ce que je trouvais à dire de délicat s'adressait droit à Séraphine, que mes regards ne quittaient pas. Après le souper, Séraphine, en faisant les honneurs de son salon, s'approcha de moi, et me demanda gracieusement, comme la première fois, si je me plaisais au château. Je répondis de mon mieux que, dès l'abord, ce sauvage domaine m'avait offert un séjour assez pénible; mais que, depuis l'arrivée de M. le baron, ce triste aspect avait bien changé, et que, si j'avais un vœu à former, ce serait uniquement de me voir dispensé de suivre les chasses. « Mais, » dit la baronne, « n'ai-je pas ouï dire que vous étiez musicien, et même poëte? J'aime les arts avec passion, et j'ai, assure-t-on, quelque talent sur la harpe; mais c'est un plaisir dont il faut que je me prive ici, car mon mari déteste la musique. » Je me hâtai de répliquer que madame la baronne pourrait bien se procurer, durant les longues chasses de son mari, le plaisir de faire un peu de musique. Il était impossible qu'on ne trouvât pas au moins quelques clavecins dans le garde-meuble du château.

Mademoiselle Adelheid, la dame de compagnie, eut beau se récrier et jurer que, de mémoire d'homme, on n'avait entendu à Reinsitten que les fanfares du cor et les hurlements des meutes, je me faisais fort de réussir dans mon projet, lorsque nous vîmes passer Frantz. « En vérité, » s'écria mademoiselle Adelheid, « voilà le seul homme que je sache capable de donner un bon avis dans les cas les plus embarrassants; je défie qu'on parvienne à lui faire prononcer le mot *impossible*. » Nous appelâmes maître Frantz. Le bonhomme, après avoir tourné mille fois son bonnet dans ses mains, finit par se souvenir que l'épouse de M. l'intendant, qui demeurait au village voisin, possédait un clavecin dont elle s'accompagnait autrefois pour chanter avec un accent si pathétique, qu'en l'écoutant chacun pleurait comme s'il se fût frotté les yeux avec une pelure d'oignon.

« — Un clavecin! nous aurons un clavecin! » s'écria mademoiselle Adelheid.

« — Oui, » dit Frantz, « mais il lui est arrivé un petit malheur. L'organiste du village, ayant voulu essayer dessus l'air d'un cantique de son invention, a disloqué la machine en la touchant; de sorte qu'il a fallu faire porter le clavecin à la ville prochaine, pour le remettre sur pieds... »

En ce moment, le baron parut tout à coup, comme s'il fût sorti de terre, et passa auprès de sa femme en lui jetant ces mots à demi-voix : « Eh bien, chère amie, Frantz est-il toujours l'homme aux bons avis?.. »

La baronne rougit et se tut. Frantz tournait son chapeau dans ses doigts. Les vieilles châtelaines, qui suivaient le baron à quelques pas, emmenèrent Séraphine. Mademoiselle Adelheid les accompagna, et je restai seul, maugréant contre le fâcheux hasard qui avait interrompu, dès le commencement, ce doux entretien que je n'espérais plus renouer. Je crois que je serais encore cloué à cette place, si mon grand-oncle, survenant à pas de loup, ne m'eût frappé doucement sur l'épaule en me disant : « Petit-neveu, tâchons de ne pas courtiser de si près la jolie baronne; il ne faut pas jouer avec le feu!.. » Je voulus me défendre, mais il haussa les épaules, posa un doigt sur ses lèvres, et me quitta.

IV.

Le même soir, il y eut bal au château. Mon grand-oncle, qui avait peu de goût pour les plaisirs bruyants, s'était retiré dans sa chambre, comme à l'ordinaire, pour se livrer au repos. Quant à moi, j'achevais ma toilette avec tout le soin imaginable, lorsque Frantz vint frapper à ma porte et m'annonça que le clavecin de madame l'intendante venait d'être apporté du village ; que la baronne l'avait fait installer dans sa chambre, et qu'elle m'attendait, avec mademoiselle Adelheid, pour l'essayer.

Jugez du frémissement de bonheur qui agita tout mon être. Je me sentais ivre d'amour et brûlant de désirs. Je courus chez Séraphine, que je trouvai déjà parée pour le bal.

« Théodore, » me dit-elle, « voilà l'instrument que nous désirions : venez tenir votre promesse. »

Ce clavecin formait entre la belle baronne et moi une sorte de lien électrique. Une révolution soudaine s'opéra dans toute ma personne : ma timidité s'effaçait, ma gaucherie disparut ; il ne resta que l'amour dont j'étais embrasé. Je préludai sur cet instrument béni par ces tendres symphonies qui peignent, avec tant de poésie, les passions des contrées méridionales. Séraphine, debout devant moi, m'écoutait de toute son âme. Je voyais ses yeux rayonner ; j'aspirais les frissons qui faisaient palpiter son sein ; je sentais sa tiède haleine voltiger autour de moi comme un baiser d'ange, et mon âme s'en allait vers les cieux. Tout à coup sa physionomie parut se transfigurer, ses lèvres murmurèrent des sons divins, et sa voix éclata dans un chant d'amour que j'accompagnais de notes merveilleuses. Cette heure ouvrait devant nous un monde de céleste poésie ; je nageais dans un océan de sensations inconnues, et je suppliais Dieu de m'ôter la vie plutôt que de faire cesser ce bonheur mystérieux. Quand je sortis de cette extase, Séraphine me contemplait en rougissant. « Merci, » me dit-elle, « merci de cette heure heureuse que je vous dois et que je n'oublierai jamais!... » Je voulus me jeter à ses pieds, mais elle disparut comme un rêve. Je la retrouvai dans la salle de bal, sans pouvoir me rapprocher d'elle. Quand je retournai près du grand-oncle, je le trouvai couché et soucieux. « Petit, petit, » me dit-il, « nous courons sur une glace qui cache un abîme ; au diable la musique, si elle doit te faire faire des sottises! » J'allais répondre, mais le bon vieillard ne m'en donna point le temps : « Je sais ce que je sais, » reprit-il, « et je n'ai pas toujours besoin de mes yeux pour voir. Prends garde à toi! »

« — Cher oncle, » m'écriai-je enfin, après avoir recueilli toute mon audace, « me croyez-vous capable de chercher à séduire l'épouse du baron?.. »

« — Tais-toi, magot, tais-toi! » répliqua-t-il ; « si j'avais un pareil soupçon, je te ferais sauter par les fenêtres! »

Cette sortie violente me frappa de stupeur. Je ne savais trop comment me justifier, et je sentais ma conscience un peu chargée. Le grand-oncle m'imposait trop de respect pour qu'il me fût possible de lutter d'effronterie avec ses reproches. Dès le lendemain, il m'accabla de travail pour m'ôter le moindre loisir qui pût m'entraîner sur les pas de Séraphine. Cependant, je parvins peu à peu à mettre sa surveillance en défaut, pour reprendre, à certaines heures, mon cours d'amour platonique avec accompagnement de clavecin. Mademoiselle Adelheid était fort habile pour me ménager des moments d'entrevue avec sa belle maîtresse. Comme elle était toujours présente, j'étais garanti des périls du tête-à-tête. Mais je ne tardai guère à remarquer que la baronne portait au fond de son cœur une mélancolie secrète qui consumait sa vie peu à peu.

Un soir, elle ne parut pas au dîner. Les convives s'informèrent avec empressement du motif de cette absence. « Oh! mon Dieu, » dit le baron Roderich, « il n'y a pas de quoi s'inquiéter. L'air un peu vif de cette contrée et la fatigue qui peut résulter de l'abus des études musicales auxquelles la baronne se livre depuis quelque temps, sont les seules causes de sa légère indisposition. » En disant cela, le baron me lançait un regard détourné qui n'annonçait rien de bon. Une assez vive anxiété s'empara de mon esprit ; et, quoique je n'eusse rien de bien grave à me reprocher, la physionomie d'un mari soupçonneux me paraissait chose dont il fallait se défier. Outre que je pouvais tout attendre de sa colère, je ne devais pas exposer Séraphine à des scènes jalouses, contre lesquelles il m'était interdit de la protéger. Je n'avais qu'un seul parti à prendre pour éloigner l'orage ; c'était de quitter le château. Mais renoncer au bonheur de voir Séraphine me semblait un sacrifice au-dessus de mes forces. Ma cervelle battait la campagne, et je saisis avec empressement l'occasion de suivre une chasse au loup, pour me soustraire aux tourments de ma pensée.

Le manoir de Reinsitten.

V.

En arrivant dans la forêt, les chasseurs prirent leur distance pour cerner les loups. La neige tombait à gros flocons avec une brume épaisse. Au bout d'une heure, le froid me gagnait; je cherchai un abri dans un fourré, et après avoir appuyé ma carabine contre une branche de pin, je me remis de plus belle à rêver à Séraphine et aux malheurs qui nous menaçaient. Bientôt des coups de feu éclatent sur toute la ligne, et à dix pas de l'endroit où je m'abritais se dresse un énorme loup. Je l'ajuste, je tire, je le manque! Il fond sur moi, gueule béante, mais le sang-froid ne m'abandonne point; je reçois l'animal furieux sur la pointe de mon couteau de chasse, et il s'enferre jusqu'à la garde. Les forestiers, les chasseurs, le baron lui-même, accourent à mes cris de triomphe. J'étais couvert de sang, on me croit blessé, on m'entoure avec les témoignages du plus vif intérêt. Dieu sait tous les éloges que me valut cet exploit. Le baron me prodigua tant de marques de sympathie, en voulant me ramener au château appuyé sur son bras, que toutes mes appréhensions se dissipèrent. Je me reprochais intérieurement ma trop grande facilité à soupçonner des périls imaginaires; je me persuadais que le baron ne ressentait pas la moindre défiance, et les doux fantômes de l'amour heureux se mirent à me faire un cortége triomphal.

Le soir, mademoiselle Adelheid vint me chercher pour aller faire de la musique chez la baronne. En me voyant paraître, Séraphine se montra tout émue de l'accident qui eût pu m'être si fatal. Elle me fit promettre de ne plus m'exposer. Sa voix était si douce, son regard si pénétrant, qu'à mon insu, au lieu d'aller au clavecin, je me trouvai à côté d'elle sur le sofa, couvrant ses mains de baisers brûlants. Elle me laissait faire, et ne se défendait point. Je m'enhardis jusqu'à lui avouer les craintes que m'inspiraient parfois les traits assombris du baron. « Vous ne le connaissez point, » me répondait Séraphine en souriant; « Roderich est au contraire un homme de mœurs fort douces et plein de bienveillance. Ce n'est qu'ici que son caractère prend cette teinte lugubre, sous l'empire d'une idée fixe dont tous les membres de sa famille sont également poursuivis. On raconte des choses extraordinaires sur le compte du fondateur du majorat de Reinsitten; on dit, entre autres, que ce château renferme un secret terrible, qu'un fantôme y vient, à certaines heures, tourmenter le propriétaire, et l'obliger de fuir. Quoique je ne croie guère aux sortiléges et aux apparitions, je ne puis moi-même me défendre d'une terreur singulière pendant tout le temps que je passe dans ce vieux manoir. Cela

Maintenant, mon cher petit Théodore, j'ai pour vous une amitié de sœur.

me fait cruellement souffrir, et ce n'est qu'à la musique que je dois un peu de soulagement. Maintenant, mon cher petit Théodore, j'ai pour vous l'affection d'une sœur, et je ne cherche point à le dissimuler; mais j'aime mon époux, et je ne le tromperai jamais. Si vous voulez me revoir, ne me parlez jamais d'amour!.. » En achevant ces mots, la baronne me serra la main et disparut.

Quand je rentrai près de mon grand-oncle, mon cœur était prêt à se briser; j'avais les yeux inondés de larmes. La froide vertu de Séraphine, la défense qu'elle m'avait faite de lui parler d'amour, les sensations que je rapportais de cette dernière entrevue me jetaient hors de moi-même. Je sanglotais si fort que le justicier s'éveilla. «Petit-neveu,» me dit-il, « je sais ce qui se passe; tu n'es point sage, et tout cela finira mal! fais-moi le plaisir de te coucher, et de ne pas me rompre la tête! »

Cette prosaïque apostrophe me rappela rudement à la vie réelle; mais il fallait obéir et se taire. A peine étais-je au lit, qu'un bruit de pas précipités se fit entendre dans la galerie. On vint frapper à coups redoublés à la porte de notre chambre. «Monsieur le justicier, » criait la voix de Frantz, « levez-vous au plus vite; M. le baron vous demande en toute hâte; on dit que madame la baronne est à la mort!.. »

J'avais à peine rallumé le flambeau, et ouvert la porte en tremblant, que le baron parut. « Mon cher V***, » dit-il, « puis-je avoir tout de suite avec vous un entretien?.. »

« — Je vous suis, monsieur le baron, » répondit mon grand-oncle en passant sa robe de chambre; et, en même temps, il m'ordonna fort sèchement de regagner mon lit, et m'enferma sous double tour de clé. Je tombai à genoux derrière la porte, en cherchant à saisir la signification du moindre bruit qui parviendrait à mon oreille. J'entendis le baron prononcer mon nom en s'éloignant avec le grand-oncle, puis, plus rien. Cette situation dura une heure qui me parut un siècle. Le grand-oncle revint enfin. « Qu'est-elle devenue? » m'écriai-je avec délire, « je veux la revoir, vivante ou morte! je l'aime, je l'aime! rendez-la-moi, ou je me tue à vos pieds!.. »

« — Malheureux! » répondit mon grand-oncle avec un calme effrayant, « crois-tu que ta vie aurait pour moi la plus minime valeur, s'il fallait, pour la sauver, risquer l'honneur d'une noble famille dont je possède la confiance! De quel droit ridicule oserais-tu pénétrer près du lit de douleur où gît une femme que je te défends de revoir, car tu es la cause de ses souffrances?.. »

En l'écoutant, je crus que j'allais rendre l'âme. Le digne homme eut pitié de moi; il s'adoucit et me prodigua des soins paternels. Quand je fus

LAGNY. — Imprimerie de VIALAT et Cie.

remis de cette crise, il m'apprit que l'état de la baronne n'avait rien de dangereux ; que c'était une surexcitation nerveuse à laquelle sa délicate constitution se trouvait souvent exposée. Peu d'instants après, Frantz revint nous annoncer officiellement que le malaise était complétement dissipé. Je ne puis retenir un cri de joie, mais, heureusement, le vieux Frantz était incapable d'en comprendre le vrai sens. « Petit, » reprit le grand-oncle, « je vois que tu ne profites pas de mes conseils ; et cependant tu ferais ici une fort sotte figure, si tu t'avisais de te croire quelque chose de plus qu'un échappé des bancs de l'Université. J'ai l'œil ouvert sur toi, et, à la première incartade, je te réserve une bonne leçon qui te prouvera que tu n'es qu'un enfant. Là-dessus, laisse-moi dormir, et, si tu veilles, tâche de réfléchir un peu sur le ridicule de tes petites passions. »

Nonobstant cette mercuriale, je me levai à pas de loup, avec l'aurore, pour aller demander à mademoiselle Adelheid des nouvelles de sa maîtresse. Mais, au seuil de l'appartement, je me trouvai face à face avec le baron. Son aspect produisit sur moi l'effet de la tête de Méduse.

« — Que venez-vous faire ici ? » me demanda-t-il, en me toisant d'un regard que je n'oublierai jamais.

« — Monsieur le baron, » répondis-je en balbutiant, et avec la contenance d'un écolier pris en faute, « je venais... m'informer... de... la santé de... madame votre épouse... »

« — Tout va bien, » reprit vivement le baron, en continuant de me couver du regard.

J'allais me retirer tout déconcerté de mon peu d'aplomb, lorsqu'il ajouta : « Puisque vous voilà, jeune homme, j'ai à vous parler. Suivez-moi. »

VI.

La foudre tombant à mes côtés ne m'eût pas causé un effroi plus glacial. En une seule minute, mon esprit parcourut toute la série des malheurs qui devaient pleuvoir sur ma tête. Je me voyais en présence d'un mari offensé, tout-puissant, qui avait peut-être lu dans mon cœur, ou qu'une fatale délation avait instruit de ma passion pour Séraphine. Il allait, sans doute, exiger de moi un compte terrible de mon imprudence. Ma démarche de ce matin pouvait autoriser ses soupçons et prêter à ma conduite les couleurs les plus criminelles. Mais l'excès même du péril que j'entrevoyais me rendit presque aussitôt une énergie dont je ne me serais jamais cru capable. En suivant le baron, je fouillai dans ma poche pour y chercher un petit couteau dont j'étais résolu de me faire une arme, ne fût-ce que pour ne pas succomber sans un essai de résistance, dans le cas où cette aventure tournerait au tragique.

Arrivé dans sa chambre, le baron ferma la porte avec soin, fit plusieurs tours de long en large avec une certaine agitation, et vint se poser en face de moi, les bras croisés. « Jeune homme, » reprit-il, « j'ai à vous parler. »

Tout mon courage mit alors flamberge au vent dans cette réponse : « J'espère, monsieur, que ce que vous avez à me dire ne me réduira point à la cruelle nécessité de vous demander une réparation. »

Le baron me regarda comme s'il n'avait pas compris ; puis, il fit encore plusieurs tours dans la chambre, le front penché sur la poitrine, comme un homme qui réfléchit profondément. Un moment après, je le vis décrocher une carabine dont il visita l'amorce, sans mot dire. Je frissonnai de tous mes membres, en serrant mon petit couteau, et je fis un pas en avant, prêt à sauter sur mon adversaire, au moindre geste qu'il ferait pour m'ajuster.

« — Voilà une belle arme ! » dit le baron, en remettant la carabine à sa place. Je ne savais que penser de ma bizarre situation, lorsqu'il revint à moi, et, me posant une main sur l'épaule, me parla en ces termes : « Monsieur Théodore, je dois vous paraître un peu singulier, n'est-ce pas ? Les inquiétudes de cette nuit m'ont tout bouleversé. L'état de ma femme ne devait pas m'inquiéter ; mais il y a, dans ce château, je ne sais quel mauvais génie qui s'attache à mes pas. C'est la première fois que ma femme tombe malade ici, et vous en êtes la cause unique... »

« Bon, » me dis-je, « l'orage va éclater. »

« Je voudrais, » poursuivit le baron, « que ce maudit clavecin se fût brisé en mille pièces, le jour de son entrée ici. Ma femme est si frêlement organisée, que la moindre secousse pourrait la tuer. Eh bien, la musique agace horriblement ses nerfs, et c'est vous qui lui avez donné la fatale idée de faire apporter un clavecin. De plus, il paraîtrait que vous lui auriez raconté je ne sais quelle histoire fantasmagorique à propos de ce château. Il faut me répéter cette histoire. »

La tournure que prenait notre entretien m'avait complétement rassuré. Délivré de toute crainte, je me mis en devoir de confesser au baron tous les détails de ce que nous avions entendu, la nuit, derrière la porte murée, sans omettre les paroles, incompréhensibles, pour moi, de mon grand-oncle.

« Oui, oui, » disait le baron en m'écoutant, « M. le justicier V*** est en quelque sorte l'ange tutélaire de ce domaine. Il faut que j'obtienne de lui qu'il ne s'en éloigne plus ! » Et, comme je gardais le silence, il me prit la main et ajouta : « C'est vous, jeune homme, qui avez troublé le calme dont ma femme a si grand besoin ; il n'y a donc, ici, que vous qui puissiez opérer sa parfaite guérison. »

Je devins rouge jusqu'au blanc des yeux. Le baron me regarda, en souriant de mon embarras, et reprit, d'un ton légèrement ironique : « Vous n'avez pas à combattre une maladie bien dangereuse, et voici le service que j'attends de vous. La baronne est entièrement sous le charme de votre... musique. Il serait donc mal de l'en priver violemment, et je vous autorise à continuer, mais j'exige que vous changiez... le genre des morceaux que vous exécutez ensemble. Je désire aussi que vous lui parliez souvent de... l'aventure nocturne que vous lui avez racontée. Elle se familiarisera avec cette rêverie noire, et finira par ne plus s'affecter. Vous me comprenez bien, n'est-ce pas? je compte sur votre... exactitude. »

Là-dessus, le baron me quitta brusquement, sans attendre un mot de réponse. Je restai confondu de me voir jugé comme un être de si peu de conséquence, et de n'avoir pas même eu l'honneur d'exciter la jalousie de cet homme, par mes assiduités auprès de la plus belle femme qu'il fût possible d'imaginer. Mon rêve héroïque était brisé; je tombais au niveau de l'enfant qui prend au sérieux sa couronne de papier doré.

VII.

Mon grand-oncle, à son réveil, surpris de mon absence matinale, et persuadé que j'avais fait quelque nouvelle imprudence, attendait mon retour avec anxiété. « D'où viens-tu, petit scélérat? » me cria-t-il du plus loin qu'il m'aperçut.

« — Je viens, » lui dis-je, encore tout ému de mon aventure, « je viens d'avoir une explication avec le baron. »

« — Ah! le malheureux enfant! » s'écria le bon vieillard, « je savais bien que tout cela finirait par un coup de tonnerre! »

« — Le tonnerre est tombé dans l'eau, » me hâtai-je de répliquer; « et j'avoue que c'est ce qui me flatte le moins. » Je racontai notre conversation.

« — Tu n'as que la moitié de ce que tu méritais, » reprit le grand-oncle; « si le baron n'était pas le meilleur homme du monde, et si nous n'avions pas ri de tes fredaines, il aurait pu t'en cuire. Tâche de profiter de la leçon. »

Je souffrais au fond de l'âme, et je rêvais déjà aux moyens de venger mon orgueil; mais je me gardai bien de laisser soupçonner ce qui se passait en moi; je venais d'apprendre à dissimuler.

La baronne Séraphine parut à table. Elle était vêtue de blanc, et son pâle visage portait les traces d'une douleur à peine calmée. Elle était adorable ainsi, mais je ne pouvais me défendre d'une certaine rancune contre elle; il me semblait qu'elle faisait cause commune avec les êtres qui m'avaient mystifié. Je croyais lire de l'ironie dans l'expression de ses yeux à demi voilés, et ses paroles bienveillantes et douces n'avaient plus pour moi le même charme. J'eus soin de me placer, à table, aussi loin d'elle qu'il me fut possible, entre deux militaires, avec lesquels je multipliai les rasades. Malheureusement, dès que le vin eut enflammé mon sang, toutes mes idées se bouleversèrent; je rencontrai un regard de Séraphine qui m'électrisa, un nuage passa sur mes yeux; je me versai à pleins bords un verre de vin du Rhin, et je portai à la santé de la baronne le plus extravagant de tous les toasts. Un immense éclat de rire couvrit ma bévue et me dégrisa. Je m'enfuis comme un fou dans la campagne, où me trouva, vers le soir, un forestier dépêché à ma recherche. Je m'étais roulé dans la neige avec désespoir; j'étais transi de froid et dévoré par la fièvre. On me rapporta dans un état pitoyable.

Quand je fus rétabli, le grand-oncle ne me fit aucun reproche. Le baron avait quitté le manoir, Séraphine était partie, et je ne devais jamais la revoir. Nous quittâmes aussi Reinsitten, devenu pour moi le tombeau de mon premier amour.

Un an après ces événements, le vénérable justicier faillit succomber à des attaques de goutte si violentes, qu'il resta paralysé sur son lit de douleurs. Quand le mal lui laissait un peu de répit, il se consolait de sa situation déplorable, en me faisant de longs récits, mais il ne me permettait jamais de lui rappeler Reinsitten, ni de prononcer devant lui le nom de Séraphine. Un soir seulement, que j'avais fait rouler son fauteuil sous une allée de tilleuls en fleurs, il me dit, en me serrant la main: « Petit-neveu, je t'aime bien; tu es mon fidèle garde-malade, et Dieu te bénira. Grâces à tes soins assidus, j'ai prolongé ma vie; je me sens, par moments, des forces toutes nouvelles, mais je ne m'abuse point sur l'avenir. Ce retour de bien-être ressemble aux dernières lueurs d'une lampe qui va s'éteindre. Mais avant de m'endormir de ce dernier sommeil que l'homme juste sent approcher avec une douce joie, au terme d'une vie bien remplie, je veux m'acquitter d'une dette envers toi. Te souviens-tu, Théodore, de notre séjour à Reinsitten?.. »

Cette question inattendue réveilla tous mes souvenirs. Le bon vieillard fut touché de mon émotion. « Petit-neveu, » me dit-il affectueusement, « je t'ai préservé d'une passion qui devait te conduire à ta perte. Il existe sur les maîtres du château de Reinsitten une mystérieuse histoire, à laquelle ton imprudence a failli te mêler d'une manière funeste. Aujourd'hui que tout péril est passé, je veux, avant que la mort nous sépare, te confier ce secret. Peut-être trouveras-tu, quelque jour, l'occasion d'en faire ton profit. »

Et voici l'histoire qu'il me raconta.

VIII.

En 176..., pendant une nuit d'orage, le château de Reinsitten fut ébranlé jusque dans ses fondements par une effroyable commotion. Les serviteurs, réveillés en sursaut, parcoururent, en tremblant, toutes les salles de l'édifice, pour chercher les causes de cet événement. Le vieux majordome Daniel étant monté à la salle des chevaliers, où le baron Roderich se retirait chaque nuit après les travaux d'alchimie auxquels il se livrait avec passion, découvrit un affreux spectacle. Cette salle donnait accès dans la tour du donjon, au sommet de laquelle le baron avait fait construire un laboratoire. Ne trouvant point son maître dans son lit, Daniel ouvrit la porte du donjon, mais un coup de vent éteignit son flambeau, et, au même instant, des briques se détachant du mur tombèrent dans un gouffre avec un bruit sourd. « Miséricorde! »

s'écria le vieux serviteur, « notre bon seigneur a péri!.. »

A ses cris, tout le monde accourut avec des lumières, et l'on reconnut que la voûte supérieure du donjon s'était écroulée intérieurement. Le ciment des pierres de taille qui formaient la clé de voûte, usé par le délabrement séculaire de cette partie des constructions, avait, en se détachant peu à peu, creusé de profondes lézardes. Le poids des pierres privées de lien avait enfoncé le plancher; la secousse ayant fait éclater une portion du mur mitoyen, la chute de cette masse de décombres, accélérée par le vide, et crevant les étages inférieurs supportés par des poutres vermoulues, avait creusé un abîme de plus de cent pieds de profondeur. On y retrouva le cadavre affreusement écrasé du seigneur de Reinsitten.

Le vieux baron Roderich, qui s'adonnait aux sciences occultes, avait depuis longtemps prédit l'époque de sa mort. Wolfgang de Reinsitten, son fils aîné, reçut à Vienne cette fatale nouvelle, et se hâta de revenir pour rendre à son père les derniers devoirs. Après les funérailles, le majordome lui demanda ses ordres pour faire relever les ruines du donjon.

« — Dieu m'en garde! » s'écria Wolfgang; « au diable ce manoir où mon père consumait en œuvres de sorcellerie les trésors dont j'avais droit d'hériter! Mon père a péri victime de l'explosion des creusets où il fondait ma fortune. Je ne sacrifierais pas un denier pour effacer les traces de la justice du ciel! »

« — Mais, » dit humblement Daniel, « que deviendront les vieux serviteurs de votre famille? »

« — Que m'importent ces gens-là? » reprit Wolfgang; « qu'on leur donne à chacun une gratification, et que tout soit dit. »

« — Hélas, monseigneur, » répliqua le majordome, d'un ton lamentable, « faut-il qu'à mon âge, j'aille périr abandonné, loin de l'asile où j'espérais trouver une tombe!.. »

« — Misérable! » s'écria Wolfgang, « penses-tu donc que je sois la dupe de ton hypocrisie? N'as-tu pas eu trop de temps pour gruger un vieillard dont tu caressais les manies! Hors d'ici, ou je t'écrase!..» et, joignant le geste à la menace, le jeune baron lança au majordome un coup de pied dans la poitrine, qui le fit rouler à quatre pas. Daniel poussa un cri étouffé, comme celui d'une bête fauve, et se retira en rampant. Son maître lui jeta une bourse pleine d'or, qu'il ramassa sans mot dire : le démon de la vengeance venait de le mordre au cœur.

Le premier soin de l'héritier de Reinsitten fut de vérifier, avec l'aide de mon grand-oncle, l'état des revenus de sa propriété. Ce minutieux examen prouva que le vieux baron n'avait pu dépenser la somme totale de ses rentes annuelles. On soupçonna que le majordome devait connaître la cachette du numéraire qui manquait à l'inventaire. Wolfgang raconta au justicier la scène violente dans laquelle il avait frappé son serviteur, et la crainte que celui-ci, pour se venger, n'affectât d'ignorer un secret si important. Mais mon grand-oncle était trop fin pour ne point faire jaser les gens à leur insu. En causant familièrement avec Daniel, il sut lui arracher quelques demi-révélations qui devaient conduire sur la piste du trésor désiré. Les premières fouilles se dirigèrent vers un caveau muré, contigu à la chambre de Daniel. On y découvrit un grand coffre de fer, tout plein de pièces d'or et d'argent, sous lesquelles se trouvait un parchemin soigneusement plié, qui contenait cette note, écrite de la propre main du défunt, et datée de la nuit de Saint-Michel, an 176... :

« L'héritier légitime du majorat de Reinsitten recueillera ici cent cinquante mille ducats, dont ma suprême volonté est qu'il fasse usage pour construire, à l'angle occidental de ce château, sur l'emplacement du donjon, un phare dont le foyer devra éclairer, toutes les nuits, les voyageurs du lac. »

Après avoir compté la somme, dont pas une obole n'avait été détournée, Wolfgang se repentit d'avoir maltraité Daniel. « Tu as été, » lui dit-il, « un fidèle serviteur; oublie ma vivacité. « Pour réparer cette faute autant que possible, je t'accorde le droit de finir ici tes jours, et, si tu veux de l'or, en voilà : puise à pleines mains!.. »

Daniel ne répondit que par un sourd gémissement; mais son regard oblique et l'accent de sa voix firent tressaillir mon grand-oncle. Ce regard et cette voix semblaient dire mystérieusement : « Qu'ai-je à faire de ton or? c'est ton sang que je veux! » Wolfgang, ébloui par l'aspect du trésor qu'il admirait, n'avait point remarqué la singulière physionomie du majordome. Il ferma le coffre, dont il emporta la clé, et demanda, en sortant du caveau, s'il ne serait pas possible de retrouver quelques objets précieux sous les ruines du donjon. Pour toute réponse, Daniel ouvrit la porte de la tour. Le jeune baron se pencha sur le sombre abîme, d'où s'échappa une chouette effarée. « Hélas! » dit alors Daniel, d'un ton piteux, « il y a là-dessous des télescopes, des cornues, des creusets, une foule de choses que mon pauvre maître avait fait fabriquer à grands frais; mais je ne sais rien de plus. »

Wolfgang, peu soucieux d'habiter un si triste séjour, ne songea plus qu'à la construction du château neuf qu'il voulait ériger, à peu de distance du manoir, dans un site agréable et plus voisin du village. Il fit appeler les meilleurs architectes, et ne trouvant aucun plan de son goût, il résolut de diriger lui-même ce travail, pour lequel il ne voulait épargner aucune dépense.

Daniel paraissait avoir oublié sa rancune, et vaquait à son service avec une respectueuse déférence pour le jeune baron, qu'il appelait son bienfaiteur.

IX.

Peu de temps après, l'existence monotone des habitants de Reinsitten fut accidentée par l'arrivée soudaine d'un nouveau personnage, Hubert, frère de Wolfgang. Cette visite inattendue fut accueillie par le propriétaire du majorat avec une contrariété mal dissimulée. Les deux frères, au lieu de s'embrasser, se saluèrent froidement, et s'enfermèrent, pendant une longue séance, dans une chambre écartée, où leur entrevue s'écoula sans témoins.

Hubert sortit le premier, les traits altérés par une sourde colère, et demanda son cheval pour partir sans délai. Le justicier V***, qui n'ignorait pas entièrement les causes du mécontentement d'Hubert, courut au-devant de lui pour le retenir et l'engager à ne point quitter son frère sous l'empire d'une inimitié. Wolfgang survint à son tour, et dit à Hubert avec calme, en lui tendant la main : « Reste encore, j'espère que tu réfléchiras. » Hubert parut se calmer.

Le soir, le justicier monta chez Wolfgang, pour lui demander quelques instructions. Il le trouva fort agité, et parcourant sa chambre à grands pas, comme un homme que dévore une poignante anxiété. « Mon frère est venu comme une menace, » s'écria-t-il ; « depuis son enfance, il ne m'a jamais témoigné que de l'aversion. Il ne me pardonne pas, aujourd'hui, d'être riche, tandis qu'il a dévoré en prodigalités les trois quarts de son avoir. Il voudrait m'extorquer une part de mon héritage. En bon frère, je lui offre la jouissance de la moitié d'un domaine que notre père possédait en Courlande. Il pourrait, avec ce secours, payer ses dettes et donner du pain às a femme et à ses enfants, que son inconduite a ruinés. Mais je ne veux me dessaisir d'aucune portion des revenus du majorat ; j'aimerais mieux voir tout englouti dans le lac. Eh bien ! figurez-vous, mon cher V***, que, depuis son arrivée, qui date de quelques heures, il a déjà appris l'existence des cent cinquante mille ducats que nous avons découverts, et qu'il en exige la moitié ! Sur mon âme, il n'en touchera pas un denier. Je me défie de sa haine, mais Dieu est juste !.. »

Le justicier s'efforça de calmer l'agitation nerveuse de Wolfgang et de lui inspirer, à l'égard de son frère, des sentiments moins fâcheux. Il en obtint même la mission de travailler à un rapprochement, au moyen d'une transaction qui pourrait rétablir la bonne intelligence, si précieuse entre membres de la même famille. Hubert demanda, pour arrhes de cette réconciliation, quatre mille écus d'or, destinés, disait-il, à apaiser les poursuites de ses créanciers les plus acharnés ; il voulait, de plus, avoir un logement à sa disposition dans le château. Wolfgang se récria contre ces exigences, offrit deux mille écus, et refusa péremptoirement de souscrire à l'autre demande.

En recevant cette réponse, Hubert fronça le sourcil. « Je réfléchirai, » dit-il, « mais, provisoirement, je suis installé ici ; je n'en déguerpirai point. » Le justicier renouvela vainement ses représentations officieuses, pour éviter un éclat déplorable. Hubert se récriait violemment contre le droit d'aînesse de son frère. Ce privilége lui semblait souverainement injuste, et la dureté de Wolfgang le blessait au cœur. « Puisqu'il me traite comme un mendiant dont on se débarrasse, » poursuivit-il avec amertume, « je lui apprendrai, quelque jour, bientôt peut-être, à quel prix je me laisse outrager. » Il se campa dans une aile du manoir, et se mit à chasser tous les jours. De temps en temps, il se faisait accompagner par Daniel, dont le caractère taciturne lui plaisait. Il vivait, du reste, dans l'isolement le plus absolu, et affectait d'éviter avec soin la moindre occasion de rencontrer son frère.

Cette existence presque mystérieuse n'était pas de bon augure aux yeux du justicier. Un matin, Hubert entra chez lui et lui annonça son prochain départ, pourvu que Wolfgang lui fît compter les deux mille écus promis. « Je suis prêt, » disait-il, « à partir la nuit prochaine, et comme je voyage à cheval, je désire que cette somme me soit remise en une lettre de change à vue, sur la banque d'Isaac Lazarus, à K...., où je veux me fixer. » Wolfgang, ravi de se voir délivré d'un hôte dont la présence lui causait des inquiétudes continuelles, se hâta de le satisfaire.

La nuit suivante, le justicier fut réveillé en sursaut par un gémissement lamentable. Il se dressa sur son séant et prêta l'oreille ; mais tout était rentré dans le silence. Croyant sortir d'un cauchemar, il quitta son lit et ouvrit la fenêtre, pour respirer un moment l'air calme et froid de la nuit. A peine était-il là depuis quelques minutes, qu'il vit la porte du château s'ouvrir, en criant sur ses gonds rouillés. Daniel, armé d'une lanterne sourde, amena dans la cour un cheval sellé ; puis Hubert, en costume de voyage, survint à son tour, causa longtemps à voix basse avec le majordome, et rentra. Daniel ramena le cheval à l'écurie, ferma la porte avec bruit, éteignit sa lanterne et se retira à pas de loup.

Le justicier passa le reste de la nuit à réfléchir sur ce départ ajourné avec des circonstances inconnues. Quel pouvait être le dessein d'Hubert ? Toutes les suppositions étaient également dangereuses et pénibles. Il y avait un secret entre Daniel et Hubert. Daniel, surtout, inspirait depuis quelque temps au justicier une méfiance instinctive, plus forte que tous les raisonnements. Enfin, au point du jour, les cris d'alarme de plusieurs domestiques vinrent accroître sa perplexité. Tout le monde était à la recherche de Wolfgang, qui avait disparu, et cependant il avait couché au château, puisqu'on ne retrouvait, dans sa chambre, ni sa robe de nuit, ni son flambeau.

Glacé d'effroi, le justicier se rappela le cri nocturne qui l'avait éveillé. Frappé d'un sinistre pressentiment, il courut à la salle des chevaliers ; la porte du donjon était ouverte !..

A travers une épaisse couche de neige qui s'était amoncelée dans le gouffre, on voyait un bras roidi par la mort sortir à demi des décombres. On retira ce cadavre au moyen d'échelles ajustées les unes aux autres. C'était le baron Wolfgang, dont une main crispée tenait encore le flambeau qui l'avait éclairé jusque-là. Sa mort restait un mystère.

Hubert était accouru des premiers sur le lieu de cet événement. Il se jeta sur les restes de son frère, en donnant les signes de la plus vive douleur.

« Frère! » s'écriait-il, « Dieu m'est témoin que je ne lui demandais pas cette fatale punition de ta dureté!.. »

Le justicier, présent à cette scène, conservait l'impassibilité apparente que lui imposait sa dignité; mais une secrète lumière lui montrait dans Hubert le meurtrier de son frère, meurtrier par cupidité.

Le même jour, Hubert se présenta devant lui avec une contenance froide, mais le regard fauve et oblique. « Un affreux malheur, » dit-il, « a terminé l'existence d'un frère dont l'injustice de la loi m'avait fait l'ennemi. Je deviens tristement l'héritier du majorat; mais cette fortune inattendue m'ôtera tout bonheur en ce monde. Continuez, monsieur le justicier, à administrer ce domaine avec tous les pouvoirs dont vous étiez revêtu du vivant de mon père et de mon frère. Pour moi, je m'éloigne de cet affreux séjour, où je ne verrais plus que des fantômes. »

Quelques minutes plus tard, il disparaissait à toute bride du côté de la forêt.

Le justicier se perdait en conjectures sur le motif qui avait pu conduire le malheureux Wolfgang, pendant la nuit, tout seul, au bord de l'abîme du donjon. La porte était soigneusement verrouillée; on ne pouvait l'ouvrir par erreur, surtout quand on connaissait le péril qu'elle cachait. Frantz, le serviteur favori du baron, expliquait d'une autre manière les causes de la mort de son maître. Wolfgang, disait-il, s'était fait remettre par Daniel la clé de la tour, et, préoccupé de l'idée que les décombres du donjon pouvaient recéler des richesses ignorées, il allait souvent, la nuit, rêver au bord du trou fatal; un vertige avait pu le saisir et le précipiter. Daniel, qui paraissait cruellement affligé de la mort du baron, proposa de faire murer la porte de la tour. Son avis fut sur-le-champ mis à exécution.

X.

Plusieurs années après, au commencement de l'automne, Hubert reparut à Reinsitten. Il y passa peu de jours, consacrés à l'arrangement de ses affaires et à des entretiens secrets avec le justicier. Il avait, disait-il, le pressentiment de sa mort prochaine, et annonça que son testament, parfaitement en règle, et tracé de sa propre main, serait trouvé, en temps utile, chez le premier magistrat de la ville de K.... Il mourut, en effet, au bout de quelques mois. Son fils, qui portait le même nom, vint, avec sa mère et sa sœur, recueillir l'héritage paternel.

Ce jeune homme, adonné à tous les vices, se fit, dès l'abord, détester de tous ceux qui l'approchaient. Il voulait bouleverser tout le domaine, et ne fut pas peu surpris de la résistance du justicier, qui lui déclara qu'avant de faire acte de propriétaire, il était indispensable qu'il produisît le testament de son père, et que, jusqu'à l'accomplissement de cette formalité, il n'avait aucun droit à faire valoir.

A trois mois de là, le testament fut ouvert, à K...., en présence des témoins exigés par la loi. Le justicier, en sa qualité d'administrateur responsable du domaine, se présenta, accompagné d'un jeune homme de bonne mine, mais fort simplement vêtu, et que les assistants prirent pour son secrétaire.

Le défunt baron Hubert de Reinsitten déclarait, dans son testament, qu'il n'avait jamais possédé le majorat à titre d'héritier direct, mais qu'il l'avait géré dans l'intérêt du fils de son frère Wolfgang; que cet enfant portait, comme son grand-père, le nom de Roderich, et pouvait seul, en justifiant de sa naissance, entrer en légitime jouissance du domaine de Reinsitten. Il était dit encore, dans le testament, que le baron Wolfgang, voyageant en Suisse, avait contracté un mariage secret avec une fille noble, mais sans fortune, et que cette épouse ignorée était morte en donnant le jour au jeune Roderich, dont nul ne pouvait contester la légitimité. Hubert terminait en disant qu'un motif dont il ne devait compte qu'à Dieu, lui avait imposé, jusqu'à sa mort, l'obligation de se taire sur cet événement de famille.

Après cette lecture, le justicier se leva et présenta son jeune compagnon aux magistrats, aux témoins et au fils de Hubert, en déclarant ses titres à la succession du majorat.

Hubert, passant de la stupéfaction à la fureur, allait se jeter sur son heureux rival; mais les assistants le continrent, et les magistrats ordonnèrent la production des actes qui constataient l'identité du jeune Roderich. Malheureusement, le baron Wolfgang avait pris, dans ces actes, le nom de W. de Born, et la qualité de négociant, pour mieux cacher son mariage. Roderich produisit alors la correspondance de son père et de sa mère. Ces lettres, bien que la ressemblance de l'écriture pût être vérifiée, n'étaient signées que d'un W.... Les magistrats, malgré toutes les présomptions en faveur de Roderich, déclarèrent qu'ils ne pouvaient rien décider avant une enquête juridique.

Le justicier, fort contristé de ces délais, reprit, en toute diligence, le chemin de Reinsitten, pour compulser avec soin les papiers laissés par le baron Wolfgang, et mettre en ordre tous ceux qui seraient de nature à lever les objections des magistrats.

Un soir qu'il vaquait à cette besogne, dans la chambre du défunt, il fut distrait de ses dossiers poudreux par un bruit de pas et par le cliquetis d'un trousseau de clés. La porte s'ouvrit doucement, et un homme à demi vêtu, éclairé par une lanterne sourde, entra en chancelant. Le justicier reconnut Daniel, et allait lui parler, quand il s'aperçut que le majordome marchait les yeux fermés, signe certain d'un accès de somnambulisme. Il retint sa respiration et observa.

Daniel se dirigea vers la porte murée, déposa sa lanterne, tira une clé de sa ceinture, et se mit à gratter à la porte, en poussant de rauques gémissements. Quelques instants après, il appliqua son oreille au mur, comme pour écouter, et sembla, d'un geste impératif, imposer silence à quelqu'un. Puis, il se baissa, reprit sa lanterne et sortit.

Le justicier, quittant ses pantoufles, le suivit doucement.

Daniel se rendit à l'écurie, sella un cheval, le conduisit dans la cour, et, après être resté un peu de temps dans la posture d'un valet qui reçoit des ordres, il fit rentrer le cheval, et regagna sa chambre.

Cette scène étrange, exacte copie de ce qui s'était passé au château, pendant la nuit où mourut le baron Wolfgang, convainquit le justicier que Daniel était possesseur d'un secret; mais il fallait un grand art pour faire parler cet homme taciturne. Le lendemain, Daniel s'étant présenté pour quelques détails de son service, le justicier étendit les bras, comme un homme accablé de fatigue, et lui dit : « Ah, mon brave Daniel, quel métier que celui de déchiffrer tant de paperasses! j'y perds mes yeux! et pourtant je voudrais bien savoir lequel, du jeune Hubert ou du jeune Roderich, gagnera la procédure pendante pour l'héritage de Reinsitten. Que pensez-vous de cette affaire?.. »

Daniel frissonna et ne répondit que par deux ou trois interjections gutturales. « Qu'avez-vous donc, mon ami? » reprit le justicier, « vous tremblez comme l'homme qui vient de commettre un crime... » Le majordome, au lieu de répondre, jeta autour de lui un regard égaré, et voulut sortir. Mais le justicier, l'arrêtant par le bras, le fit asseoir, et, fixant sur lui des yeux sévères : « Restez, » lui dit-il, « et rendez-moi compte de ce que j'ai vu ici, la nuit dernière. »

« — Eh, mon Dieu! qu'avez-vous vu?.. » balbutia le vieillard, qui devint pâle comme un spectre. Le justicier lui raconta la scène nocturne dont il avait été témoin. En l'écoutant, Daniel, stupéfait, cachait son visage dans ses mains, comme pour fuir le regard perçant qui sondait sa conscience. « Il paraît, » poursuivit le justicier, « que l'envie vous prend, durant la nuit, d'aller visiter les trésors que feu le baron Roderich de Reinsitten avait peut-être amassés dans le donjon. Or, puisque vous êtes somnambule, ainsi que je l'ai constaté, nous causerons, la nuit prochaine, de certaines choses qui vous concernent... » A mesure que le justicier parlait, Daniel devenait plus troublé; mais ces dernières paroles produisirent sur lui l'effet d'une décharge électrique; il poussa un cri aigu, et tomba en syncope. Le justicier comprit alors que la révélation d'un secret terrible allait tomber en son pouvoir; il appela deux valets qui relevèrent Daniel et le portèrent, évanoui, dans sa chambre, où il passa plusieurs heures sous l'empire d'une espèce de léthargie. A son réveil, il demanda à boire, renvoya le domestique chargé de veiller près de lui, et s'enferma soigneusement.

La nuit suivante, comme le justicier songeait à faire sur le somnambulisme de Daniel une épreuve de la plus haute importance, il entendit tout à coup, au dehors, un grand bruit de meubles qui se brisent. Il courut à sa fenêtre, et vit une épaisse vapeur, mêlée de flammes rouges, sortir de la chambre du majordome. On avait enfoncé la porte pour éteindre l'incendie, et l'on avait trouvé Daniel, sans connaissance, étendu sur le plancher. Une lanterne cassée était à côté de lui; les courtines du lit étaient déjà consumées, et sans les prompts secours qui arrivèrent à temps, le majordome eût été misérablement asphyxié. Mais il avait fallu, pour pénétrer jusqu'à lui, briser la double serrure qui fermait sa chambre à l'intérieur. Le justicier, après avoir examiné ces diverses circonstances, augura que Daniel avait voulu s'interdire la possibilité de faire sa promenade nocturne, mais que l'instinct qui dirige les somnambules avait été plus fort que sa volonté. Il s'était probablement réveillé en sursaut en trouvant un obstacle à sa sortie; sa lanterne, échappée de ses mains au moment de la crise hébétée qui suit les accès de somnambulisme, avait mis le feu aux tentures de son lit, et l'effroi lui avait ôté l'usage de sa raison. Revenu à lui, Daniel fit une grave et longue maladie, dont il ne se releva que pour se traîner vers le tombeau à travers toutes les phases d'une langueur incurable.

XI.

Trois jours après cet événement, le justicier, toujours occupé de rechercher les papiers de famille qui devaient établir la preuve complète des droits du jeune Roderich à la succession du baron Wolfgang de Reinsitten, fouillait encore les dossiers entassés dans la chambre du défunt. Daniel, s'étant levé pendant l'assoupissement du gardien qu'on avait placé près de lui, entra dans la chambre vers le soir, à pas lents, et les yeux fermés, comme la première fois. Il s'avança jusqu'auprès du bureau du justicier, déposa devant lui un portefeuille de cuir noir, puis, tombant à genoux, il s'écria d'une voix gémissante : « Dieu est juste! je voudrais avoir le temps de me repentir!... »

Le justicier fut si frappé de cet acte, qu'il n'eut pas la force de dire une parole. Daniel se releva, et se retira lentement, comme il était venu.

Le portefeuille noir était rempli de papiers écrits de la propre main du baron Wolfgang. Ces papiers contenaient en détail toute l'histoire de son mariage secret. Toute contestation sur la légitimité de Roderich devenait impossible devant ces documents authentiques Le fils d'Hubert fut débouté de ses prétentions, et partit pour Saint-Pétersbourg, où il obtint du service dans l'armée russe. Sa mère et sa sœur se retirèrent en Courlande, pour mettre ordre à leurs affaires; le jeune Roderich, éperdument épris de la jeune fille, les suivit dans cette retraite, et le justicier V*** retourna seul au manoir de Reinsitten, dont le séjour devint plus triste que jamais.

Depuis la scène du portefeuille noir, Daniel était retombé si mal, qu'il fallut le faire remplacer dans ses fonctions de majordome. Frantz, l'ancien serviteur favori du baron Wolfgang, fut investi de ce

Quelques instants après il appliqua son oreille contre le mur, et d'un geste impératif sembla imposer silence à quelqu'un.

titre, en récompense de ses fidèles services. On apprit, sur ces entrefaites, que le fils d'Hubert avait péri dans un combat des Russes contre les Persans. Ses biens passèrent à sa sœur Séraphine, qui devint l'épouse de Roderich de Reinsitten. Les noces furent célébrées dans les domaines du majorat avec toute la splendeur qui convenait au rang de ces nobles fiancés.

Le justicier V***, qui faisait, en quelque sorte, partie intégrante du domaine, s'était installé dans l'ancienne chambre à coucher du défunt Wolfgang, afin, pensait-il, d'arriver, tôt ou tard, à la découverte du secret de Daniel. Or, un soir que le baron Roderich vérifiait avec lui les comptes de ses revenus, Daniel reparut, mais plus livide, plus décharné que jamais, et répéta exactement, devant la porte murée, toute la scène dont le justicier avait été témoin. Roderich, qui le regardait faire, et que le justicier retenait du geste et de l'œil, pâlit tout à coup, en voyant l'ancien majordome gratter la muraille avec une agitation fiévreuse. Il s'élança tout à coup sur lui et le poussa violemment, en s'écriant : « Daniel ! Daniel ! que viens-tu chercher ici à cette heure ? »

Daniel tressaillit, porta la main à son front, et tomba... Quand on voulut le relever, il était mort.

« — Grand Dieu ! » s'écria Roderich, « me pardonnerez-vous ce malheur ?... Les médecins défendent d'appeler par son nom l'être humain qui se trouve en état de somnambulisme, de peur que la secousse d'un réveil précipité n'arrête en lui les ressorts de la vie ; et j'ai commis l'imprudence de porter la main sur cet infortuné !... »

« — Monseigneur, » dit gravement le justicier, « que la mort de cet homme ne pèse point sur votre conscience ; ce n'est point vous qui l'avez touché, c'est la main de Dieu qui s'étend, tôt ou tard, sur les fronts marqués par sa justice : cet homme... c'est le meurtrier de votre père !.. »

« — De mon père ?... »

O ma Séraphine! nos amours si fugitives ont été pures; nos âmes se retrouveront un jour dans le ciel.

« — Oui, monseigneur; car les paroles qui l'ont tué sont précisément les dernières que prononça votre père. Et la preuve, la voici... »

Le justicier, ouvrant alors un coffret de fer, placé sur un bahut, en tira un manuscrit tracé par le frère de Wolfgang de Reinsitten.

C'était la confession autographe dans laquelle Hubert (le père de celui qui venait de mourir en Perse) déclarait que son animosité contre son frère Wolfgang datait de l'institution du majorat de Reinsitten. Cet acte de la volonté de leur père, qui le privait, lui Hubert, de la meilleure part de sa fortune pour avantager son frère aîné, avait fait éclore dans son cœur les germes d'un ressentiment qui ne devait s'éteindre qu'après la vengeance de ce qu'il regardait comme une spoliation.

Wolfgang, dans un de ses voyages, s'était épris, à Genève, d'une violente passion pour une orpheline de noble lignage, mais privée de toute fortune. Il s'était flatté d'amener son vieux père, à force de temps et de soins, à approuver le mariage secret qu'il avait contracté avec cette jeune personne. Sur ces entrefaites, le vieux baron, qui s'occupait d'études astrologiques, ayant cru apercevoir dans les constellations le présage de sa mort prochaine, avait écrit à Genève, pour inviter Wolfgang à revenir immédiatement auprès de lui; mais lorsque celui-ci arriva, son père était mort, comme on l'a vu au commencement de cette histoire. Un peu plus tard, lorsque Hubert vint à Reinsitten, pour régler les affaires de la succession, Wolfgang lui avait révélé le mystère de son mariage, en exprimant sa joie d'avoir obtenu du ciel un fils, et de pouvoir incessamment retourner à Genève, pour annoncer à une épouse bien-aimée que le *négociant de Born*, auquel elle croyait avoir uni son sort, n'était rien moins que le noble héritier de l'illustre famille de Reinsitten; mais la mort l'avait surpris avant ce voyage.

Hubert avait profité de cette mort pour s'emparer du majorat, puisque aucune preuve ne constatait la filiation du fils de Wolfgang.

Le chapitre le plus pénible de cette confession contenait la révélation de la mort mystérieuse de Wolfgang.

Voici les faits, tels qu'ils étaient déclarés dans les aveux d'Hubert.

« Dans la nuit de mon départ, Daniel, qui voulait sans doute tirer profit de l'animosité qui régnait entre mon frère et moi, me retint au moment de monter à cheval, en me disant qu'il ne fallait pas abandonner ainsi un magnifique héritage à l'avarice de Wolfgang. » « — Eh! que puis-je y faire? » m'écriai-je, en me frappant le front avec rage; « fallait-il tuer mon frère d'un coup de carabine?.. » « — Ah! seigneur, » reprit Daniel, « je ne serais pas homme à vous conseiller une pareille... imprudence! mais, voyons, seriez-vous décidé à prendre possession de ce domaine, si vous n'aviez point à supporter la responsabilité des moyens?.. » Je ne craignis point d'accepter cette infernale proposition. « — Restez donc, » me dit Daniel, « car vous êtes chez vous, baron Hubert de Reinsitten; restez, car, cette nuit même, le ci-devant seigneur du majorat a péri dans l'abîme du donjon!.. » Cette horrible nouvelle me causa d'abord une émotion profonde, malgré l'antipathie que je ressentais pour mon frère. Plus tard, j'appris avec effroi la part que Daniel avait prise à ce malheur. Il m'avoua lui-même que Wolfgang l'ayant un jour maltraité, il avait juré dans son cœur de ne lui jamais pardonner cette offense. Mon pauvre frère s'imaginait que notre père avait peut-être caché des trésors dans le donjon, et que ces trésors s'étaient enfouis sous les ruines de son laboratoire d'alchimie. Il avait pris la manie de venir, chaque nuit, rêver au bord du gouffre creusé dans la tour, en se demandant si la somme que lui coûteraient les fouilles serait ou ne serait pas un inutile sacrifice. Daniel, à qui son emploi de majordome donnait le droit et le pouvoir de parcourir à toute heure du jour et de la nuit toutes les parties du château, alla se poster, un soir, dans un angle obscur de la salle des chevaliers, pour y attendre le passage de Wolfgang, et, lorsque le malheureux baron eut ouvert la porte de la tour, il sauta sur lui, le poussa dans le gouffre, et s'enfuit... »

« — Arrêtez! ah! ne m'apprenez rien de plus! » s'écria en pleurant le jeune Roderich, en arrachant le manuscrit des mains du justicier et le jetant aux flammes du foyer. « Que maudite soit la mémoire du frère de mon père, puisqu'il n'a point puni l'infâme meurtrier!.. Demain, je quitterai ce séjour d'abomination! je n'y reviendrai qu'une fois chaque année, pour pleurer et prier sur les tombes de ma triste famille!.. »

En effet, dès le lendemain, le baron retourna dans ses terres de Courlande. On ne le revoyait à Reinsitten qu'à l'époque de la fête des Morts.

XI.

Tel fut le récit de mon grand-oncle, le justicier. Quand il eut achevé, je risquai timidement de lui demander ce qu'était devenue la belle Séraphine, mon premier amour.

« — Hélas, » répondit mon grand-oncle, sans remarquer mon émotion, « la cruelle destinée qui pesait sur la famille de Reinsitten n'a pas épargné cette pauvre jeune femme. Deux jours après notre départ, elle a été précipitée, de roche en roche, par une chute de traîneau. Elle s'est brisé la tête. Le baron Roderich est inconsolable de sa perte. Petit-neveu, nous ne retournerons jamais à Reinsitten!.. »

La mort de Séraphine a aussi creusé dans mon cœur un vide que rien ne peut remplir. Je ne prononçai plus son nom devant mon grand-oncle, que ces souvenirs affligeaient; mais, dix ou onze ans après, quand le digne vieillard eut rendu son âme à Dieu, libre de mes actions et possesseur d'un modeste héritage, je résolus d'aller visiter encore une fois la contrée où j'avais respiré le souffle d'une femme adorable.

J'arrivai le soir, comme autrefois. En entrant sur la lande, j'aperçus, à une grande distance, une flamme étoilée. A mesure que j'approchais, je distinguais de plus en plus un foyer très-ardent. Je demandai au postillon qui conduisait ma berline si ce que nous voyions n'était pas quelque incendie. « Non, monsieur, » me répondit-il, « c'est le phare de Reinsitten. » Je me fis conduire au village où demeurait autrefois l'intendant du domaine. La maison de ce serviteur était occupée par une auberge.

« — Monsieur, » me dit l'aubergiste, « il n'y a plus ici d'intendant du domaine de Reinsitten. Le majorat n'existe plus; cette propriété seigneuriale est acquise à l'État depuis la mort du dernier baron de Reinsitten, qui est décédé sans enfants. C'était un bien brave seigneur; il n'a pu se consoler de la perte de sa femme, qui était l'ange tutélaire des pauvres paysans de ce pays. »

Le lendemain, je me rendis au manoir. Je n'en retrouvai que la place. On avait employé ses meilleures pierres à la construction d'un phare éclairant les voyageurs du lac voisin. Le reste gisait en ruines, parmi lesquelles on apercevait, çà et là, quelques tombes couchées dans l'herbe. La famille de Reinsitten avait disparu tout entière; il ne s'était trouvé personne pour protéger ses ossements et les recueillir en lieu saint.

O ma Séraphine, nos amours si fugitives ont été pures; nos âmes se retrouveront un jour, comme deux sœurs, dans le ciel!..

MADEMOISELLE DE SCUDÉRY

I.

On montrait encore, il y a quelque vingt ans, aux touristes curieux, la petite maison que possédait jadis à Paris, dans la rue Saint-Honoré, une des femmes les plus spirituelles du dix-septième siècle, Madeleine de Scudéry, moins célèbre encore par ses vers et ses romans de chevalerie, que par la faveur de Louis XIV et de madame de Maintenon.

Un soir de l'automne de 1680, plusieurs coups rudement frappés, vers minuit, à la porte de cette maison, épouvantèrent tout à coup ses paisibles habitants.

Maître Baptiste, un de ces serviteurs dévoués dont le type a disparu de nos mœurs, et qui cumulait, avec la dignité de garde du logis, les fonctions de valet de chambre et de cuisinier, avait reçu congé, ce jour-là, pour aller se réjouir aux noces de sa sœur, dans un village voisin de la capitale. Il n'y avait de levé, à pareille heure, dans la maison, qu'une femme de charge appelée la Martinière. Le vacarme nocturne qui ébranlait la porte jeta cette pauvre créature dans des angoisses mortelles. Toutes les histoires de vols et de meurtres dont Paris était le théâtre à cette époque, vinrent aussitôt assaillir en foule son imagination, et sa première pensée fut qu'un visiteur de nuit ne pouvait être qu'un bandit. Elle se croyait déjà sous le couteau du quidam, et maudissait de toute son âme le mariage de la sœur de Baptiste, qui privait momentanément le logis de son unique défenseur.

Tandis qu'elle appelait à son secours tous les saints du paradis, les coups redoublèrent à la porte, et une voix cria : « Pour l'amour de Dieu, ouvrez donc vite ! »

« A la bonne heure ! » grommela la Martinière ; « il me semble qu'un voleur ne s'exprimerait pas aussi honnêtement. Tiens, tiens, c'est peut-être quelque jeune seigneur en goguette, poursuivi par le guet, et qui, connaissant ma maîtresse, demande un asile, pour dépister les archers. J'aime l'humanité, mais j'adore la prudence. » En achevant ces mots, la respectable matrone entr'ouvrit une fenêtre avec toutes les précautions désirables, et, sans montrer le bout de son nez, demanda, en tremblottant, quel vaurien se permettait de troubler, à cette heure, le sommeil des honnêtes gens. Un rayon de lune qui se dégageait d'un nuage lui fit apercevoir une longue figure roulée dans les plis d'un manteau noir, et le front caché sous un feutre à larges bords.

A l'aspect de ce personnage peu rassurant, la Martinière, saisie d'une nouvelle terreur, se mit à crier de toutes ses forces : « Holà, Baptiste ! Claude ! Pierre !.. holà, debout ! venez donc secouer un peu ce coureur de nuit qui vient forcer nos serrures !.. »

Mais, à la grande surprise de la pauvre vieille, une voix douce et suppliante répondit d'en bas : « Allons, allons, ne vous effrayez donc pas, la Martinière ; vous avez beau appeler un secours inutile ? Baptiste est aux champs ; vous êtes seule au logis avec votre maîtresse, et je ne suis pas un coureur de nuit, puisque je vous connais si bien. Ouvrez-moi donc vite, il faut que je parle sur l'heure à mademoiselle de Scudéry !.. »

« — Mais, qui que vous soyez, » reprit l'honnête maritorne, « est-il donc l'heure de parler aux gens ? Vous qui savez si bien ce qui se passe ici, savez-vous que ma respectable maîtresse dort depuis longtemps, et que, pour tout l'or du monde, je ne voudrais pas troubler son premier sommeil, dont son âge et sa santé lui font un si grand besoin ? »

« — Je sais, » poursuivit l'inconnu, « qu'elle compose à cette heure des vers qu'elle a promis pour demain à madame de Maintenon. Donc, je vous en prie, encore une fois, chère Martinière, ne me laissez pas grelotter dans la rue, et ouvrez-moi la porte, car il y va de l'honneur, de la liberté, de la vie, peut-être, d'un homme, et votre maîtresse ne vous pardonnerait jamais d'avoir refusé un asile à un malheureux qui implorait son secours !.. »

« — Mais, encore une fois, » reprit la Martinière, « ce n'est pas l'heure d'entrer chez des femmes. Revenez demain, et l'on verra... »

« — Eh quoi ! » s'écria l'inconnu, « le sort compte-t-il les heures avant de nous frapper ? Peut-on, chrétiennement, repousser un être humain, quand le salut de cet être peut dépendre d'une minute ? Ouvrez-moi, de grâce, si vous n'êtes pas mon mauvais génie, caché sous les traits de la plus respectable personne que je connaisse après l'excellente mademoiselle de Scudéry !.. »

Cette insistance, cette voix mêlée de sanglots, et qui semblait sortir d'une poitrine de jeune homme, un grand fonds d'humanité, mais surtout le charme ineffable qu'éprouve une vieille femme à écouter un compliment flatteur, séduisirent si bien la Martinière, qu'elle oublia toute défiance, et vint ouvrir la porte. L'homme au manteau s'engouffra dans le vestibule comme un coup de vent, repoussa la porte, qui se ferma bruyamment, et, jetant alors sur son introductrice un regard où l'impatience étincelait, lui dit impérieusement : « Conduisez-moi près de votre maîtresse !.. » La Martinière sentit renaître sa frayeur et regretta son imprudence; mais comme, après tout, c'était une femme dévouée, elle n'hésita point à barrer le passage à l'inconnu, et brandissant son flambeau de cuivre, elle répondit, en recommandant son âme à Dieu : « Voilà une étrange façon de reconnaître un bienfait ! Je vous ai ouvert, Dieu me pardonne ! mais, avant d'arriver à mademoiselle de Scudéry, vous passerez sur mon cadavre !.. si, donc, vous n'êtes pas un brigand, sortez d'ici !.. »

L'inconnu ouvrit son manteau, caressa de la main le pommeau d'une large dague, et reprit d'un ton bref : « Laissez-moi passer !.. »

« — Non ! » s'écria la Martinière sans reculer ; » faites ce qu'il vous plaira ; s'il y a, cette nuit, un meurtre dans cette maison, il y aura plus tard un gibet sur la place de Grève !.. »

« — Mon Dieu, cette femme est folle ! » reprit l'inconnu ; « allons, place ! place !.. » et il tira sa dague du fourreau.

« — Doux Jésus ! » cria la Martinière, « je suis morte !.. »

En ce moment, le pas mesuré d'une patrouille à cheval éveilla le silence de la rue. Mais la Martinière n'eut pas la force de pousser un second cri. La patrouille passa sans s'arrêter.

« Je suis sauvé ! » dit l'inconnu, d'une voix sourde ; « sauvé malgré toi, sotte vieille !.. Tiens, prends cela, et, sur ta vie, entends-tu bien, porte-le sans délai à ta maîtresse ! »

A ces mots, il déposa sur la première marche de l'escalier une petite cassette à garniture d'acier poli, éteignit d'un souffle le flambeau de la Martinière, s'élança hors de la maison et disparut dans les ténèbres.

La pauvre femme fut longtemps à se remettre de son effroi. Elle regagna sa chambre en chancelant, et se laissait tomber sur un siége, tout abasourdie, et hors d'état de goûter un moment de repos jusqu'au retour de l'aurore, quand le bruit de clés criardes qui tourmentaient la serrure de la porte extérieure la fit de nouveau trembler comme une feuille sèche sous le vent d'automne. Quelques instants après, Baptiste arrivait fort à point pour l'empêcher de s'évanouir. « Ah ! mon Dieu, » lui dit-elle d'une voix étouffée, « je ne résisterai pas à tant de secousses !.. » Baptiste était blême comme un fantôme, et pouvait à peine articuler une parole. « — Eh bien, qu'y a-t-il encore ? » demanda la vieille, en le voyant si défait.

« — Figurez-vous, dame Martinière, » répondit Baptiste, en faisant une pause entre chaque membre de phrase, pour tâcher de respirer, « figurez-vous que je ne sais quel diable m'a soufflé cette nuit, dans l'oreille, l'idée de quitter la noce, pour venir vous relever de faction. Cette pauvre Martinière, me disais-je, dort d'un œil, comme les lièvres ; il serait charitable d'aller lui fermer l'autre, d'autant plus que je m'ennuie comme un saint de pierre dans sa niche. Or, voilà qu'en arrivant dans cette rue, sans avoir fait jusque-là de mauvaise rencontre, je me vois le chemin barré par une escouade du guet à cheval. Par bonheur, que M. Desgrais, le lieutenant de maréchaussée, qui me connaissait bien, se trouvait à la tête de ces gaillards-là. Tiens, me dit-il, c'est toi, Baptiste ? passe, mon garçon, passe, mais rentre vite au logis, de peur de te faire happer ! Nous battons le pavé, cette nuit, à la recherche d'un gibier de potence, et les patrouilles arrêtent tous les rôdeurs. Si tu ne veux pas risquer de coucher en prison, tu feras bien de regagner ton lit. Je vous laisse à penser, dame Martinière, si j'ai dû hâter le pas. Eh bien, ce n'est pas tout. Figurez-vous qu'au moment où j'arrivais, prêt à mettre doucement mon passe-partout dans la serrure, pour rentrer en homme qui sait vivre, la porte s'ouvre brusquement, une figure tout de noir habillée saute dans la rue, la dague au poing, me bouscule sans me voir, et disparaît. Je me ramasse, je me frotte les reins, et me voici, sans demander mon reste. Que s'est-il donc passé dans cette maison du bon Dieu, pendant mon absence ?.. »

La Martinière, un peu rassurée de n'être plus seule, lui conta son aventure ; puis ils descendirent ensemble sous le porche de la maison, où ils retrouvèrent le flambeau que l'inconnu avait éteint pour cacher sa fuite. « Certes, » disait Baptiste, « notre excellente maîtresse a couru grand risque de partir cette nuit pour l'autre monde. Cet homme savait sûrement que vous n'étiez que deux femmes ; c'est, à coup sûr, un de ces madrés coquins dont les informations habiles secondent presque toujours la scélératesse. Vous pouvez, dame Martinière, faire brûler un beau cierge devant l'image de votre saint patron !.. »

« — Et la cassette ?.. qu'en faut-il faire ?.. »

« — Ah ! » reprit Baptiste, « c'est autre chose. Je m'en méfie excessivement, de la cassette ; car, qui sait si ce n'est pas quelque machine infernale, ou quelque empoisonnement sous cachet ! Cela me rappelle l'histoire du marquis de Tournay, qui tomba mort en déchirant l'enveloppe d'une lettre anonyme. Notre maîtresse pourrait bien en faire autant, en ouvrant cette diablerie. Je suis d'avis d'attendre à demain, et de laisser mademoiselle de Scudéry résoudre, dans sa sagesse, le parti le plus prudent.

II.

Tout Paris, à cette époque, ne s'entretenait que d'histoires sinistres.

Un célèbre chimiste allemand, nommé Glaser, poursuivait la découverte de la pierre philosophale. Il avait pour aide et pour confident de ses travaux un Italien, nommé Exili. Mais celui-ci n'étudiait, en apparence, l'art de faire de l'or, que pour mieux cacher ses desseins secrets. Tandis que Glaser cherchait la fortune au fond de ses creusets, Exili acquérait peu à peu la fatale science de mélanger, de cuire et de sublimer des substances vénéneuses, pour en composer un poison subtil, dont les doses graduées devaient, au gré de l'opérateur, tuer immédiatement ou faire mourir d'une langueur inconnue. Ce poison n'avait ni odeur ni saveur appréciables; il ne laissait aucune trace dans les organes, et défiait si bien toute analyse et toute investigation de la médecine, que ses victimes paraissaient frappées de mort naturelle.

Mais, quelque prudent et dissimulé que fût Exili, on le soupçonna d'avoir vendu des poisons, et il fut enfermé à la Bastille, où, bientôt après, on lui donna pour compagnon de captivité un certain capitaine Godin de Sainte-Croix, ancien ami de la marquise de Brinvilliers, avec laquelle il entretenait des rapports tellement scandaleux, que le père de la marquise, outré de voir son gendre tolérer cette honte, avait lui-même sollicité et obtenu une lettre de cachet contre ce capitaine. Sainte-Croix, capable de tout, hors le bien, perdu de dettes et de réputation, ne pouvait rencontrer un homme plus sympathique à ses passions que le misérable Exili. Les secrets de cet Italien lui promettaient d'immenses moyens de faire le mal. Il devint son disciple fanatique; bientôt il égala son savoir, et sortit de la Bastille, en roulant dans sa tête une foule de crimes.

Madame de Brinvilliers n'était encore qu'une femme licencieuse, Sainte-Croix en fit un monstre. Il l'entraîna à empoisonner son père, dont la présence gênait ses vices, puis ses frères, puis sa sœur. La vengeance avait dicté le premier attentat; la cupidité inspira les autres, et, en s'habituant aux remords, la marquise prit l'habitude d'empoisonner; ce fut une monomanie. L'histoire de plusieurs empoisonneurs a démontré que ce genre de meurtre devenait parfois chez eux un véritable instinct. On en a vu tuer, sans but, des chiens, des chats, des oiseaux. La mort presque subite, à l'Hôtel-Dieu, de plusieurs pauvres auxquels la marquise avait distribué du pain, éveilla les soupçons sur son compte. On analysa ce pain, sans y découvrir aucune substance étrangère apparente; on en jeta des fragments à des animaux, qui en mangèrent et périrent. On acquit plus tard la certitude que madame de Brinvilliers avait plus d'une fois fait servir à ses convives des pâtés de pigeons empoisonnés. Le chevalier du guet et plusieurs personnes de distinction avaient trouvé la mort auprès d'elle. La justice ouvrit une enquête. Le capitaine Godin de Sainte-Croix, son complice La Chaussée, et madame de Brinvilliers devinrent l'objet d'une surveillance secrète. La Providence elle-même sembla se déclarer contre la continuation des crimes qui effrayaient la capitale.

Sainte-Croix fabriquait, à l'usage des héritiers impatients, une poudre si subtile, que la moindre aspiration suffisait pour causer une asphyxie mortelle. Il ne pouvait vaquer à cette manipulation qu'en se couvrant le visage d'un masque de verre. Un jour, tandis qu'il recueillait cette poudre dans un flacon, son masque se détacha, et il tomba comme frappé de la foudre. Comme on ne lui connaissait point de famille, la justice vint mettre les scellés sur ses propriétés, dont l'État, selon la loi, devenait l'héritier direct. En faisant l'inventaire du mobilier, on découvrit un coffre rempli de drogues toxiques, dont l'alliance entrait dans la composition de ses poisons. On trouva également des lettres de la marquise de Brinvilliers, dont le contenu équivalait à l'acte d'accusation le plus terrible. Prévenue à temps par La Chaussée, la marquise s'enfuit à Liége et se cacha dans un couvent; mais Desgrais, le plus fin limier de la maréchaussée de Paris, fut lancé à sa poursuite. Comme il n'avait pas le pouvoir de l'enlever à force ouverte sur un territoire étranger, il s'introduisit, déguisé en prêtre, dans le cloître où elle s'était réfugiée, parvint à nouer avec elle une intrigue amoureuse, et se fit accorder un rendez-vous dans une maison isolée, à quelque distance de la ville. En y arrivant sans défiance, la marquise fut cernée par les agents de Desgrais. L'abbé galant reprit sa forme naturelle d'officier de maréchaussée. La prisonnière, étroitement bâillonnée, fut portée dans une voiture fermée, qui prit au grand galop, sous bonne escorte, la route de Paris. La Chaussée eut la tête tranchée. La Brinvilliers, condamnée au même supplice, fut brûlée après son exécution.

Le supplice de cette femme criminelle avait un peu calmé les esprits, lorsque, tout à coup, la rumeur se répandit que le secret de Sainte-Croix n'était pas mort avec lui. De nouveaux malheurs éclatèrent bientôt de tous côtés. Des meurtres invisibles traversaient les familles, et nul art ne pouvait neutraliser ce fléau dont ne préservaient ni l'âge, ni le sexe, ni la position sociale. Toutes les angoisses de la méfiance rompaient, dans les familles les plus unies, les liens les plus sacrés. L'époux tremblait auprès de l'épouse, le père devant son fils, la sœur en face du frère; on n'osait plus ni boire ni manger chez un ami; l'œil était toujours au guet du moindre geste; la pensée soupçonnait toujours quelque ennemi caché.

Le roi de France, frappé de ces attentats qui pouvaient s'étendre jusqu'à son palais, jusqu'à sa personne, créa un tribunal armé de pleins pouvoirs, dont la mission était de rechercher et de punir avec la dernière rigueur les auteurs de la terreur publique. Cette cour de justice, qui reçut le nom de *Chambre Ardente*, siégeait auprès de la Bastille, sous la présidence de M. de la Reynie. Ce magistrat célèbre vit tous ses efforts longtemps infructueux devant l'habileté des coupables; et, peut-être, n'eût-il jamais réussi à purger la société de ces crimes, sans la finesse merveilleuse que Desgrais déployait dans l'exercice de ses fonctions de police.

Au fond du faubourg Saint-Germain, vivait, dans un misérable taudis, une femme nommée la Voisin, qui faisait le métier de devineresse. Cette créature avait deux compères, connus dans le quartier sous les sobriquets de *le Sage* et *le Vigoureux*. Ces deux individus n'avaient d'autre industrie que leur brutalité. La Voisin était secrètement associée aux maléfices de l'Italien Exili, et elle portait aussi loin que lui l'art de composer les philtres meurtriers; c'était le plus clair de sa profession de sorcière. Elle avait aidé maint fils de famille à accélérer l'échéance d'une riche succession, mainte femme aussi débauchée que jolie à se délivrer d'un vieux mari, ou d'un père trop clairvoyant.

Desgrais, parvenu à découvrir cette artiste en scélératesse, la livra à la Chambre Ardente, qui l'envoya au bûcher. Les perquisitions faites à son domicile amenèrent la révélation de listes importantes, dans lesquelles se trouvaient consignés les noms des personnes de toute qualité qui avaient eu recours à ses services. La Chambre Ardente ne fut arrêtée ni par l'éclat des noms, ni par l'influence des protections; elle fit, sans pitié, justice de crimes irrémissibles. Elle constata, par ses enquêtes, que le cardinal de Bondy se débarrassait, par des moyens peu catholiques, des gens auxquels il payait des pensions en sa qualité d'évêque de Narbonne. On apprit que la duchesse de Bouillon et la comtesse de Soissons avaient eu avec la Voisin des relations très-suivies. François-Henri de Montmorency-Bouteville, duc de Luxembourg, maréchal et pair de France, ne fut point à l'abri des soupçons les plus compromettants. Il se rendit volontairement à la Bastille, où la haine personnelle de La Reynie et du ministre Louvois le fit plonger dans un cul de basse-fosse; et ce ne fut qu'après une longue et cruelle captivité, qu'il parvint à faire reconnaître que ses prétendus crimes se bornaient à un fait puéril. Il s'était fait tirer son horoscope par le Sage.

La Reynie outrepassa plus d'une fois, il faut bien le dire, la rigueur de ses devoirs, et se laissa entraîner à des abus de pouvoir effrayants. Son tribunal rassemblait à une véritable inquisition. Le moindre soupçon ouvrait les cachots; le hasard dressait l'échafaud, allumait les bûchers, ou rendait des arrêts de non lieu. Le farouche président était en outre si laid, que les gens même dont il vengeait les malheurs, comme ceux dont il protégeait la sécurité, ne pouvaient se défendre, à son aspect, d'une insurmontable aversion. La duchesse de Bouillon, à qui il demandait un jour si elle avait jamais vu le diable, lui répondit, en pleine audience, qu'elle l'avait devant les yeux.

III.

Tandis que les bûchers de la Grève dévoraient pêle-mêle les empoisonneurs et quelques victimes de l'erreur ou de la haine, un autre fléau profitait de la stupeur des Parisiens pour développer son empire secret dans toutes les régions de la capitale. Une bande de voleurs, parfaitement organisée, jeta son dévolu sur les riches hôtels. Nul soin, nulle surveillance ne suffisaient plus pour sauvegarder les objets les plus précieux. Quiconque osait se risquer, la nuit close, dans les rues de Paris, rencontrait à chaque pas des pillards qui semblaient sortir de dessous les pavés, et qui ne reculaient point devant le meurtre pour s'assurer l'impunité. Tous les individus dont on relevait les cadavres étaient frappés d'une blessure uniforme : c'était un coup de poignard en plein cœur, donné avec une telle adresse, qu'au dire des médecins la mort avait dû être soudaine. Ces bandits paraissaient informés, avec la plus rare certitude, de l'heure à laquelle tel riche seigneur devait aller à quelque rendez-vous galant ou s'échapper discrètement d'un lieu de plaisir. L'assassin, toujours à l'affût, manquait rarement sa proie.

Le ministre de la police, d'Argenson, et le président de la Chambre Ardente prenaient d'inutiles mesures pour mettre un terme à ces tragiques aventures. On doubla le guet, sans que la surveillance des patrouilles aboutît à des résultats sérieux. Aucun habitant notable ne sortait plus qu'armé jusqu'aux dents, et accompagné d'un valet avec une lanterne. Mais, souvent le valet était roué de coups, et le cadavre du maître attestait, au soleil levant, la terrible supériorité des meurtriers. Aucune des enquêtes qui eurent lieu ne put faire saisir aux gens de justice la moindre parcelle des bijoux volés. Desgrais, furieux de se voir mis en défaut, ne savait plus à quelle ruse recourir; car on flairait si bien son approche, que les coups de mains s'exécutaient toujours à la plus grande distance possible du quartier de Paris où l'attirait une fausse alerte. De guerre lasse, il imagina de s'adjoindre, dans son rôle, un certain nombre d'individus qui, par les traits, la taille, la tournure, lui ressemblaient assez, pour qu'à l'aide d'un costume semblable au sien, il fût possible de faire prendre le change aux espions dont les voleurs s'entourent à l'heure de leurs expéditions. Toujours actif et payant de sa personne, il explorait lui-même les mauvais lieux les plus ignorés, au risque d'y laisser sa vie. Plus d'une fois, pour tenter la cupidité des malfaiteurs, il s'aventurait dans les quartiers mal famés, suivi d'agents chargés de faux bijoux; mais les bandits se tenaient admirablement sur le qui vive, et Desgrais se donnait au diable sans profit.

Un matin, il accourt tout effaré chez M. de La Reynie.

« — Eh bien, » lui dit le magistrat, « quelles nouvelles m'apportez-vous ?.. »

« — Hélas, monseigneur, » répond Desgrais, « figurez-vous que, cette nuit, le marquis de La Fare a failli périr à dix pas de moi !.. »

« — Bah! » s'écria le président; « et nous tenons les coupables ?.. »

« — Non, monseigneur. Écoutez. Je rôdais près du Louvre; voilà que passe auprès de moi un particulier à mine indécise; je le fixe, à la lueur de la lune : c'était le marquis de La Fare. A peine a-t-il fait dix à douze pas, qu'une figure semble sortir de terre, se jette sur lui, le renverse et roule avec lui sur le pavé. Je m'élance pour le défendre, mais mes jambes s'embarrassent dans mon manteau, je tombe aussi; au bruit que je fais, la figure s'enfuit. Je me relève, je poursuis cet être inconnu; je donne un coup de cornet auquel répondent les sifflets de mes agents; la lune, sortie des nuages m'éclaire en plein; je vais saisir mon homme ou mon diable, quand, au détour de la rue Saint-Nicaise, il fait un saut du côté de l'ombre, et disparaît à travers un mur. J'arrive à la place d'où je l'ai vu s'évanouir à mes yeux, et je reste ébabi devant un mur sur lequel il n'existe pas la moindre trace de porte, ni de fenêtre. Mes archers me rejoignent, on allume des torches, nous examinons le mur pierre à pierre. C'est l'enceinte d'un hôtel dont les habitants sont à l'abri du plus léger soupçon! vous me voyez, monseigneur, tout déconfit, et prêt à croire que le diable en personne s'est moqué de nous. »

Cette bizarre mésaventure de Desgrais fut bientôt racontée dans tout Paris. Les révélations du procès de la Voisin n'étaient pas encore oubliées. Nombre de gens prenaient au pied de la lettre les grimoires des prétendus sorciers, et les archers du guet, eux-mêmes, faute de pouvoir s'expliquer la singulière fuite du fantôme qui avait failli enlever M. de La Fare, commencèrent à se décourager; la plupart d'entre eux se munirent de reliques et de chapelets bénis pour faire leur service de nuit.

Les excès de la Chambre Ardente avaient rendu cette justice impopulaire. D'Argenson proposait cependant à Louis XIV de créer un autre tribunal, armé de pouvoirs encore plus redoutables. Le roi, qui blâmait plusieurs actes exagérés de La Reynie, repoussa cette idée. Après des efforts renouvelés, on eut recours à un dernier moyen pour vaincre sa résistance. On lui fit présenter, dans la chambre de madame de Maintenon, où il passait, chaque jour, quelques heures de l'après-midi, un petit poëme écrit au nom des *Amants réunis*. Ces messieurs de la cour et de la ville se plaignaient harmonieusement du danger qu'ils couraient, chaque fois qu'il leur prenait fantaisie d'aller, à heure indue, offrir quelque galanterie à la dame de leurs pensées. A la lecture de ces vers, dans lesquels on n'avait pas ménagé la louange du grand roi, Louis XIV ne put s'empêcher de sourire. Mais madame de Maintenon, qui tenait déjà son royal amant sous la férule de la bigoterie, protesta contre l'audace des gens qui osaient invoquer la protection du souverain en faveur d'intrigues réprouvées par la morale.

Le roi, sans répondre, allait sortir, quand, en se levant, ses regards tombèrent sur Madeleine de Scudéry, qui occupait un tabouret, à quelques pas de madame de Maintenon. Il s'approcha d'elle avec grâce et lui demanda ce qu'elle pensait de la poétique requête: « Madame la marquise, » lui dit-il, « est bien sévère pour les galanteries de notre jeunesse seriez-vous, mademoiselle, aussi rigoureuse?.. »

Mademoiselle de Scudéry avait, depuis longtemps, passé l'âge auquel une pareille question eût pu lui causer quelque embarras. « Sire, » dit-elle en rougissant, « pardonnez-moi ma franchise, mais, en vérité, un amant qui craint les voleurs n'est pas digne d'amour. »

« — A la bonne heure! » s'écria le roi, « voilà une réponse qui vaut mieux que tout le phébus des *Amants réunis*. Eh bien, je ne veux plus que d'Argenson et La Reynie me rompent la tête de leurs projets. La *Chambre Ardente* doit suffire pour la poursuite des coupables. Que d'Argenson et La Reynie fassent leur devoir, et que les galants sachent faire face aux attaques nocturnes! »

IV.

Retournons chez Madeleine de Scudéry, le matin qui suivit l'aventure de sa femme de charge.

La petite cassette à garniture d'acier poli était posée devant elle sur un guéridon. La Martinière et Baptiste se tenaient à grande distance, en psalmodiant toute la litanie des perversités du siècle. Tous deux s'attendaient à voir au moins une légion de diables sortir de cette boîte de Pandore.

Mademoiselle de Scudéry prit la cassette, la pesa dans sa main, et la retourna en tout sens avec une curiosité presque enfantine. «Ma bonne Martinière,» disait-elle à sa vieille confidente, « tu te crées à plaisir des terreurs phénoménales. Les voleurs de Paris savent bien qu'une femme de soixante-treize ans, qui a, comme moi, passé sa vie à faire des vers ou des romans, et qui habite, au déclin de ses jours, un asile aussi modeste que le mien, ne possède pas de richesses capables d'exciter leur convoitise. L'inconnu que tu as vu cette nuit, et qui ne t'a point fait de mal, n'est donc pas un brigand, et je parierais que ton imagination seule lui a vu une dague à la main. Quant aux maléfices que contiendrait ce petit coffret, je n'y crois pas davantage. On empoisonne, je le sais, mais je ne me sais pas d'ennemis intéressés à se délivrer de moi, qui ne me souviens d'avoir fait à qui que ce soit le moindre mal... »

En achevant ces mots, elle pressa par hasard un des boutons de la garniture du coffret qui servait de levier à un ressort. Le couvercle se leva avec bruit: la Martinière et Baptiste tombèrent à genoux en joignant les mains et fermant les yeux.

Le coffret contenait un collier d'or enrichi de pierreries et deux bracelets du plus beau travail. Les fidèles serviteurs restèrent tout ébahis de cette métamorphose des diables qu'ils attendaient. Quant à Madeleine de Scudéry, sa surprise était différente; elle se demandait d'où pouvait lui venir ce présent inconnu, lorsqu'au fond du coffret elle aperçut un billet avec ces mots:

« Un amant qui craint les voleurs n'est pas digne d'amour. » Cette spirituelle réponse faite par vous à Louis XIV a préservé d'une terrible persécution une association de braves gens qui exercent la raison du plus fort contre les lâches, et qui enlèvent aux riches égoïstes des trésors qui ne servent que leurs vices. Acceptez ce souvenir de notre reconnaissance et de notre admiration.

« LES FRÈRES INVISIBLES. »

A cette lecture, mademoiselle de Scudéry faillit

Mais encore une fois, reprit Lamartinière, ce n'est pas l'heure d'entrer chez des femmes.

se trouver mal... « O mon Dieu! » s'écria-t-elle, « faut-il donc qu'à mon âge je sois si cruellement humiliée par des malfaiteurs! Quelle faute ai-je donc commise, et quelle cruelle interprétation peut être faite de paroles que j'ai prononcées si innocemment! »

Le soleil, perçant les draperies de soie rose qui encadraient la fenêtre, caressait de reflets doux et chatoyants les bijoux étalés à côté de la cassette. Madeleine de Scudéry, ne pouvant supporter cette vue, ordonna qu'ils fussent enlevés de sa présence. La Martinière ouvrit l'avis d'aller remettre le tout entre les mains du ministre de la police. Sa maîtresse prit une autre résolution; elle commanda d'aller quérir une chaise à porteurs, et se rendit chez madame de Maintenon.

« Allons, ma chère, » dit la marquise, après avoir soigneusement examiné le collier et les bracelets, » je ne vois, dans tout cela, rien qui doive vous alarmer. Ce billet, signé des *frères invisibles*, cache le nom d'un admirateur de votre esprit, et cet admirateur doit être grand seigneur, car le présent qu'il vous fait n'est rien moins qu'un chef-d'œuvre de René Cardillac, le plus habile orfévre de France et d'Europe! »

V

René Cardillac était, comme artiste, vraiment digne de l'éloge qu'en faisait madame de Maintenon. Comme homme, c'était un personnage de petite taille, trapu et vigoureusement sculpté. Malgré ses cinquante ans, on le voyait encore leste et fringant comme un jeune homme. Ses cheveux roux, épais et crépus, son visage injecté de sang chaud et ses traits énergiques auraient pu, de prime abord, le faire soupçonner de méchanceté, s'il n'eût joui, dans toute la ville, de la réputation d'honnêteté la mieux établie. L'affluence de sa clientèle ne lui donnait point d'orgueil, il semblait dédaigner le soin de sa fortune, recevait des commandes de toute part, et mettait, néanmoins, à sa main-d'œuvre un prix si minime, qu'on ne pouvait concevoir un pareil désintéressement. Il travaillait avec patience, et, pour peu que sa besogne achevée lui parût manquer de quelque imperceptible perfection, il la refondait au creuset. On avait donc beaucoup de peine à obtenir livraison du travail qui lui était confié; sous le moindre prétexte, il ajournait ses clients de mois en mois. Venait-on lui aporter or, argent ou pierreries à ciseler, il paraissait ravi; mais, au terme convenu, il cherchait mille raisons pour se dessaisir, le plus tard possible, de ses merveilleuses créations. Il lui arrivait souvent de se fâcher, quand

Olivier Brusson et Madelon auprès de Cardillac.

la pratique arrivait, argent en poche, pour le payer. « Je n'ai pas fini, » disait-il.

« — Mais, maître Cardillac, je me marie demain. »

« — Tant pis, monseigneur, vous n'aurez vos bijoux que dans quinze jours... »

« — Mais, puisqu'ils sont achevés, et puisque je les trouve admirables !.. »

« — Et moi, je les trouve détestables !.. »

« — Ah çà ! maître Cardillac, trêve de plaisanteries ; je paye et j'emporte... »

« — Au diable ! » s'écriait l'orfévre en trépignant.

« — Au diable ! soit, » répliquait la pratique ; mais je reviendrai avec les anges de M. d'Argenson. »

Il n'y avait plus à balancer devant cette perspective ; alors René Cardillac jetait au nez du client les objets dont il ne se séparait qu'avec tant de regrets. Si le client n'était pas de trop haute volée, il le poussait au bas de l'escalier, puis il courait à sa fenêtre, et riait, comme un maniaque, de l'insulte qu'il venait de commettre. D'autres fois, quand ses nerfs étaient moins agacés, il suppliait avec larmes qu'on lui laissât son œuvre, offrant d'en rembourser deux fois la valeur. Un autre de ses caprices était de refuser, de temps à autre, de travailler pour certains grands seigneurs, et madame de Maintenon elle-même avait essuyé ses dédains.

« — Je gage, » dit madame de Maintenon, « que Cardillac serait en mesure de m'indiquer, à l'instant même, le seigneur auquel il a vendu ce collier et ces bracelets ; mais il est si original que je ne suis pas sûre d'obtenir de lui cet aveu. On dit cependant qu'il s'humanise un peu, et je vais tenter la chose. »

En effet, l'orfévre, mandé par un huissier du roi, arriva sans se faire attendre. Il reconnut parfaitement les bijoux. « Fort bien, » dit la marquise, « je ne me suis donc pas trompée en affirmant que vous seul pouviez être l'auteur d'un travail si délicat. Maintenant, maître René, dites-moi, je vous prie, pour qui vous l'aviez fait ? »

« — Pour moi, madame la marquise, » répondit froidement l'orfévre.

Madame de Maintenon et Madeleine de Scudéry croyaient mal entendre. Elles regardaient avec stupeur les traits impassibles de Cardillac. « Oui, madame la marquise, » poursuivit-il, « ce travail était destiné à ne jamais sortir de ma possession. Je déclare qu'il m'a été soustrait. »

« — Ah ! que le ciel soit béni ! » s'écria mademoiselle de Scudéry ; « reprenez ce trésor, maître Cardillac. Des mains inconnues l'avaient déposé chez moi ; je suis bien heureuse d'être destinée à réparer un mal dont je devenais la complice involontaire... »

LAGNY. — Imprimerie de VIALAT et Cie.

Cardillac parut écouter avec une profonde attention le récit de cette histoire; de temps en temps il laissait seulement échapper quelques monosyllabes qui peignaient la surprise. Quand mademoiselle de Scudéry eut achevé, il prit la cassette et lui dit : « Noble dame, je ne suis qu'un pauvre artiste, fort peu instruit des usages du grand monde; mais qu'il me soit permis de vous voir accepter le don de ces bijoux. Un travail que j'affectionnais par-dessus tous les autres, comme le plus heureux fruit de mes veilles, n'est pas indigne de vos regards. Accueillez-le avec bonté, comme je vous l'offre avec joie!.. »

Mademoiselle de Scudéry s'en défendit longtemps; mais Cardillac y mettait une si vive insistance, que madame de Maintenon elle-même la pria de ne point refuser le présent de ce brave homme. Et comme elle hésitait toujours, avec les pudiques minauderies d'une jeune fille, Cardillac ouvrit la porte, la referma violemment derrière lui, et s'enfuit comme un fou, en bousculant les meubles sur son passage.

« Pour Dieu! qu'arrive-t-il à cet homme?.. » s'écria Madeleine de Scudéry, pâle de saisissement et d'effroi.

Madame de Maintenon, qui s'égayait rarement, rit aux éclats de cette scène. « Ne voyez-vous pas, ma chère, » s'écria-t-elle, « que maître René vient de s'enflammer pour vous d'une passion chevaleresque, dont il aura trouvé le modèle dans un de vos romans, et qu'il commence la tranchée autour de votre cœur en braquant sur vous ses présents? Tâchez de n'être pas trop cruelle, et d'accepter une capitulation digne de vous. »

« — Ne riez pas des frayeurs de mon esprit, je vous en supplie, madame! » répliqua Madeleine de Scudéry; « ne voyez-vous pas, comme moi, un reflet de sang traverser l'or de ces bijoux? Ne pressentez-vous pas, comme moi, qu'il y a dans René Cardillac un mystère que je ne puis et n'oserais pénétrer... »

« — Toujours du roman! mais, ma chère, ces idées-là ne sont bonnes que dans les livres, » reprit la marquise; « quel sens peut-on attacher à des soupçons si puérils?.. »

« — Non, madame, jamais, jamais je ne pourrais me résoudre à porter ces parures! L'avenir justifiera, peut-être, et mes soupçons et mes refus. »

VI.

Peu de mois après, l'auteur de *Clélie* traversait le Pont-Neuf, dans le carrosse de la duchesse de Montausier. Elle était seule. Tout à coup un jeune homme pâle se fraye avec effort un passage à travers la foule, parvient à la portière du carrosse, l'ouvre, jette une lettre sur ses genoux et disparaît.

Voici ce qu'il y avait dans cette lettre :

« Mademoiselle, un malheur que vous auriez pu conjurer m'entraîne à ma perte. Je vous supplie, comme un fils supplierait sa mère, de renvoyer chez René Cardillac le collier et les bracelets que vous avez reçus de lui. Trouvez pour cela quelque prétexte, tel que celui de faire modifier quelque partie du travail. Votre tranquillité, votre vie, peut-être, dépendent de la prompte exécution de ce que je vous demande. Si vous dédaignez ma prière inconnue, je pénétrerai dans votre demeure, et je me tuerai à vos pieds! »

« — Ah! » s'écria mademoiselle de Scudéry, « le prologue du mystère va peut-être se dévoiler. Demain, j'irai chez Cardillac, où j'apprendrai, sans doute, des choses bien curieuses. »

Le lendemain, de bonne heure, elle se fit conduire, en chaise à porteurs, chez Cardillac, qui demeurait rue Saint-Nicaise. Une foule énorme encombrait les abords de la maison, devant laquelle stationnait un fort piquet de maréchaussée. Des cris sauvages s'élevaient, de temps en temps, du sein de cette foule, et l'on entendait répéter, à travers le tumulte : « A mort, à mort l'assassin!.. »

Desgrais accourut bientôt, à la tête d'un second détachement de cavalerie, et parvint, non sans peine, à contenir cette agitation menaçante.

La porte de Cardillac s'entr'ouvrit alors, et des soldats du guet parurent, traînant un jeune homme enchaîné, que les huées du peuple poursuivirent de rue en rue.

A cet aspect, mademoiselle Scudéry se sentit frissonner. Tout à coup un cri de femme, désespéré, haletant, se fait entendre. « Avancez! avancez! » dit Madeleine aux porteurs de sa chaise; et bientôt elle aperçoit une jeune fille d'une ravissante beauté, qui embrassait, en pleurant, les genoux de l'impassible Desgrais. « Il est innocent, innocent! Je le jure! » s'écriait-elle. Les soldats s'efforçaient en vain de la repousser doucement, elle se cramponnait à leurs baudriers. Enfin un archer l'enlève dans ses bras, mais il fait un faux pas et tombe avec la pauvre enfant, qui se meurtrit le front sur le pavé. Mademoiselle de Scudéry, témoin de cette cruelle scène, s'élance de sa chaise, se précipite, à travers les soldats, vers la jeune fille, la relève, la soutient, inonde son visage d'eau parfumée, pour la rappeler à la vie, et demande à Desgrais ce qui vient d'arriver.

« — Un crime, mademoiselle, » répond brusquement l'officier de maréchaussée; « un crime à ajouter à la liste déjà longue de ceux qui désolent Paris chaque jour, depuis un mois. René Cardillac a été poignardé chez lui, ce matin. L'auteur du meurtre est son apprenti, Olivier Brusson, que l'on vient de conduire dans les prisons du Châtelet. »

« — Et cette jeune fille, qui donc est-elle? »

« — Cette jeune fille, » reprit Desgrais, « c'est Madelon, la fille de Cardillac. Ce petit scélérat était, dit-on, son amoureux. Voilà pourquoi elle pleure, en criant qu'il est innocent. Innocent ou non, ce n'est pas mon affaire; mais je vais loger la fillette à la Conciergerie, car elle doit en savoir long sur l'événement, et la Chambre Ardente aura besoin de l'interroger. »

Pendant le colloque de Desgrais, qui paraissait fort satisfait de sa capture, la pauvre Madelon restait toujours évanouie. Cette situation faisait horreur. Lorsqu'on voulut l'emporter sur une civière, le peuple murmura, et il ne fallut rien moins que l'attitude résolue des soldats pour empêcher une émeute. Mademoiselle de Scudéry, touchée jusqu'aux larmes, prit alors une résolution pleine de fermeté. « Monsieur Desgrais, » dit-elle à haute voix, « je réponds de cette jeune fille, et je l'emmène chez moi. Je la représenterai à la justice en temps et lieu. » Le peuple applaudit. On envoya chercher un carrosse, et Madelon Cardillac y fut doucement déposée par sa protectrice, qui s'éloigna au milieu des acclamations de la foule. Desgrais n'avait osé résister à une amie de madame de Maintenon. Il dévora son mécontentement en faisant distribuer des coups de plat d'épée aux curieux qui l'approchaient de trop près.

Séron, le plus célèbre chirurgien de Paris, fut appelé immédiatement pour donner ses soins à la jeune fille, dont la blessure n'offrait heureusement aucune gravité. Quelques heures après son accident, elle put raconter à sa bienfaitrice ce qui s'était passé, le matin, chez Cardillac.

Vers minuit, elle avait été réveillée en sursaut par plusieurs coups frappés à la porte de sa chambre. C'était Olivier, l'apprenti, qui la priait de se lever et d'accourir auprès de son père agonisant. Elle s'était hâtée de voler à son secours et l'avait trouvé étendu dans son atelier, la poitrine percée d'un coup de dague. Olivier avait déchiré la chemise du vieillard pour étancher le sang qui s'échappait de sa plaie béante. Cardillac s'était ranimé un moment; son dernier regard avait béni les deux jeunes gens; sa main, défaillante et déjà glacée par la mort, avait uni leurs mains. Puis, il avait refermé les yeux. Il n'était plus.

Pendant cette veille de deuil, passée auprès du cadavre, Olivier avait raconté à Madelon comment des meurtriers inconnus avaient frappé Cardillac sur le seuil de sa maison, au retour d'une course lointaine. Lui, pauvre Olivier, n'ayant pu le défendre ni le venger, avait réuni toutes ses forces pour porter son malheureux maître jusque sur son lit.

Le lendemain, des voisins étant venus s'informer du bruit étrange de la nuit dernière, et ayant trouvé le cadavre de Cardillac, s'étaient enfuis avec terreur. La police, avertie de cet événement, s'était hâtée d'accourir, et Desgrais avait ordonné que, jusqu'à plus ample informé, Olivier Brusson et la fille de la victime fussent conduits en prison, comme auteurs ou complices présumés de l'assassinat.

Madelon persistait à soutenir énergiquement l'innocence d'Olivier. Elle parlait des derniers moments de son père avec une effusion qui attestait sa franchise. Mademoiselle de Scudéry éprouvait pour cette fille infortunée une indéfinissable sympathie; d'ailleurs, les informations qu'elle fit prendre sur son compte étaient unanimement favorables. Olivier était aussi généralement aimé dans le voisinage de Cardillac, et aucun fait ne permettait de supposer qu'il y eût jamais eu la moindre mésintelligence entre l'orfévre et son apprenti. Chacun s'accordait à dire que le crime commis dans la rue Saint-Nicaise donnerait lieu, quelque jour, à la révélation d'un mystère que la justice seule pouvait éclairer. Olivier, conduit devant le magistrat rapporteur de la Chambre Ardente, avait comparu avec douleur, mais sans effroi. La vérité elle-même semblait parler par sa bouche. Mademoiselle de Scudéry, qui suivait avec un vif intérêt les détails de cette affaire, se persuadait plus fermement, de jour en jour, que les deux jeunes gens étaient victimes d'une déplorable erreur. Malheureusement, la Chambre Ardente, accoutumée à condamner sur les moindres indices, considérait comme une preuve de culpabilité le silence gardé par Olivier et par la fille de Cardillac pendant une nuit tout entière, et jusqu'au moment où des voisins avaient découvert l'événement. Il fallait effacer cette prévention. Mademoiselle de Scudéry ne désespéra point d'y parvenir, et résolut d'intéresser M. de La Reynie en faveur de son protégé, sauf à recourir au roi lui-même, si ses efforts restaient infructueux.

Le redoutable juge reçut donc sa visite. Il lui témoigna les égards auxquels peuvent s'attendre les gens bien en cour; il écouta ses protestations, examina les témoignages d'innocence qu'elle s'efforçait de faire valoir en faveur de son protégé; mais un sourire mêlé d'une imperceptible nuance d'ironie était sa réponse muette et stéréotypée à tous les arguments de mademoiselle de Scudéry. « J'admire, en vérité, mademoiselle, » lui dit-il enfin, « la touchante bonté dont vous donnez une nouvelle preuve en croyant aussi vivement à l'innocence d'une jeune fille qui sait jouer les larmes et s'évanouir à propos. Je ne suis point surpris de vous voir repousser comme chose impossible l'idée seule d'un crime aussi odieux que le meurtre du pauvre René Cardillac. Mais un juge, mademoiselle, un magistrat, que les rigoureux devoirs de sa charge mettent sans cesse en face de tout ce que la société produit d'êtres dépravés, se trouve forcé d'arracher à l'hypocrisie son masque trompeur. Je crois ne devoir compte qu'à ma conscience de la direction que j'imprime aux investigations d'un projet criminel. Je juge selon le droit et la loi, et sans me préoccuper des murmures ou de l'approbation du public. La Chambre Ardente est un tribunal d'exception, qui ne peut assurer le salut de la société qu'en vouant à un supplice immédiat les auteurs des crimes inouïs qui désolent le royaume. Je ne veux pourtant point, mademoiselle, passer à vos yeux pour un homme aveuglément impitoyable, et je vais vous mettre à même d'apprécier les preuves que nous possédons du crime d'Olivier Brusson. J'espère qu'après m'avoir entendu, vous réserverez votre compassion pour des sujets plus dignes d'une si haute bonté. René Cardillac fut trouvé, un matin, dans sa chambre, percé d'un coup de poignard en plein cœur. Il n'y avait auprès de lui que son apprenti, Olivier Brusson, et sa fille. On a trouvé, dans la chambre d'Olivier, un poignard taché de sang, et dont la lame s'applique exactement à la blessure du défunt. Interrogé sur ce fait, il a prétendu que son maître, qu'il suivait à vingt pas de distance, avait été frappé de nuit, dans la rue, par des mains inconnues. Il a refusé de donner aucun renseignement sur les habitudes de Cardillac et sur le motif qui avait pu l'attarder hors de son domicile, pendant la nuit du crime. A toutes les questions de la justice, il a répondu par des protestations d'ignorance. Or, mademoiselle, l'enquête faite sur les lieux donne aux dires d'Olivier Brusson le démenti le plus complet. D'abord, la porte massive de la maison de Cardillac est garnie de lourdes ferrures; elle roule sur ses gonds avec un bruit si aigu, que, de l'étage supérieur, on est averti, à toute heure de jour et de nuit, de l'entrée ou de la sortie de ses habitants. Maître Claude Patru et sa femme, les plus proches voisins de l'orfèvre assassiné, et ce sont gens dignes de foi, ont entendu, le soir de l'événement, Cardillac fermer son logis dès neuf heures et tirer soigneusement ses verrous. Le silence qui régna ensuite, et que rien ne vint interrompre, prouve qu'il se mit au lit tranquillement. Maître Claude Patru, dont le sommeil est fort léger, et qui ne dormit presque point cette nuit-là, était auprès de son feu et se faisait faire une lecture, lorsque, vers minuit, un bruit sourd se fit entendre au-dessus de sa tête, et fut suivi d'une chute lourde, accompagnée de cris étouffés. Claude Patru et sa ménagère, qui ont chacun près de quatre-vingts ans, n'osèrent sortir pour s'informer de la cause de cet événement. Ce n'est qu'au retour de l'aurore que les gens de la rue Saint-Nicaise, informés des craintes de Claude Patru, pénétrèrent chez René Cardillac, et découvrirent son cadavre. »

« — Mais, monsieur, » répliqua mademoiselle de Scudéry, « tous ces détails ne prouvent point qu'Olivier Brusson et Madelon Cardillac soient les auteurs du meurtre. »

« — Permettez, j'y arrive, » reprit M. de La Reynie; « René Cardillac était riche, fort riche. Olivier Brusson, son apprenti, et son futur gendre, ainsi qu'il le prétend, a voulu devancer l'heure de l'héritage. Cela me paraît clair, et je cherche à découvrir actuellement si ce jeune misérable n'a point agi de complicité avec quelqu'autre scélérat, affilié aux bandes secrètes qui exploitent Paris depuis si longtemps, malgré les efforts de la police. La blessure de Cardillac, examinée par les hommes de l'art, est exactement semblable à celles que l'on constate sur les personnes fréquemment assassinées chaque nuit, dans les rues ou dans des maisons mal gardées. De plus, un fait qui me paraît on ne peut plus concluant, c'est que, depuis l'arrestation d'Olivier, les attentats nocturnes ont cessé comme par enchantement; j'en induis, jusqu'à preuve du contraire, que ce jeune homme, d'une perversité précoce, devait être tout à la fois l'instigateur, l'acteur et le complice de la majeure partie des crimes que nous poursuivons. Le calme et la fermeté qui règnent dans toutes ses dénégations annoncent un caractère du cynisme le plus effrayant. Mais je ne désespère point de le réduire; la Chambre Ardente a des moyens efficaces pour rendre la parole aux muets. »

Mademoiselle de Scudéry se sentait ébranlée par la terrible logique du juge. Elle se rejeta sur l'innocence de Madelon, qui lui semblait hors de cause. « Allons donc, » reprit M. de La Reynie, « souvenez-vous de la marquise de Brinvilliers; celle-là aussi se prétendait innocente! En vérité, mademoiselle, je suis désolé de ne pouvoir partager vos sentiments, et je vous supplie de ne rien voir qui vous désoblige dans l'ordre que je donnerai, sans doute, d'un moment à l'autre, de saisir chez vous la personne de Madelon Cardillac, pour la faire mettre dans les prisons de la Conciergerie, à la disposition de la Chambre Ardente. »

A ces mots, le président de la Chambre Ardente se leva, et offrit sa main à mademoiselle de Scudéry pour la reconduire jusqu'à sa voiture. « — Je suis toute décontenancée du résultat de ma visite, » lui disait-elle en frissonnant; « néanmoins, monsieur, me serait-il permis de visiter dans son cachot le malheureux Olivier? Dieu m'éclairera peut-être en face de ce jeune homme que je ne puis me décider à croire si coupable, malgré les apparences qui se réunissent pour l'accabler. »

« — Vous désirez là un triste spectacle, » reprit M. de La Reynie. « Je ne devrais point autoriser une démarche que vous regretterez certainement, et qui, d'ailleurs, est irrégulière en matière criminelle. Cependant, je ne me sens pas le courage d'opposer un refus aux désirs de la respectable amie de madame de Maintenon. Dans deux heures, la Conciergerie vous sera ouverte, et vous verrez Olivier Brusson. »

VII.

A l'heure dite, mademoiselle de Scudéry entrait dans la prison. On la conduisit avec égards dans un grand parloir où elle attendit l'arrivée de l'accusé. Quelques moments après, un cliquetis de chaînes traînant sur les dalles des sombres galeries la fit tressaillir. Une porte s'ouvrit, et Olivier Brusson, escorté de deux geôliers, parut en sa présence.

A son aspect, mademoiselle de Scudéry poussa un cri perçant et tomba évanouie.

Quand elle reprit ses sens, on la porta dans sa voiture, qui l'emmena rapidement loin de cet horrible lieu.

Elle venait de reconnaître dans Olivier Brusson le jeune homme qui lui avait jeté une lettre dans son carrosse en traversant le Pont-Neuf. Il n'y avait donc plus de doute à caresser. Les funestes convictions du président de la Chambre Ardente se trouvaient justifiées. Olivier Brusson était donc réellement affilié à la troupe de malfaiteurs qui ravageaient Paris. Il devenait, dès lors, permis de le supposer capable de toute espèce de crime. La pauvre Madelon allait subir le contre-coup du revirement d'opinion qui s'opérait dans l'esprit de mademoiselle de Scudéry. Ses larmes ne devaient plus être, aux yeux de sa protectrice, que les signes d'une hypocrisie raffinée et d'une dépravation révoltante dans un âge si tendre.

Mademoiselle de Scudéry, en rentrant chez elle, repoussa Madelon qui accourait, les mains jointes, au-devant d'une espérance. — « Allez, allez, » lui dit-elle, « pleurez à votre aise sur le crime du scélérat que vous aimez ! La justice aura bientôt découvert si vous n'êtes point sa complice !.. » Et, laissant Madelon, évanouie, aux soins de sa vieille femme de charge, elle se retira au fond de son appartement pour y déplorer la perversité des êtres humains qui savent si bien comprendre les plus généreux instincts des nobles cœurs. Comme elle songeait tristement à cette dernière déception de sa vie, les plaintes lamentables de Madelon parvinrent à son oreille. Il y avait quelque chose de si naïf, de si vrai dans l'expression du désespoir de la jeune fille, qu'une nouvelle pensée de doute s'éleva dans son esprit. Elle se reprit à croire qu'Olivier pouvait être faussement accusé du meurtre de Cardillac.

Tandis qu'elle rêvait à toutes les complications de cette ténébreuse affaire, Baptiste accourut, effaré, et lui annonça la visite de Desgrais, l'officier de maréchaussée. Depuis le procès de la Voisin, l'apparition de cet homme était toujours l'augure de quelque poursuite criminelle. Mademoiselle de Scudéry ne pouvait néanmoins supposer que la justice s'avisât d'inquiéter la confidente favorite de madame de Maintenon. Aussi, quoique surprise de la présence de Desgrais, n'en fut-elle guère émue. Elle ordonna qu'on le fit entrer.

« — Madame, » lui dit l'exempt, « monseigneur le président de la Chambre Ardente me charge d'avoir l'honneur de vous faire une prière à laquelle il espère que vous ne vous refuserez point. Olivier Brusson, le meurtrier présumé de René Cardillac, paraît en proie à des accès de démence depuis son arrestation. Il prend Dieu à témoin de son innocence, tout en confessant qu'il a mérité le dernier supplice. Ces paroles incohérentes prouvent que, s'il est innocent du meurtre de l'orfévre, d'autres attentats pèsent sur sa conscience. Comme il est impossible d'en obtenir la moindre révélation volontaire, que les menaces de la torture le laissent impassible, et qu'il demande à grands cris la faveur de vous entretenir sans témoins, monseigneur de La Reynie vous prie de consentir à cette entrevue... »

« — Quoi ! » s'écria mademoiselle de Scudéry, « oserait-on supposer que je participe aux inquisitions de la Chambre Ardente, et que je reçoive les confidences d'un malheureux, pour les livrer ensuite au bourreau ?.. »

« — Nul ne prétend, » reprit Desgrais, « vous contraindre à un acte qui répugnerait à votre conscience. Mais, en ce cas, la Chambre Ardente n'a plus qu'un moyen de faire éclater la vérité. Pour arriver à la découvrir, elle ordonnera qu'Olivier soit mis à la torture... »

Mademoiselle de Scudéry pâlit devant le sang-froid de cet homme accoutumé, par état, au spectacle des douleurs humaines. Desgrais s'aperçut de l'effet qu'il venait de produire, et se hâta d'en profiter. « Au reste, » poursuivit-il, « ne craignez point, mademoiselle, de redescendre dans la triste enceinte de la Conciergerie. Si vous consentez à ce que je vous demande de la part de monseigneur de La Reynie, Olivier Brusson sera amené chez vous pendant la nuit, sans aucun appareil, mais sous une surveillance suffisante. Il pourra s'entretenir avec vous librement, et vous disposerez de ses confidences selon votre bon vouloir et les inspirations de votre conscience. Vous voyez bien qu'on ne songe à rien exiger qui puisse blesser votre exquise délicatesse. »

Mademoiselle de Scudéry s'abîmait dans ses réflexions, sous l'empire d'une fascination dont elle ne pouvait plus se défendre. Il lui sembla que des régions mystérieuses allaient s'ouvrir devant elle, et que la vérité tant cherchée par les hommes n'attendait que son appel pour lui apparaître sans voiles. « Mon Dieu, » murmurait-elle en joignant les mains, « accordez-moi la force de revoir Olivier Brusson, et la puissance de lire dans son âme ! Monsieur Desgrais, amenez-moi ce jeune homme. Il me semble que la Providence elle-même ordonne cette entrevue. »

VIII.

A minuit, le fidèle Baptiste qui avait reçu des ordres et ne s'était point livré au sommeil, entendit le signal qui annonçait l'arrivée d'Olivier Brusson. Il alla ouvrir la porte. Desgrais fit entrer devant lui son prisonnier, vêtu d'un costume sombre et les mains dégagées de toutes chaînes; il le conduisit dans la chambre de mademoiselle de Scudéry, et après avoir signifié à Olivier Brusson que toute tentative de fuite serait sur-le-champ punie de mort, il se retira discrètement dans la salle voisine, pour laisser toute liberté à l'entretien.

Olivier se jeta, en pleurant, aux genoux de la vieille dame.

« — Eh bien ! » lui dit-elle tout émue, « vous avez désiré me voir ? qu'avez-vous à m'apprendre ? quels rapports ont jamais pu exister entre nous ?.. »

« — Hélas, » répondit Olivier, « avez-vous si tôt perdu mon souvenir ? »

Mademoiselle de Scudéry le fixa de nouveau, plus attentivement, et s'étonna de trouver en lui une ressemblance lointaine avec une personne dont la mémoire lui était chère. Mais elle ne pouvait éclaircir ce mystère.

« — Avez-vous oublié, » reprit Olivier, « une pauvre femme nommée Anne Guyot, dont vous avez bien souvent caressé l'enfant ?.. Je suis le fils d'Anne Guyot. »

« — Ciel ! » s'écria mademoiselle de Scudéry, en cachant son front dans ses mains.

Cette femme, dont le nom seul lui causait une si vive émotion, Anne Guyot, pauvre orpheline d'un artisan, lui devait, depuis son berceau, les soins qu'une mère peut seule donner à son enfant. Anne Guyot avait été mariée par mademoiselle de Scudéry à un honnête horloger. Olivier, né de cette union, avait, à son tour, reçu ses plus tendres caresses. Claude Brusson, l'horloger, ruiné à Paris par des entreprises au-dessus de ses forces, était parti pour Genève, où il espérait recouvrer un peu d'aisance par son travail. Depuis ce moment, mademoiselle de Scudéry n'avait plus reçu de cette pauvre famille que des lettres de plus en plus rares ; mais loin de s'offenser de cette négligence, qui durait depuis vingt-trois ans, elle n'avait cessé de faire des vœux pour la prospérité de ses anciens protégés.

« — Hélas ! » disait Olivier d'une voix brisée par les sanglots, « ne voudrez-vous point reconnaître votre petit protégé d'autrefois, dans l'infortuné qui paraît à vos yeux sous le poids accablant d'une accusation capitale ? Mes protestations d'innocence vous laisseront-elles incrédule ou insensible ? Et cependant, je le jure devant Dieu, nul n'est plus désolé que moi du malheur qui a frappé mon excellent maître René Cardillac !.. »

En achevant ces mots, le pauvre jeune homme, saisi d'un tremblement nerveux, paraissait prêt à succomber aux sensations douloureuses qui l'étouffaient.

Mademoiselle de Scudéry, non moins émue, lui fit signe de s'asseoir à ses côtés, pour achever la confession de ses souvenirs.

« Daignez m'écouter avec patience, » reprit Olivier, « et, quelque surprise que vous fasse éprouver la révélation d'un secret fatal qui eût dû rester à jamais ignoré, promettez-moi d'écouter jusqu'au bout, sans me condamner sur de cruelles apparences. Mes premières années n'ont pas été heureuses. Mon père, après de longues misères, mourut sans me laisser la moindre ressource, au moment même où il venait d'obtenir mon admission comme apprenti chez un orfévre en renom. Ma mère parlait de vous tous les jours. Son dernier espoir était de vous faire connaître par quelque moyen sa situation et les vicissitudes qui l'avaient accablée. Mais ses élans d'un courage trop fugitif faisaient place presque aussitôt à toutes les crises du désespoir le plus poignant. Sa vie fut rongée peu à peu par une maladie de langueur, et elle ne tarda guère à suivre mon père au tombeau. »

« Hélas ! ma chère Anne ! » s'écria douloureusement mademoiselle de Scudéry.

Olivier fixa sur elle un long regard, et ajouta, d'une voix farouche : « Béni soit Dieu qui lui a épargné le chagrin de voir son fils à la veille d'un supplice infamant ! »

Tout à coup, un bruit singulier se fit entendre dans la rue. — « Entendez-vous ? » reprit Olivier ; « c'est Desgrais qui donne l'éveil à ses limiers de potence, afin qu'ils ferment toutes les issues ! ils me tiennent ici comme une bête fauve ! »

Puis, reprenant sa triste histoire, « j'étais, » dit-il, « rudement mené chez mon maître, et quoique, à force de travail je me fusse, en peu de temps, rendu plus habile que lui-même et les autres ouvriers, je n'en étais pas mieux récompensé. Certain jour, un inconnu entra dans la boutique, pour y marchander quelques bijoux de prix. A la vue d'un collier que je venais d'achever, il me frappa sur l'épaule, et me dit, d'un air affectueux, en examinant mon travail : « Vive Dieu, mon jeune compagnon, voilà une besogne qui vous fait honneur, et je ne sais, en vérité, qui pourrait se flatter de mieux faire, excepté maître Cardillac, le premier orfévre d'Europe en ce temps-ci. Vous feriez bien d'aller le trouver ; je suis sûr qu'il vous recevrait avec plaisir dans son atelier, car vous lui seriez d'un grand secours pour l'aider en mille occasions, et il vous donnerait, à son tour, d'admirables leçons. » Ces paroles du bienveillant inconnu m'avaient singulièrement ému. Dès ce moment, le séjour de Genève me devint insupportable. Je me hâtai de briser tous les liens qui m'y retenaient, et de venir tenter la fortune à Paris. Maître Cardillac, que je m'empressai d'aller voir, me fit d'abord un accueil sec et froid. Pourtant, à force de prières, je parvins à obtenir qu'il m'employât dans son atelier. Le premier travail qu'il me fit essayer pour juger de mon savoir-faire, fut la monture d'une petite bague de haut prix. Il fut si satisfait de mon adresse et de mon goût, que, fixant sur moi des regards enflammés, comme s'il eût voulu pénétrer jusqu'au fond de mon âme, — « Olivier, » me dit-il, « je reconnais en toi les qualités d'un brave et habile ouvrier. Je te reçois, dès ce moment, parmi nos compagnons, et tu seras, je l'espère, content du salaire que je te donnerai. »

« Quelques semaines se passèrent. Je travaillais assidûment, sans songer à autre chose qu'à devenir un habile ciseleur, quand, pour la première fois, la fille de René Cardillac s'offrit à mes regards... Hélas ! pauvre Madelon ! mon amour t'a été bien funeste !.. »

A ces mots le jeune orfévre fondit en larmes et cacha son front dans ses mains. Mais bientôt, faisant sur sa douleur un effort surhumain, il releva tristement la tête et reprit le fil de ses souvenirs :

« Je ne vous dirai point, » reprit-il, « toutes les phases de cet amour naissant qui était devenu toute ma vie, et qui fait, à cette heure, mon plus cruel désespoir. Je n'avais plus qu'un désir et qu'une pensée, c'était de mériter Madelon par les services que je rendrais à son père. Mais, un matin, comme j'entrais dans l'atelier vers l'heure ordinaire, Cardillac vint au-devant de moi, les traits contractés par la colère, et l'œil animé d'une expression de mépris. « Jeune homme, » me dit-il avec brusquerie, « tu vas quitter sur-le-champ cette maison, et je te défends d'en jamais repasser le seuil. Je n'ai nul besoin de te dire pourquoi je te chasse. Qu'il te suffise de savoir que le fruit défendu ne mûrira jamais pour tes pareils. »

« Je voulais répondre, mais, d'un geste qui m'interdisait toute défense, maître Cardillac me montra la porte, et, comme j'hésitais encore, il me poussa par les épaules avec tant de violence, que j'allai tomber, presque évanoui, sur les marches de pierre de la maison voisine.

« A dater de cette aventure, une affreuse mélancolie s'empara de mon âme ; je ne dormais plus, je pouvais à peine prendre une chétive nourriture, pour ne point mourir tout à fait. A toute heure du jour et de la nuit, on me voyait errer autour de la maison de René Cardillac, gémissant et pleurant comme si Madelon avait pu m'entrevoir et prendre quelque part à mon chagrin. Mille projets, plus extravagants les uns que les autres, se croisaient dans ma cervelle embrasée.

« La maison de l'orfèvre, dans la rue Saint-Nicaise, s'adosse à une vieille et haute muraille dans laquelle sont creusées des niches où verdissent, toutes rongées par une mousse humide, de vieilles statues de saints du moyen âge. Une nuit que j'étais tout près de cette muraille, regardant avec anxiété les fenêtres de la maison de Cardillac, je crois apercevoir une lumière trembloter dans l'atelier. Il était plus de minuit. C'était l'heure où mon ancien maître, couché longtemps avant la sonnerie du couvre-feu, devait dormir son premier sommeil. Je sens mon cœur palpiter d'inquiétude. Mes regards épient avec fixité le moindre mouvement qui pourra dessiner une ombre à travers les vitres. Qui sait, me dis-je tout bas, si mon étoile plus heureuse ne m'a pas amené là tout à point, pour me donner une occasion bien légitime de rentrer avec honneur dans la maison de René Cardillac! Mais, tandis que cette pensée m'agite et me pénètre d'un doux espoir, la lumière s'évanouit, sans qu'il paraisse qu'on l'ait transportée ailleurs. Le frisson me saisit; par un mouvement involontaire, je me serre contre une des statues de pierre qui décorent les niches de la vieille muraille, et, chose bien faite pour effrayer les plus braves, je me sens repousser, comme si la statue venait de s'animer subitement. La terreur a-t-elle fasciné mon regard?.. J'ai vu, de mes yeux vu la pierre tourner lentement comme sur un pivot, et de la cavité qu'elle découvrait s'élancer une ombre dont, malgré le clair de lune, je n'ai pu distinguer les traits. Cette figure disparaît dans les profondeurs de la rue...

« Me croyant sous l'empire de quelque hallucination fiévreuse, je me jette sur la statue, je m'efforce de la faire mouvoir, je cherche à l'ébranler sur sa base; mais elle reste immobile et comme rivée à la muraille mystérieuse. Curieux pourtant de découvrir le secret de cette énigme, je pars dans la direction que l'ombre a suivie, je gagne du terrain, je l'entrevois, bientôt je vais rejoindre ce personnage inconnu... Arrivé près d'une image de la Vierge éclairée par une lampe solitaire, le fantôme que je poursuis se retourne au bruit de mes pas : la clarté fugitive qui brille au pied de la sainte image se reflète un moment sur ses traits, et... je reconnais René Cardillac!..

« Vous dirai-je, mademoiselle, le bouleversement qui s'opéra dans tout mon être, et les agitations sinistres dont ma pensée fut saisie? Hélas, vous devez les comprendre. Cardillac était-il devenu spectre ou somnambule?.. Une sorte de vertige douloureux m'entraîna sur ses pas. Il ne m'avait peut-être point reconnu, et se laissait suivre à quelque distance. Tout à coup, après quelques centaines de pas, je le vois faire un brusque détour à gauche et se perdre dans une profonde obscurité. Je le suis encore, guidé par le bruit rauque d'une petite toux sèche qui ne le quittait jamais. Enfin il s'arrête sous l'auvent d'une vieille maison. Je surveille avec inquiétude, mais d'un peu loin, ses moindres mouvements, et je reste moi-même caché dans la partie de la rue que la lune n'éclaire point. Bientôt paraît un gentilhomme richement vêtu, mais trébuchant, d'un pas aviné, sur le pavé. Au moment où il passe devant la cachette de Cardillac, l'orfèvre... me croirez-vous?.. l'orfèvre bondit comme un tigre, saute sur les épaules du gentilhomme, le terrasse, et lui plonge un large couteau dans le cœur!..

« Je pousse un cri d'horreur : « Cardillac! au nom du ciel, que faites-vous?.. » L'orfèvre se relève avec un mouvement de rage, et, prenant de nouveau sa course, il m'échappe et me laisse atterré. La victime de ce meurtre inexplicable gisait sans mouvement. Je me traîne en tremblant jusqu'auprès d'elle, pour essayer de lui donner quelques secours; mais tout était fini.

« Dans ma stupeur, je n'entendis point la marche d'une patrouille du guet qui venait de m'envelopper. — « Holà! vaurien, que fais-tu là? » me crie le chef, d'une voix tonnante. — « Hélas, monsieur, » lui dis-je, « vous le voyez : je viens de trouver une nouvelle victime des meurtres qui désolent Paris; je m'efforce de l'assister!.. » — « Bon, bon, » reprend l'officier de maréchaussée, « on sait ce que cela veut dire! garrotez-moi ce jeune brigand; nous le mènerons plus tard à la place de Grève! »

« A ces mots, les soldats me chargent de liens pour me traîner en prison. L'un d'eux, par hasard, élève sa lanterne à la hauteur de mon visage et me reconnaît. « Eh, par Dieu, » s'écria-t-il, « c'est un ouvrier de maître René Cardillac! qui se serait jamais avisé de penser qu'il y eût des assassins chez ce digne homme! voyons, brigandeau, conte-nous l'affaire! »

« Je me hâtai de donner tous les détails de ce que j'avais vu, mais sans révéler le nom de Cardillac, qui avait été mon bienfaiteur. Quelques minutes après, je me trouvais sur la paille d'un cachot.

« Au point du jour, la porte s'ouvre. Derrière le geôlier, un homme paraît, c'est Cardillac! Une sueur froide passe sur mon front. « Grand Dieu! » m'écriai-je, en cachant mon visage dans mes mains, « que venez-vous faire ici?.. »

« L'orfèvre, sans témoigner la moindre émotion, s'approche de moi, le sourire sur les lèvres. « Mon pauvre enfant, » me dit-il, d'une voix affectueuse, « j'ai été dur envers toi, et je t'ai chassé de ma maison, quoique tu fusses mon meilleur ouvrier. J'ai dû agir avec cette rigueur, parce que

Cardillac assassine un jeune seigneur.

j'avais pénétré les amourettes que tu commençais avec ma fille, et parce que je craignais de les voir aller trop loin. Un simple compagnon ne me semblait pas digne d'être le gendre de René Cardillac. Je déplore, aujourd'hui, bien vivement, cet accès de colère qui t'a porté malheur. Je viens te sauver. Veux-tu revenir auprès de moi? je n'ai qu'un mot à dire pour te tirer d'ici, et, toute réflexion faite, je ne vois pas pourquoi je chercherais ailleurs un mari qui convienne à Madelon. »

« Comme dans ma stupéfaction je ne trouvais pas un mot à lui répondre, tant le calme étrange de cet homme bouleversait toutes mes idées, il reprit avec un accent d'impatience : « Eh bien, tu hésites? préfères-tu une visite chez le grand-maître de la Chambre Ardente? prends-y-garde, mon garçon; qui touche au feu s'y brûle souvent! »

« A cette sortie, l'indignation déborda de mon cœur. — « Maître, » dis-je à Cardillac, « c'est à d'autres consciences que la mienne qu'il faut adresser une pareille menace. Je n'ai, Dieu merci, rien à me reprocher, rien à craindre. »

« — Oui-dà, » reprit Cardillac, « ne jouons pas avec ces choses-là. Je sais à quoi m'en tenir sur les cas de conscience. Garde bien la tienne, tu verras où elle peut te conduire. Pour mon compte, je te déclare que si Madelon ne t'aimait pas comme une folle, je n'eusse peut-être point fait la démarche qui m'amène. Je sacrifie toutes mes espérances au désir de lui épargner une larme. Entre elle et le sort qui t'attend, hâte-toi de choisir... »

« Daignez vous mettre à ma place par la pensée, mademoiselle?.. l'émotion, la surprise, une joie douloureuse qui mêlait à mon amour la pensée des crimes du père, la frayeur que m'inspirait un avenir inconnu, l'angoisse du présent, tout cela se heurtait dans ma tête avec une telle violence, que je m'évanouis. Quand je repris mes sens, je me retrouvai dans la maison de Cardillac. Sa fille, à genoux près du lit où l'on m'avait déposé, me pro-

Olivier Brusson à la Conciergerie.

diguait les noms les plus tendres. Ah ! ce fut pour moi, je l'avoue, une heure de félicité ! »

La voix d'Olivier s'éteignit encore une fois dans les larmes.

Madeleine de Scudéry l'avait écouté religieusement. Lorsque le pauvre jeune homme eut recouvré un peu de calme, elle le pria d'achever son récit, en lui donnant quelques indices sur l'organisation des assassins de Paris.

« — Jamais, » reprit Olivier, « jamais il n'a existé à Paris, comme on le croit encore, une bande de meurtriers. Cardillac seul commettait tous les crimes mystérieux dont la police de la Chambre Ardente cherchait inutilement la trame. Ma position de dépositaire du secret de cet homme me livrait à des remords sans trêve et sans consolation. Je m'imaginais parfois que mon silence me rendait responsable de ses scélératesses. L'amour de Madelon avait seul le pouvoir de faire retomber le bandeau sur mes yeux et de couvrir d'un peu d'oubli l'horreur du souvenir que je gardais au fond de mon cœur. Pendant les heures de travail, dans l'atelier, j'osais à peine tourner vers Cardillac un regard oblique et fugitif. Je ne pouvais comprendre la double vie de cet homme, père tendre, artiste admiré, bourgeois environné d'estime, et cachant, sous ses vertus apparentes et sa fortune réelle, tout ce qu'il est possible d'imaginer de plus noir. Mon cœur se brisait à l'idée que Madeleine pouvait, d'un jour à l'autre, tomber avilie sous le déshonneur de son père. Cette crainte était pour Cardillac le plus sûr garant de ma discrétion, et, dans mes longues insomnies, tourmenté du besoin de trouver une excuse à une conduite dont le mystère m'échappait, je me perdais en conjectures sur les motifs plausibles de ces meurtres.

« Une circonstance, en apparence fort indifférente, me mit sur la voie de cette découverte. Un jour, Cardillac entra dans l'atelier, sombre et préoccupé comme je ne l'avais jamais vu. Après avoir passé quelques minutes à remuer et changer de place des bijoux et des pierreries, il jeta tout à coup loin de lui une parure qu'il contemplait depuis un moment, puis, venant à moi d'un air sinistre : « — Olivier, » me dit-il, « notre position réciproque n'est plus tenable. Tu es, devant moi, maître d'un secret dont la police de Paris n'a jamais pu s'emparer. Tu as vu de tes yeux à quoi m'entraîne, presque chaque nuit, mon mauvais génie ; c'est une funeste étoile qui t'a amené là pour faire de toi mon complice forcé... »

« — Monstre infernal ! » m'écriai-je, hors de moi, en oubliant toute pudeur, « moi, ton complice ? Ah ! plutôt mourir mille fois !.. »

Cardillac s'assit, sans perdre son impassibilité ; seulement, il essuya du revers de la main quelques gouttes de sueur glacée qui perlaient sur son front ; puis, il reprit, d'une voix qui n'accusait aucune anxiété : « — Écoute ; j'ai bien des choses à t'apprendre, et, quand tu me connaîtras mieux, au lieu de me maudire, tu me plaindras. Des médecins fameux ont écrit dans leurs livres que les impressions ressenties par les femmes enceintes exercent une profonde influence sur le moral de leurs enfants, et produisent parfois des effets contre lesquels tous les efforts de l'éducation ne peuvent rien dans l'avenir. On m'a raconté de ma mère qu'étant grosse de moi, elle avait accompagné plusieurs autres dames conviées à une fête qui se donnait au palais de Trianon. Elle y fit rencontre d'un jeune seigneur espagnol qui portait en sautoir un collier de magnifiques pierreries. Posséder ce trésor devint aussitôt l'idée fixe de ma mère. Elle se souvint tout à coup que ce jeune seigneur lui avait, quelques années auparavant, parlé d'une passion qu'elle avait repoussée. Tous deux se reconnurent presque au même instant. Ma mère, qui ne lui avait résisté que par vertu, le trouva plus séduisant que jamais. Tous deux se sentirent attirés l'un vers l'autre par une influence irrésistible. Le jeune seigneur amena doucement ma mère jusque dans un salon écarté et désert ; et là, comme il la pressait dans ses bras avec des transports d'amour, elle porta vivement ses mains sur le collier ; au même instant, soit apoplexie, soit par suite de je ne sais quelle fatalité, le jeune seigneur tomba mort et l'entraîna dans sa chute. Ma mère s'épuisait en efforts pour se dégager de l'horrible étreinte de ce cadavre ; et dans cette lutte horrible, elle ne pouvait détourner ses regards de ce visage décomposé par la mort, et qui semblait, par une épouvantable fascination, attacher sur elle ses yeux vitreux et menaçants. A la fin, ses cris de détresse attirèrent du monde. On la dégagea, on l'emporta dans sa voiture jusque chez elle ; mais une longue et douloureuse maladie fut le fruit de cette émotion. Sa guérison resta longtemps incertaine. On craignit pour elle et pour la vie de son enfant ; mais le sort en décida contre toute prévision ; car sa santé se rétablit, et je vins au monde sans lui coûter de grandes souffrances. Mais la terreur des scènes de Trianon s'était communiquée à ma pauvre cervelle, et, par un phénomène funeste, j'avais reçu le germe de la plus déplorable passion qu'il soit possible d'éprouver. Dès ma plus tendre enfance, j'avais un amour étrange pour l'or, les diamants, les joyaux. Plus tard, quand j'atteignis l'adolescence, ce qui eût pu n'être qu'un caprice d'enfant devint un goût prononcé, et je commençai à céder à l'instinct du vol. J'avais une adresse naturelle presque fatale, qui me faisait reconnaître sans étude, par une inexplicable faculté, les bijoux fins et les faux. Mon père, qui s'aperçut plus d'une fois de mes vils penchants, me châtiait rudement à chaque nouvelle faute ; sa sévérité parvint à combattre, durant quelques années, la destinée qui me menaçait, mais le naturel est toujours, tôt ou tard, victorieux. Je voulus apprendre le métier d'orfèvre, pensant que ce genre de travail, mettant à ma disposition de riches matières de toute sorte, calmerait peu à peu ma passion. J'acquis promptement un des plus beaux talents de l'époque, et la fortune vint en aide à mes rapides progrès. Tout le monde affluait chez moi pour me commander du travail, et c'est alors que je me sentis tenaillé de nouveau par l'affreux besoin de m'approprier tout ce qui, chaque jour, était confié à mes soins. Je commençai par escroquer, je finis par égorger. Ma profession me donnait accès chez les grands ; ma richesse connue m'assurait leur confiance aveugle ; mon talent si recherché m'assurait leurs cajoleries. Je sus mettre à profit ces précieuses facilités. Nul meuble, nulle serrure ne pouvait résister à mon adresse infernale. Je dérobai ainsi d'énormes valeurs. Bientôt ma cupidité grandit avec le succès. Je sentis au fond de moi-même une haine inconcevable contre tous ceux qui possédaient de l'or ou des pierreries. J'eus soif de leur sang, pour les piller avec plus d'impunité. C'est à cette époque que j'achetai cette maison. Le jour où je signai le contrat qui la faisait passer dans mes mains, le vendeur me dit : « Maître René, je vous ai vendu ma maison, et vous me l'avez payée sans marchander. Je veux vous donner, par-dessus le marché, connaissance d'un secret dont vous ferez quelque jour votre profit. » Alors, il me conduisit à une armoire pratiquée dans le mur, déplaça le panneau du fond, qui fermait un cabinet dans lequel se trouvait une trappe qu'il souleva. Au bas d'un escalier roide et obscur fuyait un couloir étroit dont l'issue aboutissait à un guichet ouvrant sur la cour de la maison. Au bout de la cour, la muraille d'enceinte, haute et épaisse, n'offrait rien d'extraordinaire : mais dans la rainure d'une pierre de taille se dérobait un petit bouton d'acier. Mon vendeur pressa ce bouton, et aussitôt une porte secrète tourna dans la muraille et offrit une sortie invisible sur la rue. C'était une porte de chêne recouverte extérieurement d'une couche de mortier habilement ajustée. Du côté de la rue, une statue de bois fortement liée à la porte par des crampons de fer, et couverte d'un enduit qui lui donnait les apparences de la pierre, masquait à toute curiosité le mystère de cette sortie. Il est probable qu'elle avait été pratiquée par les moines qui occupaient jadis cette maison, et qui se procuraient de la sorte le moyen d'échapper de temps en temps aux ennuis de la clôture, à la faveur d'un déguisement. Quoi qu'il en soit, cette découverte devait devenir pour moi la source des plus affreux résultats. Possesseur du secret de ce mécanisme, je compris, par une rapide intuition, tout le parti que j'en pourrais tirer pour activer l'exécution de mes projets. Je venais, à cette époque, de livrer à un seigneur de la cour un superbe écrin qu'il destinait à une danseuse de l'Opéra. Le démon du vol et du meurtre revint me livrer un nouvel assaut. Une nuit, je vois en songe ce seigneur se glisser chez sa maîtresse avec le précieux cadeau qui devait payer ses bonnes grâces. La fièvre brûlait mon sang dans mes veines. Je m'éveille en sursaut. Je me lève en bondissant comme un tigre, je jette un manteau sur moi, et je sors de la maison par la porte secrète. Me voilà dans la rue Saint-Nicaise. Un homme passe; il est richement vêtu : c'est lui!... Je le saisis par derrière, je lui plonge un poignard dans le cœur, et l'écrin m'appartient!.. Alors, par une étrange permission de l'enfer, au lieu de me sentir effrayé du crime que je venais de commettre, un calme étrange circule dans tous mes sens. Le contentement du désir satisfait régnait seul dans mon âme. Ma fatale destinée s'accomplissait. Et maintenant, Olivier, que puis-je te dire de plus? Tu comprends toute ma situation. Suis-je un monstre féroce? Non; tu sais avec quelle répugnance j'accepte l'ouvrage qu'on vient m'apporter. Tu sais qu'il y a certaines personnes pour lesquelles j'aimerais mieux mourir que de travailler; tu sais aussi que, quelquefois, grâce à ma force athlétique, je me contente d'étourdir d'un coup de poing ceux qu'une irrésistible passion me force à dépouiller... »

« Après cette longue et terrible confession, » poursuivit Olivier, « Cardillac me conduisit dans un caveau qui regorgeait de plus de richesses que n'en pourrait contenir le trésor d'un prince. Un bulletin, placé près de chaque objet d'orfévrerie, indiquait le nom de son premier propriétaire, et le genre d'attaque ou de larcin qui l'avait fait tomber au pouvoir de Cardillac. — « Le jour où tu épouseras Madelon, » me dit Cardillac d'une voix sombre, « tu me jureras sur le Christ de détruire après ma mort toutes ces richesses. Je ne veux pas que le prix du sang versé reste comme une malédiction entre ma fille et toi... »

« Partagé entre l'amour de Madelon sans qui je ne pouvais vivre, et l'effroi mêlé d'horreur que m'inspirait son père, j'hésitai bien longtemps entre la fuite et le suicide. Plaignez-moi, mademoiselle, d'avoir été si faible! Le supplice qui m'est réservé ne sera-t-il pas une assez terrible expiation?..

« Un soir, Cardillac rentra chez lui d'humeur gaie. Il prodiguait à sa fille des caresses inaccoutumées. Au souper, il dégusta quelques flacons de bon vin, chose qu'il ne se permettait qu'à certains jours de fête. Après le souper, comme je voulais me retirer discrètement, il me retint avec des démonstrations affectueuses qui m'étonnèrent. Après avoir rempli nos gobelets, il me raconta ce qui s'était passé chez madame de Maintenon, entre vous et Louis XIV. « Écoute, » me dit-il ensuite, « tu sais que je fus chargé de faire, pour la princesse Henriette d'Angleterre, un collier et des bracelets du travail le plus exquis. Tu sais avec quelle passion je me livrais à cette œuvre qui devait mettre le sceau à ma renommée d'artiste. La fin malheureuse de cette princesse a laissé dans nos mains cette parure dont les pierreries m'appartenaient : eh bien, je veux que ces bijoux dignes d'une reine soient offerts à mademoiselle de Scudéry, au nom des *meurtriers invisibles*. Ce sera une bonne mystification pour la maréchaussée, pour la Chambre Ardente, en général, et pour Desgrais en particulier. De plus, mademoiselle de Scudéry est une femme dont j'admire l'esprit et les vertus. Je suis assez riche, Dieu merci, pour me donner la petite satisfaction de lui rendre à ma manière les hommages qui lui sont dus. »

« En entendant votre nom prononcé par Cardillac avec des intentions aussi flatteuses que méritées, je ne pus, mademoiselle, contenir un cri de joie. « Ah, diable, mon garçon, » reprit l'orfévre, « il paraît que tu approuves mon idée? Eh bien, tant mieux! J'ai hâte de l'exécuter; ce sera peut-être un heureux commencement d'expiation pour les fautes de ma vie. C'est que, vois-tu, il y a des moments où je souffre comme un damné. Dernièrement, j'avais projeté d'offrir une couronne de pierreries à Notre-Dame de Paris; mais chaque fois que je voulais me mettre à cette besogne, une force secrète, invincible, paralysait mes mains, et mon âme s'abîmait dans un vertige épouvantable. Il paraît que le ciel n'est pas encore disposé à faire la paix avec moi. Eh bien, je pense que si une personne aussi vertueuse que l'est mademoiselle de Scudéry voulait m'accorder l'intercession de ses prières, le diable se lasserait de compter sur ma capture. »

« Que vous dirai-je, mademoiselle? L'espoir que vous pourriez sauver Cardillac de l'abîme où il courait, et protéger l'innocente Madelon, dans le cas où son père tomberait dans les mains de la justice, m'avait décidé à tenter de vous voir. Je pensais qu'en me reconnaissant pour le fils d'Anne Brusson, vous ne refuseriez point d'étendre sur ma destinée et sur mes affections votre main protectrice. Je ne pus parvenir à pénétrer jusqu'à vous. Mais quand le collier et les bracelets furent en vos mains, je me souvins de la fatale passion de Cardillac, et je tremblai que, pour rentrer en possession de ces bijoux, il ne se portât, dans ses heures de criminel délire, à quelque attentat contre vous. Voilà pourquoi, un jour, sur le Pont-Neuf, je jetai un billet dans votre voiture, pour vous supplier de renvoyer l'écrin fatal. Le lendemain, vous n'aviez rien renvoyé, et j'entendais Cardillac se parler à lui-même, et votre nom se mêlait à de menaçants monologues. Vers le soir, voulant à tout prix vous sauver, je profitai de l'instant où il venait de s'enfermer dans sa chambre, pour m'embusquer au dehors, à l'abri d'un angle de muraille où nul reflet de lumière ne pouvait me trahir. Je savais que, selon sa coutume, Cardillac ne tarderait pas à sortir. Il sortit en effet. Je le suivis à vue jusqu'au détour de la rue Saint-Honoré où il disparut comme un spectre. Mon unique but étant de protéger vos jours, et de vous couvrir, s'il le fallait, de mon corps, je courus me poster à la porte même de votre maison. J'y arrivais à peine, lorsque passe devant moi un officier richement vêtu, qui marchait d'un pas très-leste, en fredonnant un air d'opéra. Tout à coup une ombre noire s'élance derrière lui. Une lutte s'engage, elle est rapide comme l'éclair, et, cette fois la Providence a veillé, car c'est l'assaillant qui tombe frappé, et cet assaillant, c'est Cardillac !.. Je pousse un cri d'horreur. L'officier, me prenant pour le complice du malheureux qu'il vient d'abattre, jette le poignard dont il s'est servi pour sa défense, et bat en retraite, l'épée nue à la main. Quand il s'est éloigné, je m'approche de Cardillac mourant, je le charge sur mes épaules, et je regagne avec peine la maison où la pauvre Madelon devait revoir pour la dernière fois son malheureux père ! Vous savez le reste, mademoiselle. Je suis innocent de tout crime ; mais aucune torture ne me fera trahir le secret que je vous confie. Il ne faut pas que la fille de Cardillac soit condamnée à rougir de son père. Je ne veux pas que la main du bourreau traîne sur la claie les dépouilles de l'homme à qui la femme que j'aime doit la vie. Que la Chambre Ardente se partage les lambeaux de mon cadavre, elle qui a déjà fait périr tant d'innocentes victimes. Je donne ma vie avec bonheur, pourvu que Madelon soit sauvée !.. »

Touchée jusqu'aux larmes par ce récit dont elle ne pouvait plus suspecter la franchise, Madeleine de Scudéry fit venir Madelon.

La jeune fille était toute tremblante ; mais, en apercevant Olivier, elle poussa un cri de joie et vola dans ses bras en s'écriant : « Je savais bien que tu n'étais pas coupable ! »

Olivier, en revoyant Madelon, oubliait toutes ses douleurs. Il était innocent, il était aimé,... l'innocence et la vertu, n'est-ce pas l'impérissable liberté des âmes pures ?..

IX.

Un léger coup se fit entendre à la porte.

C'était Desgrais qui, avec tout le respect officiellement dû à mademoiselle de Scudéry, venait annoncer discrètement qu'il était l'heure de terminer l'entrevue, afin qu'Olivier fût réintégré sous les verrous avant le lever du soleil.

Mademoiselle de Scudéry souffrait cruellement de son impuissance. Elle eût voulu pouvoir rendre à Olivier une liberté immédiate. Elle redoutait les erreurs de la justice humaine, et cherchait un moyen de sauver son protégé. Sa première démarche fut d'écrire au président La Reynie, pour lui faire part de tous les détails de son entretien avec Olivier Brusson. Mais elle respecta ce dévouement du jeune captif, et ne révéla point que Cardillac fût la victime du dernier crime qu'il avait tenté de commettre.

Le président de la Chambre Ardente était trop galant pour ne point répondre avec tous les égards que réclamait la position de l'illustre solliciteuse. Il se déclara charmé d'apprendre qu'Olivier Brusson fût personnellement innocent du crime qu'on lui imputait ; mais il ajouta que la justice devait avoir son cours, et que si Olivier persistait à envelopper de mystère un fait qu'il ne pouvait pas ignorer, la Chambre Ardente accomplirait à regret son terrible devoir, en triomphant de son silence obstiné par la torture.

Cette réponse plongea mademoiselle de Scudéry dans des angoisses inexprimables, car La Reynie exerçait son métier de pourvoyeur du bourreau en homme qui connaît parfaitement les exigences de son métier. Désespérée de l'insuccès de cette première tentavive, elle courut en toute hâte chez Pierre Arnaud d'Andilly, le plus célèbre avocat de Paris. Elle espérait, avec son appui, faire surseoir à l'arrêt, quel qu'il fût, de la Chambre Ardente.

L'homme de loi, après avoir écouté très-gracieusement la requête de sa respectable cliente, lui opposa d'abord cet adage, tiré de Boileau-Despréaux, que : le vrai peut quelquefois n'être pas vraisemblable. Il lui démontra, clair comme le jour, que toutes les apparences se réunissaient, d'une manière formidable, contre la véracité possible des allégations d'Olivier, et que, dans tous les cas, les mesures dont usait La Reynie, pour arriver à la découverte de la vérité, lui paraissaient infaillibles...

« — Eh bien, » s'écria mademoiselle de Scudéry, « j'irai me jeter aux pieds du roi ! »

« — Gardez-vous-en bien ! » reprit froidement le jurisconsulte ; « vous nuiriez à votre crédit ; le roi ne fera jamais grâce à un homme qui, possesseur d'un secret important pour la sécurité publique, refuserait de le révéler en présence de la justice. Songez-y, madame, le cas est grave. Le peuple entier pourrait se révolter contre un pareil abus du droit de grâce. Que votre jeune homme parle avec franchise, qu'il réponde purement et simplement aux questions qui lui seront posées ; et s'il ne parvient pas à établir son innocence et à se faire absoudre, il vous restera toujours, comme dernier moyen, le droit de recourir à la clémence royale.

Cet avis ne manquait pas de logique ; il méritait d'être suivi. Mademoiselle de Scudéry se retira fort inquiète de la tournure que prenaient les choses, et priant Dieu de faire triompher l'innocence d'Olivier par un de ces secours providentiels dont il est l'unique dispensateur.

Vers le soir, la fidèle Martinière entra discrètement dans le boudoir où sa maîtresse réfléchissait tristement à ces étranges aventures, et elle annonça, presque à voix basse, la visite du comte de Miossens, colonel des gardes du roi.

Ce personnage inattendu fut introduit sur-le-champ.

« — Madame, » lui dit-il, « vous m'excuserez,

je l'espère, de me présenter chez vous si tard et sans invitation, lorsque vous saurez que ma visite concerne l'histoire de ce petit Olivier Brusson, qui passe pour avoir assassiné l'orfévre Cardillac... »

Madeleine de Scudéry tressaillit. « — Parlez vite, monsieur, parlez, je vous en conjure ! » s'écria-t-elle ; « vous ne sauriez croire combien je m'intéresse à cet infortuné ; chaque minute de retard peut lui être si fatale !.. »

« — Je le sais, » reprit le comte, « et je sais surtout, mieux que personne, qu'Olivier Brusson est innocent ; car c'est moi, madame, qui ai tué Cardillac dans la rue Saint-Honoré ! »

« — Ah ! grand Dieu ! vous me faites frémir !.. »

« — Vous frémirez davantage, quand vous aurez appris que René Cardillac est l'auteur de tous les meurtres qui ont si longtemps désolé Paris, malgré la Chambre Ardente, malgré la police, malgré La Reynie, d'Argenson et toute la séquelle des gens de robe. Le premier soupçon que je m'avisai de concevoir contre ce misérable fut motivé par une singulière question qu'il fit à mon valet de chambre, en lui remettant pour moi une parure que je lui avais commandée. Il parut tenir excessivement à savoir à quelle heure de nuit je serais en route pour aller à certain rendez-vous. Mon valet s'empressa de me prévenir de cette bizarrerie sous laquelle, en roué serviteur qu'il est, il entrevoyait quelque mystère. J'avais ouï dire que toutes les personnes frappées par les meurtriers invisibles portaient la même blessure. Il était facile d'en conclure que la même main commettait tous ces crimes, et il ne s'agissait que de se prémunir contre ce genre d'attaque. J'eus soin de mettre sous mon justaucorps une légère cuirasse à l'épreuve d'un coup de dague. Je sortis. Je fus attaqué par un seul individu, et, dans cet homme, je reconnus Cardillac. Son poignard glissa, comme je l'avais prévu, sur la plaque d'acier qui couvrait ma poitrine ; je me hâtai de riposter par un coup auquel j'affirme qu'un géant n'aurait pas résisté... »

« — Et vous avez pu, monsieur, » interrompit vivement mademoiselle de Scudéry, « garder jusqu'à cette heure un silence qui pouvait faire tomber la tête d'un innocent ? Ah ! monsieur, permettez-moi de le dire, cette conduite est peu digne d'un gentilhomme et d'un soldat, monsieur le comte ! »

« — Mais, madame, » s'écria le colonel, dont le front rougissait sous ce brûlant reproche, « mais, madame, ignorez-vous donc, ou bien avez-vous oublié que le maréchal de Luxembourg fut mis à la Bastille pour s'être fait conter sa bonne aventure ? Et ne savez-vous point que La Reynie, dont le métier est de flairer la chair qu'il jette au bourreau, aurait pu, dans un accès de zèle, me traiter comme les gens dont il prétend faire justice ? Nous vivons sous un régime qui commande la prudence, et, tout colonel des gardes que je suis, je n'ai guère envie de me livrer en pâture aux estafiers que commande l'honorable président de la Chambre Ardente. Au surplus, ma visite n'a d'autre but que de vous offrir une preuve de plus de l'innocence du jeune homme que vous protégez. Profitez donc, je vous prie, de cette confidence, avec toute la discrétion que commande ma propre situation. Ce Cardillac n'est, à vrai dire, qu'un misérable. Il serait, d'un autre côté, fort possible qu'Olivier Brusson ne fût pas complétement pur de toute complicité dans les ténébreuses aventures de son maître. Je n'affirme rien, mais je doute de tout jusqu'à ce que la lumière se fasse jour ; et, après tout, c'est une question que nous n'avons, ce me semble, aucun intérêt direct à approfondir. »

X.

Mademoiselle de Scudéry n'eut pas peu de peine à convaincre M. de Miossens du devoir que lui imposait l'honneur de révéler, même à ses risques et périls, tout ce qu'il savait de cette affaire. Elle l'entraîna enfin chez Arnaud d'Andilly, pour s'y concerter sur les moyens à prendre pour sauver Olivier Brusson des coups de la Chambre Ardente, sans compromettre aucun autre nom. Le célèbre avocat se fit répéter plusieurs fois les détails les plus délicats de la révélation qu'on lui apportait. Il imagina ensuite le moyen que voici : M. le comte de Miossens devait se présenter chez le président La Reynie, et lui dire : « Tel jour, à telle heure de la nuit, j'ai vu assassiner un homme dans la rue Saint-Honoré. Un autre homme, accourant aux cris de la victime, s'est précipité sur son cadavre, et, croyant y trouver un reste de vie, l'a emporté dans ses bras. Cet homme, qui m'est parfaitement connu, c'est Olivier Brusson, le compagnon de l'orfévre Cardillac. » Sur cette déclaration, un nouvel interrogatoire aurait lieu, et la justice procéderait à une enquête juridique, au lieu de soumettre l'accusé à la torture pour lui arracher des aveux. Du reste, Arnaud d'Andilly conseillait à mademoiselle de Scudéry de solliciter une audience du roi et de lui raconter tout ce qu'elle savait. Cette démarche, en confiant l'issue de l'affaire à la décision suprême du monarque, devait, plus que tout autre moyen, éviter les inconvénients d'un débat devant la Chambre Ardente, tribunal exceptionnel trop enclin à s'affranchir de toutes les formalités dont les lois ordinaires composent la garantie des accusés, et c'était le cas d'appliquer le proverbe qu'il vaut mieux s'adresser à Dieu qu'à ses saints.

La difficulté était d'aborder le roi dans un des moments assez rares où il consentait à voiler un peu l'éclat de sa majesté. Madame de Maintenon refusait son concours, persuadée que mademoiselle de Scudéry n'écoutait qu'un intérêt romanesque en défendant la cause du prétendu chef des meurtriers invisibles. Réduite à ses propres ressources, la protectrice d'Olivier n'écouta plus que les inspirations de son cœur. Elle se revêtit d'habits de deuil et se présenta, couverte d'un long voile, chez la favorite, à l'heure où le roi se trouvait auprès d'elle.

Les gens de service, connaissant son intimité avec madame de Maintenon, n'osèrent lui refuser l'entrée, et, quand elle pénétra dans le salon mystérieux, Louis XIV lui-même se leva pour venir audevant d'elle. « — Eh, mais, chère dame, » lui dit-il, » de qui portez-vous le deuil?.. » Puis jetant un regard sur le collier et les bracelets de Cardillac, il ne put s'empêcher d'exprimer sa surprise de voir une si riche parure jointe au costume lugubre de mademoiselle de Scudéry.

C'était ce qu'attendait la vieille auteur de *Clélie*. Amenée ainsi, par le roi lui-même, sur le terrain d'une question qu'elle n'abordait qu'en tremblant, elle profita de cet incident pour faire, en peu de mots, le tableau navrant de la douleur de Madelon Cardillac, et elle avoua qu'elle avait cru pouvoir soustraire cette infortunée jeune fille aux recherches de la Chambre Ardente. Puis elle raconta ses entrevues avec le président La Reynie, avec Desgrais et avec Olivier Brusson lui-même.

Louis XIV était de bonne humeur. Il prêtait à ce récit une attention bienveillante. Mademoiselle de Scudéry suivait sur ses traits les progrès de la sensibilité, et, quand elle crut l'instant favorable, elle tomba aux pieds du monarque, en implorant la grâce d'Olivier.

« — Eh! madame, » répondit le roi, « que demandez-vous, et que puis-je en cette affaire? La clémence ne serait-elle pas un déni de justice, en présence de tous les crimes qui ont effrayé ma capitale?.. »

« — Sire, » reprit mademoiselle de Scudéry, sans perdre courage, « le comte de Miossens a fait une déclaration que Votre Majesté ne voudrait pas révoquer en doute! Les larmes de Madelon Cardillac, qui aime Olivier et qui le proclame innocent, ne sont-elles pas une éloquente protestation contre le crime dont on l'accuse sans preuves? Et quelle fille, à moins d'être un monstre, pourrait donc aimer ainsi le meurtrier de son père!.. Votre propre cœur, Sire, l'émotion que je lis dans vos regards me disent que ma cause est gagnée parce qu'elle est juste, parce que Votre Majesté me connaît assez pour savoir que je n'invoquerais pas sa bonté en faveur d'un être indigne de miséricorde et de pitié!.. »

Louis XIV, sans répondre, se dirigea vers la porte d'un cabinet voisin où travaillait le ministre Louvois. En le voyant rompre ainsi l'entretien, mademoiselle de Scudéry pensa qu'il voulait éviter un refus et se soustraire à d'inutiles prières. Mais, quelques minutes après, le roi reparut. Son visage n'exprimait aucun souci. Il s'approcha de mademoiselle de Scudéry et lui dit, avec un sourire bienveillant : « — Je ne serais point fâché de voir cette petite Madelon... »

« — Ah! Sire, » s'écria la vieille dame, « vos moindres désirs sont des ordres du ciel! j'avais prévu tant de bonté, et je n'eusse pas voulu, pour tout au monde, retarder d'un instant le bonheur d'offrir à Votre Majesté l'occasion d'accomplir un acte de générosité souveraine. »

Elle se leva aussitôt, ouvrit la porte du salon d'attente qui précédait le boudoir de la favorite, et tendit ses deux mains à Madelon Cardillac en lui disant, avec un accent de joie : « — Venez, ma fille! venez tomber aux pieds du roi de France!.. »

Lorsque Louis XIV vit à ses genoux cette belle jeune fille, que la douleur et les larmes rendaient encore plus séduisante, il resta un moment dans une muette contemplation. Puis, il prit les mains de Madelon dans les siennes, et la relevant doucement de sa posture suppliante, il attacha sur ses traits un long regard, pâlit légèrement, et laissa retomber la jeune fille...

Madame de Maintenon, qui attachait sur cette scène des yeux impatients, fronça le sourcil, et se penchant vers mademoiselle de Scudéry, lui dit à l'oreille : « Je voudrais bien que cette jeune fille fût loin d'ici! Comment n'avez-vous pas reconnu, en la voyant pour la première fois, qu'elle ressemble, trait pour trait à Louise de La Vallière! Ce souvenir a frappé le roi; son cœur souffre, mais votre cause est gagnée.

On ne saurait affirmer que Louis XIV eût saisi quelques mots des réflexions de sa favorite. Quoi qu'il en soit, il reçut la supplique que lui présentait Madelon Cardillac, mais il ne prononça que ces paroles : « Vous aurez ma réponse après l'arrêt de la Chambre Ardente. » Et d'un signe de la main, il manifesta la volonté d'être seul.

Madelon se retira tout éplorée. Olivier n'était pas encore sauvé.

XI.

Quelques jours après, tout Paris était instruit de la déclaration faite par le comte de Miossens devant les juges de la Chambre Ardente. Chacun s'éprit de compassion pour le sort d'Olivier Brusson. Le peuple, qui s'impressionne vite, trouva étrange et inique que la liberté ne lui fût pas rendue sur-le-champ. Quelques démonstrations hostiles menacèrent le président La Reynie. Ce chef du tribunal sinistre fut obligé de faire garder son hôtel par un fort détachement de soldats de la maréchaussée. Il n'osait plus sortir sans escorte, car partout, sur son passage, la foule s'ameutait, en criant d'une voix lugubre : « Rendez-nous Olivier Brusson! justice pour l'innocent persécuté!.. »

Malgré cette irritation publique, la Chambre Ardente ne se hâtait point de laisser échapper sa proie. L'instruction du procès se poursuivait avec une rigueur minutieuse. Le roi ne disait pas un mot de cette affaire, même dans l'intimité. Le bruit courut, néanmoins, qu'il avait eu avec le comte de Miossens une entrevue secrète, et que la vieille maison de René Cardillac avait été fouillée de fond en comble.

Quand toutes les investigations furent achevées, et que toutes les pièces de la procédure se trouvèrent en état, Louis XIV fit appeler mademoiselle de Scudéry chez madame de Maintenon, et lui dit avec bonté : « Ma justice a suivi son cours, et ses travaux m'ont éclairé. Je viens d'ordonner la mise en liberté de votre jeune protégé; mais ce n'est point à ma clémence que vous devez rendre grâces; la Chambre Ardente a rendu son arrêt. On vous remettra de ma part mille louis que j'accorde à Madelon Cardillac, pour l'aider à s'établir. Qu'elle épouse Olivier Brusson, puisqu'elle l'aime; mais que tous deux quittent la France et n'y reparaissent de leur vie... je le veux! »

Olivier Brusson et Madelon Cardillac se retirèrent à Genève, où ils passèrent leur existence dans une douce et paisible obscurité. Ils gardèrent pieusement le souvenir de mademoiselle de Scudéry.

Quelque temps après leur départ, l'archevêque de Paris, Harlay de Champvalon, et Pierre Arnaud d'Andilly, avocat au parlement, firent publier dans toutes les villes du royaume, qu'un pécheur à l'article de la mort, avait légué à l'église un trésor considérable, destiné à indemniser toutes les familles qui avaient été victimes de larcins ou d'attaques nocturnes pendant l'année 1680. Tous ceux qui fournirent des preuves suffisantes, reçurent leur part proportionnelle de la réparation offerte par ce coupable pénitent dont le nom resta voilé. Le surplus des fonds fut distribué aux pauvres de la paroisse de Saint-Eustache.

DOGE ET DOGARESSE.

I.

Au mois d'août 1354, Paganino Doria, le plus célèbre des amiraux génois, bloquait le port de Venise avec une flotte imposante et victorieuse. Les Vénitiens, consternés par plusieurs défaites, croyaient toucher au dernier jour de leur république. Le peuple et la noblesse, oubliant leurs rivalités pour travailler au salut commun, s'efforçaient de barricader les lagunes pour en fermer l'accès aux navires ennemis. Les membres de la Seigneurie, assemblés sur le Rialto, discutaient, dans un trouble ineffable, les moyens de négocier un emprunt pour assurer, par la voie de terre, les subsistances de la cité que menaçait la famine. Au milieu de cette calamité publique et des périls multipliés qui semblaient rendre toute résistance impossible, le doge Andréo Dandolo, désespéré des malheurs de sa patrie, venait de mourir presque subitement. Lorsque la grosse cloche de Saint-Marc annonça cette fatale nouvelle, le découragement fut sans limites; chacun croyait entendre tinter le glas d'agonie de la république. Et pourtant la perte du doge n'était pas irréparable, car sa vieillesse épuisée ne pouvait plus supporter les fatigues d'un long siége. C'était d'ailleurs un homme peu fait pour exercer le pouvoir souverain. L'astronomie l'occupait beaucoup plus que la politique, et il s'entendait infiniment mieux à régler le cérémonial d'une procession qu'à organiser une armée. Il était donc urgent d'élire sans retard un nouveau doge qui fût à la fois homme de conseil et d'action pour relever les destinées de l'État.

Les patriciens se réunirent à Saint-Marc, pour procéder au choix d'un sauveur; mais, après de longs discours sur les misères du temps, personne ne savait en indiquer le remède, lorsque le doyen du sénat, Marino Bodoëri, se leva au milieu de l'assemblée, et s'exprima en ces termes : « Ce n'est point ici qu'il faut chercher le libérateur de Venise. C'est en France, à Avignon que cet homme existe. Je propose à vos suffrages l'élection immédiate de Marino Falieri, notre ambassadeur auprès du pape... »

« — C'est un vieillard!.. » s'écrièrent plusieurs voix.

« — Je le sais, » reprit Bodoëri; « mais qui de vous se flatterait de lui être supérieur en science, en courage, en dévouement? Marino Falieri est âgé de quatre-vingts ans; sa longue vie s'est écoulée au sein des fatigues; mais chacune de ses années, depuis un demi-siècle, est marquée par un service éminent. C'est à lui que le pavillon de Venise doit son illustration; c'est de lui seul que vous pouvez attendre aujourd'hui votre salut. Si vous ne lui donnez pas le pouvoir, je ne vois autour de moi nulle ressource à opposer aux ennemis de la république. Dans les temps de crise, il ne faut point de phrases, mais des actes. Les rivalités ambitieuses doivent se taire devant le génie qui a fourni ses preuves!.. »

La rude franchise de Bodoëri produisit une vive impression sur la noble assemblée. Quelques patriciens jaloux essayèrent en vain de combattre timidement l'élection de Marino Falieri. Le sentiment de la nécessité triompha des rivalités particulières, et ceux-là même dont l'orgueil protestait n'osèrent refuser leur suffrage à l'homme que la majorité désignait pour sauver la commune patrie. Le résultat du conclave fut proclamé devant le peuple et salué par d'unanimes acclamations. Le peuple est prompt à changer d'idoles. Le règne doux et paternel du doge trépassé sembla subitement oublié des hommes qui avaient le plus amèrement déploré sa perte. On ne parla plus que des exploits de Marino Falieri et des espérances que faisait éclore son avénement. La joie publique était aussi bruyante que si l'on

Le Doge et la Dogaresse.

eût déjà vu les lagunes couvertes des débris de la flotte génoise.

Quelques jours après, une escadre de galères, qui revenait des côtes de Sardaigne sous la conduite de Nicolo Pisani, contraignit Doria de s'éloigner pour éviter une attaque qui lui fermerait la retraite. Cet heureux incident acheva de relever les courages, et parut couronner d'un heureux présage l'avénement du nouveau doge. Douze membres du sénat furent aussitôt députés à Vérone, pour y attendre l'arrivée de Marino Falieri, et le revêtir de la pourpre. Quinze gondoles de l'État allèrent à sa rencontre, et l'escortèrent en grande pompe jusqu'à Saint-Clément, où il devait monter à bord du vaisseau de cérémonie *le Bucentoro*.

Le soir du 3 octobre 1354, au moment où le chef de la république recevait sur le pont du *Bucentoro* l'hommage solennel des notabilités patriciennes, un pauvre jeune marinier, couvert de haillons, gisait tristement sur le pavé de marbre qu'abrite le fronton de la Dogana. Malgré sa misère, on pouvait remarquer, à la blancheur de son teint et à la finesse de ses mains, qu'il n'était point né dans la populace. Sa maigreur accusait des formes distinguées; des cheveux bruns et bouclés encadraient son visage du plus pur ovale, et dont les traits pleins de noblesse annonçaient que cet infortuné avait dû à quelque mystérieuse fatalité un sort indigne de sa naissance. Le front appuyé sur sa main droite, il contemplait l'horizon de la mer avec une préoccupation mélancolique, et son bras gauche, étendu le long de ses flancs, était enveloppé de bandelettes d'une toile grossière et tachée de sang.

C'était l'heure où cesse le travail du peuple. Les mariniers fatigués avaient regagné leur logis, où les attendait une vieille mère ou une épouse aimante. Le pauvre jeune homme couché sur le pavé de la Dogana n'avait seul aucun être qui l'attendît pour fêter son retour. Il restait là, morne et souffrant, lorsque tout à coup une voix grêle et plaintive l'appela par son nom : « Antonio! Antonio! »

Antonio souleva péniblement sa tête pâle, et tournant avec effort un regard plein d'angoisse vers le côté d'où la voix se faisait entendre, il répondit douloureusement : « Qui vient là? Que me veut-on? serait-ce un être assez charitable pour jeter mon corps à la mer, car je sens que je vais mourir!.. »

« — Petit fou, cher petit fou, veux-tu donc mourir quand le bonheur t'arrive? Vois-tu là-bas, vers l'horizon des lagunes, ces flots que dore le soleil couchant? c'est le présage de la fortune qui vient te visiter. Courage, Antonio; c'est l'inanition qui épuise tes forces; il faut manger, mon enfant, manger et boire, pour prendre du cœur et vivre!.. »

L'être qui parlait de la sorte était une vieille

Les conspirateurs à la Giudecca.

femme décrépite, qui se traînait en sautillant sur une béquille. Antonio reconnut en elle une mendiante à moitié folle qu'il avait souvent rencontrée à la porte du couvent des franciscains. Cette étrange créature, réduite à l'aumône, ne recevait jamais la moindre pièce de monnaie sans donner en échange un conseil ironique ou quelque bizarre prédiction.

« — Laisse-moi en repos, sorcière, » lui cria Antonio avec effort. « Que t'importe que la faim m'ait jeté sur ce pavé depuis que la blessure de mon bras m'empêche de travailler? Tant mieux pour toi si tu as la panse pleine; quant à moi, j'ai perdu mon temps à courir à la porte des franciscains pour mendier une écuelle de soupe. Je suis arrivé trop tard; l'heure de la distribution était passée, et les révérends pères m'ont envoyé souper avec le diable. Laisse-mourir tranquille! »

« — Hi! hi! hi! » fit la vieille en ricanant, le menton appuyé sur sa béquille. « Pourquoi donc jeter le manche après la cognée, et vouloir finir comme un chien enragé, parce que tu n'as pas trouvé ce soir un os à ronger? Et pourquoi maltraiter de paroles une pauvre vieille qui t'annonce la visite de la Providence?.. Tiens, mon fils, croque-moi ces petits poissons secs que je viens d'acheter tout à l'heure avec un petit pain frais et une bonne potée de la meilleure limonade que tu aies jamais goûtée de ta vie. Mange et bois comme un homme, mon petit Jésus, et puis après, je chercherai dans ma besace quelque onguent merveilleux pour guérir ta blessure. »

Tout en parlant de la sorte, la vieille mendiante étalait auprès d'Antonio ses petites provisions et le forçait doucement d'y faire honneur. Quand ce frugal repas fut achevé, elle découvrit avec précaution le bras du jeune homme et y appliqua un collyre dont elle avait le secret. « — Pauvre petit, » disait-elle en procédant au pansement, « comment donc as-tu pu te faire tant de mal?.. »

« — En gagnant mon pain, » répondit Antonio, « comme si Dieu n'avait pas voulu que chacun eût le droit de vivre à la sueur de son front. Tu sais, bonne vieille, que j'ai travaillé longtemps à décharger sur le port les navires de commerce, et que je roulais des ballots, du matin au soir, au magasin des Allemands, dans le *Fontego*. J'avais économisé quelque argent pour me pourvoir d'une casaque neuve, et me trouvant en passable équipage, je m'étais engagé dans la corporation des gondoliers. Un beau jour, le patron de ma gondole, jaloux des gratifications que je recevais, me chercha noise et me chassa. Contraint de redevenir portefaix, je fus insulté, il y a trois jours, par les autres mariniers. Les uns me lancèrent des pierres, d'autres m'assaillirent avec leurs avirons; le plus scélérat de tous m'asséna par derrière un coup qui m'eût brisé le crâne, si je ne l'avais paré à temps avec mon bras gauche. Voilà l'histoire de mon malheur; mais, grâce à toi, bonne vieille, je l'aurai bien vite oublié, car je sens déjà les effets du baume que tu viens de m'appliquer. Avant peu je gage qu'un aviron ne me pèsera guère, et j'aurai ma revanche ! »

« — Oui, oui, » reprit la vieille, « tu auras ta revanche, mais point comme tu l'entends. Tu rameras encore une fois, mon beau marinier, mais ce sera la dernière, car je lis ton avenir dans l'éclat du soleil couchant, et cet avenir est brillant comme l'or qui fond en un creuset ! »

Antonio ne l'écoutait plus. Un magnifique spectacle absorbait ses regards. De Saint-Clément s'avançait avec majesté *le Bucentoro*, pavoisé du lion vénitien, et fendant l'eau bleue des lagunes sous l'effort cadencé de cent rames. Autour du pavillon souverain bondissaient mille gondoles, comme une troupe de cygnes prenant ses ébats dans l'écume des vagues. Ce cortége naval cinglait vers le port au milieu d'une soirée radieuse. Le soleil, prêt à disparaître sous un horizon resplendissant, semblait secouer des gerbes d'or au front des palais de Venise qui se mirait dans les eaux. Mais tout à coup, tandis qu'Antonio contemplait avec un muet ravissement cette vision triomphale, le fond du ciel se teignit d'une couleur de sang; le vent du large se mit à souffler avec une agitation qui atteignit en peu d'instants la violence d'une tempête. Les nuages pommelés qui flottaient dans l'azur se rapprochèrent et se confondirent dans une teinte livide et plombée; la mer, devenue houleuse et menaçante, se soulevait par secousses, venait battre avec un bruit sourd la carène gémissante du *Bucentoro*, dont les balancements désordonnés faisaient craindre à tout moment qu'il ne fût abîmé par les vagues. Le peuple épouvanté accourait en foule sur les grèves du port et poussait des cris de terreur. Antonio, quoique étranger par sa misère aux joies si vite éclipsées de sa patrie, sentait néanmoins la pitié gagner son âme. Le péril des heureux de la terre lui causait des angoisses cruelles, à lui pauvre déshérité de la vie, qui n'avait pour richesse que la noblesse de son cœur.

Tout à coup un bruit de chaînes attire ses regards. Il aperçoit un bateau garni de ses rames et qui, sous les coups de la tourmente, est près de rompre ses amarres. Aussitôt, sans calculer le péril, le courageux jeune homme, oubliant son bras blessé, s'élance dans le frêle esquif, le détache et le pousse rapidement dans la direction du *Bucentoro*.

A mesure que sa course, accélérée par la fougue des flots, le rapproche du navire, il entend les patriciens effarés crier de toutes leurs forces : « Sauvez le doge ! sauvez le doge ! »

A l'exemple d'Antonio, plusieurs mariniers expérimentés arrivaient avec d'autres barques et luttaient courageusement contre l'orage en se disputant l'honneur d'arriver les premiers. Mais la fortune voulait qu'Antonio fût le héros de cette aventure. Dirigeant son bateau avec une adresse presque surnaturelle, il devança ses rivaux de dévouement, et parvint à s'accrocher le premier aux flancs du *Bucentoro*.

Debout sur le pont du navire, le doge Falieri opposait un calme majestueux à la consternation de son entourage. Le danger qui croissait de minute en minute ne le faisait point pâlir, et lorsque Antonio eut jeté son grappin pour se lier aux chaînes du navire, le vieux doge, retrouvant toute la vigueur de ses jeunes années, s'élança dans le bateau avec l'aisance et la sécurité d'un marin consommé. Fier de son succès, Antonio reprit le chemin du rivage, et peu de temps après il déposait son précieux fardeau sur les bords de la place Saint-Marc.

Dans cette courte traversée, Marino Falieri avait subi tous les assauts de la tempête. Quoiqu'il fût ruisselant d'eau, il ne voulut point se rendre au palais ducal avant d'avoir offert de solennelles actions de grâces au ciel qui venait de le sauver presque miraculeusement. Le peuple se pressait en foule sur ses pas, en poussant des acclamations unanimes, mais tous les esprits étaient encore saisis d'effroi. Le jour qui allait finir semblait d'ailleurs s'abîmer dans un sinistre augure, et quelques vieillards avaient fait remarquer, en branlant la tête, qu'au milieu de la confusion générale le doge avait passé entre les deux colonnes qui marquent, sur la place Saint-Marc, le lieu des exécutions capitales.

Après son acte de dévouement, Antonio s'était retiré à l'écart; personne n'avait songé à lui, personne ne lui avait accordé la plus légère marque d'intérêt. Accablé par les pénibles efforts qu'il venait de faire, et sentant se raviver toute la souffrance que lui causait sa blessure, il s'était traîné de nouveau sous le péristyle du palais ducal. Grande fut sa surprise, quand après le soleil couché, un garde noble parut à ses côtés et le pria de s'appuyer sur son bras, pour le conduire tout chancelant et souffreteux à l'audience du doge.

Marino Falieri fit quelques pas au-devant de son sauveur. « — Mon bon ami, » lui dit-il, « tu as fait preuve d'un courage que je n'oublierai de ma vie; toute vertu mérite sa récompense; accepte donc cette bourse, et si les trois mille sequins d'or qu'elle renferme ne te suffisent point, parle sans crainte; aujourd'hui, je n'ai rien à te refuser; mais que ce soit notre première et notre dernière entrevue. »

En achevant ces derniers mots, le vieux doge parut saisi d'une irrésistible émotion; ses yeux lançaient des flammes et son visage austère se colorait d'une sombre rougeur.

Antonio ne prit pas garde à cette bizarrerie; l'unique chose qui l'occupait, c'était la joie d'avoir acquis une petite fortune qui lui semblait fort bien gagnée au péril de sa vie. Il salua profondément, et se retira guéri par le bonheur.

II.

Le jour suivant, Marino Falieri, revêtu de la

pourpre souveraine, et penché sur les balcons du palais des doges, contemplait d'un œil rêveur le peuple insouciant de Venise qui se livrait aux divertissements de toute sorte dont le gratifiait la république à l'occasion du couronnement. Le patricien Bodoëri, son vieil ami d'enfance, étudiait avec anxiété sur ses traits rembrunis les signes d'une tristesse secrète dont il cherchait à pénétrer le mystère. Tous deux, en ce moment, étaient seuls.

« — Hé bien, Falieri, quelle singulière mélancolie vous assiége? Le poids doré de la couronne ducale aurait-il déjà meurtri votre front? »

Cette brusque apostrophe déplut au vieux doge. Mais il savait que son élection était l'ouvrage de Bodoëri. L'influence de ce patricien était immense. Falieri dévora donc sa mauvaise humeur et répondit, d'un air distrait, que ses préoccupations avaient pour cause les mesures difficiles nécessitées par la présence menaçante de la flotte génoise.

« — N'est-ce que cela, vraiment? » reprit Bodoëri. « Mais, de tels détails devraient-ils troubler la sécurité de votre âme? Le plan de défense de Venise sera discuté tout à l'heure dans le sénat, et la responsabilité des événements ne peut vous atteindre. Or, ce n'est point pour parler de guerre que je suis venu vous visiter aujourd'hui; non certes, et le sujet qui m'amène n'intéresse que vous; ne le devinez-vous pas? Je viens vous proposer... un mariage. »

« — Un mariage!.. quelle folie!.. » s'écria le doge en tournant le dos à son ami; « un mariage! mais, mon cher, vous vous moquez de moi. J'ai bien d'autres pensées. Le jour de l'Ascension n'est pas encore si près de nous, et, d'ici là, j'espère, avec l'aide de Dieu, que l'Adriatique, illustrée par mes victoires, pourra recevoir avec orgueil l'anneau de fiançailles que chaque nouveau doge lui jette à son avénement! »

« — Eh! qui vous parle de l'Ascension et du mystérieux mariage des doges avec l'Adriatique, » reprit Bodoëri. « La mer est-elle donc une épouse si fidèle que vous puissiez en faire l'unique objet d'éternelles amours? Ne savez-vous point ses perfidies? Auriez-vous oublié qu'elle reçoit à chaque nouveau règne un nouvel anneau, comme un tribut d'esclaves que lui paient tour à tour les souverains de Venise? Je croyais, Falieri, qu'une fois élevé à l'apogée du pouvoir, vous voudriez faire choix de la plus belle fille de la terre. »

« — A mon âge?.. » murmura le doge; « mais ne suis-je point brisé par les longs travaux de la vie? et puis, comment pourrais-je aimer si tard? Voulez-vous donc me rendre ridicule? »

« — En quoi? » poursuivit Bodoëri; « devez-vous mesurer la vie à la longueur des années et au poids des labeurs accomplis? Doge de Venise depuis si peu de jours, sentez-vous déjà que l'épée soit trop lourde à votre main? et, quand vous montiez les degrés de marbre du palais ducal, avez-vous senti fléchir vos genoux sous le manteau de pourpre? »

« — Qui dit cela?.. » s'écria Falieri, d'une voix tonnante; « non, par saint Marc, je n'ai ni le bras plus faible, ni la main moins ferme que dans mes meilleurs jours! Vienne l'occasion, j'en donnerai la preuve! »

« — En ce cas, » dit Bodoëri, « vous êtes encore à temps de cueillir les plus belles roses de la vie, et, si vous éleviez au rang suprême la femme que je veux vous proposer, Venise entière s'inclinerait devant le choix que vous auriez fait. »

A ces mots, profitant de la surprise et de la lueur d'animation qui venait de galvaniser en un instant les quatre-vingts ans du doge, Bodoëri se mit à lui faire le tableau le plus séduisant de toutes les ravissantes perfections qui distinguaient la noble jeune fille dont il n'aurait plus tout à l'heure à lui apprendre que le nom. Chaque trait de cette peinture provocante produisait son effet. Les sens épuisés du vieux Marino semblaient s'épanouir. « — Eh! eh!» se prit-il à balbutier, « quel est donc, après tout, ce trésor de beauté que vous allez me dévoiler? »

« — Mais... » reprit tranquillement Bodoëri, « c'est de ma petite-nièce que j'ai l'honneur d'entretenir votre seigneurie... »

« — Votre nièce, Bodoëri? vous perdez l'esprit! n'est-elle point mariée depuis longtemps à Bertuccio Nenolo; j'étais en ce temps-là, si j'ai encore bonne mémoire, podestat de Trévise!.. »

« — Vous voulez, seigneur, parler de ma nièce Francesca; mais c'est sa fille que je vous propose. Nenolo, comme vous le savez, a péri dans un combat naval; sa veuve, inconsolable, a pris le voile dans un couvent de Rome, et j'ai fait élever ma petite-nièce, Annunziata, au sein d'une charmante retraite, où elle n'a cessé de croître en grâce et en beauté, sous mes yeux. Elle compte à peine, aujourd'hui, dix-neuf ans; elle vous sera soumise comme une enfant, et dévouée comme une épouse reconnaissante du magnifique bienfait dont vous l'aurez honorée. »

« — Mais, en vérité, je veux la voir! où est-elle?» s'écria le doge, dont l'imagination s'enflammait à la pensée d'un bonheur si facile, placé tout près de lui.

Quelques heures plus tard, à la sortie du conseil, Marino Falieri rencontra sur son passage la perle de beauté sur laquelle l'ambitieux Bodoëri fondait ses espérances. A son aspect, il sentit frémir tout son être.

Annunziata était, en effet, la plus gracieuse personne que possédât Venise; et Bodoëri l'avait, depuis quelques jours, préparée au rôle qu'elle devait jouer. La candide jeune fille était d'une angélique pureté. Elle ignorait encore jusqu'au nom des passions; dans sa naïve adolescence, elle ne savait qu'obéir au moindre signe du parent qui exerçait sur elle l'influence de l'autorité de famille. Elle avait reçu l'ordre de se tenir prête à paraître devant le doge, et de lui adresser quelques paroles dont elle savait la leçon, sans en chercher la portée. Elle suivait avec une charmante simplicité les volontés de Bodoëri. La présence du souverain ne lui fit point éprouver cet embarras révérencieux que la contemplation du rang suprême impose aux sujets. Elle remarqua en souriant le trouble du doge, et s'agenouillant pour baiser la main qu'il lui tendait en tremblant : « — Monseigneur, » lui dit-elle, d'une voix enfantine, « votre grâce daignerait-elle me faire asseoir à ses côtés sur le trône ducal? j'en serais, en vérité, bien heureuse!.. »

Ces paroles lui avaient été dictées à l'avance par Bodoëri. Elle ne soupçonnait rien des obligations du mariage, et ne comprenait de cette cérémonie que le plaisir de porter le titre de souveraine et de jouir de tout l'éclat de la fortune et du rang qui décorent ce titre. Elle ne pouvait imaginer que Bodoëri disposât de sa personne au profit d'une convoitise politique. Si on lui avait annoncé qu'on allait vendre sa beauté, sa jeunesse à un vieillard couronné, elle n'eût pas pénétré le mystère caché sous un tel avertissement.

Le doge restait pétrifié d'étonnement et d'admiration. Bodoëri, l'œil attaché sur les moindres mouvements de sa physionomie, s'applaudissait, au fond de l'âme, du succès qui répondait si vite à ses espérances. Marino Falieri, revenu de sa première émotion, songea d'abord au ridicule qui couvrirait peut-être, aux yeux du peuple, son mariage avec une fille presque enfant. Mais Bodoëri vint au secours de ses scrupules, et tous deux résolurent, d'un commun accord, que le mariage pouvait s'accomplir dans le plus profond secret, et que la dogaresse serait, un peu de temps après, présentée à la noblesse et au peuple comme épouse de Falieri depuis plusieurs années, et comme arrivant de Trévise, où elle aurait passé le temps du séjour de son mari à Avignon.

III.

Un beau jeune homme, en élégant costume, se promène sur le Rialto. Dans sa main résonne une bourse garnie de sequins d'or. Ce doit être un ami des plaisirs. En aurait-il abusé? Déjà des rides précoces ont sillonné son front bruni ; serait-ce le stigmate d'une douleur qui aurait traversé son existence? Il va, vient, s'arrête; sa démarche est heurtée, haletante, inquiète. Tout à coup il semble prendre une résolution longtemps combattue, jette une pièce d'or à un gondolier et se fait conduire à la place Saint-Marc. Suivons-le.

Il recommence sa promenade agitée ; son regard est fixé vers la terre, on le dirait en proie à une cruelle préoccupation. De jolies femmes passent à ses côtés, il ne les voit pas. Des stores se soulèvent sur les balcons, il n'entend rien. Où va-t-il?

C'est pourtant bien lui, cher lecteur, c'est ce pauvre Antonio que nous avons vu, au commencement de ce récit, gisant sur les pavés humides de la Dogana. C'est le sauveur du doge, c'est le propriétaire de trois mille sequins d'or, source d'opulence, qui lui paraît encore intarissable !

Au moment où il passe devant l'église Saint-Marc, une voix familière l'appelle par son nom. Il se retourne, et reconnaît la vieille sorcière qui lui prédisait, la veille, sa bonne-aventure. Il fouille dans sa bourse pour lui jeter l'aumône.

« — Allons donc! » s'écrie la vieille femme, « qu'ai-je à faire de ton or? Je suis plus riche que toi, mon fils ; mais si tu veux absolument m'offrir quelque chose, achète-moi une mante neuve pour me garantir de la pluie ; et alors je te donnerai en retour un bon avis : souviens-toi d'éviter le *Fontegol*»

Antonio reçut dédaigneusement cette nouvelle prédiction. « Vieille folle ! » murmurait-il entre ses dents. Et comme la vieille insistait pour lier conversation, il la repoussa rudement. La pauvre femme roula, comme foudroyée, sur les marches de l'église, en s'écriant d'une voix étouffée : « O mon fils, quel mal t'ai-je donc fait pour me traiter de la sorte ! ah ! si tu savais... »

Elle ne put achever ; la douleur lui ôtait la voix.

Antonio, tout confus de son acte de brutalité, se hâta de lui porter secours. Il la releva et la fit asseoir sous le portail, puis s'inclinant sur elle pour lui parler à demi-voix : « Pardonne-moi, » lui dit-il, » je regrette ma faute. Je ne puis nier que mon bonheur me vient de toi, car si tu ne m'avais pas secouru quand j'étais presque mourant de faim sur les dalles de la Dogana, je n'aurais pas sauvé le doge et gagné trois mille sequins. Pardonne-moi, et partageons ce que le ciel m'a envoyé? »

« — Garde tout, mon enfant, » reprit doucement la vieille femme. « Ton bonheur suffit au mien. Tu n'étais pas fait pour combattre la misère, et si tu savais... »

« — Je sais, bonne femme, » répliqua Antonio, « que mes parents ont été riches. C'est du moins un vague souvenir de ma première enfance. Tu ne m'apprends donc rien de nouveau. Mais à quoi sert de penser au passé, quand ce passé est mort ! »

« — Ah ! si tu savais !.. » murmurait toujours la vieille. »

« — Je sais ou je crois me rappeler, » poursuivit Antonio, « que mes parents parlaient une langue étrangère. Je sais encore que je fus enlevé à ma famille pendant une nuit d'incendie ; qu'une femme, qui veillait près de mon berceau, m'emporta roulé dans un drap et s'enfuit. Mais depuis ce moment, dont je ne me souviens que comme d'un rêve fugitif, une immense lacune se creuse dans ma mémoire. Plus tard, je me retrouvai dans une maison splendide comme un palais, auprès d'un homme qu'on me fit appeler *mon père*, et qui parlait italien. Il m'apprit à bégayer cette langue. Plus tard encore, un nouvel événement me jeta dans la misère qui ne m'a plus quitté depuis. Des hommes de mauvaise mine pénétrèrent un jour auprès de moi, pendant l'absence de mon père ; ils me dépouillèrent de mes riches habits, et me portèrent bien loin, dans un quartier isolé de la ville. J'étais trop enfant pour expliquer qui j'étais et ce qui venait de m'arriver. Un inconnu me recueillit. C'était un de ces hommes qui vivent grassement avec fainéantise aux dépens de la charité publique. Il mendiait pour son compte en implorant pour moi la pitié des passants. Ce métier-là dura quelques années. Nous arrivâmes à Venise, où le ciel me réservait de nouveaux malheurs. Nous y fûmes suivis par la peste qui accourait de l'Orient. Un jour, mon conducteur fut atteint du fléau, et tomba mourant sur l'escalier qui monte au palais des doges. Je n'avais que lui pour appui; je restais sans asile et sans pain. Je me jetai sur son corps en poussant des cris de désespoir, et je m'évanouis. Je me réveillai dans une grande salle voûtée, étendu sur une natte de jonc, et couvert d'un lambeau de laine. Une trentaine d'agonisants râlaient sur le pavé. On m'apprit que j'étais à l'hospice de San-Giorgio-Maggiore, où l'on recueillait les victimes de la peste, et où des moines charitables m'avaient transporté. Ma situation était déplorable, mais je triomphai de la maladie. A peine convalescent, je fus mis à la porte de l'hospice avec quelques pièces de monnaie. Depuis ce temps, je n'ai plus rien appris de ma destinée d'autrefois. J'ai travaillé et souffert, pendant toute ma jeunesse. Encore une fois qu'importe le passé, quand le passé s'enveloppe d'une ombre impénétrable! j'irai jusqu'au bout de ma carrière, comme il plaira à Dieu!.. »

« — Pauvre Antonio, » reprit la vieille tout émue, « ne songe plus au passé, il est bien mort! mais songe à l'avenir! »

« — L'avenir! s'écria Antonio; c'est mon tourment; j'ai parfois de cruelles pensées, quand les désirs de ma triste jeunesse m'emportent dans des espaces inconnus; et aujourd'hui que l'oisiveté m'est permise pour un peu de temps, je sens avec plus de peine que jamais que je n'étais point créé pour une vie d'âpre labeur. Je suis bien malheureux!

« — Enfant, » répliqua la vieille, « prends garde à tes rêves! le repentir suit de près les désirs imprudents! mais tiens, puisque tu es bon aujourd'hui, et que tu ne me méprises plus, conduis-moi un peu jusqu'au bord de la mer; j'ai besoin d'y aller, et tu ne te repentiras point de ta complaisance. »

Antonio obéit machinalement au bras qui l'entraînait.

En traversant la place Saint-Marc, la vieille lui disait de temps en temps : « — Regarde, Antonio, regarde : vois-tu du sang sur le pavé? Oui, oui, c'est du sang! mais n'aie point peur, Tonino! De ce sang doivent éclore des roses rouges pour te faire une couronne de fiançailles!.. »

« — Décidément, elle est folle! » se disait toujours Antonio; et il tremblait d'être remarqué par les passants, en si piètre compagnie.

La vieille continuait son langage fantastique : — « Vois-tu, Tonino, » murmurait-elle d'une voix rauque et stridente, « vois-tu venir là-bas, sur les sentiers du ciel, cette blanche vision d'amour qui te sourit, et qui t'ouvre ses bras pour t'enlacer comme une guirlande de lys! Espoir et courage, mon Tonino! tu cueilleras, au soleil couchant, des myrtes embaumés pour en parer le sein de ta belle fiancée!.. mais les myrtes cueillis à cette heure ne fleurissent qu'à minuit!.. Écoute, écoute, n'est-ce pas déjà le vent du soir, la brise nocturne qui caresse l'air à l'heure de la veillée d'amour, au bord des flots endormis!.. courage, mon Tonino... Courage!.. ».

Et en jetant au hasard ces paroles incohérentes, la vieille semblait s'animer d'une force surnaturelle, et elle entraînait Antonio d'un pas plus rapide vers la mer.

Quand ils touchèrent à la colonne que surmonte le lion adriatique, Antonio ne pouvant plus supporter l'extravagance de sa compagne, s'arrêta brusquement : « — J'ai, » lui dit-il, « assez de tes momeries prophétiques; je t'ai promis une mante neuve, et tu l'auras; mais, pour Dieu, quitte-moi, je n'irai pas plus loin! »

« — Encore un pas, » s'écria la vieille, en se cramponnant à lui; « tiens, voilà la mer; la grève est déserte; si tu me repousses, j'irai me noyer sous tes yeux! Viens, j'ai un mystère à te révéler! assieds-toi là, et écoute?.. »

Antonio croisa ses bras sur sa poitrine, dans la pose d'un homme visiblement fatigué d'une scène à laquelle il ne sait comment échapper.

« — Regarde-moi bien, Antonio; en fixant mon visage, n'as-tu aucune réminiscence?.. ».

« — Sur mon âme, » répondit le jeune homme, « quand je fixe tes yeux effarés, tes joues violettes et ton nez crochu, je crois voir mon mauvais génie...»

« — Et cependant, malgré tant de laideur, si cette femme qui veilla près de ton berceau, et qui t'emporta roulé dans un drap, pendant une nuit de feu; si cette femme, qui a le secret de ta naissance, était devant toi? si cette femme, c'était moi?.. »

« — Vous! » s'écria Antonio stupéfait. « Allons donc! c'est assez vous jouer de ma bonhomie! Cette femme dont vous parlez, et dont j'ai gardé une vague image dans ma mémoire, était belle et jeune! ce ne peut être vous!.. »

« — Ah! mon Dieu, suis-je assez malheureuse de ne pouvoir le convaincre! Sainte madone, ne ferez-vous pas un miracle pour que mon Tonino croie aux paroles de la fidèle Margarita! »

« — Margarita!!!.. » redit Antonio, en portant la main à son front, comme pour y chercher un souvenir ou une lumière. « Margarita!.. mais c'est singulier! ce nom caresse mon oreille comme l'écho d'un chant perdu dans l'espace... Margarita! Mais non, c'est impossible, encore une fois, ce ne peut pas être vous!.. »

La vieille contemplait Antonio avec mélancolie. Elle ne s'impatientait point de son incrédulité, et continua de parler, les yeux baissés, les mains croisées sur sa poitrine décharnée. « — Écoute-moi donc bien, Tonino; tu n'es pas de Venise; ta mère mourut en te donnant la vie; ton père était un riche marchand d'Augsbourg; il quitta sa patrie après la perte d'une épouse adorée, et vint se fixer dans cette ville, où je fus choisie par lui pour être ta nourrice. Après la mort de ton père, qui périt dans un incendie allumé par la foudre, j'eus le bonheur de te sauver. J'étais sans ressources, un riche patricien te recueillit. Quant à moi, ne sachant que devenir, je m'avisai de mettre à profit quelques notions de certaines sciences occultes que mon père m'avait à demi révélées. Je connaissais les vertus secrètes des plantes et l'art de tirer de leurs sucs des breuvages puissants. Le ciel, qui me destinait peut-être à devenir un jour l'instrument de décrets que j'ignore, ajouta à ces connaissances merveilleuses le don de lire dans l'avenir. Je vois souvent s'agiter, comme dans un crépuscule, les images des événements futurs, et la puissance irrésistible qui me domine en ces instants me fait parler une langue étrange dont il ne m'est pas toujours donné à moi-même de comprendre les mystères. Obéissant à la volonté mystérieuse qui me poussait, j'exerçai mon art dans un quartier retiré de Venise. Des cures extraordinaires, dont le succès inexplicable faisait déraisonner tous les suppôts de la médecine, me créèrent en peu de temps une réputation fameuse, mais qui me devint bientôt funeste, car elle m'attirait autant de jaloux que d'admirateurs. Les charlatans qui débitaient leurs drogues aux badauds de la place Saint-Marc, au Rialto, à la Zecca, firent courir le bruit que j'étais en commerce avec le diable. L'inquisition s'en mêla. Je fus soumise par elle aux plus épouvantables tortures pour m'arracher l'aveu de crimes dont je n'avais pas même l'idée. Tout mon corps fut disloqué par les bourreaux avec des raffinements de cruauté inouïs. C'est de là que mes cheveux ont blanchi, et que mon corps a perdu presque toute forme humaine. Ces monstres m'ont rendue presque folle au nom du Dieu qu'ils prétendaient venger. Puis, quand je n'ai plus été dans leurs mains qu'un squelette vivant ; quand ils m'ont eu, à leur aise, réduite à l'état de cadavre ambulant, ils m'ont condamnée au feu. Mais à la veille de mon dernier supplice, un effroyable tremblement de terre, bouleversant toute la ville, a brisé mon cachot. Je me suis échappée comme un spectre à travers les ruines pantelantes de cent palais écroulés. Ce n'est donc pas la vieillesse ni la décrépitude qui m'ont faite ce que je parais à cette heure à tes regards. C'est la méchanceté des hommes qui m'a défigurée ; c'est la torture qui m'a laissé pour souvenir de son heure infernale les accès d'extravagance qu'on me reproche. Et maintenant, Tonino, refuseras-tu encore de me croire? N'auras-tu pas une seule parole de commisération pour l'infortunée Margarita ?

« — Pauvre femme, en effet ! » s'écria Antonio. « Oui, je crois sentir au fond de mon être que tu dis la vérité. Mais il faut encore que tu m'apprennes ce que tu sais de mon père. Je veux savoir son nom, son état, et quels événements nous ont séparés. Et, puisque tu sais, dis-tu, lire dans le secret des destinées humaines, je veux aussi que tu me fasses connaître cette influence mystérieuse qui domine ma vie et qui me livre sans défense à tant de vicissitudes. Parle donc, Margarita, j'ai hâte de tout savoir !.. »

« — Plus tard, mon Tonino, plus tard, » murmura la vieille ; « mais si tu ajoutes foi à mes paroles, et si tu veux éviter un malheur irréparable, je te le répète, ne vas jamais au *Fontego.* »

Fontego ! Fontego ! A cette énigme importune, le jeune homme, impatienté, frappa du pied en s'écriant : « Je le vois bien, cette fois, tu as tout à fait perdu le sens, et je ne suis qu'un vrai sot d'écouter ton bavardage. Je te donnerai une cape neuve, et j'emplirai de sequins d'or tes deux mains ; quant au surplus, fais-moi grâce de tes balivernes ! »

Et sans vouloir écouter davantage, il s'éloigna d'un pas rapide.

IV.

Peu de temps après, l'annonce du mariage du doge avec la belle Annunziata fut publiée à son de trompe dans toute la ville et devint l'objet des conversations les plus singulières, car c'était un étrange contraste à observer que ce vieillard titubant sous sa couronne ducale, et qui se traînait au bras de la suave jeune fille que l'ambition de Bodoëri lui avait livrée.

Toutes les séductions de la splendeur étaient par lui prodiguées à Annunziata. Mais au delà de ce mirage de bonheur qui caressait doucement ses frais désirs d'enfant, le mariage restait pour la dogaresse voilé d'un mystère impénétrable. Elle aimait le doge avec respect, avec reconnaissance, et ne soupçonnait pas encore qu'il pût exister dans le monde un autre sentiment. Les jeunes et brillants patriciens de Venise, conviés par l'étiquette des cours aux fêtes du palais ducal, se disputaient ses regards et son sourire. C'était chaque jour, aux pieds d'Annunziata, un concert d'hommages et d'assiduités. Elle entendait, contemplait, souriait, mais son cœur restait inaccessible aux séductions de la galanterie. Cependant ces nobles oisifs ne se rebutaient point de sa froideur, dont ils espéraient bien que le temps triompherait.

Du reste aucun d'eux n'exprimait pour la belle dogaresse un enthousiasme comparable à celui de Michel Steno, le plus puissant de tous ces jeunes seigneurs. Michel Steno était investi, malgré sa grande jeunesse, du titre de membre du conseil des Quarante, et cette position lui donnait un orgueil sans rival.

Marino Falieri ne se montrait point jaloux, et même, depuis son mariage, il semblait avoir abdiqué, dans le commerce de la vie, quelque chose de ses formes rudes et austères d'autrefois. On le voyait bien souvent assis près de la belle Annunziata, parée de ses vêtements les plus coquets. Le sourire du contentement glissait toujours sur ses lèvres, chacune de ses paroles était douce, et il se laissait aller avec une admirable facilité à accorder toutes les grâces qu'on lui demandait ; certes, il y avait loin de ce vieillard amolli au vainqueur du Morbassan qui, dans un accès de colère, n'avait pas craint de frapper au visage l'évêque de Trévise.

Un changement de caractère si remarquable

semblait servir les projets de Michel Steno. Mais Annunziata ne comprenait rien aux piéges galants que lui tendait ce jeune roué de cour. Elle restait froide et impassible devant toutes ses intrigues. Désespérant du succès de ses désirs en suivant les voies ordinaires de la séduction, Michel Steno changea de plan et résolut d'assurer sa victoire au prix des plus coupables artifices. Parvenu à corrompre, à force d'or, une caméristе qui ne quittait jamais Annunziata, il obtint une clé des appartements secrets de la dogaresse.

Mais Dieu veillait sur l'innocente jeune fille.

Une nuit, que le doge venait d'ouvrir une dépêche qui lui annonçait la funeste nouvelle d'une bataille perdue par le capitaine des galères de Venise contre André Doria, et qu'en proie à de sinistres rêveries il errait tristement sous les galeries de son palais, sans pouvoir trouver le sommeil, il aperçut tout à coup l'ombre d'un homme se glisser du côté des appartements qu'habitait Annunziata.

C'était Michel Steno qui sortait furtivement de chez la dogaresse.

Une affreuse pensée traversa comme un éclair l'âme de Marino Falieri. Il courut sur le chemin du coupable, en jurant de laver dans le sang l'affront qu'il venait de recevoir. Mais Steno, plus robuste et plus agile qu'un vieillard, renversa le doge et disparut dans les ténèbres.

Falieri se releva, la rage dans le cœur, et marcha droit à l'appartement d'Annunziata.

Tout était calme, comme le silence d'un tombeau.

Il frappe rudement. Une femme ouvre la porte, et Falieri voit paraître une figure inconnue. Cette femme n'est point attachée au service particulier de la dogaresse.

Cependant Annunziata s'éveille et dit de sa douce voix : « Que vient, si tard, m'ordonner mon auguste époux? »

Cette voix n'est pas émue, comme elle le serait après une faute. Falieri s'approche, fixe la dogaresse, et levant ses mains au ciel, il s'écrie : « Non, non, mon Dieu, ce n'est pas possible!.. »

« Qu'est-ce à dire?.. quel trouble vous agite? » reprend Annunziata, que ces mots étranges font frissonner sous le regard fauve du vieillard. »

Falieri, sans lui répondre, se tourne vers la caméristе. — « Par quel ordre êtes-vous ici? » lui dit-il, « et pourquoi Luigia n'est-elle point cette nuit à son poste accoutumé? »

« — Seigneur, » dit cette fille en tremblant, « Luigia m'a priée de prendre sa place pour cette nuit. Elle est souffrante, et doit être couchée dans la chambre qui avoisine l'escalier. »

« — *Près de l'escalier,* » s'écrie avec joie Falieri, et d'un pas rapide il en prend le chemin. Ses soupçons s'évanouissent, car il se dit que c'est de là que doit sortir Michel Steno.

Luigia, forcée d'ouvrir à ses coups redoublés, n'a pas plutôt aperçu la colère qui embrase les regards du doge, qu'elle tombe à genoux et confesse sa faute, dont la preuve est là : c'est une paire de gants d'homme parfumés d'ambre et dont le tissu est brodé aux armes de Michel Steno. Plus de doute : Annunziata est innocente!

Le doge, secrètement indigné d'avoir compromis sa dignité par un trait d'inutile jalousie, écrivit, cette nuit même, à l'insolent patricien pour lui interdire, sous peine d'exil, de reparaître en sa présence, ni aux abords du palais ducal...

Michel Steno, se voyant découvert, et frappé d'une telle disgrâce, jura de se venger. Pour commencer, il ne craignit point de faire circuler des soupçons outrageants sur la vertu de la dogaresse. Marino Falieri ne fut pas le dernier dont ces sourdes calomnies vinrent offenser l'oreille. L'impuissance de châtier le misérable qui attaquait dans l'ombre l'honneur de sa couronne, le chagrin que lui inspirait sa position critique en face d'un peuple toujours prêt à se passionner pour le scandale, la jalousie enfin qui naquit avec tous ses poisons dans ces germes de discorde et de haine, changèrent enfin le caractère de Falieri. Il relégua sa jeune femme dans les appartements les plus reculés du palais, l'entoura d'espions et de surveillants, et la priva de toutes communications avec la cour. Bodoëri, informé de ces tyranniques mesures, voulut en vain rappeler le doge à des sentiments plus raisonnables. Marino Falieri se montra inflexible

V.

Cependant l'époque du carnaval approchait. Au milieu de ces fêtes populaires, les doges et leurs épouses venaient de temps immémorial, présider aux plaisirs de la foule. Bodoëri voulut mettre à profit cet usage, pour représenter à Falieri le ridicule dont il se couvrirait aux yeux de tout le monde, si sa jalousie insensée privait Venise de la présence d'Annunziata.

« — Eh mais, » s'écria le doge, avec un accent plein d'ironie, « pensez-vous donc que j'en sois réduit à cacher ma femme, et que je ne puis, quand il le faudra, la défendre au grand jour avec ma vieille épée? Non, non, dès demain je veux la montrer au public sur la place Saint-Marc! Je veux que Venise tout entière soit aux pieds de sa belle souveraine! je veux qu'Annunziata reçoive elle-même le bouquet que doit lui présenter l'intrépide gondolier qui descend du haut de la tour de Saint-Marc, à la fin de la fête du jeudi gras! »

Le doge rappelait ainsi une vieille coutume nationale. Il était d'usage, à Venise, que, le jeudi gras, le plus hardi des gens du peuple s'embarquât dans une espèce de nacelle suspendue à un câble, dont un bout s'attachait au clocher de Saint-Marc, et dont l'autre plongeait dans la mer, où un anneau de fer le retenait fixé à une roche. L'audacieux navigateur aérien glissait de cette hauteur comme une flèche, jusqu'à la place où se tenaient assis le doge et la dogaresse au bord de la mer, et venait offrir à la dogaresse un magnifique bouquet de fleurs.

O fuyons, ma bien-aimée, s'écria Antonio; fuyons cette ville sanglante.

VI.

Or donc, le jour suivant, Marino Falieri voulut tenir la promesse qu'il avait faite à Bodoëri.

Le cortége solennel, dont Annunziata devait être le plus bel ornement, se rendit en pompe à la place Saint-Marc, au milieu d'un immense concours de peuple. Les beaux esprits de la ville ne se firent pas faute d'aiguiser mille mots piquants à propos des illustres époux. Les courtisans ne furent pas les derniers à se permettre la critique. Mais le doge ferma l'oreille à tout et sut rester impassible.

Au moment où Annunziata franchissait la porte du palais ducal, un beau jeune homme, élégamment vêtu, et qui se tenait debout, appuyé contre une colonne de marbre, poussa tout à coup un cri perçant, et tomba sans connaissance, étendu sur les dalles. La foule s'empressa curieusement autour de lui, et la dogaresse ne le vit point; mais ce cri avait percé son cœur comme un fer ardent. Elle pâlit et chancela. Le doge fronça le sourcil, et repoussant les secours que les seigneurs voulaient prodiguer à sa jeune épouse, il l'entraîna dans ses bras jusqu'au fond de ses appartements.

Pendant qu'il se livrait aux orages de nouveaux soupçons, une autre scène se passait aux portes du palais. Les gens du peuple se préparaient à emporter le jeune inconnu qui semblait privé de vie, lorsqu'une vieille femme, se faisant jour avec effort parmi les groupes de spectateurs, parvint jusqu'auprès de lui. « — Seigneur Jésus! » s'écria-t-elle, « laissez donc là cet enfant; laissez-le, vous dis-je, il n'est pas mort!.. je sais ce que c'est!.. »

Et se jetant à genoux à ses côtés, elle attira sa tête sur son sein, et se mit à le frictionner doucement en l'appelant des noms les plus doux.

On ne pouvait se défendre d'une pitié singulière à l'aspect de cette créature décrépite, courbée avec une tendresse maternelle sur le pâle visage du beau

A la sortie du conseil, Falieri rencontra sur son passage la belle Annunziata.

jeune homme évanoui... A entendre le frôlement de ces haillons contre l'élégant costume de l'inconnu, à voir l'activité de ces bras de squelette, livides, osseux et tout cicatrisés, qui palpaient la poitrine et le front si blanc du malade, on eût dit que la mort en personne venait de s'emparer d'une proie vivante.

Quand ce jeune homme rouvrit les yeux, quelques passants aidèrent à le porter jusqu'à une gondole, où la vieille, prenant place auprès de lui, ordonna aux mariniers de se diriger vers la demeure d'Antonio (car le lecteur aura déjà reconnu le héros de cette histoire, et la vieille n'était autre que Margarita).

VII.

Lorsque Antonio, reprenant ses sens, aperçut au pied de son lit la vieille Margarita qui venait de glisser entre ses lèvres quelques gouttes d'un élixir fortifiant, il attacha sur elle un long et douloureux regard, et murmura enfin, d'une voix lente et entrecoupée : « Merci, Margarita, merci, excellente amie ! je sens, au dévouement que tu me témoignes, la vérité des récits que tu m'as faits. Je sais tout maintenant. Je l'ai vue ; c'était elle ! Et le passé de ma vie s'est tout à l'heure levé devant moi dans un songe. Dis-moi, Margarita, n'est-ce point Bertuccio Nenolo, le célèbre marin, qui m'élevait comme son fils adoptif dans sa villa de Trévise ?.. »

« — Hélas ! oui, » dit la vieille, « c'était bien Bertuccio Nenolo, un brave marin que la mer a englouti au milieu d'une bataille où il se couvrait de gloire !.. »

« — Ecoute donc, » reprit Antonio, « et ne m'interromps plus. J'étais heureux chez Bertuccio Nenolo ; il me témoignait sans cesse toute l'affection d'un père. Il y avait derrière son palais un jardin délicieux, dont les parfums étaient bien doux à respirer ! Un soir, las de sauter et de courir sur les bruyères fleuries, je m'étais étendu à l'ombre d'un grand arbre, et je contemplais, dans une charmante rêverie, les magnificences du soleil couchant. Peu à peu l'arôme pénétrant des senteurs de la terre me plongea par degrés dans une espèce d'engourdissement dont je fus réveillé en sursaut par un bruit qui se fit dans l'herbe. Ce bruit ressemblait à la chute d'un objet inconnu. D'un bond je fus debout. Une figure angélique était devant moi qui me dit avec une voix céleste : « Cher petit, comme ton sommeil était calme, tandis que la mort se glissait à côté de toi ? » En disant cela, elle me montrait à terre une petite vipère noire, dont elle avait courageusement brisé la tête avec une baguette de noyer, au moment où ce venimeux reptile allait m'atteindre. Je me jetai à genoux devant l'ange qui souriait toujours, et je lui dis : « Béni sois-tu, esprit du ciel, que Dieu a envoyé pour me sauver ! » — « Non, cher enfant, » reprit cet être adorable, « je ne suis point un ange ; je suis une simple jeune fille, presque enfant comme toi. » A ces mots mon respect craintif se changea tout à coup, en suave émotion ; un feu secret s'alluma dans mes veines ; je me relevai, et je ne sais comment cela se fit, nos bras s'ouvrirent, et dans l'ivresse d'un long baiser nos âmes se perdirent au milieu des pleurs et des soupirs. Tout à coup, une voix argentine se fit entendre au fond du jardin, en criant : — Annunziata ! Annunziata ! « La jeune fille tressaillit. » Il faut, me dit-elle, que je te quitte, cher petit, voilà que ma mère m'appelle !.. » devant cette séparation, une angoisse ineffable serra mon cœur. J'allais me jeter encore une fois dans ses bras, mais la voix argentine cria de nouveau : « Annunziata ! » et la jeune fille disparut. C'est de ce jour, ô Margarita, que l'amour a jeté son premier germe au fond de mon cœur. Pendant longtemps c'était un feu secret qui illuminait mes rêves d'adolescent ; aujourd'hui, c'est un volcan qui me dévore. Peu de jour après cette rencontre arriva l'événement qui me chassa de la maison de Bertuccio Nenolo. Je ne sais plus qui m'apprit, dans ce temps-là, que l'angélique vision du jardin était en réalité la fille de Bertuccio, la ravissante Annunziata, conduite un jours à la villa de Trévise par sa mère Francesca, et repartie le jour suivant. O Margarita, que Dieu me protége, car cette Annunziata, que j'aime avec délire, c'est la femme du doge ! »

Ici la voix d'Antonio s'éteignit dans les larmes ; il retomba sur son lit presque étouffé par les sanglots.

« — Pauvre Antonio ! » reprit la vieille, « pourquoi ces pleurs ? aie donc courage ; il faut lutter en homme contre les assauts de la douleur. Et d'ailleurs, pourquoi te livrer à ces puériles angoisses qui ne remédient à rien ? N'est-ce pas pour les amants qu'éclosent à l'infini les roses de l'espérance ? Qui peut deviner les secrets du lendemain ? Que de fois ce que nous avons pris pour les illusions d'un rêve est devenu la réalité ? Que de fois le château fantastique du bonheur, bercé par les nuages de notre imagination, a pris terre et s'est fait granit ? Écoute-moi, Tonino, et souviens-toi de ma prédiction : la blanche bannière de l'amour s'est déployée sur les flots ; elle s'avance à ta rencontre ! Patience, mon enfant, patience ! La patience est le génie des hommes forts ! »

C'était par ces paroles moitié grondeuses, moitié mystiques, que la bonne Margarita s'efforçait de ramener un peu de calme dans l'âme désolée du pauvre Antonio. Ses affectueuses remontrances étaient pour lui comme une douce musique. Il ne voulait plus qu'elle se séparât de lui. A dater de ce jour, la vieille mendiante du parvis des franciscains devint la confidente du signor Antonio, et fut chargée de présider à son ménage. L'habit de matrone remplaça les haillons, et Margarita, ravie de sa nouvelle destinée, se pavanait avec orgueil chaque fois qu'elle traversait la place Saint-Marc pour vaquer aux soins de ses nouvelles fonctions

VIII.

Le jeudi gras arriva enfin. C'était le dernier et le plus beau jour du carnaval vénitien. Pour couronner ces fêtes populaires, un splendide feu d'artifice avait été disposé au milieu de la place Saint-Marc par un physicien grec, fort instruit dans l'art encore si peu connu de la pyrotechnie. Tout le peuple était en liesse.

Vers le soir, Marino Falieri conduisit la dogaresse au trône qui lui avait été préparé sur une des terrasses du palais ducal. La merveilleuse beauté d'Annunziata charmait tous les yeux et faisait l'objet de tous les entretiens.

Au moment où le doge allait s'asseoir, il aperçut Michel Steno debout contre une colonne, à quelques pas de lui. Le jeune patricien, malgré sa disgrâce, portait le front haut et fier, et son regard fixé sur Annunziata, avait une singulière expression de haine et de désir. Falieri, blessé de cette bravade, lui fit signifier immédiatement l'ordre de quitter cette place. Steno lui lança un coup d'œil menaçant ; mais les sbires l'entraînèrent aussitôt, et le poussèrent hors du palais, à la vue de tous les seigneurs.

Antonio n'assistait point à la fête. Tourmenté par son malheureux amour, il s'était éloigné de la foule, et parcourait tristement le rivage de la mer, se demandant, à chaque pas, s'il ne vaudrait pas mieux terminer son chagrin par un prompt trépas que de vivre ainsi dans une infortune sans consolation et sans espoir. Déjà, fasciné par les idées fatales qui se heurtaient dans sa cervelle en feu, il était arrivé au bord du môle, près d'un lieu où l'eau bouillonnait profonde et plombée, quand une voix lui cria joyeusement : « Holà ! maître Antonio, soyez le bienvenu ! »

C'était la voix du gondolier Piétro, un des anciens camarades d'Antonio. Ce personnage resplendissait de plaisir en étalant sa belle casaque neuve, ornée de tresses de toutes couleurs ; il portait un bonnet tout chamarré de paillettes d'or, et, dans sa main s'épanouissait un magnifique bouquet de fleurs, qui semblait exhaler tous les parfums du paradis.

« — Quelle bonne fortune te sourit donc? » lui demanda Antonio. « Aurais-tu ce soir quelque riche seigneur étranger à conduire en partie fine sur les lagunes? »

Pour toute réponse, maître Piétro fit une cabriole dans son esquif.

« — Es-tu fou? » s'écria Antonio.

« — De joie, c'est possible! » répliqua Piétro! « et on le serait à moins, car c'est moi qui fais ce soir le voyage périlleux sur le câble qui descend du clocher de Saint-Marc! C'est moi qui dois présenter le bouquet de fleurs à notre belle souveraine! Et je puis compter sur un riche présent du magnifique dogé! »

« — Si tu es assez heureux pour ne point te casser le cou, » reprit Antonio, dont la pensée s'illumina d'un éclair soudain, mais qui sut voiler son émotion; « en tout cas, mon brave camarade, je ne comprends pas que l'on se réjouisse aussi follement d'une occasion qui peut amener pour unique résultat l'avantage de se rompre les os dans une bonne chute!.. »

« — Oui-dà, » reprit Piétro, « j'y ai, certes, bien songé, et plus d'une fois, mais, comme dit le proverbe, qui ne risque rien n'a rien. Or, je suis dans ce cas-là. La pauvreté donne du cœur. Si je tombe de là-haut, d'ailleurs, ma fortune sera faite. »

« — Mais, » poursuivit Antonio, « si, sans risquer tes jours, tu trouvais l'occasion de gagner une bonne poignée de sequins d'or, accepterais-tu?.. »

« — Des deux mains! » s'écria Piétro; « mais qui donc, si ce n'est pas le diable en personne, me gratifierait d'une pareille aubaine? »

« — Moi, » reprit Antonio. « Tiens, voilà cent sequins tout neufs. Pour les gagner, donne-moi tes habits de marinier, donne-moi ce bouquet et va-t'en au cabaret. C'est moi qui veux faire à ta place la descente périlleuse du clocher de Saint-Marc. »

« — Grand merci, maître Antonio, » répliqua le gondolier. « Je sais que vous êtes devenu un riche seigneur, et je vous trouve, en vérité, généreux comme un prince. Mais, dites-moi, croyez-vous que tout l'or du monde puisse valoir le plaisir d'offrir à la dogaresse un bouquet fleuri, d'admirer de près sa beauté ravissante et d'entendre le son divin de sa voix lorsqu'elle me dira *merci?* Qui donc, dans Venise, ne risquerait pas sa vie pour jouir d'un moment pareil? »

« — Je le sais, Piétro; mais au nom de notre ancienne amitié, accorde-moi la faveur que je te demande. Fais-moi le sacrifice de ta joie, et ne m'interroge pas sur mes motifs. Si, comme je l'espère, je ne tombe pas du câble, tu auras en moi plus qu'un ami, tu auras un frère dévoué! »

Piétro ne pénétra point ce qui se passait dans le cœur d'Antonio; il ne vit que l'amour-propre d'un jeune cavalier qui voulait se donner en spectacle à la ville et à la cour. Et puis, les cent sequins d'or lui paraissaient une somme énorme. Le marché fut fait. « Dieu vous garde, » dit-il, en faisant l'échange de ses vêtements de gondolier contre ceux d'Antonio; « Dieu vous garde, et, s'il vous arrive malheur, que la Madone ne me rende pas responsable! »

Antonio courut à Saint-Marc, gravit les degrés de la tour avec autant de vitesse que s'il eût eu des ailes, et au moment où le signal de l'ascension fut donné par une pièce d'atillerie, il s'élança joyeusement dans la nacelle suspendue.

Au même instant la mer étincela d'une myriade d'éclairs de toutes couleurs. Le feu d'artifice éclatait dans les airs comme un volcan. L'intrépide Antonio traversa ses gerbes de flammes en descendant avec la rapidité de la foudre jusqu'à la terrasse où était assise Annunziata. Aucune parole ne saurait décrire ce qui se passa dans son âme quand il se vit à deux pas de la belle dogaresse. Il lui présenta le bouquet de fleurs, mais il ne put entendre sa voix, car la nacelle ne s'arrêta point au niveau de la terrasse, et, comme emportée par la destinée, elle continua de glisser jusqu'au bout du câble où se trouvait une gondole pour recevoir l'audacieux navigateur et le reconduire à terre.

Or, pendant que le feu d'artifice s'achevait, Marino Faleri s'étant penché sur son fauteuil, aperçut à ses pieds un billet sans nom, venu là sans qu'on pût dire comment, et sur lequel étaient écrits ces mots: « Le doge a épousé une belle femme, mais d'autres que lui la posséderont. »

A cette lecture le visage du vieillard s'injecta de feu, et se levant au milieu des patriciens qui l'entouraient, il jura tout haut de châtier sans pitié l'auteur de ce sanglant outrage. Comme il jetait autour de lui des regards rapides et furieux, il aperçut de nouveau Michel Steno qui semblait le narguer de loin. Il ordonna de l'arrêter sur-le-champ et de le traîner aux prisons du sénat.

Cet ordre fut exécuté par les sbires. Mais les patriciens ne cachèrent point leurs murmures contre ce qu'ils considéraient comme un acte de despotisme aveugle. Pouvait-on sans tyrannie arrêter un homme de qualité sur un simple soupçon? N'était-ce point une injure faite à toute la noblesse?.. Cependant, le conseil des Dix reconnut, après enquête, que Michel Steno était le véritable auteur du billet anonyme. Le coupable fut condamné, mais à un mois d'exil seulement, comme pour protester par cet acte d'indulgence dérisoire contre ce que le patriciat sentait de menaçant pour l'avenir dans l'usage que le doge venait de faire de son autorité si récente.

IX.

A quelques jours de là, Antonio rêvait tristement à son fatal amour pour Annunziata. La vieille Margarita faisait d'inutiles efforts pour le distraire de cette pensée fixe qui dévorait sa vie. Un jour, elle rentra au logis dans un de ces accès d'hallucination prophétique qui la possédaient fréquemment. Elle raviva quelques débris de tisons éteints dans l'âtre, et plaçant sur un trépied de fer un vase d'airain rempli de toute sorte d'herbes, elle se mit à en activer la cuisson. « Petit Tonino, » dit-elle enfin, « pourrais-tu deviner d'où je viens ? »

Antonio la regarda fixement sans répondre.

« — Petit Tonino, » poursuivit la vieille en remuant ses herbes, « je viens de la voir !.. »

« — Qui donc ?.. »

« — Je viens de lui parler !.. »

« — Eh, à qui ?.. »

« — J'étais près d'elle comme je suis près de toi !.. »

« — Elle ?.. mais qui donc, au nom du ciel !.. »

« — Belle demande ! Eh, par tous les saints, quelle femme t'intéresse dans Venise, autre qu'Annunziata ?.. »

A ces mots, Antonio éprouva des vertiges. Il ne pouvait croire au témoignage de ses propres oreilles, et restait, la bouche béante, les membres crispés, les yeux hagards. Il faisait peine à voir en cet état.

« — Calme-toi, calme-toi vite, mon Tonino, » reprit la vieille, « car je t'apporte des nouvelles pleines de bonheur et d'espérance !.. »

« — Oh mais ! parle, parle donc vite ! car si tu tardes encore, je sens que la raison ou la vie vont tout à l'heure m'échapper !.. »

« — Écoute-moi bien attentivement, Tonino !.. Ce matin, j'achetais des fruits sur la Piazzetta, quand j'entendis des voix confuses raconter un accident qui vient d'arriver à la dogaresse. Une de ces voix disait : « Oui, c'est au bras droit qu'une tarentule l'a blessée, et l'on assure que la plaie n'est pas sans danger. Une autre voix interrompait pour ajouter : Le savant chirurgien Giovanni Basseggio a couru au palais, et il a gravement déclaré que, pour sauver la dogaresse, on serait obligé de lui couper le bras. » Comme j'écoutais avec émotion, en songeant à toi, les récits et les commentaires des uns et des autres, il se fit tout à coup un affreux vacarme dans l'intérieur du palais. Une porte s'ouvrit, et voilà qu'une espèce de petit nain de la plus extraordinaire laideur qu'on puisse imaginer, se trouva passé de main en main, et lancé comme une botte de foin par les gardes au bas de l'escalier. Les passants, attroupés par les cris du nain, firent cercle autour de cette misérable créature tout étourdie de sa culbute. Mais, au même instant, et d'un mouvement aussi rapide que la pensée, voilà que l'homme qui venait de raconter l'accident se précipite sur le nain, le ramasse, l'entortille dans le pan de son manteau, et se met à courir de toute la vitesse de ses jambes vers la mer où l'attendait une gondole qui s'éloigne aussitôt à force de rames. Or, figure-toi, mon Tonino, que cet affreux nain n'était autre chose que le très-illustre chirurgien Giovanni Basseggio, dont le doge, à ce qu'il paraît, n'avait pas accueilli avec faveur la consultation trop tranchante. Quant à moi, cher Tonino, je me suis hâtée de revenir ici, et vite, vite, j'ai fait bouillir des drogues dont j'ai le secret, puis j'ai porté au palais la guérison d'Annunziata. On m'a introduit auprès d'elle, sans difficulté. La charmante enfant, couchée sur des coussins, ne faisait que répéter d'une voix dolente : « Mon Dieu, je suis empoisonnée, voilà que je vais mourir ! » Sa douleur me fendait le cœur ; je n'aime pas à voir pleurer deux beaux yeux. « — Non, » m'écriai-je, « non, ma belle princesse, vous ne mourrez point ! croyez-en la vieille Margarita qui n'a jamais menti, et que Venise entière connaît pour avoir guéri des maux pires que le vôtre. Laissez-moi vous prodiguer mes soins, et je réponds sur ma tête qu'avant peu vous aurez oublié ce fatal accident ! » Le doge était présent ; il m'encourageait avec bonté ; et je me hâtai de préparer l'appareil salutaire qui devait rendre la vie et la santé à son épouse chérie. A peine Annunziata m'eut-elle permis d'appliquer le remède sur sa blessure qu'elle parut ressentir un merveilleux soulagement. Le doge, ravi de bonheur, me donna une riche bourse en velours écarlate et toute pleine de beaux sequins d'or, et il me dit : « Ta fortune est faite si tu sauves la dogaresse ! » Puis il sortit de l'appartement, nous laissant seules toutes deux. Annunziata cédait peu à peu à l'influence d'un sommeil réparateur ; elle dormit pendant une grande heure avec un calme parfait. Dès qu'elle s'éveilla, je m'empressai d'appliquer de nouveau le remède qui avait déjà produit de si heureux effets. La jeune princesse, toute consolée, me regardait avec des yeux où brillaient le contentement et la reconnaissance la plus vive. « — Chère dame, » lui dis-je alors, « vous voyez bien que Dieu devait vous sauver, car il ne laisse jamais sans récompense une bonne action, et je sais qu'autrefois vous avez préservé un pauvre enfant de la piqûre d'un serpent. » A ces mots le beau visage d'Annunziata s'illumina d'un éclat céleste. « — Bonne vieille, » me dit elle avec une surprise pleine d'intérêt, « comment pouvez-vous savoir ce petit détail de ma vie ; car, c'est bien vrai, oui, je m'en souviens parfaitement, et c'était, en vérité, un bien joli enfant ! » — « Eh bien, cet enfant, dont vous daignez vous souvenir, » m'écriai-je aussitôt, sans pouvoir contenir le premier mouvement de joie que j'éprouvais en pensant à mon Tonino, « cet enfant, madame, il existe, il est à Venise, il est près d'ici, il ne songe qu'à vous, il n'aime au monde que vous dont il parle sans cesse ! C'est lui qui, pour goûter le bonheur de vous revoir une seule fois de près, a exécuté l'ascension périlleuse du jeudi gras ; c'est lui qui vous a offert le bouquet de fleurs !.. » — « Ah ! » s'écria la dogaresse, « mes pressentiments ne m'avaient donc pas trompée ! C'était lui que j'avais deviné, lui qui m'avait remplie d'un trouble inexprimable lorsque, s'inclinant devant moi, il prononça mon nom si bas, que personne ne put l'entendre ! Bonne vieille, tu sais où est ce jeune homme ? Il faut que je le voie, que je lui parle ; va, cours, amène-le-moi. »

Aux derniers mots prononcés par Margarita, Antonio tressaillit ; un frisson électrique parcourut tous ses membres. « Seigneur, » s'écria-t-il, en levant les mains au ciel, « protégez-moi de tout mal jusqu'à ce que je l'aie revue et pressée sur mon cœur ! Vienne ensuite la mort, je l'accepterai sans me plaindre, elle me sera douce ! J'aurai assez vécu, puisque la destinée nous sépare à jamais ! »

Le pauvre jeune homme, tout éperdu de bonheur et d'impatience, voulait que la vieille le conduisît sur l'heure au palais ducal. Elle eut beaucoup de peine à lui faire comprendre que cette visite précipitée était impossible, surtout parce qu'entre mille autres obstacles, le doge entrait d'heure en heure dans l'appartement d'Annunziata, pour observer avec la plus touchante sollicitude les progrès de la guérison. Antonio fut obligé de se rendre à ces motifs qui lui commandaient la prudence. Il se résigna et attendit que sa bonne étoile lui préparât un jour de bonheur.

Plusieurs jours s'écoulèrent encore, pendant lesquels l'état de la dogaresse ne fit que s'améliorer; la vieille Margarita se rendait chaque matin au palais, pour y continuer ses soins, mais elle n'y pouvait encore introduire Antonio. Notre pauvre amoureux tombait en langueur, et sa fidèle gouvernante ne charmait ses chagrins qu'en lui répétant cent fois les entretiens qu'elle avait avec Annunziata, causeries dont il était l'unique objet. Puis il s'en allait, chaque soir, errer sur les lagunes, dévorant sa peine et ses ennuis. Mais ces courses solitaires fatiguaient son corps sans calmer la fougue de sa passion, ni diminuer sa souffrance inquiète; et il revenait ensuite passer de longues heures sur les marches du palais ducal qui renfermait l'unique objet de toutes ses pensées.

X.

A quelque temps de là, vers l'heure où le soleil couchant secoue au loin ses gerbes d'or sur la pourpre du ciel, Piétro le gondolier chantait, debout contre un pilier du pont des Soupirs. Sa gondole, amarrée à un anneau de fer, se balançait coquettement sur les flots en livrant au zéphyr ses banderolles diaprées de mille nuances. Ce charmant esquif, paré avec un soin tout particulier, semblait être une copie, en infiniment petit, du fameux *Bucentoro*, le vaisseau d'honneur des doges, aux jours de cérémonies nationales.

Or donc, Piétro chantait à perdre haleine en regardant couler l'eau, quand il aperçut tout à coup, pour la seconde fois, à quelques pas de lui son ancien camarade Antonio, qui se traînait lentement sur la grève, plus pâle et plus triste que jamais.

« — Holà, maître Antonio, » cria le gondolier, « Dieu veuille vous mettre en joie, car les sequins que vous m'aviez donnés à la fête du jeudi gras m'ont fièrement porté bonheur, comme vous le voyez! Je suis devenu patron d'une gondole assez pimpante, et c'est à vous que je dois de n'être plus le serviteur que de moi-même ! »

Antonio sourit avec mélancolie et félicita Piétro de ce changement; puis il s'informa du motif qui engageait son ancien camarade à tenir sa gondole en état de parure si solennel, car ce n'était pas jour de fête, et la coquetterie coûte cher, quand elle se renouvelle trop souvent.

Piétro s'empressa de raconter que sa bonne fortune lui avait récemment procuré l'insigne honneur de conduire, presque chaque soir, le doge et la dogaresse à un magnifique palais de plaisance que Marino Falieri avait fait construire à grands frais à la Gindecca.

« — Eh bien, » dit Antonio en serrant avec mystère le bras du gondolier, « puisque tu reconnais que je t'ai porté bonheur une fois dans ma vie, veux-tu tenter encore la même épreuve? Rends-moi un nouveau service en satisfaisant une de mes nouvelles fantaisies. Rien ne te sera plus facile. Tu sais que je manie l'aviron avec autant d'adresse que toi, et que je connais parfaitement bien toutes les passes des lagunes. Laisse-moi, ce soir, prendre ta place, pour conduire le doge et la dogaresse à la Gindecca. »

« — Impossible ! » répondit Piétro; « le doge me connaît, et ne permettrait pas que qui que ce fût me remplaçât. Ce serait m'exposer à une disgrâce irréparable. »

« — Mais, » reprit Antonio avec un mouvement d'impatience, « si je te donnais cent sequins d'or, comme la première fois, que t'importerait d'être ou de n'être plus le gondolier du doge? Et d'ailleurs, ne peux-tu concilier ton devoir et tes intérêts, et faire supposer, par exemple, que tu es malade, que je suis ton ami, et que je fais ton service de ce soir sous ta responsabilité. »

« — Oh ! oh ! » répliqua Piétro, en fixant sur Antonio un regard plein de malicieuse finesse, « vous êtes bien pressant, maître Antonio ! Et vous ne savez guère garder vos secrets ! Est-ce que, par hasard, les beaux yeux de la dogaresse vous auraient troublé le cerveau ? c'est un jeu plein de périls que vous voulez jouer là ! Encore une fois, je ne puis sans me compromettre vous abandonner ma gondole, mais si vous voulez me donner les cent sequins en question, je pourrais consentir à vous prendre à bord en qualité de rameur, pourvu toutefois que le doge n'y trouve point d'objection. Je prétexterai, comme vous l'imaginez si bien, une légère indisposition qui m'oblige à prendre un aide, et quant à vous, il est nécessaire que vous alliez changer de costume, pour ressembler à un vrai marinier. De plus, il faut vous hâter, car voici l'heure. »

Les conventions faites, Antonio courut acheter une casaque de gondolier, et revint au port tout juste au moment où le doge et Annunziata y descendaient pour commencer leur promenade ordinaire.

« — Quel est cet étranger ? » demanda Falieri, en jetant sur Antonio un regard interrogateur.

« — Seigneur, » répondit Piétro, en saluant humblement, non sans quelque appréhension de son imprudence, « j'ai fait une chute qui m'a laissé dans les nerfs du bras droit une douleur sourde qui l'engourdit par instants. Mais, comme je ne devais, à aucun prix, manquer au service dont Votre Seigneurie daigne m'honorer, j'ai loué un de mes camarades pour ramer, et je tiendrai le gouvernail. C'est un honnête garçon qui mérite toute ma confiance. »

Le doge s'assit avec Annunziata, sans faire aucune nouvelle observation. Antonio saisit les rames. Il se croyait aux portes du ciel. Respirer le même air qu'Annunziata, la contempler et l'entendre, aspirer son haleine embaumée, c'était du bonheur pour toute une existence. Mais le ravissement de son âme ne lui fit point perdre la raison. Il s'efforça de comprimer les sensations enivrantes qui débordaient de son cœur, pour faire son métier du moment avec la prudence d'un gondolier consommé, et sans risquer de se trahir. La fatigue physique lui vint en aide pour conjurer les périls d'une exaltation dont le moindre indice pouvait détruire toutes ses espérances.

Le vieux doge prodiguait à Annunziata les plus tendres caresses. Quand la gondole fut arrivée au milieu du port, à un endroit d'où l'on voyait se développer en panorama les plus splendides édifices de Venise, Falieri, relevant tout à coup la tête avec orgueil, dit à la dogaresse : « Vois-tu, ma bien-aimée, toutes ces magnificences qui m'appartiennent? N'est-il pas ravissant pour toi d'errer sur les flots calmes avec le maître de la mer? Écoute ce doux murmure des vagues qui s'endorment ; n'est-ce pas comme un chant d'amour dont l'Adriatique salue le passage de son fiancé? Oui, ma bien charmante, tu portes au doigt mon anneau de mariage ; mais la mer qui nous berce à cette heure garde en son sein un autre anneau, gage des fiançailles de ma puissance ! »

Comme le doge achevait ces mots en contemplant sa jeune épouse avec passion, une voix lointaine chanta une romance nationale dont le refrain peut se traduire ainsi :

« Mais non, ce n'est pas le bonheur
« D'errer sur les flots qui murmurent
« Avec le fiancé de la mer,
« Quand on porte au fond du cœur
« Un amour qui n'est pas pour lui ! »

D'autres voix s'unissaient en chœur pour répéter ce refrain mélancolique, et peu à peu le chant s'éloignant toujours se perdit dans l'espace et dans l'ombre, parmi les soupirs du vent du soir.

Falieri ne parut point prendre garde au sens mystérieux de ces paroles. Il tenait Annunziata doucement serrée sur sa poitrine, et se mit à lui raconter l'origine et les détails de la célèbre cérémonie du jour de l'Ascension, qui voit chaque doge nouvellement élu jeter un anneau d'or dans le sein de la mer, du haut du *Bucentoro*. Il énuméra les victoires de la république ; il dit comment l'Istrie et la Dalmatie avaient été subjuguées par Piétro Urseolo, et comment cette conquête avait fait instituer les fiançailles de la mer.

Mais Annunziata silencieuse ne l'écoutait point. Son regard pensif, errant sur les vagues, semblait chercher à l'horizon quelque chose d'inconnu. Elle prêtait l'oreille au clapotement des flots qui semblaient répéter, en caressant les flancs de la gondole, le refrain fantastique du chant qui lui avait révélé son âme. Elle murmurait tout bas :

« Non, non, ce n'est pas le bonheur
« D'errer sur les flots qui murmurent
« Avec le fiancé de la mer,
« Quand on porte au fond du cœur
« Un amour qui n'est pas pour lui !.. »

Et des larmes furtives perlaient sous ses paupières voilées de longs cils, et son beau sein palpitait avec une émotion qu'elle s'efforçait d'étouffer.

L'ombre descendait toujours !

Le vieux Falieri poursuivait ses récits sans rien voir.

Ils arrivèrent ainsi au pied de la terrasse de marbre du palais de la Gindecca, sans qu'il eût remarqué qu'Annunziata était bien loin de lui par la pensée.

A ce moment une autre gondole vint aborder le même rivage. Elle portait Marino Bodoëri, en compagnie d'artistes, de marchands et de gens du peuple. Tous ces débarqués saluèrent le doge, et Marino Bodoëri le suivit jusqu'au palais.

XI.

Antonio avait emporté de cette soirée des impressions ineffaçables. Le jour suivant lui parut d'une longueur infinie. Il avait appris de Margarita que la dogaresse était plongée dans une sombre tristesse, et qu'informée du stratagème d'Antonio pour parvenir à la voir, à se trouver près d'elle, elle le suppliait de ne pas renouveler cette imprudence et de quitter Venise pour toujours.

Cette nouvelle fut un coup de foudre pour le pauvre amant. Sa tête s'exalta ; tout danger, toute crainte s'effacèrent de son esprit. Voir à tout prix Annunziata, lui parler, lui dire son amour et mourir à ses pieds, voilà le dernier projet qu'il formait.

Vers la brune, il quitta sa demeure, et parvint à se glisser dans le palais ducal.

Comme il montait sans bruit les degrés du grand escalier, une vive clarté s'alluma tout à coup devant lui, et avant qu'il eût pu fuir ou se cacher, il vit s'avancer le patricien Marino Bodoëri, précédé et suivi de quelques serviteurs portant des torches de cire.

Bodoëri fixa Antonio et lui fit signe de le suivre. Celui-ci, tremblant que le motif qui l'avait amené ne fût découvert, ou seulement soupçonné, se laissa conduire, tout troublé et respirant à peine.

Arrivé dans une salle écartée, Bodoëri s'arrêta, l'embrassa, *le remercia de son exactitude*, et lui parla du *poste périlleux* qu'il aurait à défendre *cette nuit même.*

Antonio croyait rêver. Mais quand sa première surprise fut dissipée, et avant qu'il eût eu le temps de demander une explication, il se trouva initié par les paroles de Bodoëri au secret d'une vaste conjuration dont le chef était le doge en personne, et qui allait éclater cette nuit même, dans quelques heures, selon les plans dressés par Falieri lui-même.

Le but de ce complot était la destruction de la noblesse vénitienne, et le doge devait changer son titre contre celui de capitaine général de la république.

Antonio regardait avec stupeur les traits ardents de Bodoëri; et comme il ne répondait rien à toutes ces révélations auxquelles rien ne l'avait préparé, Bodoëri, furieux, s'écria : « Lâche ou insensé, qui que tu sois, tu ne sortiras plus d'ici que je ne sache ta résolution. Prépare-toi à mourir pour notre sûreté, ou à prendre les armes pour nous servir. »

« — Seigneur, » répondit Antonio, « je ne suis ni lâche ni insensé, mais permettez-moi d'être surpris d'une confidence qui me surprend d'autant plus que je n'ai pas l'honneur d'être connu de vous, et que je ne pouvais m'attendre... »

« — Quoi, » reprit Bodoëri, « n'as-tu pas reçu l'ordre de venir à cette heure au palais ducal ?.. »

« — Non, seigneur. »

« — Qu'y venais-tu donc chercher? » répliqua le patricien avec un regard soupçonneux.

« — Seigneur, » vous savez que le doge daigne m'accorder quelque bienveillance. Je venais solliciter l'honneur d'être nommé patron de la gondole ducale... »

Les soupçons de Bodoëri s'effacèrent. « — Demain, » dit-il, « tu obtiendras mieux que cela de la munificence de Marino Falieri. Demain, tu peux être capitaine de ses gardes, mais il faut mériter sa faveur, par une nuit de dévouement. Un homme qui t'aime a répondu de toi, voilà pourquoi je t'ai fait appeler ici. »

« — Un homme qui m'aime ! » s'écria Antonio; « hélas, je suis seul au monde! Vous me trompez, seigneur, ou bien je ne suis pas celui que vous attendiez à cette heure !.. »

« — Je ne me trompe jamais, » répliqua vivement Bodoëri; « car cet homme est ici, tourne tes regards vers cette porte, ne le reconnais-tu pas ?.. »

Une draperie de velours à crépines d'or se souleva lentement au fond de la chambre, et derrière cette draperie se tenait debout un personnage aux traits sombres mais pleins de noblesse.

Antonio ne l'eut pas plutôt envisagé qu'il se jeta à genoux, et lui tendit les bras en s'écriant : « Ciel ! mon père adoptif!.. Bertuccio Nenolo, mon bienfaiteur, que je croyais mort, est-ce bien vous !.. »

« — Oui, » répondit Nenolo en relevant le jeune homme éperdu ; « oui, je suis ce Bertuccio que tu croyais perdu pour toujours. Je viens d'échapper aux chaînes du Morbassan, et je suis ici pour dévouer ce qui me reste de forces à l'affranchissement de ma patrie! Antonio, ne veux-tu pas prendre avec nous les armes contre la noblesse qui opprime Venise par ses exactions de tout genre ? Si tu ne le veux, ou si tu ne l'oses, va dans la cour du *Fontego* : tu y pourras lire, écrit en taches de sang, le meurtre de ton père que les nobles ont égorgé. Quand la seigneurie donnait à loyer à des marchands d'Allemagne l'emplacement qui porte le nom de *Fontego*, il fut interdit aux locataires d'emporter dans leurs voyages les clés de leurs magasins. Ton père avait essuyé une amende pour avoir transgressé cette loi. Mais là ne se borna point l'infamie de la persécution dont il fut l'objet de la part des nobles; car, à son retour, une descente de justice présida à l'ouverture de ses dépôts, et on y trouva une caisse remplie de fausse monnaie à l'effigie de Venise, qu'une lâche trahison avait cachée dans son magasin à l'aide de fausses clés. Ce seul fait, dont ton malheureux père ne put se justifier que par des serments inutiles, parut suffisant pour lui infliger la peine capitale. Cette sentence inique, qui avait pour but de le dépouiller de ses richesses, fut exécutée au milieu du *Fontego*. Et moi, le dernier ami de ton père, le seul qui soit resté fidèle au culte de sa mémoire, je t'ai recueilli, et je t'avais caché jusqu'à ce jour le secret de ta naissance. Lève-toi, maintenant, Antonio Dalburger, et viens venger ton père assassiné! »

Antonio n'hésita point. Il jura mort aux nobles.

Un outrage subi par Bertuccio Nenolo, de la part de l'amiral Dandolo qui, au milieu d'une querelle, avait levé la main sur lui, l'avait entraîné avec son gendre dans la conspiration. Nenolo et Bodoëri usaient de leur crédit sur le peuple pour faire élever Marino Falieri au pouvoir absolu, parce qu'ils espéraient gouverner sous le nom de ce vieillard, fantôme d'autorité qu'ils enfermeraient dans un cercle infranchissable.

Dans le plan d'attaque tout était prévu. Une fausse alarme devait faire croire un moment que la flotte génoise entrait dans les lagunes. A la faveur du désordre qui naîtrait de cette nouvelle répandue de nuit par toute la ville, les conjurés devaient s'emparer de la cloche de Saint-Marc et sonner le tocsin de la révolution. Le combat s'engagerait sur tous les points; les postes seraient enlevés ou égorgés, et le doge devait monter au pouvoir absolu sur un pavois de cadavres.

Mais comme il arrive presque toujours, des traîtres s'étaient glissés parmi les conjurés, et le conseil des Dix, prévenu à temps, surveillait leurs conciliabules. Un marchand d'hermine, voulant sauver un de ses clients, membre du conseil des Dix, avait livré tout ce qu'il savait de la conspiration. Le conseil s'était aussitôt assemblé et avait pris toutes les mesures nécessaires pour étouffer la révolte à la première tentative.

Antonio s'était chargé de faire sonner la cloche de Saint-Marc. Mais, en arrivant avec quelques conjurés, il trouva la tour gardée par des troupes qui mirent en fuite ses compagnons. Lui-même fut heureux de trouver son salut à la faveur des ténèbres. Derrière lui courait à perdre haleine un homme qu'il prit d'abord pour un sbire lancé à sa poursuite. Il s'arrêta pour le poignarder, mais à la voix il reconnut l'honnête Piétro.

« — Ami, » lui dit le gondolier, « il n'y a pas une

Le palais du Doge.

minute à perdre pour nous sauver. Courons à ma gondole et gagnons le large, car tout est découvert! Bodoëri et Nenolo sont déjà prisonniers; le palais ducal est cerné de toutes parts, et le doge vient d'être enchaîné par ses propres gardes! »

Antonio consterné se laissa entraîner par son ancien camarade.

Quelques cris lointains, mêlés de coups de feu dont la lueur déchirait l'obscurité comme des éclairs d'orage, puis un silence morne, voilà tout ce qui signala cette révolution d'une heure, tuée dans son berceau.

Quand l'aurore se leva sur Venise, le peuple stupéfié fut témoin d'un effroyable spectacle.

Le conseil des Dix précipitant les représailles, avait jugé, condamné et frappé dans la nuit même. Les chefs des conjurés étaient exécutés. Leurs cadavres se balançaient, suspendus aux balcons de la Piazzetta, en face du palais ducal.

Parmi eux, on remarquait les patriciens Bodoëri et Bertuccio Nenolo, accrochés par la mâchoire à des crampons de fer.

Le doge Marino Falieri, destiné à une justice plus solennelle, subit un procès régulier, mais dirigé avec une rapidité terrible. Ni le souvenir de ses services, ni ses cheveux blancs ne purent lui gagner la pitié de ses juges. Deux jours après, il eut la tête tranchée sur la plus haute marche de l'escalier des Géants.

XII.

Échappé comme par miracle à ce lugubre événement qui plongea Venise dans un morne effroi, Antonio Dalburger erra longtemps dans la ville, avec un égarement voisin de la démence. Il avait vu rouler la tête de Falieri, et il lui semblait que le spectre du doge se dressait partout à ses côtés. Quand il eut retrouvé un peu de calme, il se souvint de la pauvre Annunziata, et courut au palais. Les portes étaient ouvertes, et personne ne songea à lui barrer le passage. Par une bizarre circonstance, la vieille Margarita, poussée par le même instinct, s'était traînée dans les galeries ducales. Tous deux se rencontrèrent avec effroi, et, suivant la même route, arrivèrent à l'appartement de la dogaresse.

Annunziata, évanouie, gisait sur le plancher. A son aspect, Antonio fondit en pleurs; aidé de Margarita, il lui prodigua les plus tendres soins. Quand elle reprit ses sens, son premier regard, plein d'amour et d'épouvante, rencontra celui d'Antonio.

« O ma bien-aimée, » s'écria le jeune homme, « Dieu t'a donc protégée! Béni soit-il! mais viens,

Le marchand Dalburger conduit au supplice.

hâtons-nous de fuir ce palais sanglant et cette cité sinistre ! fuyons jusqu'au bout de la terre !.. »

Margarita convint qu'il n'y avait pas de temps à perdre, et proposa de chercher un asile à Chiezza, d'où Antonio Dalburger pourrait regagner secrètement sa patrie. L'honnête Piétro se chargerait de procurer une barque aux fugitifs.

En effet, après s'être tenus cachés tout le jour, les deux amants s'échappèrent le soir sans être aperçus. Annunziata, couverte d'un long voile, se glissa hors du palais, appuyée sur le bras de la vieille Margarita qui serrait sous ses haillons une cassette pleine d'or et de pierreries. Toutes deux passèrent devant les gardes sans être soupçonnées. Antonio les suivit de près, avec le même bonheur, et prit les devants pour les guider vers un endroit isolé du port, où les attendait la barque préparée par Piétro. Dès que les deux femmes se furent accroupies dans le fond, Antonio jeta sur elles une cape de marinier, et saisissant les rames, poussa au large de toutes ses forces.

La lune, soulevant les nuages comme un voile, laissait de temps en temps tomber sur les flots un reflet lumineux qui semblait tracer la route du salut.

Antonio connaissait bien la direction de Chiezza, et l'amour décuplait ses efforts. Le frêle esquif arriva bien vite en pleine mer, et poussé par les lames, il filait rapidement dans un sillage écumant.

Tout à coup, par un de ces caprices du sort qui sauvent ou brisent les destinées, un changement subit s'opéra dans les cieux. La lune s'enveloppa d'ombres épaisses ; un vent frais et houleux souleva les vagues, et la barque, emportée avec violence dans le courant formé par une tempête naissante, n'obéit plus au gouvernail.

« Prions Dieu ! » s'écria Antonio, « les forces vont me manquer !.. »

La vieille Margarita récitait son rosaire.

Annunziata joignait, à genoux, ses deux mains, en jetant vers les cieux un regard de désespoir.

Le vent ne soufflait plus ; il mugissait. Les vagues ténébreuses se précipitaient les unes sur les autres avec des chocs furieux.

Antonio roidissait ses bras dans un suprême effort, pour maintenir la barque en ligne droite. Il sentait s'évanouir le reste de son courage ; la fatalité fit le reste : une des rames se brisa...

« O malheur ! » s'écria Antonio, « tu es mon maître ! je te fuyais en vain ; prends-nous donc, maintenant, tu ne m'épouvantes plus ! »

Et soulevant avec amour Annunziata mourante, il la serra sur son cœur dans une étreinte d'agonie.

Margarita récitait toujours son rosaire.

Tout à coup, un horrible craquement se fit entendre.

La barque avait touché sur une pointe de rocher... Elle s'entr'ouvrait dans l'abîme.

« Antonio ! »

« Annunziata ! »

Ces deux cris humains se perdirent sans écho.

La mer, montant jusqu'aux cieux, retomba comme un immense linceul sur les deux amants qu'elle ne devait point séparer.

Pendant toute cette nuit, jusqu'à l'aube, les orages de l'Adriatique saluèrent de leurs voix funèbres l'ombre errante du doge décapité.

LE MAGNÉTISEUR.

I.

« La vie n'est qu'un sommeil dont on s'éveille je ne sais où, et les songes qui la remplissent ressemblent à l'écume des flots qui blanchit, moutonne et s'évanouit !.. »

Après cet aphorisme tant soit peu matérialiste, le vieux baron K*** allongea le bras par un geste paresseux, et sonna son valet de chambre, pour l'aider à gagner son lit.

Au dehors, la bise d'automne soufflait avec violence, et faisait craquer les branches des arbres dépouillés de feuilles. Le salon de famille pâlissait à la lueur mourante des bougies. Maria, charmante jeune fille, à demi perdue dans les plis d'un immense châle blanc, comme la première fleur de l'année sous la neige du printems, luttait avec effort contre le sommeil. Un peu plus loin se tenait debout, accoudé sur la cheminée, Ottmar, le fils du baron, grave étudiant dont la cervelle philosophait à propos de tout.

« — Père, » dit le jeune homme, qui n'acceptait point l'autocratie paternelle en matière de métaphysique, « comment pouvez-vous soutenir que les rêves de l'âme humaine ne soient pas des phénomènes mystérieux qui, pendant le repos des sens, nous emportent dans les régions du monde invisible?... »

« — Mon ami, » reprit le baron, « je suis de l'avis des bonnes gens qui ne voient rien que de très-naturel dans ces prétendus mystères dont ton imagination fait tous les frais. Si je m'endors dispos ou satisfait, j'ai des rêves couleur de rose ; si ma digestion est laborieuse, j'ai le cauchemar. Les rêves ne sont donc qu'un effet physiologique de la disposition des organes à un moment donné. »

« — Mais, » objecta la jolie Maria, « ne se peut-il donc pas que les rêves soient la manifestation des esprits vitaux, livrés à leur spontanéité pendant l'engourdissement périodique de la matière, et reprenant possession, pour quelques heures, de ces domaines de la pensée que ne limitent ni l'espace ni le temps?.. »

« — Ah ! mon Dieu ! que de grands et vilains mots pour une si petite et si jolie bouche ! » s'écria le baron avec un éclat de rire. « Chère fille, tu m'épouvantes, avec ces emphatiques déclamations dont notre ami le docteur Alban t'a bourré la cervelle. Ne dis jamais de ces choses-là devant le monde ; on te croirait folle. Vous connaissez, du reste, mes enfants, le peu de cas que je fais de toutes les billevesées qu'agitent dans leurs systèmes les prétendus philosophes d'aujourd'hui. Les rêves sont tout simplement le résultat d'une surexcitation fébrile de nos organes, et j'en vois la preuve dans les impressions désagréables qu'ils font naître avant et après leur durée. Si, comme Ottmar se le figure, les rêves pouvaient créer des communications réelles entre nous et ce qu'il nomme si gravement le monde invisible, pourquoi ne seraient-ils pas une initiation aux félicités infinies dont les religions nous offrent l'espérance au delà de la vie terrestre ? Or, je ne sache pas que jamais rêve nous ait ouvert le paradis. »

Ottmar allait soulever une discussion sans fin sur cette doctrine, mais le baron ne lui en laissa pas le temps. « Brisons là, » dit-il ; « je ne suis pas, ce soir, d'humeur à controverser, et tes arguments de collége ne sont point à ma mesure. Je me souviens d'ailleurs que c'est aujourd'hui le 9 novembre. Cette date est pour moi l'anniversaire d'un souvenir de jeunesse dont la préoccupation renouvelle en moi des sensations douloureuses... »

« — Mais, » interrompit l'étudiant, « sans nous jeter dans les voies de l'argumentation, et pour borner la question à un seul phénomène, n'est-il pas constaté, par une foule de faits, que l'influence magnétique... »

« — Oh ! » s'écria le baron, « ne prononce jamais ce mot-là devant moi. Ce seul mot de *magnétisme* est pour moi le signe du mal. J'ai la conviction que tous ceux qui se livrent à l'étude de cet art funeste sont punis, tôt ou tard, par quelque inévitable désastre, de la criminelle curiosité qui les porte à soulever le voile dont Dieu couvre ses œuvres. Je me souviens qu'à l'époque où j'achevais mes études à l'université de Berlin, il y avait parmi nos professeurs un homme dont la physionomie singulière ne s'effacera jamais de ma pensée. Je ne pouvais l'envisager sans ressentir une impression de terreur inexplicable. D'une taille gigantesque, à laquelle ses membres décharnés donnaient l'apparence d'un squelette, ce personnage était doué d'une force et d'une adresse sans exemple. Il racontait qu'étant major d'un régiment danois, il avait été forcé de s'expatrier à la suite d'un duel avec son général. Mais certaines gens disaient à l'oreille que ce redoutable major avait tué son chef d'une autre manière. Quoi qu'il en soit, c'était un homme fort dur et d'une sévérité sans bornes dans ses fonctions. Cependant, il y avait des jours où son caractère s'adoucissait comme par enchantement. Il se montrait alors d'une indulgence et d'une aménité sans égale. Dans ces rares moments d'expansion, il partageait nos jeux, et témoignait à quelques-uns d'entre nous quelque chose qu'on eût pu prendre pour de l'affection, s'il eût été capable d'un sentiment continu. J'avais remarqué que s'il lui arrivait de me presser la main, son contact faisait courir dans mes veines un fluide singulier qui me liait sous sa dépendance par je ne sais quelle puissance à laquelle il m'était impossible de résister. Plusieurs de mes condisciples avaient fait, de leur côté, la même remarque. Mais ces jours de sympathie réciproque étaient rares. L'ex-major reprenait tout à coup ses habitudes de sauvagerie et sa rudesse native. Quelquefois, il avait des moments d'exaltation qui devenaient du délire. On le voyait alors s'affubler de son vieil uniforme rouge, tout délabré. Il courait, ainsi vêtu, à travers la maison, l'épée nue à la main, et s'escrimait dans le vide, parant et ripostant comme s'il se fût trouvé en face d'un adversaire invisible. Puis, il s'arrêtait tout à coup, jetait son arme et faisait mine d'écraser sous sa botte l'être odieux qu'il avait renversé. Cette scène, assez fréquemment renouvelée, était mêlée de jurements horribles. D'autres fois, il grimpait sur les arbres du jardin avec la vélocité d'un chat-tigre, ou bien il avait l'air de fuir à toutes jambes un péril inconnu. Ces crises duraient souvent tout un jour. Le lendemain, il paraissait calme, et sans aucun souvenir de ses extravagances de la veille; mais son caractère s'assombrissait de plus en plus, il n'était bruit, dans toute la ville, que de ses extravagances. On lui attribuait la possession de merveilleux secrets pour guérir les maladies incurables; on disait que par l'imposition de ses mains, ou par la seule puissance de son regard il opérait des cures surnaturelles. Cette croyance était devenue si populaire, qu'un jour il fut contraint de chasser à coups de canne des gens qui voulaient à toute force qu'il leur rendît la santé. Certaines gens s'effrayaient de sa renommée, et lui supposaient un commerce avec les esprits infernaux. Du reste, et quelle que fût sa conduite envers mes condisciples, l'ex-major, je dois le dire, m'avait donné des témoignages d'un attachement persévérant. Je n'eus jamais à me plaindre d'aucun sévice de sa part, et il existait même entre nous une sorte d'attraction dont je ne cherchais point à me défendre. Pendant la nuit du 9 novembre 17... je rêvai qu'il était venu près de mon lit, et qu'arrêtant sur moi son regard fixe et pénétrant, il m'avait couvert les yeux de sa main droite, en me disant d'une voix caverneuse : « Faible créature de la terre, sois-moi soumise, car j'ai, comme Dieu, le pouvoir de lire dans la pensée !.. » Je sentis en même temps quelque chose d'aigu et de froid comme une lame d'acier pénétrer à travers mon front jusqu'à mon cerveau. Je poussai un cri de frayeur qui me réveilla, tout baigné d'une sueur glacée et prêt à défaillir. Je me traînai hors du lit avec effort, et j'allai ouvrir ma fenêtre pour aspirer un peu d'air. Mais, jugez de mon épouvante, lorsque j'aperçus, au clair de la lune, le fatal major, revêtu de son habit rouge, sortant de l'université avec la précipitation d'un fou, par une grille donnant sur une rue déserte. Cette apparition qui concordait si étrangement avec mon rêve me porta un coup terrible. Je tombai évanoui. Lorsque je racontai tout cela à notre recteur, il me traita de visionnaire. Mais l'absence prolongée du major, qui ne paraissait point à son heure ordinaire, éveilla quelques inquiétudes. On courut à sa chambre; la porte était barricadée en dedans; il fallut un levier pour l'enfoncer. On trouva le major étendu sans vie sur le carreau. Il avait l'œil vitreux; sa bouche contractée laissait échapper une écume sanguinolente. Il tenait d'une main crispée son épée nue. Aucun soin ne put le ramener à la vie... »

II.

Le baron n'ajouta rien à ce récit. Il paraissait accablé par ses réminiscences. Ottmar, qui l'avait écouté avec une profonde attention, méditait, le front penché dans sa main. Maria s'était accroupie au pied de la cheminée, toute transie d'émotion. Un silence presque sinistre régnait depuis quelques instants dans le salon, lorsque parut le peintre Franz Bickert, vieil ami de la famille. Il était entré sans bruit, et avait pu entendre une grande partie du récit du baron. Un large éclat de rire signala tout à coup sa présence.

« — Voilà vraiment, » s'écria-t-il, « des histoires ravissantes et bien faites pour tourmenter les jeunes filles à l'heure d'aller au lit. Quant à moi, mes bons amis, je professe des idées tout opposées à celles de notre cher baron. Comme je sais par expérience que les rêves nocturnes sont le fruit des sensations éprouvées pendant le jour, j'ai toujours soin, avant de m'endormir, d'éloigner de ma pensée toute préoccupation pénible et d'amuser mon esprit par quelque joyeux souvenir du temps passé. Au surplus, mes amis, ces songes épouvantables qui nous tourmentent parfois, tels que se figurer qu'on tombe du haut d'une tour, qu'on est décapité, et mille autres plus ou moins désagréables, sont le résultat de quelque douleur physique qui réagit sur nos facultés morales. Ceci m'en rappelle un, pendant lequel je croyais assister à une orgie. Un officier et un étudiant se prennent tout à coup de querelle et se lancent leurs verres à la tête. Je veux les séparer; mais, dans cette lutte, je me sens si grièvement blessé à la main que la souffrance me réveille en sursaut. Ma main saignait bien réellement, car je venais de l'écorcher à une grosse épingle piquée dans ma couverture. J'ai fait aussi, d'autres fois, des rêves bien plus épouvantables, et... »

« — Ah! je vous en supplie, » s'écria Maria, « faites-moi grâce de vos affreuses histoires, ou je ne pourrai pas fermer l'œil de toute la nuit. »

« — Eh bien, non, ma toute belle, » reprit Bickert, « je ne vous ferai aucune grâce. Je veux que vous sachiez, dussiez-vous en mourir d'effroi, que, dans mon rêve, je me voyais invité à un thé magnifique dans les salons de la princesse A***. En arrivant au palais de cette illustre dame, vêtu de ma plus brillante toilette, je voulus m'approcher d'elle pour lui débiter un compliment auquel j'avais travaillé pendant tout un jour. Mais un cri de bruyante surprise éclatant autour de moi me fit chercher la cause de cet émoi. Ne l'apercevant nulle part, je ramenai mes regards sur ma propre personne, avec une sorte de complaisance... Je découvris que de toute ma toilette je n'avais oublié que la culotte !.. »

Un rire homérique accueillit cette boutade du bon Bickert. Mais sans laisser à son auditoire le temps de se reconnaître, le vieux peintre poursuivit, sans perdre son sang-froid : « Voulez-vous, » dit-il, « que je vous raconte d'autres misères aussi fantastiques? Je m'imaginais, la nuit dernière, que j'étais devenu feuille de papier. Un ignoble apprenti poëte s'escrimait en tous sens sur mon individu, avec une plume de dindon mal taillée. Chacun de ses vers, qui assassinait le bon sens, me déchirait l'épiderme de la façon la plus douloureuse. Je n'en souhaiterais pas autant à mon plus cruel ennemi. Une autre fois, je rêvais qu'un chirurgien démontait mes membres pièce à pièce, comme une poupée de Nuremberg, et s'amusait cruellement à étudier l'effet que produisait la transposition de mes membres. »

Les rires se succédaient joyeusement à chaque bizarrerie nouvelle dont l'excellent Bickert régalait ses amis. Quand il eut achevé sa dernière tirade avec l'air de satisfaction d'un paon qui fait la roue, Ottmar se saisit de la parole : « — Notre ami, » dit-il gravement, « vient de se mettre, par ses propres récits, en flagrante contradiction avec son système; car il nous fait des contes à mourir de rire, ou bien il a fort mal réussi à se préparer des songes à sa guise. Quoi qu'il en soit, je n'en reste pas moins, pour mon compte, très-convaincu des vertus magnétiques. »

« — Allons, allons ! » s'écria le baron, « finissons-en sur ce chapitre, je vous en prie. J'aimerais beaucoup mieux que Maria nous fît un punch pour nous garder en belle humeur. » Bickert parut enchanté de cette idée, et tandis que Maria faisait ses préparatifs, il s'occupa de ranimer le feu mourant de la cheminée. Quand le punch fut achevé, Ottmar remplit les verres, et Bickert dit, en vidant le sien tout d'un trait ; « — Je ne bois jamais de punch plus délicieux que celui qui m'est versé par les jolies mains de Maria. Cette chère enfant communique un parfum céleste à tout ce qu'elle touche. C'est, j'en suis sûr, l'influence mystérieuse de son angélique beauté qui produit (pardon du mot, cher baron) ce... *magnétisme*.. »

« — Encore votre magnétisme ! » exclama le baron de K..., » mais, pour Dieu, ne sortirai-je point ce soir, du fantastique et de l'extravagant ! Ma chère Maria, tu es, en vérité, la plus aimable créature que je connaisse ; mais si tu ne perds pas cette fâcheuse manie d'attirer sans cesse la conversation sur un sujet si peu convenable à une jeune fille sensée, je te prendrai pour un être de l'autre monde, c'est-à-dire que, bien malgré moi certainement, je te prendrai en grippe ! tâchons donc, mes bons amis, je vous en supplie, de vivre en paix de cette bonne vie tranquille qui est si douce à user !.. »

« — Pardonnez-nous, cher père, » répondit le jeune Ottmar; « nous n'avons eu, les uns ni les autres, aucune envie de vous contrarier. Permettez-moi seulement de raconter à notre ami Bickert un fait que le docteur Alban m'a confié, et qui a laissé dans mes souvenirs une impression ineffaçable. Alban s'était lié, à l'Université, avec un grand homme nommé Théobald, qui joignait une âme très-sensible au plus heureux caractère. Mais, depuis cette liaison, Théobald était devenu, par degrés, triste et inquiet; son imagination, portée d'abord vers la rêverie, s'était jetée tout à coup dans les voies d'une exaltation dont les résultats pouvaient faire craindre quelque catastrophe. Alban seul possédait le pouvoir de contenir et de dominer cette nature irritable. Théobald devait retourner dans sa ville natale pour épouser la fille de son tuteur, et vivre doucement sur le patrimoine que lui avaient légué ses parents. Tous ses goûts se résumaient dans l'étude du magnétisme animal, dont son ami Alban lui avait enseigné les premières notions ; et il se proposait d'approfondir cette science jusqu'aux extrêmes limites que peut atteindre l'esprit humain. Peu de temps après son départ de l'Université, il écrivit à Alban une lettre désespérée, dans laquelle il lui racontait qu'un officier, logé dans la maison de son tuteur, était parvenu à se faire aimer de la jeune fille. Rappelé à l'armée par ses devoirs, cet officier avait laissé sa fiancée en proie à une profonde tristesse. Elle dépérissait de jour en jour, et son état donnait même déjà les plus vives inquiétudes. Alban répondit à Théobald pour l'engager à bannir toute inquiétude, ajoutant que le magnétisme était l'infaillible remède qui guérirait la jeune fille et ramènerait la paix dans son cœur. Théobald suivit ce conseil. Chaque soir, au moment où elle se laissait aller au premier sommeil, il allait s'asseoir auprès d'elle, exerçait les passes prescrites par la science, et l'amenait peu à peu à cet état que l'on nomme somnambulisme. Lorsqu'il eut acquis sur ses facultés un pouvoir dominateur, il lui adressa des questions auxquelles elle répondait avec autant de lucidité qu'une personne éveillée. Il conversait avec elle de leurs souvenirs d'enfance, de leurs jeux, des premiers temps de leur affection mutuelle. Elle se laissait aller doucement au cours de ces pensées caressantes, et, chaque fois qu'elle rentrait dans l'état de somnambulisme, elle s'y replongeait d'elle-même avec quiétude et bonheur. La domination de Théobald devint même si complète, que la jeune fille semblait, même dans l'état de veille, ne plus s'appartenir à elle-même. Elle ne vivait, en quelque sorte, que de la vie de son ami... »

Ottmar n'avait pas achevé sa phrase, que tout à coup Maria, qui l'écoutait en silence, et comme suspendue à ses lèvres, pâlit, poussa un cri aigu et fût tombée de sa hauteur sur le plancher, si Bickert ne s'était élancé à temps pour la retenir dans ses bras. On s'empressa de lui prodiguer des secours; mais rien ne pouvait la rappeler de cet évanouissement. Elle semblait morte...

« — Ah, mon Dieu ! » s'écria Ottmar, « si le docteur Alban était ici ! Lui seul peut la sauver ! »

III.

Au même instant la porte s'ouvrit. Le docteur Alban parut, et comprenant d'un coup d'œil ce qui venait de se passer, il se dirigea, d'un pas grave, vers la jeune fille, lui prit la main, et lui dit, comme si elle eût pu l'entendre : « Chère Maria, qu'avez-vous?.. »

La malade tressaillit sous cette parole, essaya de faire quelques mouvements pour se relever, et balbutia d'une voix creuse, avec un geste répulsif : « Laisse-moi... maudit... laisse-moi mourir... sans souffrir !.. »

Les assistants restaient dans une muette stupéfaction. Mais Alban sourit, et promenant ses regards autour de lui, reprit tranquillement : « N'ayez nulle inquiétude; c'est un léger accès de spasme nerveux, que le repos doit dissiper. Laissez-la s'endormir, et dans six heures, lorsqu'elle s'éveillera, faites-lui avaler, dans un peu d'eau sucrée, douze gouttes du cordial que voici. » Il tira de sa poche un petit flacon, le remit au baron, et prétextant que la famille avait besoin d'être seule autour de la malade, il salua gravement, et se retira comme il était venu.

« — Bon ! » s'écria Bickert, qui l'avait considéré curieusement; « voilà encore un docteur mystérieux de la science nouvelle! le regard inspiré, l'allure solennelle, le son de voix caverneux, l'élixir obligé, rien n'y manque! J'ai bien l'honneur d'être son serviteur !.. »

Le baron hochait la tête, d'un air triste. « —Mon pauvre Bichert, » dit-il avec effort, « voilà une soirée qui ne finit pas gaiement. Depuis la dernière visite du docteur Alban, j'avais rêvé plusieurs fois qu'un fatal événement me menaçait. Dieu veuille que j'en sois quitte pour la peur. »

« — Ma foi, cher baron, » reprit Bickert, « à part la petite plaisanterie que je me permets innocemment sur la silhouette du docteur, je ne veux nullement vous mettre en défiance de son art. On dit que c'est un homme habile; vous savez que, depuis quelque temps, Maria est sujette à des crises nerveuses, et il ne serait pas surprenant que le magnétisme, dont le docteur se sert avec prédilection, fût un agent de guérison tout-puissant. Je ne suis certes pas enthousiaste de tous les systèmes de la médecine moderne; mais on ne saurait nier que la nature possède des secrets encore inconnus dont chaque siècle, à son tour, fera éclore la découverte. Le magnétisme est peut-être du nombre. »

« — Au diable votre *magnétisme!* » reprit le baron avec un nouvel accès de cette vive répulsion que lui inspirait ce mot, chaque fois qu'il le lisait par hasard, ou qu'on le prononçait devant lui. « Après tout, » poursuivit-il, « si ce n'est pas un charlatanisme, c'est, à coup sûr, quelque puissance infernale, dont le plus sage est de se garer. Tenez, Alban est magnétiseur; eh bien! chaque fois que je l'envisage; je ne puis me défendre d'une sensation de malaise inexplicable. Je cherche en vain à fixer une réalité sous les physionomies changeantes que cet homme prend à son gré. Ottmar en est engoué. Pour mon compte, j'avoue qu'il a donné à ma fille des soins dont je ne saurais me montrer trop reconnaissant. Eh bien ! malgré moi, je cherche à secouer le fardeau de cette gratitude que je ne puis lui exprimer de bon cœur. Il y a plus, chaque fois que je vois cet homme, il me devient plus odieux. Son aspect me rappelle involontairement les traits de ce diabolique major danois, qui me causait, dans ma jeunesse, de si atroces frayeurs. »

« — Allons donc ! » répliqua Bickert, « c'est votre imagination qui vous crée des fantômes. Le docteur Alban est un brave homme, auquel il ne faut reprocher que son nez trop crochu et ses yeux en vrille. Le magnétisme fût-il une invention sept fois diabolique, il ne s'en sert que pour faire le bien. Laissons-lui la responsabilité du reste. Si l'homme a des travers ou des faiblesses, il n'en faut pas moins rendre justice aux talents éprouvés du médecin. »

« — Vous avez beau dire, » interrompit le baron; « il n'est pas en mon pouvoir d'échapper à mes appréhensions que le temps fortifie au lieu de les effacer. Une secrète intuition me persuade qu'il arrivera, tôt ou tard, un malheur dans ma famille, et que cet homme en sera l'instrument. Je ne crois pas beaucoup à la puissance du magnétisme, mais, en revanche, je tiens grand compte de mes pressentiments, parce que, bons ou mauvais, ils ont rarement trompé mon attente. »

Là-dessus, les deux vieux amis échangèrent une cordiale poignée de main et se séparèrent. Franz Bickert avait perdu sa jovialité. Il s'en alla pensif. Le baron et son fils veillèrent auprès de Maria pendant toute la nuit.

La jeune fille dormait d'un sommeil qui ressemblait à l'anéantissement. Mais au bout des six heures précisées par le docteur Alban, elle ouvrit les yeux, et s'étonna de voir qu'on eût veillé près d'elle. Il ne lui restait aucun souvenir de son indisposition. Le père lui fit avaler les douze gouttes d'élexir, en priant Dieu, dans son cœur, de détourner de ce breuvage toute influence funeste. Maria reprit sa gaieté, comme si elle n'eût point souffert. Le docteur Alban ne vint point la voir ce jour-là ; il s'en excusa par un billet qui prétextait des occupations imprévues, dont l'urgence l'éloignait de la ville pour un peu de temps.

IV.

Maria de K. à Adelgonde.

« Merci de ta longue lettre, chère amie de mon enfance ! J'ai cru mourir de joie en reconnaissant sur l'enveloppe ton écriture bien-aimée. Je suis ravie des nouvelles que tu m'envoies de tout ce qui arrive d'heureux à ton frère Hippolyte, mon gentil fiancé. J'ai été cruellement malade, depuis que nous ne nous sommes vues. Je ne saurais te peindre exactement de quel genre était la souffrance qui me torturait. Figure-toi que ma cervelle était comme bouleversée. Toutes les choses de la vie m'apparaissaient à rebours ou à l'envers. Le plus léger bruit autour de moi retentissait dans mes organes comme un son de cloche funèbre. Je faisais, toute éveillée, les rêves les plus affreux ; mes forces s'épuisaient de jour en jour, d'heure en heure, sans que je pusse me rendre compte des causes ni des progrès de cette espèce d'anéantissement progressif. Je sentais la mort s'infiltrer dans mes veines ; elle me faisait peur, et cependant la vie m'était devenue à charge. Tous les médecins que mon père avait appelés ne savaient que penser de mon état, et m'auraient tuée tout à fait par leurs ordonnances contradictoires, lorsque mon frère amena un jour à la maison un de ses amis, récemment reçu docteur, et qui me guérit par enchantement.

« Cet homme ne me prescrivit aucun traitement. Il se bornait à me regarder d'un œil fixe pendant quelques minutes, en tenant mes mains serrées dans les siennes. Alors, au lieu des étouffements nerveux qui me faisaient tant souffrir, je sentais un calme assoupissant circuler dans tout mon être, et je tombais dans un long sommeil. Plus tard, il me sembla qu'en dormant j'étais douée d'un sens nouveau. Le médecin m'interrogeait, et je lui disais tout ce qui se passait en moi, comme si j'eusse lu dans un livre. Plus tard encore, il me sembla qu'Alban (c'est le nom de ce docteur étrange) allumait par sa volonté, au centre de mon être, un foyer de lumière qui resplendissait ou s'éteignait selon que cette volonté m'attirait à lui ou me refoulait sur moi-même. Que te dirai-je enfin, chère amie ? Il se passe en moi un phénomène que nulle expression ne peut retracer. Tu riras peut-être de moi, et tu me traiteras de visionnaire ; eh bien, je t'assure qu'il s'opère entre Alban et moi une sorte de transsubstantiation intellectuelle qui me procure un bonheur bien supérieur à toutes les délices que je pourrais imaginer dans la vie réelle.

« Quoi qu'il en soit, tu peux dire à mon fiancé Hippolyte que je ne l'ai jamais tant aimé, et que je n'ai jamais tant désiré son prompt retour. Depuis que le docteur Alban m'a soumise à cette puissance singulière qu'il nomme, je crois, *magnétisme*, il me semble que c'est *par lui* et *en lui* que j'aime Hippolyte avec plus d'effusion.

« Parfois, cependant, je te l'avoue, ce docteur Alban me pénètre d'une terreur secrète. Il y a des heures pendant lesquelles je m'imagine le voir au milieu de tous les attributs fantastiques dont s'entourent, dit-on, les gens adonnés à la magie. Alors, ses traits se décomposent, et je finis par ne plus distinguer, dans mes songes, qu'un hideux squelette dont les ossements craquent sous les replis d'immondes reptiles.

« Mais je vois, chère Adelgonde, que si je t'écrivais trop longuement sur toutes ces choses, tu me croirais folle ou à peu près. Tout cela est peut-être le simple résultat de l'ébranlement produit par la maladie dans ma frêle organisation. En tout cas, je ne voulais rien te cacher de mes secrets. Si tu es plus raisonnable que moi, trouve des raisons qui me rendent la mienne. En attendant, je suis à toi pour la vie. »

V.

*Le docteur Alban à Théobald * * *.*

« L'existence de tous les êtres animés n'est qu'une lutte dans laquelle la victoire reste au plus fort, car la force morale ou physique, et graduée selon les desseins du Créateur, est la loi organique de toute chose.

« Après le combat des jours contraires, l'être dominé augmente de sa propre force toute la force que possédait déjà son vainqueur.

« Il arrive tous les jours, et nous en faisons l'expérience vulgaire, qu'une dose médiocre de force intellectuelle soumet une immense force physique. Cette puissance de l'esprit sur la matière est un reflet de Dieu qui nous a créés pour conquérir et dominer toutes ses œuvres.

« J'ai rencontré sur mon chemin une jeune fille dont l'aspect a fait vibrer en moi des cordes sympathiques. J'ai senti tout d'abord que j'avais la faculté de l'entraîner dans ma vie et de la soumettre à ma destinée. Mais il fallait pour cela triompher d'une force étrangère qui la dominait. Cette jeune fille avait un amour au cœur ; elle était aimée. Ce sentiment formait un obstacle à mes desseins. Je concentrai sur un seul point toutes les forces de ma volonté. La femme a reçu de la nature une organisation passive. C'est dans le sacrifice volontaire qu'elle fait de sa personnalité pour s'abîmer dans l'être qui domine sa vie, que réside l'amour. Je voulais être aimé de Maria, malgré l'influence étrangère qui me disputait la possession de son âme. Une semaine d'étude m'a suffi pour pénétrer tous les secrets de son organisation. J'appliquai à cette œuvre l'action occulte, inévitable, du magnétisme. Le vulgaire se rit de cette science. Je laisse rire le vulgaire, et je vais à mon but. J'ai établi entre Maria et moi des communications sympathiques qui franchissent le temps et l'espace. Elle est tombée, sous ma domination spirituelle, dans des accès d'hallucination que son père et son frère prenaient pour une maladie nerveuse. J'ai laissé au père et au frère leur erreur qui me servait. Lié avec le frère que j'avais rendu témoin de certains phénomènes magnétiques, je fus amené par lui auprès de Maria, en qualité de médecin, pour donner une consultation sur sa prétendue maladie. La jeune fille, qui ne m'avait jamais vu, m'a reconnu par un tressaillement mystérieux que ma présence lui causa. Dès lors, mon empire sur elle était assuré. Car il a suffi de mon regard et d'un seul acte de ma secrète volonté pour la plonger dans le somnambulisme, c'est-à-dire pour attirer son âme dans la mienne. L'amour qu'elle éprouvait pour un autre se transforme peu à peu. Encore quelques jours, et elle viendra d'elle-même tomber dans mes bras.

« L'homme qu'elle aimait et auquel son père l'avait fiancé, se nomme Hippolyte ***. Il est colonel, et fait la guerre, en ce moment, sur la frontière. Je ne désire pas que cet homme périsse sur le champ de bataille. Je voudrais, au contraire, qu'il revînt bientôt. Sa présence, et l'indifférence de Maria pour sa personne ajouteraient un nouveau charme à la victoire dont je cueillerai bientôt la plus douce fleur. Au revoir, mon cher disciple, continue tes études et tes expériences. Tu iras loin. »

VI.

A quelque temps de là, c'était l'hiver. La campagne était couverte d'un linceul de neige. Un vent froid chassait des nuages plombés sous un ciel terne et sombre. Le jour allait finir, et j'avais hâte d'arriver au village de *** pour y passer la nuit. La cloche sonnait les derniers coups d'un glas funèbre, et quelques paysans jetaient des pelletées de terre dans une fosse creusée au bord du cimetière qui borde la route. Je rejoignis quelques hommes en deuil qui revenaient du convoi, et je marchais derrière eux en les écoutant :

« Notre vieil ami Franz s'est endormi du sommeil des justes, » disait l'un.

« Dieu nous fasse la grâce de finir comme lui, » répondait l'autre.

J'appris de ces braves gens que le défunt se nommait Franz Bickert, un vieux peintre qui venait de s'éteindre dans une retraite presque absolue.

Le pasteur du village, que je connaissais, me raconta que le vieux Bickert avait légué sa maisonnette à la commune, pour y établir une école. Nous allâmes la visiter ensemble. En furetant çà et là, nous trouvâmes dans le fond d'un tiroir quelques papiers griffonnés que j'eus la curiosité de parcourir. L'un d'eux contenait, sous forme de note, quelques indications sur le dénoûment bien triste de l'histoire de Maria. Voici ce que j'ai pu déchiffrer :

Une nuit, le vieux baron de K. regagnait sa chambre à coucher, appuyé sur le bras de son ami Bickert. En passant dans un long corridor, ils aperçurent une ombre blanchâtre et phosphorescente, qui semblait sortir de la chambre de Maria, et qui s'évanouit dans les ténèbres :

« — Jésus ! » s'écria le baron tout tremblant, « c'est..... c'est le major danois !.... Franz, c'est le major !.. »

Bickert n'avait pu se défendre d'une certaine frayeur, mais il était plus esprit fort que son vieil ami. Tous deux gagnèrent en frissonnant la chambre de la jeune fille.

Maria dormait d'un sommeil paisible. Un doux sourire effleurait ses lèvres, et l'image du bonheur se reflétait sur son doux visage. Hippolyte était revenu de la guerre. Il avait été reçu dans la famille avec toutes les joies qui fêtent le retour d'une personne aimée. Le mariage des fiancés devait être célébré le lendemain. La parure de noces de la jeune épouse s'étalait, radieuse, sur le sopha.

Le lendemain, les fiancés se rendirent à l'église. Mais au moment de s'agenouiller au pied de l'autel, Maria fut saisie d'un mouvement convulsif. Elle glissa, morte, dans les bras de son père.

Le magnétiseur, caché derrière un pilier du saint temple, avait aspiré l'âme de la pauvre enfant.

Tous ceux qui l'avaient aimée la suivirent de près au tombeau. Quant au docteur Alban, il disparut de la contrée après cet événement.

FIN DU MAGNÉTISEUR.

Antonia vivait avec sa mère dans une charmante solitude.

LE CONSEILLER KRESPEL.

I.

Ce conseiller Krespel, dont je veux vous conter une simple histoire, était l'être le plus bizarre que j'aie jamais rencontré. Lorsque je suivais le cours de philosophie à l'université de K***, toute la ville ne s'entretenait que de ce personnage. Comme jurisconsulte érudit, et comme roué diplomate, le conseiller jouissait d'une renommée pyramidale dans toute sa contrée.

Un petit prince du voisinage, qui avait plus d'orgueil que de sujets, le fit venir un jour à sa résidence, pour lui confier la rédaction d'un mémoire justificatif de certaines prétentions territoriales qu'il se proposait de faire valoir auprès de l'empereur. Krespel se tira si bien de cette besogne épineuse, et le succès fut si complet, que le prince, enchanté de ses services, jura de lui accorder tout ce qu'il lui demanderait, à l'unique exception de sa petite couronne ducale. Mais Krespel n'était pas exigeant. Il n'avait, de sa vie, élevé qu'une seule plainte contre la destinée; c'était de n'avoir pas encore possédé une maison construite à sa fantaisie. Le prince lui fit présent d'un terrain de plaisance, situé aux portes de la ville et dont la disposition pittoresque se prêtait admirablement aux projets du conseiller. Son altesse voulait pousser la gracieuseté jusqu'à se charger des frais de l'édifice; mais Krespel protesta contre cet excès de munificence qui portait avec lui son inconvénient; il ne voulait

La maison du conseiller Krespel.

avoir ni à discuter les conseils, ni à combattre les critiques des architectes de la cour. « J'aurai enfin, » se disait-il, « une maison selon mes goûts, et nul n'y mettra le nez. » Cette belle résolution prise, notre homme s'occupa tout d'abord de réunir ses matériaux. On le vit, chaque jour, s'affubler courageusement d'un costume de maçon, et se mêler aux ouvriers pour aider à empiler les moellons, à délayer la chaux, et à creuser les fondements du futur édifice.

Tous ces travaux préléminaires furent achevés avant que Krespel eût dit un seul mot du plan qu'il se proposait d'exécuter. Quand vint l'heure solennelle de manifester son génie créateur, il se rendit à la ville pour faire choix du meilleur maître maçon. Celui-ci voulut d'abord établir les devis et les tarifs de sa main-d'œuvre. Il resta fort ébahi lorsque le conseiller lui déclara gravement que ces menus détails n'avaient pas le sens commun, et que les comptes se régleraient d'eux-mêmes, sans aucune difficulté, aussitôt que la besogne serait faite. Rendez-vous fut pris pour le lendemain, sur les lieux, dès l'aube du jour.

Krespel avait fait tracer un fossé en forme de carré. « — C'est ici, » dit-il au maître maçon, « qu'il faut creuser selon les règles les fondements de ma maison. Cela fait, vous élèverez immédiatement le mur d'enceinte, jusqu'à ce que je vous dise : c'est assez !... »

« — Quoi ! » s'écria le maître maçon, « sans fenêtres, ni portes, et sans murs de traverse ? Mais, vous n'y pensez pas, monsieur Krespel ! ou vous n'entendez rien à la bâtisse ! »

« — Veuillez exécuter mes ordres, » répondit froidement le conseiller ; « je ne vous paie pas pour m'apprendre à penser. »

La certitude d'être largement payé par cet original put seule décider le maître maçon à faire exécuter un travail qui lui semblait absurde. Il mit ses ouvriers en train, en leur lâchant çà et là les demi-mots goguenards sur le caractère du conseiller.

Mais celui-ci ne s'en souciait guère, et, pressé qu'il était de voir avancer la besogne, il se mit en frais pour que les travailleurs ne perdissent point de temps en allant à la ville prendre leurs repas. Toujours sur pied, et se multipliant en quelque sorte pour tout voir à la fois, il prodiguait les viandes et le bon vin pour donner à son monde du cœur à l'ouvrage. Les maçons trouvant ce procédé de fort bon goût, ne riaient plus de l'homme qui les traitait si bien. Ils eussent recommencé pour lui la tour de Babel. Le mur d'enceinte s'élevait à vue d'œil, sur ses quatre faces, et commençait à dépasser les hauteurs ordinaires, lorsque Krespel cria : « C'est assez !.. »

Les truelles s'arrêtèrent aussitôt. Les ouvriers descendirent de leurs échafaudages, et vinrent se ranger en cercle autour du conseiller, pour attendre de nouveaux ordres.

Krespel contemplait son mur avec une physionomie béate. Tout à coup, il fit rompre le cercle, courut se placer à l'extrémité de son terrain, et revint, en comptant ses pas, jusqu'au pied de la construction. Après avoir exécuté la même vérification sur chacune des faces de son carré de pierres, il marqua un point sur le mur, et cria aux ouvriers : « En avant les pioches ! faites-moi un trou ! »

Ce fut l'affaire d'un moment. Le trou fait, Krespel entra dans l'enceinte, et sourit, en homme ravi d'avoir réalisé sa pensée. Puis, suivi des piocheurs et du maître maçon, il se mit à ordonner, ici une fenêtre de tant de pieds de haut et de large ; là, une ouverture de dimensions différentes. Il n'y avait pas d'observations à lui faire. Sur un signe, le trou s'ouvrait à tort et à travers. M. Krespel payait si bien, qu'il n'y avait rien à dire. Les caprices les plus bizarres sont le privilége des riches. L'industrie ne vit que de cela.

Les gens de la ville faisaient des gorges chaudes aux dépens du digne conseiller. Mais celui-ci laissait jaser les plaisants, et poursuivait son œuvre aussi rapidement que possible. Grâce à son activité, la maison fut terminée en deux mois. Elle offrait au dehors la plus excentrique irrégularité ; pas une fenêtre ne ressemblait à l'autre, et chaque détail en semblait disparate. Mais, vue à l'intérieur, c'était l'habitation la plus commode et la plus habilement distribuée qu'il fût possible d'imaginer. Krespel, à qui j'avais eu l'avantage d'être présenté, m'en fit admirer toutes les dispositions, et je ne pus m'empêcher d'être de son avis contre l'avis de tout le monde. Je fus invité à un splendide banquet que le propriétaire donna à tous ses travailleurs. Après le festin, les femmes improvisèrent un bal, auquel Krespel ne dédaigna point de mêler ses jambes vénérables ; et quand il fut las de danser, il s'arma d'un violon dont il joua presque toute la nuit.

Le mardi suivant, je rencontrai le conseiller dans le monde. Chacun de ses mouvements était empreint d'une brusquerie si nerveuse, que je tremblais de lui voir commettre quelque accident. Mais la dame qui faisait les honneurs du salon le connaissait sans doute parfaitement, car elle ne s'effraya point de le voir pirouetter autour d'un cabaret en porcelaine de Chine, ou faire gigotter ses manchettes de dentelles parmi des cristaux délicats qu'un souffle eût renversés. Au souper, la scène changea d'aspect. Krespel n'ayant plus l'occasion de faire jouer ses membres, se lança dans un bavardage effréné, sautillant sans cesse d'une idée à l'autre, du grave au gai, du tragique au burlesque. Il n'y avait plus de parole que pour lui. Un lièvre ayant paru sur la table, Krespel mit à part les os, et réclama surtout les pattes ; puis il tira de sa poche un petit tour d'acier avec lequel il se mit à tourner une foule de petits objets de fantaisie que les enfants de la maison se disputaient avec une joie enthousiaste.

Tout à coup, une jeune personne s'avisa de s'écrier : « A propos, cher monsieur Krespel, que devient donc notre bonne Antonia ?.. »

Cette question produisit sur le conseiller l'effet du choc d'une torpille. Il fit une grimace semblable à celle d'un gourmand qui vient de mordre une orange aigre. Ses traits se rembrunirent, et il répondit d'une voix rauque, avec une physionomie où perçait une colère concentrée : « Notre... notre chère Antonia ?.. »

Le maître du logis s'apercevant du malaise de son hôte, se hâta de changer la conversation : « — Comment vont les violons ? » s'écria-t-il en serrant les mains de son convive. Cette diversion fut heureuse. Krespel se dérida sur-le-champ : « — Les violons, les violons ? » répondit-il, « mais ils vont au mieux, mon très-cher. J'ai commencé, l'autre jour, à démonter, pièce à pièce, un fameux violon d'Amati qui m'est tombé sous la main, j'espère qu'Antonia aura terminé cette besogne. »

« — Ah ! vraiment ? j'en suis charmé, cher conseiller ; Antonia est une charmante enfant... »

« — Oui, certes, » s'écria Krespel, « c'est un ange !.. »

Mais à cette exclamation se mêlèrent tout à coup des sanglots. Le conseiller se leva brusquement, comme un homme qui se prend corps à corps avec un affreux chagrin ; il saisit d'une main convulsive sa canne et son chapeau, et se retira précipitamment, sans ajouter un seul mot.

Quand il fut sorti, je hasardai quelques questions sur le bizarre caractère de ce personnage que je connaissais à peine. « — Ah! » me répondit le maître de la maison, « le conseiller Krespel est un gaillard bien remarquable; il est aussi expert dans l'art de fabriquer des instruments de musique incomparables, que dans son métier de juriste. Mais il a une singulière manie. Dès qu'il a, par exemple, terminé un violon, il l'essaie pendant une heure ou deux, et improvise des airs d'une délicieuse harmonie; puis il accroche l'instrument dans son cabinet, à la suite des autres, et on ne l'y ferait plus retoucher pour un empire. D'autres fois, il se procure, à grands frais, le violon de quelque maître célèbre, en joue une fois, pour en constater les qualités, et ensuite le démonte pièce par pièce; après quoi il enferme pêle-mêle tous les débris dans un grand coffre qui en contient déjà une énorme quantité. »

« — C'est en vérité bien bizarre, » repris-je; « mais cette Antonia, dont j'ai entendu prononcer le nom, ne pourrai-je savoir... »

« — C'est un mystère, » répliqua gravement le maître du logis. « Le conseiller vivait, il y a quelques années, dans une solitude presque absolue, avec une vieille gouvernante. La singularité de ses mœurs excita la curiosité de ses voisins. Pour se soustraire aux commérages absurdes qui circulaient sur son compte, Krespel se crut obligé de faire quelques connaissances, et fréquenta quelque société. Il était spirituel, et savait se rendre aimable. Il fut choyé. On le disait riche, on le croyait vieux garçon; les mères de famille songeaient à se disputer sa conquête pour leurs filles. Mais quand on voulait l'amener sur le chapitre de certaines confidences intimes, il échappait aux questions en prenant la fuite. Au bout de quelque temps, il fit une absence qui dura plusieurs mois. Le premier soir qui suivit son retour, il ne se montra nulle part. Les curieux, intrigués, remarquèrent la vive lumière qui brillait dans son appartement; une ravissante voix de femme mêlait ses accords perlés au son d'un clavecin qu'accompagnait un violon touché de main de maître. Les passants s'arrêtaient dans la rue pour écouter, et les voisins, séduits par cette harmonie fantastique, ne pouvaient quitter leur fenêtre.

« Vers minuit, le chant cessa. La voix de Krespel se fit entendre, mais rude et menaçante. Une autre voix d'homme semblait éclater en reproches ou en querelles qu'interrompaient à chaque instant les plaintes suppliantes d'une femme. Tout à coup, un cri perçant, un cri de femme termina cette scène invisible, puis, on entendit un bruit d'objets qui se heurtent violemment. Bientôt après, un jeune homme sortit de la maison de Krespel, en donnant les signes d'un désespoir profond, et se jeta dans une voiture de poste qui attendait à quelque distance. Les chevaux partirent au galop, et tout rentra dans le silence. Chacun se demandait le mot de cette énigme. Mais, le lendemain, Krespel parut calme et indifférent comme à son ordinaire. Personne n'osa le questionner. La vieille gouvernante, qui ne pouvait déroger aux mœurs domestiques, en gardant un secret tout entier, raconta seulement, avec une certaine réserve, que M. le conseiller avait ramené de son voyage une belle jeune fille qu'il nommait Antonia; qu'un jeune homme de fort bonne mine, éperdument amoureux d'Antonia, les avait suivis, et qu'il n'avait fallu rien moins que la colère de M. Krespel pour le contraindre à quitter la place. Mais ces demi-confidences ne laissaient rien deviner des rapports qui pouvaient exister entre le conseiller et la jeune fille. La gouvernante affirmait que ce secret d'intimité lui était inconnu. Le conseiller exerçait sur Antonia une autorité absolue, et la gardait à vue jour et nuit, sans lui permettre la moindre communication avec le monde extérieur. C'était plus qu'il n'en fallait pour mettre en éveil les suppositions les plus étranges. A partir de ce moment, le chant d'Antonia, qui ne s'était fait entendre qu'une seule fois, devint la légende merveilleuse du quartier, comme la jeune fille elle-même en était le prodige invisible. »

II.

Là se bornèrent les éclaircissements que je pus obtenir. En y réfléchissant, je devins amoureux de la mystérieuse inconnue, et, en véritable étudiant, je ne songeai plus qu'à découvrir le moyen de pénétrer, à quelque prix que ce fût, dans la maison qui recélait ce trésor. Je voulais voir Antonia, lui jurer un amour éternel, et l'enlever pour la soustraire au joug de son abominable tyran.

Malheureusement pour le succès du roman que j'ébauchais dans mes rêves, les choses tournèrent d'une façon très-pacifique. Je m'étais naturellement adressé d'abord au conseiller, pour tâcher d'obtenir sa confiance, en flattant sa passion pour les violons. Jugez de ma surprise, quand je le vis accourir en quelque sorte au-devant de mes vœux! Il me prit sous le bras, un beau jour, et me conduisit chez lui sans façons. Arrivés dans son laboratoire, il me montra en détail tous ses instruments, les essaya devant moi, et ne me fit pas grâce d'un seul! Il y en avait plus de trente!.. L'un d'eux, que couronnait une guirlande de fleurs desséchées, était, me dit Krespel, le chef-d'œuvre d'un maître ignoré; la puissance des sons qu'on en tirait, avait la vertu du magnétisme, et forçait une personne en état de somnambulisme à révéler ses plus secrètes pensées. « — Je n'ai jamais eu, » ajouta-t-il, « le courage de démonter celui-là, pour en étudier la conformation; il me semblait que je commettrais un crime en détruisant une œuvre si parfaite. J'en joue quelquefois, lorsqu'Antonia est souffrante, pour endormir les douleurs nerveuses auxquelles elle est sujette. » Avant de nous quitter, il tira d'une cassette fort élégante un papier plié qu'il me présenta d'un air grave, en ajoutant : « Vous aimez les arts, jeune homme; c'est la passion des belles âmes; acceptez donc ceci comme un gage de l'estime que vous m'inspirez. » Puis, sans attendre ma réponse, il me poussa insensiblement du côté de la porte, et me mit dehors avec toute sorte d'égards.

A peine dans la rue, j'ouvris en toute hâte le papier. Il y avait une ligne de musique notée, avec cette inscription : « *Fragment de la quinte à laquelle le célèbre Stamitz avait monté son violon, pour jouer son dernier concert.* »

Ce bizarre présent, qui n'avait pour moi nulle valeur, et la manière plus bizarre encore dont Krespel m'avait fermé sa porte, pouvaient me faire supposer qu'il avait deviné le véritable motif de mes cajoleries. Cependant je ne me déconcertai point. L'important était de rouvrir la mais n du conseiller et de parvenir à rencontrer Antonia. J'étais persuadé qu'un de mes regards, lancé à la jeune captive, avancerait énormément mes affaires.

Je ne me trompais que de moitié. Quelques jours après, je me présentai à l'improviste chez le conseiller. Sa gouvernante m'introduisit sans difficulté, comme une vieille connaissance. O bonheur inespéré! Antonia était assise auprès de Krespel, et s'occupait tranquillement à classer les pièces d'un violon qu'il achevait de démonter.

Antonia était une de ces jeunes filles idéales, d'une extrême pâleur, qui semblent à peine douées d'un souffle de vie. En m'apercevant, ses joues se colorèrent d'un incarnat fugitif, puis elle redevint blanche comme une statue d'albâtre.

Contre mon attente, le conseiller ne parut point contrarié de me voir en pareille compagnie. Il se montra d'une cordialité et d'une prévenance qui contrastaient singulièrement avec les mœurs tyranniques dont il avait la réputation. Je causai très-familièrement avec lui et la jeune fille, sans qu'il témoignât ni malaise, ni impatience; et, quand les convenances m'inspirèrent de terminer cette visite, il eut la bonté de me dire qu'il me recevrait toujours avec une véritable satisfaction.

Je tombai des nues, en comparant ses procédés avec le portrait lugubre qu'on m'en avait fait; mais je sentis la nécessité d'être discret et de cacher soigneusement mes assiduités, pour ne point donner aux oisifs ou aux curieux prétexte à des suppositions compromettantes. Krespel ne se montrait pas toujours d'humeur égale, et j'avais quelquefois à souffrir ses boutades. Mais je sacrifiais ces désagréments passagers au bonheur de voir Antonia.

Un soir, je le trouvai d'une gaieté communicative. Il venait de démonter un antique violon de Crémone, et de découvrir dans sa structure des combinaisons fort intéressantes pour le progrès de l'art musical. Notre entretien roula sur les plus célèbres virtuoses de l'époque, et, pour flatter Krespel, je me mis hardiment à la tête des génies qui s'occupaient d'amener dans l'instrumentation et le chant une révolution merveilleuse. Antonia fixait sur moi ses grands yeux, pleins d'une animation qui ne leur était pas ordinaire. Tout à coup, comme si une sensation électrique l'eût fait tressaillir, elle se leva, courut au clavecin qu'elle ouvrit, et je crus qu'elle allait faire entendre, pour la seconde fois, ce chant fascinateur dont le souvenir faisait rêver tout le voisinage. Mais Krespel s'élança vers Antonia, qu'il tira vivement en arrière pour l'arracher du clavecin; puis se tournant vers moi, le regard en feu, et les traits crispés, il me jeta, d'une voix stridente, ces paroles inattendues : « Il se fait tard, mon cher monsieur, et l'escalier est assez obscur, à cette heure, pour que vous puissiez vous y rompre le cou sans que le diable s'en mêle. Faites-moi donc le plaisir de déguerpir, et de ne plus remettre le pied céans!.. »

La foudre, tombant à mes côtés, ne m'eût pas plus stupéfié que cet inexplicable événement. Chassé sous les yeux mêmes d'Antonia qui n'avait pas fait un geste, pas dit un mot pour me retenir, ou pour calmer l'étrange accès d'irritation que son père me faisait subir sans motif; banni de la présence d'une fille adorée et dont je me croyais aimé; exposé au ridicule, dès que mon aventure serait connue, je ne savais que résoudre ni que devenir! Je pris, dès le lendemain, le seul parti qui pût apaiser la douleur dont je me sentais pénétré. Je quittai la ville de H***, en jurant de n'y jamais reparaître. L'absence et le temps me guérirent peu à peu. L'image d'Antonia s'effaçant de mes souvenirs, s'endormit au fond de mon cœur, comme une poétique vision dont je ne cherchais plus à retrouver la réalité.

III.

Deux ans plus tard, je voyageais dans le midi de l'Allemagne. La ville de H*** se retrouvait sur mon chemin, il m'était impossible de l'éviter. J'y arrivais, au déclin du jour, lorsque, tout à coup, une oppression qui m'empêchait de respirer m'obligea de quitter ma voiture, pour achever la route à pied. J'avais à peine fait quelques pas, qu'un chant doux et triste, mêlé au son de cloches lointaines, m'annonça qu'une dépouille mortelle venait d'être confiée à la terre. Je hâtai le pas, comme pour fuir un fantôme. Il me semblait qu'une portion de mon âme et de ma vie venait d'être ensevelie avec le mort inconnu dont les funérailles finissaient.

Conduit par une force irrésistible, je me dirigeai machinalement vers la maison du conseiller Krespel. La grille du jardin était ouverte. Le conseiller se débattait, comme un homme désespéré, entre les bras de deux personnes en deuil qui s'efforçaient de le ramener chez lui. Son costume n'avait point changé, seulement il portait un crêpe noir au chapeau, et avait suspendu à son côté, en guise d'épée, son archet de violon. « Mon Dieu, » pensai-je, « le pauvre homme est devenu fou ! » Je m'approchai. Krespel me reconnut : « Soyez le bienvenu, » dit-il, « je vois que vous ne m'en voulez point ! Venez, vous me comprendrez mieux que ces gens-là !.. » En disant cela, il congédia d'un signe les personnes qui l'avaient accompagné, et m'entraîna, d'un pas rapide, dans le cabinet de travail où tous ses violons étaient rangés par ordre. Ils étaient tous voilés de noir. Le violon de Crémone manquait à la collection. Une branche de cyprès était suspendue à sa place...

Je compris !.. « Antonia !.. » m'écriai-je douloureusement.

Krespel était debout devant moi, l'œil fixe, les bras croisés sur sa poitrine.

« — Lorsqu'elle expira, » me dit-il lentement, « l'âme de ce violon rendit, en se brisant, un son plaintif, et la table d'harmonie se fendit en trois éclats. Cet instrument qu'elle aimait ne pouvait lui survivre. Je l'ai enfermé dans son cercueil, auprès d'elle !.. »

En achevant ces mots, Krespel changea de visage. Il se mit à écorcher d'une voix criarde une chanson bouffonne, en sautant à cloche-pied autour de la chambre. Puis, quand il fut épuisé et ruisselant de sueur, il décrocha le plus beau de ses violons, le brisa contre le mur, et en jeta loin de lui les débris. « Ah ! » s'écriait-il avec des sanglots, « je n'en ferai plus, maintenant ! plus jamais !.. » Et il reprit sa danse grotesque et sa chanson.

Glacé d'effroi, je voulais fuir ; mais il se jeta au-devant de moi, et, me saisissant d'un bras nerveux : « Restez, » s'écria-t-il, « restez, monsieur l'étudiant ; n'ayez donc pas peur ! Je ne suis pas fou comme on le dit ! le malheur m'a frappé parce que, l'autre jour, je voulais me faire faire une robe de chambre pareille à celle de Dieu !.. »

Parvenu, à travers d'autres paroles incohérentes, au plus violent degré d'exaltation, l'infortuné fut pris de vertige, chancela, et tomba sur le plancher. Sa vieille gouvernante accourut : je le laissai entre ses bras, et je me jetai hors de cette maison où la folie portait le deuil.

On parlait beaucoup dans la ville de la mort d'Antonia, mort mystérieuse comme l'avait été sa vie. Certaines gens allaient jusqu'à croire que la démence du conseiller Krespel n'était qu'une feinte pour écarter les soupçons, et qu'il y avait au fond de sa vie un secret terrible. Cette idée prit de la consistance, lorsqu'on vit, au bout d'une quinzaine de jours, Krespel reprendre son calme et ses habitudes. De sa folie passagère il ne lui restait plus que la manie de dire subitement, de temps à autre, au milieu d'une phrase : « Je ne ferai plus de violons, et je n'en toucherai de ma vie !.. »

Antonia, dans la tombe, m'était redevenue plus chère qu'Antonia vivante. Je prêtais une oreille avide à tout ce que j'entendais imaginer sur les souffrances de sa vie. Je n'avais pas eu la force de m'éloigner de la contrée où ses restes reposaient. J'allais passer de longues heures au cimetière, sur sa fosse, comme si j'eusse pu interroger son âme sur le mystère de ses dernières douleurs. Cette méditation lugubre embrasait mon sang, et, peu à peu, je créais et j'abandonnais tour à tour les projets les plus insensés ; je me figurais, dans des heures de délai, que Dieu m'avait ramené à H***, pour être le vengeur de la victime de Krespel. Un jour, enfin, ne pouvant plus contenir les orages de ma pensée, je courus chez le conseiller, décidé à éclater, et à le sommer de me faire la confession du crime que je lui imputais.

Krespel me reçut dans son cabinet. Sa physionomie souriante exprimait le calme le plus profond. Assis devant une petite table, il tournait des jouets d'enfant. Ce calme m'irrita au suprême degré ; j'y croyais lire la satisfaction du coupable qui se croit assuré de l'impunité.

« Homme exécrable ! » m'écriai-je, « comment peux-tu affecter le sourire du juste, quand ta conscience doit te mordre le cœur, comme un serpent ?.. »

Krespel me regarda un moment d'un air étonné, et posant près de lui son ciseau, il m'indiqua de la main un siége à ses côtés. « Je ne sais, » me dit-il avec un sang-froid de glace, « au nom de quel droit vous venez m'insulter. Je sais, d'un autre côté, tous les bruits qu'on fait circuler sur mon compte. Aux injures comme aux bavardages je n'ai qu'un mot à répondre : Antonia est morte; cela n'intéresse que moi. »

Dans ce peu de mots, prononcés d'un ton qui permettait difficilement une réplique, il y avait un accent de tristesse cachée. L'homme ne voulait rien céder à l'importunité; mais on voyait qu'il souffrait. Son sourire même de tout à l'heure était plein d'amertume. Je m'étais mépris; je venais d'agir comme un insensé en face d'un vieillard sur lequel je n'avais ni droit ni pouvoir. Je sentis ma faute, et je lui en demandai pardon. J'étais subjugué par une nature supérieure à mes emportements. Krespel eût pu me chasser; mais il avait lu sur-le-champ dans mon cœur. Il se leva, me prit la main, et nous allâmes nous asseoir sous les tilleuls de son jardin, où il me raconta l'histoire d'Antonia.

IV.

Dès sa première jeunesse, le conseiller Krespel avait été passionné pour la musique. Il acquérait à tout prix les violons des vieux maîtres. Dans un voyage en Italie, où le conduisirent ses goûts d'artiste, il était devenu éperdument épris de la cantatrice Angela ***, premier sujet du théâtre San-Benedetto, à Venise. Un mariage secret les avait unis, mais la belle chanteuse, ange au théâtre, était un diable en ménage. Krespel se consolait, avec un violon de Crémone, de ses petites misères conjugales, qu'il oubliait sous les ombrages d'une ravissante villa. Mais la belle Italienne ne voulait pas que Krespel eût un peu de repos au lieu de bonheur. Elle venait souvent le relancer dans sa retraite, pour lui faire des scènes intolérables. Un jour, qu'il voulut s'aviser d'agir en époux impatient du joug, elle lui arracha le violon de Crémone et le brisa en mille pièces. Krespel plus furieux de cette perte que s'il eût reçu un coup de poignard, jeta sa femme par la fenêtre, et s'enfuit en Allemagne, pour se soustraire aux conséquences de ce meurtre. Mais, chemin faisant, il réfléchit qu'on remplace plus aisément un violon de prix que la plus jolie femme d'Italie. De plus, il avait conçu l'espoir d'être père, et sa conscience lui reprochait d'avoir peut-être sacrifié deux existences.

Huit mois après cet événement, il fut donc très-surpris de recevoir, au fond de l'Allemagne, une lettre des plus tendres, dans laquelle sa femme, sans rappeler un seul mot du passé, auquel elle ne faisait pas même la plus légère allusion, lui annonçait la naissance d'une fille, et l'engageait à revenir à Venise. Krespel, soupçonnant quelque piége, fit prendre des informations dont il résulta que la belle Italienne était tombée sur un massif de fleurs qui avait amorti sa chute. Elle s'était relevée sans blessure, et charmée, disait-on, de cette correction un peu dangereuse, mais qui annonçait dans un mari allemand cette énergie dont raffolent les femmes de l'ardente Italie. On affirmait en outre que son caractère était complétement métamorphosé, à son avantage. Le premier mouvement de Krespel avait été de partir, pour rentrer en possession d'une femme devenue si parfaite. Mais, au moment de se mettre en route, il s'était ravisé en se posant cette grave question : Si, par malheur, la dame n'était point radicalement guérie de ses caprices furibonds, serait-il prudent de la jeter encore une fois par la fenêtre?..

Krespel se borna donc à écrire à sa femme une longue épître de félicitations, puis... il resta dans son pays. De nouvelles lettres s'échangèrent. Angela mit en œuvre toutes les finesses de la femme pour ramener auprès d'elle son mari, mais Krespel avait peur des vengeances vénitiennes; il se disait qu'une épouse qui brûle de rentrer en ménage peut bien faire la route qui la sépare de l'objet de ses affections. Il se disait beaucoup d'autres choses; bref, il songeait moins que jamais au voyage de Venise, quand, un beau jour, il apprit, par la gazette, que la signora était arrivée en Allemagne, et qu'elle faisait fureur sur le grand théâtre de la capitale. Quelques années s'étaient écoulées. La petite Antonia, ainsi nommée parce que son père se nommait Antoine, commençait à grandir. Krespel mourait d'envie d'aller l'embrasser; mais il craignait de la part de sa femme quelque folie, et laissant aller toutes choses au gré de la Providence, il s'en tenait à ses violons, compagnons toujours paisibles de sa vie solitaire.

Les années passèrent encore. Antonia était devenue jeune fille, mais sa mère, piquée de l'indifférence de Krespel, ne songeait plus à le rejoindre. Elle se borna à lui écrire qu'un jeune musicien, qui donnait de belles espérances, avait demandé la main d'Antonia, et que ce parti lui paraissait convenable. Krespel ne s'informa que de l'instrument dont jouait le virtuose, c'était un violoniste. Krespel qui adorait les violons fut ravi d'un tel gendre, sans l'avoir jamais vu. Il attendait avec impatience la nouvelle du mariage, lorsqu'une dernière lettre, cachetée de noir, lui annonça qu'Angela mourante le suppliait d'accourir pour recueillir sa fille orpheline. Il partit sans perdre une minute.

Le jeune violoniste avait veillé sur Antonia dans ces pénibles circonstances. Il était auprès d'elle à l'arrivée de Krespel. Quelques jours après, le soir, Antonia se mit au clavecin, et chanta un air mélancolique; on eût dit, à l'entendre, que l'âme de sa mère frémissait sur ses lèvres. Krespel l'écoutait avec attendrissement. Tout à coup ses sanglots, longtemps comprimés, éclatèrent. Il se leva brusquement, et serrant sa fille dans ses bras, il s'écria : « — O cher ange! si tu m'aimes, ne chante plus; ta voix me blesse le cœur : ne chante plus jamais. »

Antonia leva sur son père un long regard, et dans ce regard il y avait des larmes pour un rêve de bonheur prêt à s'évanouir. Ses cheveux noirs ruisselaient à flots d'ébène sur ses épaules d'albâtre; sa taille se penchait comme un lis prêt à se briser. Krespel pleurait en la voyant si belle, car un instinct fatal venait de lui révéler l'avenir. Antonia devenait plus pâle, et parmi ses traits, le conseiller avait surpris un signe funeste de phthisie pulmonaire. Il contemplait avec effroi ce germe mortel que chaque heure allait rapidement développer.

Les plus habiles médecins furent consultés. Leur réponse, de sinistre augure, semblait ajourner à une époque qui ne dépasserait guère six mois la terrible issue du mal secret; et, cependant ils faisaient espérer qu'en lui interdisant toute fatigue, toute émotion, il serait possible d'éloigner de quelques années le terme fatal. Ainsi, deux routes s'ouvraient : l'une, passant par le mariage, allait aboutir à une tombe déjà entr'ouverte; l'autre, cachée dans la solitude du foyer paternel, pouvait rayonner encore de l'éclat de quelques jours heureux. Antonia avait deviné sa destinée dans les larmes de son père; elle se jeta dans ses bras avec l'épanchement d'une âme qui se sacrifie. Krespel prit aussitôt le parti de congédier le fiancé, et deux jours après, il repartit pour sa petite ville d'Allemagne, avec le trésor qu'il disputait à la destruction. Mais le jeune violoniste ne pouvait se résigner à une séparation qui brisait son cœur. Il courut en poste à la poursuite de Krespel, et arriva aussitôt que lui à H***. « — Oh, monsieur, » s'écriait-il, « accordez-moi une grâce suprême; laissez-moi entendre encore une fois Antonia et puis mourir!.. »

« — Mourir! mourir!.. » bégayait le conseiller en proie à un sombre égarement; « te voir mourir, mon enfant, mon unique consolation, toi le seul lien qui me retienne encore dans la vie!.. »

Antonia pleurait. Krespel ne put résister à ses larmes. Il laissa entrer l'artiste. C'était le soir. La jeune fille voulut se mettre au clavecin et chanter encore une fois... la dernière, Krespel l'observait avec tremblement. Il prit son violon pour l'accompagner, parce qu'elle l'en priait, et il joua, jusqu'au moment où les joues de la jeune fille, échauffées par la fatigue du chant, laissèrent apparaître le signe pourpré qui révélait l'existence du mal. Aussitôt, il jeta son violon, et, d'un geste où la colère se montrait à travers la douleur, il ordonna au musicien de se retirer. Antonia poussa un cri déchirant et s'évanouit.

« Je crus un moment, » me disait Krespel, en ressuscitant ce souvenir, « je crus que mon enfant était perdue pour moi, j'eusse tué sans remords l'imprudent qui me semblait la cause de ce malheur. Je le saisis par les épaules avec une force surhumaine, et je le précipitai hors de la chambre. Ce misérable, qui savait le péril de ma fille, et qui avait eu l'égoïsme de la faire chanter, me faisait horreur. Je ne l'ai jamais revu. Dieu le garde de ma rencontre! »

Krespel avait en ce moment les traits transfigurés par une émotion terrible à lire sur sa physionomie de vieillard. Mais ce ne fut qu'un éclair. Le calme lui revint aussitôt, et il put achever son récit.

L'accident de la jeune fille ne paraissait point très-grave. Le médecin certifia qu'en peu de jours elle ne s'en ressentirait point, mais il renouvela très-vivement la défense de lui permettre aucun exercice musical. Krespel la suppliait d'obéir par amour pour son père. Elle le lui promettait avec un sourire d'ange qui va remonter dans les cieux.

A quelques jours de là, le conseiller fit l'acquisition du fameux violon, chef-d'œuvre d'un maître inconnu, qui devait bientôt disparaître dans le cercueil d'Antonia. Comme il allait le démonter, suivant son habitude, la jeune fille le supplia de l'épargner, et même de l'essayer. Au premier coup d'archet, elle s'écria, en battant des mains : « Père, père! c'est ma voix; il me semble que je m'écoute moi-même! »

En effet, le violon rendait des notes dont le timbre mystérieux semblait venir du ciel. L'archet, sous les doigts de Krespel, créait des prodiges. Antonia s'électrisait; elle voulait chanter. Mais son père lui ferma la bouche d'une caresse.

Peu de jours avant mon dernier voyage à H***, pendant une nuit pleine de silence, Krespel crut entendre le clavecin s'animer doucement dans la chambre d'Antonia. A la manière dont les touches résonnaient, il crut reconnaître une main d'homme. Le maudit fiancé avait-il eu l'audace de reparaître?.. Et à cette heure!.. Krespel voulut se lever; mais une main invisible semblait l'enchaîner sur sa couche.

Un peu plus tard, il crut ouïr la voix de sa fille qui l'appelait faiblement, comme du fond d'un lointain.

Peu à peu, cette voix se rapprocha, comme par

un *crescendo* fantastique, dont les modulations aiguës lui perçaient le cœur.

Tout à coup, une lueur légèrement phosphorescente se dessina sur la muraille, au fond de la chambre. L'image d'Antonia s'y berçait, enlacée à celle du fiancé; leurs lèvres se touchaient, et pourtant le chant mystérieux continuait toujours, en prenant des intonations métalliques.

Saisi d'une terreur surnaturelle, le conseiller Krespel osait à peine respirer. Une lueur glacée perlait sur son front. Il resta paralysé d'émotion, frissonnant, éperdu, jusqu'au lever de l'aurore.

La vision fantastique avait disparu. Le malheureux père se leva, l'âme pleine de sinistres pressentiments, et courut à la chambre de sa fille.

Antonia était étendue sur le sopha, les mains jointes. Ses yeux étaient à demi fermés. Un sourire doux, mais triste, errait sur ses lèvres pâles... Elle était morte.

En achevant ce récit, le conseiller Krespel essuya une larme; puis il se remit à tourner ses joujoux en os. Tous les dimanches, il se levait avec le jour, et allait déposer son travail de la semaine sur le tombeau de sa fille.

www.ingramcontent.com/pod-product-compliance
Lightning Source LLC
Chambersburg PA
CBHW072102080426
42733CB00010B/2187

* 9 7 8 2 0 1 2 7 5 8 0 6 3 *